普通高等院校"十二五"规划重点教材

保 险 系 列　巴力 总主编

保 险 总 论

U0754152

巴 力／主　编

袁宇波　张智勇／副主编

立信会计出版社

LIXIN ACCOUNTING PUBLISHING HOUSE

图书在版编目(CIP)数据

保险总论 / 巴力主编. —上海:立信会计出版社,
2012.8

普通高等院校"十二五"规划重点教材. 保险系列
ISBN 978 - 7 - 5429 - 3567 - 0

Ⅰ.①保… Ⅱ.①巴… Ⅲ.①保险学-高等学校-教
材 Ⅳ.①F840

中国版本图书馆 CIP 数据核字(2012)第 175527 号

策划编辑	赵新民
责任编辑	徐小霞
封面设计	周崇文

保险总论

出版发行	立信会计出版社		
地　　址	上海市中山西路 2230 号	邮政编码	200235
电　　话	(021)64411389	传　真	(021)64411325
网　　址	www.lixinaph.com	电子邮箱	lxaph@sh163.net
网上书店	www.shlx.net	电　话	(021)64411071
经　　销	各地新华书店		

印　　刷	上海肖华印务有限公司	
开　　本	787 毫米×1092 毫米	1/16
印　　张	18.5	
字　　数	444 千字	
版　　次	2012 年 8 月第 1 版	
印　　次	2018 年 1 月第 3 次	
印　　数	6 201—7 700	
书　　号	ISBN 978 - 7 - 5429 - 3567 - 0/F	
定　　价	33.00 元	

总　　序

　　中国大陆的保险业恢复三十余年来,一直保持着一个较高速度的增长。目前向市场体制转轨、扩大对外开放、经济高速增长、诉求社会进步等情势使得各种不确定性日益增多,加快发展保险事业进而完善社会保障体系显得重要而迫切。当前,保险业的发展也进入了一个新阶段,面临着许多新问题、新任务,保险业承担着更大的历史使命。为了提高全社会的风险意识,普及保险知识,加快培养时代所要求的保险人才,更好地服务于保险业的健康持续发展,我们遂组织一些长期从事保险教学研究和实务工作的同志,编撰出版这一套保险学教材。

　　保险学是一门知识性、实践性、数理性、国际性、技术性较强的学科,因此,在本套教材的编写中,我们首先给出的是一个基于风险分析的正确出发点,从而端正保险业的发展方向,即:突出风险保障和损失补偿,为保险建立了风险管理、保障体系、市场理念与元素、与人文法律等环境因素相互动之宏观架构;既阐述保险的正确理念和基本理论,更偏重于对保险及有关知识的介绍;扩展阅读和案例分析等方式使理论联系实际,以增强读者对保险的真切感知;不仅重视经验积累,而且强调统计学、数理分析等分析方法对保险的重要性;鉴于我国保险业的后发性,本套教材密切关注反映保险业的最新动态,追踪国际保险的最前沿,力图提供一个国际化的视野及对比借鉴平台;强调保险法律、法规的完善,合理有效监管及合规经营;强调市场要素的齐全与架构合理,提倡自由公平之竞争;强调对与保险相关的各类基本数据的收集、整理与分析,做好保险业的基础性工作;重视对交通航运、工程机械、农业、医学等相关技术的掌握;等等。之所以突出这些特点,旨在有利于学习掌握保险相关知识。

　　为展望保险学科今后的发展趋势,在此有必要简单梳理一下保险学科的历史发展。随着保险活动的开展,有越来越多的问题需要研究解决,保险学科因此创立并随着保险业的发展而发展。最初,保险学科与保险实践之间高度一体化,研究的问题、所需的费用、组织参加研究的机构与人员都来自保险实务部门,研究成果可直接为实务部门服务。后来,保险研究、保险学科的发展才逐渐独立于保险业务机构,研究成果也不一定直接被实务部门应用。未来的趋势是实务部门与保险学科发展之间既相对独立又相互结合、相互促进。当前,由于历史及保险行业的原因,我国的保险理论研究与保险学科的建设发展尚不发达,没能很好地帮助解决保险实践中涌现出来的一些问题,保险研究与保险学科的发展尚任重而道远。

　　从近现代保险业与保险学科之间的互动关系观察,保险学科的发展大致经历了法学、数理学、商业化、国民经济、风险管理、基础化与综合化等阶段。在保险业产生和发展早期,如何拟定完善保险契约、解决各种保险纠纷是这一时期保险业面临的主要问题,也是保险学科要研究解决的主要问题。到了十六七世纪,随着现代数学,尤其是概率论和数理统计学科的创立和发展,保险研究的重点主要集中在如何把现代数学应用到保险业的经营管理中。当这一阶段结束时,保险业的经营从经验上升到科学,该学科真正的理性基础得以建立。从 17 世纪至 19 世纪,以英国为主的保险研究主要集中于如何以商业化、市场化、公司化的方式拓展保险业,针对保险商业交易、市场运作的规则得以普遍建立,保险业务开始向更多领域拓展,并从此发展为一个巨大规模的国际化产业。从 19 世纪中后期开始,一些德国学者开始从保险对国家政府、整个社会经济、其他产业的作用角度研究拓展保险业,重视对保险稳定、平衡、协调等宏观层面作用的发挥,其标志性成果是社会保险的开办。20 世纪中后期以来,以美国学者为主体开创了微观保险学时代。保险研究和发展转向以个人、家庭与企业的风险管理为轴心。自 20 世纪后期以来,伴随着保险业的多元化发展,对保险业自身内在问题的研究开始让位于对影响保险业生存发展的外部环境条件的研究。保险与其他产业、学科的关系,区域市场的特点与开发,保险业怎样主动去适应不断变化着的金融背景,如利率变动、综合经营、保险投资政策调整等,是这一时期保险学科研究的重点。保险学科与保险研究日益表现出生态化、边缘化、综合化特征。今天,我们应善于分析保险发展态势,捕捉新问题,把握保险研究的重点。

本套丛书由相对独立又相互配套的 6 本保险教材组成。计划第一期先出 5 本:《保险总论》、《保险经营管理》、《财产保险》、《人身保险》、《保险数理》,计划用 2 年左右的时间出齐。《保险监管》列入第二期计划,视形势需要确定编撰出版时间。《保险营销》、《保险法规》、《社会保险与政策性保险》则是更远期的一个打算。正如书名所显示的,《保险总论》是本套教材的一个总领,介绍了保险的方方面面,给出了一个总的框架和基础。《保险经营管理》侧重于论述保险机构作为一个企业,如何在市场上拓展业务、健康持续发展等诸多问题。《财产保险》、《人身保险》主要介绍财产保险、人身保险两大类保险业务的特点、主要险种及其合同构造。保险数学不仅是一种计算、一种手段,还是一种理念。编写与学习《保险数理》,有利于提高或保证保险业发展中的科学性。这 5 本教材的内容以基本理论和基本知识为主,也有作者们在保险教学研究、保险业务活动中的一些看法与感悟,还包括了一些动态和前沿的内容,这样有利于学习者对保险的知识掌握得更全面、更有层次、更富有现实感。

巴 力

2012 年 6 月

前　言

　　保险以其风险分散、经济补偿和资金融通等职能成为当代社会最重要的风险管理工具之一，也是建立完善社会保障体系的重要一环，对推动经济发展、维系社会稳定发挥着越来越重要的作用。为便于大家全方位认识保险，反映保险业各种新变化、新特点，更好地服务于保险业健康持续发展，我们特地编写和出版了这本《保险总论》教材。

　　本教材是立信会计出版社保险系列教材的第一部，旨在使学习者从总体上把握保险学与保险业。本教材内容由风险与风险管理、保险基本原理、保险发展简史、保险合同、保险市场、保险中介、保险法规、保险基本原则、保险公司经营管理、保险监管、财产保险、人身保险、政策性保险、社会保险等章节构成，基本上能反映出保险的全貌。

　　考虑到保险业的特点，本教材在编写中力求突出以下特点：把保险置于整个风险管理、保障体系、市场体系等总的框架中进行论述，并通过总结历史使得学习者在追根溯源后能自觉端正保险的理念和发展方向；在展开保险基本知识与理论时，紧密结合保险业发展的实际状况，增强学习中的现实性和动态性；强调保险法规与经营原则、合同的完善与履行；突出对正确保险市场理念的遵循，以及对市场元素和结构的完善；强调对消费者的保险知识普及、保障需求分析、保险的选择与获得。在编写中突出古今中外保险事例的对照分析，以增强相互借鉴。除了以商业保险为主外，还介绍了社会保险和政策性保险，使学习者能够了解不同性质、不同目的、不同经营管理方式的保险活动，这也突出了一个"总论"的特点。

　　本教材既适合于各类学校相关专业的教学，也可用于保险实务工作者的学习参考，还可用于其他社会人士对保险知识的学习与了解。

　　本教材由巴力主编，袁宇波、张智勇任副主编。全书共十四章，其中，总序及前言、第一、第二、第三、第五、第九、第十章由巴力编写，第八、第十二章由袁宇波编写，第十一、第十四章由张智勇编写，第七、第十三章由夏连峰编写，第四章由夏秀梅编写，第六章由刘玉红编写。最后由巴力对全书进行总纂和修改。泰康人寿保险股份有限公司河南分公司的张娟女士、杜晓丽女士参与了其中的一些修改和审稿工作，在此对他们表示衷心感谢。在金融部门工作的曲耀歌、李楠、李晓、孙晶、荆冬艳等曾为本教材做了大量的资料搜集整理、初稿拟定和校对等前后期工作，对他们的贡献表示真诚感谢。

　　本教材的编写参考了众多保险学者和从业者的论著与文献，引用了他们的一些观点，在此对他们表示真诚感谢。本教材中若有不妥之处，还望各位同仁批评指正。

编　　者

2012 年 6 月

目　　录

第一章　风险与风险管理

 **本章导读**

　　风险及其管理是当代社会普遍而重大的问题,也是保险业产生与发展的主要动因。本章以风险引出保险的逻辑,界定分析了风险的概念、本质与特点,论述了风险的组成要素及其相互关系,从一些角度对风险进行了归类,特别列出了可保风险的理想条件。在此基础上介绍了风险管理的概念、目标、原则及程序,分析比较了各种风险处理方法。最后阐明了风险、风险管理与保险的关系。本章的编排和内容旨在建立一个宏观的风险管理架构,点明保险活动在风险管理中的地位与作用。

 **学习目标**

1. 把握风险的概念、要素与种类。
2. 把握可保风险的界定与条件。
3. 掌握损失的概念、内容与表现。
4. 掌握风险管理的概念、原则与目标。
5. 掌握风险管理的程序与常用方法。
6. 把握保险在风险管理中的地位与作用。

引　言

　　学习保险,首先要了解什么是风险。风险与人类相伴而生,并随着人类社会的发展而不断变化。了解风险的内涵与特点,划分与界定各种类型的风险,正确识别估量风险,才能更好地进行风险管理,开展保险业务。

第一节　风险的概念

一、人类经济社会发展与风险

　　在人们的日常生活与社会发展中,一直存在或发生着或大或小的自然灾害和意外事故,如地震、干旱、洪水、火灾、冰冻、雷电、飞机坠毁、汽车碰撞、医生误诊、环境污染、种族冲突等,它们可能在不同程度上危及人身安全,毁坏物质财富。灾害事故除了给人们带来悲痛外,还影响他们正常的生产与生活,阻碍经济发展,甚至引发一系列社会问题。在灾难面前,人们开始积极地认识各类风险,探究其规律,寻求正确的处理方法。人类社会的发展史,也就成了一部人类与灾害事故作斗争的历史,一部不断改进处理风险损害方案、建立和优化社会风险管理机制与体系的历史。

风险是客观存在的。这是指风险存在和发生的整体必然性,它不以人的愿望和意志为转移,总是以一定概率和程度存在和发生。风险是与人类社会经济发展相伴而生的一种必然现象,是一个社会框架中的组成部分与社会运行中的必要成本。人们想进入一个无风险的社会是不现实的。从他人的角度、从实际后果角度看,风险确实是一种无法完全被排除的存在,一种似乎是外部性的难以驾驭的力量。

风险是普遍存在的。风险随时环绕在我们左右,差别只在于不同的个人或团体面临着不同种类或不同程度的风险而已。

风险还随着人类的进化而"进化"。一代人有一代人的风险,一个时代有一个时代的困扰,不同的社会制度、不同的发展阶段有它自己的问题,或者是同样的风险但在不同时期与环境中有着不同的表现和作用方式。人类认知得越多,活动半径越大,所拓展的未知面就越大,引出的风险就越多。人类进步中的每种发明与创造,多少都具有双重作用或两面性,如火的发明与使用,既给人类带来了光和热,但同时也引发了更多的火灾。现代科学技术的发展、社会制度的变革、各种思潮的交锋等,使得今天的风险在种类与内容上更加多样和复杂,在风险成因、进程与结果上更加衍生、连锁与综合,在表现上更加频发和突发,在结果上也更为严重(包括灾损的大小,持续的时间,波的广度与深度,影响的直接性、间接性及多重性等)。随着人类活动的加强,风险由过去的多来自自然界转到今天多来自社会经济领域,这种风险源的人为化、社会化与技术化及其本身更容易异化的倾向,使得今天的很多风险更难以预测和把握,对当代风险管理的合理性与有效性构成了极大的挑战。西方经济学家加尔布雷思就曾指出,20世纪的经济思想中极大的确定性与现时代我们面临的问题的极大的不确定性形成鲜明的对比。

既然风险客观普遍地存在,恐惧它是没有用的,只能勇敢地、坦然地面对,并积极合理地以各种方法化解它们。历史的逻辑是,经典的保险正是人们应对风险和损失的一种社会性方法。

风险的存在及后果以其独特的作用影响着社会经济和人们本身的心理与行为。不能只片面地看到风险有可能导致损害的一面,还应该看到它积极作用的一面。比如,风险可作为一种约束机制,促使各种社会经济主体的行为理性化、规范化;作为一种杠杆机制,它使得人们按照风险-收益相对应的原则进行风险和利益的合理选择配置,促进风险细分,维持社会平衡。风险中也蕴含着许多发展机会,凯恩斯曾经说过,问题只产生于发展,所以只有在不断克服困难、化解风险的过程中,人类才得以不断提升并完善自己,社会才得以发展进步。从更为广泛的意义上讲,把风险看作人生必然、必经和必须面对的事件,才能达观地看待与展开人生,合理解释社会现象,深入洞察经济运行,进而以健全的心智、正确的态度和方式方法来对待和处理风险。

风险的大小、处理风险的合理有效性与人们的知识及能力有关。在人类发展的早期阶段,人们对各类灾害与损失缺乏相当的认知,忧惧之余,人们有时只好祈求平安健康甚至借助上苍鬼神之力来化解灾害。在今天,人们已经能够凭借所积累的知识和能力在一定范围内、某种程度上认知和处理一些风险,或者正确对待一些风险及其损失。风险管理由盲目、被动及较少理性渐变为今天的自觉、主动和理性,由鬼神所司之事变为人的能动之业。

需要注意的是,风险现在还只是人类范畴内的一个概念。如果不以人的生命安全、肌体健康或具备社会产权意义的物质财产作为损失载体,即如果不以人本身和人类社会活动与财富为出发点、参照物或观察视野,风险、损失甚至风险管理等便都需要重新定义。当然,将来风险管理应该不断提高其层面、扩展其边界或变换其视角。

二、对风险的界定与分析

风险自古就有,但"风险"一词源于人类后来的海上活动,因风而险,因险而损。海洋活动危险较大,风的多变与速度也揭示出这一概念在今天的特质。

风险有广义与狭义之分。

广义的风险通常被界定为一种随机或偶然事件,一种其发生可能导致亏损也可能带来盈利的(还含有不盈不损的可能)一种概率事件,其内涵丰富,甚至涉及思想、精神与心理层面的内容,其表现更为动态化。

狭义的风险则限定为一种损失的可能性。损失给出了这类事件的性质,即其可能的结果是单向性的、比较纯粹的,多用不幸来描述,也可用"危险"一词来代替。可能性则给出了损失现实性的一面,即损害的发生是完全可能的,所谓万事俱备,只差偶然了。它强调一种态势,离临界点越远,风险发生的可能性就越小。

在风险或然性的两种存在状态中,存在的不一定发生,但发生必然体现出存在。只有存在与发生高度统一的风险才需要被研究和管理。有的风险虽然存在,但其发生的可能性很小,有的则可能性极大,其存在就接近或几乎等于风险的发生。只存在不发生的风险由于缺乏市场需求和公平性而不属于保险上研究的范围。

风险最为本质的特征是其不确定性。不确定性包括风险事故发生发展的环境条件变动不确定,发生与否不确定,发生的时空不确定,引发因素的不确定,方式过程的不确定,发生频度、结果及影响的不确定,为化解它的事先准备和举措之施行与否及其效果的不确定,等等。不确定性还包括主观不确定性(心理状态、风险评价)和客观不确定性(实际损失值与预期损失值的差异),它们分别造成主观风险和客观风险。当然,由于今天人类已具备相当的知识和能力,除一些新风险外,许多风险还是能够部分确定的,所以不确定性应描述为不能完全确定或准确判定。不确定性基于这样的观察角度:从单一或少量事件,从主观的自我的角度,从短期角度、小范围或低层面视野上。在保险上就是投保人自己无法确定并为之忧虑的风险事件。显然这是统计角度使然。如果转换统计角度,从大量、客观、长期、大范围和高层面角度,一些风险就可以被测定,一些损失规律就可以被总结出来,从而为风险管理及保险提供科学依据。鉴于知识与能力的有限性,不确定性是一种常态,即使从统计学的角度也是如此。可测定性是有限的,相当多的风险仍难以被测定,即使可被测定的风险也存在误差,它是一种程度和分寸概念。全国性普查机构、集合了大量投保人与风险事件的保险机构或专业人员具备了测定某些风险的前提条件。保险上要研究的风险显然是这类可测定的不确定性。

风险的不确定性大小可用概率值来反映。风险是一种发生的概率值在 0 与 1 之间的任何状态;当概率值为 0 和 1 时,即不会发生和肯定发生的事件,不是风险;当风险发生的概率值为0.5 时,以不确定性描述的风险最大。所以风险是预期值与实际值的差,用这个相对值衡量风险大小比用两个绝对值中的任何一个更合理些。由于预期值的因人而异,每个人对风险的偏好与选择、评价与应对能力不同,所以,同样的不确定性及其损失,对不同个体可能意味着不同

大小的风险。风险的这种具体性差异性影响着人们的风险处理方式与保险需求。

从不确定性出发,风险还可以称为一个信息概念。信息的及时性、完全性(结构与数量)和准确性,人们获取、利用和处理信息的能力影响甚至决定着其所面临的风险大小。可以把风险表示为信息的获得力与处理能力乘积的倒数。获得性更多地取决于技术进步与社会透明度,处理能力则更多依靠个人的努力。在全球化、信息化时代,第一个因子对风险的影响趋小,而第二个因子影响趋大,并形成个体间的主要差别。人们在分析处理风险时应注意这种变化。

在今天,速度开始极大地左右着风险的生成及大小,因为更快的速度意味着更大的不确定性。一般地,财产风险主要在空间上分布并有所差异,而人身风险则主要沿着时间轴线生成并变动,而加速度的变化则把两者结合在一起了。速度影响着信息的诸多方面,今日之许多现象与风险可以用速度快慢及其变动来解释。

要全面、准确地描述一种风险应从风险的性质、类别、风险发生的频度及损失程度等方面进行综合考量。频度即概率,指一定时期风险事件发生的可能性大小及次数多少,损失程度指的是平均每次的损失值。统计研究表明,某种风险发生的频率与其损失程度之间存在着一定的反比例现象[1][2]。

保险风险该怎么认定,或者从众多风险中如何择出可以保险的风险,是一个在各时期、在不同法规政策中或不同公司间都有所不同的复杂问题。如投保人和政府可能期望可保风险应尽可能宽泛些,但保险公司经营技术与管理能力可能对某些风险的可保性构成硬制约。可保风险决定着保险责任范围,可保风险还存在一个保险机构从效益角度的选择问题。一般地,保险学上理想的可保风险应是那些双方在经济上都具备可行性,风险损失可以被货币计量,具有大量同质之风险单位,大量标的都有均匀遭损之可能,不确定性与可测定性相统一的风险。这类风险已经具有比较系统的经验统计,有较稳定的概率分布,风险的规模与所积累的保险基金相当。风险应有发生重大损失的可能性,即其导致的可能损失应达到一定的数量级别,足以引起人们经济与心理之忧虑。当然,把某种风险纳入承保范围还应有利于促进社会安全、维护公共道德、符合法律规定等。显然,不合法律道德伦理的风险、投机类风险、难以管控的风险、损失太大或太小的风险不应该或不会被保险。

第二节　风险的构成元素

一、风险元素

风险由风险因素(risk factors/hazards)、风险事件(peril)和损失(loss)三大类元素构成。

(一) 风险因素

风险因素指损失之源,是那些足以影响、形成或促使风险事故发生发展或增加扩大其损失的各种环境条件。

---

[1]　风险的概率与损失程度之间常常可相互折抵对方的严重性。化解风险就可以从降低风险概率或控制其损失着手。从理论上说,风险的性质与类别决定着其进入何种性质的处理方式,而那些发生概率较小损失较大的风险适合以保险的方式来处理。

[2]　有意思的是,同一系列大小事故之间也存在一个大致固定的比例值。大小事故次数形似一个三角形或金字塔形,即海因里希三角。它是德国学者对机械工厂中工伤事故的大小分布规律研究后总结得出的。

风险因素可分为三大类：自然风险因素是那些有形的理化方面的实质性因素，多指自然力与物质条件；心理风险因素是基于人的心理素质与状态的一类无形的主观类的风险因素，如人的疏忽过失、麻痹大意或漠不关心等；道德风险因素指个人或团体的不诚实、品行不端、居心不良或故意犯罪等，属于无形的人为因素。此外还有其他一些类别的风险因素。由于不同因素间存在联系甚至相互强化，今天的许多风险事故是多种风险因素综合作用的结果，尽管不同因素在其中的作用程度不同且会变化。在保险上，除了不可抗力外，自然风险因素一般都是可保的。而心理及道德风险因素的可保性则要视其具体情形和实施对象的不同而定。需要注意的是，风险因素只是事故发生的潜在条件，而非事故发生本身。

（二）风险事件

风险事件即风险的现实化，表示风险发生之后所处的状态，造成损失的便成为灾害，称为风险事故。风险事故是损失的直接原因，风险与损失之间则是一种间接关系，它们通过风险事故来传导。比如火本身是自然界的一种现象，当其可能危及人类时称为风险；造成一定损害的才称为火灾事故。

（三）损失

损失即失去或消耗。保险学上的损失是指非故意的、非计划的、非预期的与非意愿的经济价值的减少、损毁或灭失。损失必须是偶然的、意外的，可以用货币计量、比照或表现的。必然的磨损、合理的损耗、固定资产折旧等皆不属于保险上的损失。在传统上，道义、感情或心理损害不算作保险上的损失。风险的自然属性、社会属性和经济属性就是通过其损失内涵来表现的。风险与损失关系虽极密切，但损失不全以风险为因，风险也不都以损失为果。

风险因素、风险事件与损失之间是一种依次递进、相互关联的逻辑关系，据此可通过截断或改变其联系，就可以成功地控制一些风险及其损失。

二、风险单位、风险成本与风险收益

（一）风险单位

风险单位指某种风险或某种事故影响或波及的最大边界和影响范围，或在风险上不可能再被合理分割的最小单元，又称风险涉及度。它是划定保险标的、确定保险费（率）、勘查定损，特别是确定再保险交易及责任的一个时空或管理方面的指标。划到同一单位的保险标的，其遭受损失的机会应大致相等，即风险在标的上的分布应均匀。从管理角度看，它在各方面应具有不可分割性；在法律方面也符合要求。它可依事故波及度，地段（空间），标的性质，时间，产权归属，使用权或管理权的范围，风险及其影响的接近性、共同性及关联性等来划分与确定。

（二）风险成本

风险成本有广义与狭义之分。广义的风险成本不但包括风险之存在与发生后所造成的各种直接后果与影响，还包括为减少风险与损失所作出的各种主动牺牲和费用。狭义的风险成本则仅指预防化解该风险的各项支出，它不包含被动的、非自觉的那些损失，尽管那也可以被看作是风险的一项机会成本。风险成本虽由具体的人或单位承担，但实际上同时也由社会承担，后者表现得更隐蔽、多方面、间接而复杂，更难以测算。必须清楚，任何一种不符合法律、公理及道德要求的风险事件，无法回避和转移的最大的风险后果之承担者都是整个社会与他人，而不只是受害者本人，所以社会欲求稳定，一个社会的管理取向必须是设法降低社会的总

风险。

(三) 风险收益

风险收益指的是由于风险管理工作做得好而获得的额外收益,包括某一主体因承担了超过社会平均风险度的风险而可能获取的那部分收益。这是风险与收益相对应原则所要求的补偿或回报,表明风险既是挑战,也意味着机会。亚当·斯密曾说过,各种资本用途的普通利润率,或多或少地随着收益的确定与不确定而不同。正确的考虑是,风险,特别是个体无法应付的风险,才是保险的自然基础和第一动力;大多数人只能围绕追求大概率事件或结果而努力;在对风险的考量上,与预期——经验相联系的平均值更有参照或比较意义。

三、损失的内容和表现

损失的内容是多方面的。随着社会的发展变化,现在人们也把非经济价值如荣誉、精神、心理等的伤害列入损失内容,且社会对这方面损失的评定有越来越大的趋势。但有一点与此前对损失的定义与要求相同,那就是这方面的损失虽有不同的确定方法或形成过程,但在最后都必须也应当量化为货币。风险的原因、纵宽度及边界形成,决定着损失的性质、内容与数量。

风险的影响程度甚至决定着潜在损失的大小;反过来,从损失的大小也可以判断风险的大小。损失的大小还与风险单位有关。一般地,当风险单位增加时,风险事故的实际损失与预期损失的绝对差值会同时增加,但其仅与增加的风险单位的平方根成正比。换言之,风险程度的增加小于风险单位的增加。这一原理对保险机构的经营管理具有重大意义。

损失的表现形态也多种多样。

1. 直接损失与间接损失。直接损失是指承保风险造成的标的物本身的损失;间接损失是指由于直接损失而引起的一种从属性损失,它以直接损失的发生为前提条件,包括收入的减少、利润及责任性损失等。它多是一种预期的、推定的、机会性损失或权益。由于机会成本难以测算,因此,间接损失往往比直接损失更大,影响面更宽、更深、更长久、更难评估,可控性也更差,在无法评估时可以对当时的情况进行设想、假定或协商确定。保险上承保的多半是直接损失,间接损失承保难度更大些,多作为附加险承保。

2. 有形损失与无形损失。这是一种物理学意义上的划分。看得见的物质财产的损失往往小于那些无形的看不见的损失,无形损失的影响也更多面、曲折与持久,更难以被理出和测算。有形损失与无形损失可以互为因果。间接损失往往是无形的、后续性的、关联性的损失。

3. 部分损失与全部损失。有时候对某些标的而言,看似是部分损失的实际已构成全部损失;反之,看起来已全部致损的但实际上却是部分损失。全部损失与部分损失依标的、作用、时空、观察角度不同,其意义就不同。可以分离的较独立的标的,不只部分损失存在,也易测算,而整体感要求更强的标的可能更强调全部损失。全部损失又分为实际全损与推定全损。推定全损一般构成物上代位或(海上)委付的一个基础。

4. 可控性损失与失控性损失。有些风险事故发生后,其损失可以很快被停止或其损失在时空范围和总量上都是有限的。有的事故其损失会在各方面失去控制,这会给风险处理和保险经营造成很大困难。

5. 易于或可以计算的损失与较难准确估算的损失。损失的后果与影响是多方面的,它会导致主体的整体消亡,如国家解体、企业破产、家庭破裂、个人死亡等严重后果,也会造成大量程度较轻的结果。损失的具体内容或涉及的项目主要有:① 财产的损毁、灭失或贬值。② 经济收入的断绝、中止或减少。③ 人身死亡、失踪或伤残。④ 为之承担责任、义务或道义。⑤ 额外费用支出或成本的增加。⑥ 对信誉、名誉及地位的影响。⑦ 其他可被法律认可与保护的权益的丧失。⑧ 肉体与精神、心理上的苦痛。⑨ 美观、和谐与平衡的消退或丧失。⑩ 人类社会现存财富的总体性、永久性(绝对)减少。

第三节　风险的种类

一、划分风险类别的必要性、重要性与相对性

没有完全相同的两种风险。每一种风险及其背后的风险因素都有它的独特性,但还是可以根据它们之间的某些共性对之进行归类。依据不同的标准或从不同的角度,甚至就是仅仅根据某种需要,对各种各样风险进行合理分类,不只具有理论研究意义,还具有实践指导作用。这样做既利于搞好风险管理,又利于保险业科学的发展。

在分类中应考虑:

1. 同质性。同一类群及同一等级的每个成员将有大致相同的损失机会,风险是大致相似的。

2. 可靠性。有关信息容易获得,且不易被保险人操纵或隐瞒。例如,对风险细分的标准有年龄、性别、居住的环境等。细分风险和费率可提升人们的安全性意识。

3. 社会可接受度。比如基因检测虽对辨认一些易发病人群有帮助,但"不良"基因的不可保将引发社会问题。注意逆选择对分类的影响。逆选择本身就是一种风险,至少是一种风险源。

二、从原因上归类风险

按风险产生的原因可以把风险分为自然风险、社会风险、政治风险、经济风险、技术风险等。

(一) 自然风险

自然风险是因自然力的不规则变化使人类可能遭受某些损失的风险,如火灾、水灾、旱灾、地震、雷击等。它多由自然现象和理化原因所致,属于实质性风险因素。它是最常见的、普遍存在和大量发生的一类风险,其所涉及的范围和对象往往很广泛。它的形成和发展到目前为止人类仍然多不可控,但其形成和发展有一定的规律,人们还是能够在一定程度上了解其较为规则的变动。财产比之人身遭受各类自然风险的可能性更大。

扩展阅读 1-1　　　　　　　**判断风险的不同标准**

对自然风险的存在和发生的判定在不同时期、不同行业有不同的标准。例如暴风,气象学上指的是风速在 28.3 米/秒以上,即相当于风力等级表中的 11 级以上的大风,而保险机构承保的暴风责任则是指风速在 17.2 米/秒以上,即风力在 8 级以上的大风。龙卷风是一种范围小而时间短的猛烈旋风,它在陆地上

（续上）

平均最大风速一般为 79 米/秒,其极端风速一般在 100 米/秒以上,但是否为龙卷风仍然要靠当地气象部门具体认定。飓风就是强台风的别称,指中心附近最大平均风力在 12 级或以上的、风速在 32.6 米/秒以上的热带气旋,这种热带气旋在东南亚地区被称为台风,但在西印度洋群岛和大西洋一带则叫做飓风。有意思的是,人们对待不同风险的倾向与态度存在着差异。水火同样无情,但人们一般亲水而畏火,盖因水的成因主要在较为单纯的气候方面,且一般局限于某一地域。火的成因则多样而复杂,不分地域,其蒸腾的景象更恐怖些,其红颜色也就成为各种警报、警示的标准色。

(二) 社会风险

社会风险是指由于个人或团体的作为或不作为,包括过失、不当、故意行为等使社会或他人可能遭受损失的可能性,如抢劫、玩忽职守、罢工等。

(三) 政治风险

政治风险又称国家风险,是指各种主体因政治、军事及法律原因或其他订约双方不能控制的社会宏观因素使有关各方可能遭受损失的可能性,如外汇管制、法律变动、财税政策的不利变动、战争或内乱等。

(四) 经济风险

经济风险是指各经济主体在经营管理活动中因环境因素和条件的突然变化,或者预测出现偏差、自身决策失误等带来损失的可能性,如市场价格的不期涨落等。

(五) 技术风险

技术风险是指伴随着科学技术的发展,生产方式的改变所产生的威胁人们生产与生活的风险,如核辐射、空气污染、噪音、航天器的发射与回收对大气层的难以预知的破坏等。

与自然风险有所不同,社会、政治、经济、技术等方面的风险多是人类不当活动的结果,其起因和表现更难测算和控制,后果也更为多元化,甚至有很强的两面性。如果今天的人类不能以正确的伦理来谋求发展,如果在经济发展的同时不注重社会进步,如果人们滥用技术,那么曾经落在许多民族、许多文明古国头上的灾难,可能还会落在我们的头上。即使到今天,保险公司的风险管控技术已经有很大的提高,但也很难把它们全部或大部分纳入保险责任范围。

扩展阅读 1-2　　　　　一些匪夷所思的心理风险

　　如所谓的不吉利的数字或日期都可能成为某些人认为的风险之源。比如一些西方人忌讳 13,要是 13 日正赶上星期五就被认为更不吉利。当然,从科学上来讲,数字无关吉与祸。这类心理风险保险公司一般列为除外责任。与此相类似的是,生气属于情绪的一种基本形式,而情绪是指个体受到某种刺激所产生的一种身心激动状态,情绪激动时的判断力和自控力较差,对本身和他人都可能引发某种风险。

三、按照风险所威胁的对象归类风险

按照风险标的或风险损害的对象,可以把风险划分为财产风险、责任风险、信用风险与人身风险。

财产风险是指各种物质财产因各种原因损毁、灭失或遭到贬值的风险。责任风险指由于个人或团体的疏忽或过失行为,即民事侵权行为造成他人财产损失或人身伤亡,依照法律、契约或道义应负的法律赔偿责任或契约赔偿责任的风险,其中法律责任占到责任风险中的绝大部分。法律责任包括刑事、民事、行政责任,保险上要应对的责任风险仅限于民事损害赔偿责任。信用风险是指在经济交往中权利人与义务人、债权人与债务人之间由于一方违约违法或犯罪致使对方遭受经济损失的风险,如贷款逾期不还,货款已付对方却迟迟不交货等。人身风险是导致人的伤残、死亡、丧失劳动能力以及增加费用支出造成经济困难的风险,人身风险所导致的经济损失包括两种:一是收入能力损失;二是额外费用损失。人作为一个生物体,会因为主观和客观的原因,在生、老、病、死等生理规律和自然、政治、社会、军事等方面作用下而死亡、伤残、年老无依等。比如一旦致病,在现代社会,更困难的不是愿不愿意看病、怎么看病,而是能不能看得起病。这表明今天人身的各种风险越来越具有更大的经济特征。前三种风险属于广义的财产类风险,后一种风险则包括生命风险和身体风险。这种分类与保险机构的险种责任相对应。

四、按照风险及损失的环境分类

依据环境条件可以把风险分为静态风险和动态风险。

(一) 静态风险

静态风险是指由自然力的不规则变动或人们的行为不当所导致损失或损害的风险,它包括自然风险、意外事故等。这些风险是较常规性的,是普通人理解的一般意义上的风险。这种风险的发生会造成净损失,即其结果更纯粹,从长期来看其变动性也小。通常,某一静态风险所影响的对象和范围是有限的,它远不像政策变动影响那么广大和长久。静态风险的发生也服从正态分布规律,属于保险上研究和处理的对象。对这些风险的分析一般是在社会、经济正常或较为正常的状态下进行的。

(二) 动态风险

动态风险是指由于社会、经济、政治、技术以及组织等方面发生异动所导致损失或损害的风险,如人们的需求倾向的变化,技术创新所导致的生产方式的变化,物价涨跌或管理优劣,资本的进入或退出,或由于罢工、政局变动所产生的风险。这类风险多与社会经济环境有关,既有可能导致损失也有可能产生盈利,波及面和影响都较大,变动性更大。这一类风险由于更具动态性,且单个主体更难防控,后果重大,保险上一般不把它们列入承保范围。

五、按照风险的性质划分的风险类别

依据性质不同可以把风险划分为纯粹风险和投机风险。

(一) 纯粹风险

纯粹风险是指那些只有损失机会而无获利可能的风险,如火灾、爆炸、碰撞等,其结果总是

带来个体和社会的不幸,是人们不期望发生的,但如果大量观察,其发生率较为平均,因此多半属于可保风险。

(二) 投机风险

投机风险是指那些既有损失机会又包含着盈利机会的风险,如政策的变动可能给某些主体带来损失,但也可能给另一些主体带来利益,买卖股票也存在多种可能的结果。投机风险的发生大多不规则,不易测定,其结果一般包括损失、盈利、无变化三种情况,不符合保险上的损害赔偿原则,也难以体现保险的扶危解困精神,因此多不属于经典保险的可保范围。但近年来,由于各方面情况的变化,保险责任范围的扩大,这一类风险也时不时地进入一些保险单的责任范围。

很多情况下,投机风险和纯粹风险共存于同一标的、同一事件或同一活动中。纯粹风险多属于静态风险,而投机风险多对应于动态风险。

六、对风险的其他一些分类

按照保险的责任范围划分,可以把风险分为可保风险和不保风险。

不保风险的风险是指那些因为难以测控和管理,或者还没有认识到其存在而把它排除在保险责任范围以外的风险,比如战争及各种新的风险。

可保风险是投保人需要向保险公司转嫁的,而保险公司又愿意承保或能够接受的风险,它是保险公司从谨慎经营的角度出发对风险选择的结果。构成可保风险的一般具有客观性、可能性、损失性、偶然性和个体上虽难确定但总体上可评估等特征。纳入可保风险的风险其最适合的处理方法不一定就是保险,它只是可通过保险被处理而已。保险可处理的风险是有限的,可纳入保险研究视野的可保风险要变成具体的每张保险单上的可保风险,取决于很多方面及条件。某一时期某个保险市场上,可保风险的种类等于该市场上所有保险公司已售出的所有保单上的可保风险之和,这些可保风险构成了不同公司、不同险种的范围大小不等的保险责任,而不保风险则构成了保险单的责任免除事项。客户角度的可保风险与保险公司角度的可保风险是有出入的。概率不大,但平均损失程度很高,个人难以承受其后果的风险,即保费较低、保障金额较高的风险,客户才愿意向保险公司投保。而保险公司则根据可测算性、可管控性、业务规模以及本身的承保能力来确定可保风险的范围,所以可保风险实际上是保险公司与客户对风险要求的交合部分。

随着风险本身的变化,保险公司的承保技术和能力、损失管理能力的增强,市场上供求态势和竞争态势的变化等可能使得保险公司不得不扩大可保风险的范围,这就造成了可保风险范围的不断变化,总的趋势是不断扩大和增加的,现在有一些动态的投机风险已进入了保险的视线范围。从理论上讲,可能没有永远属于不可保的风险。指数期货等风险能不能进入保险单也有不同观点。那种一个险种只保一个风险的保险单现在已很少见了。可保风险还可能因不同的投保对象而不同,有些风险对于这个单位这个人是可保的,而对另外的单位和个人就可能是不可保的了。可保风险的范围大小已经成为衡量保险公司经营规模和效益、作用和风格的指标之一。

在可保风险和不保风险之间是作为过渡性质的特约风险,这类风险经过特别要求,通过附加一定的条件,或者通过变更价格及保险金额,可以成为可保风险。如果保险单没有明确地排除一切其他风险责任的语言表述,那么在保单签发后新出现的风险属于可保风险。

根据产生风险的行为把风险分为基本风险和特定风险。基本风险是指那些非个人行为所引发的风险,它对每个人、每个团体、整个社会都有普遍的影响,且个人无法预防和控制。与不同地区、不同的人都可能遭受到的基本风险不同,特定风险则是指由于个人原因造成的风险,它只与特定的个人或部门有关,其他的人、团体和社会则不可能遭受之。特定风险一般较易为人们所控制和防范。

根据风险之间的集散性程度和关联性程度,可以把风险分为综合风险和单一风险。综合风险是由很多因素共同作用的风险,这些因素又相互影响并作用于损失,很难进行某一风险所致损失度的相关分析。通常把它们作为一篮子风险来确定保险责任,如农业保险就是典型的综合保险。单一风险则是对某项损失单独起作用的风险。

按照风险损失的大小分类可以把风险分为大、中、小,或高、中、低不同级别、程度或强度的风险。

按照管理的难易程度,即:人们应当、能够有无作为及有效程度,可以把风险分为可管理的风险和不可管理的风险。这类似于从保险经营角度所作的可保与不可保的划分。

第四节 风险管理的概念、原则和目标

风险虽然是人类社会自古以来就存在的问题,但从来也没有像今天这样客观、普遍和重大,也从来没有被今天的人们认识得这样深切、自觉和重视。

一、风险管理的概念与发展

风险管理是指个人、家庭、企业、团体和政府用系统的、规范的思路与方法,通过对其面临的潜在的各种风险的特性及风险因素的识别、分析与测定,设计、选择与执行防止或减少风险发生与损失程度的处理方案,力争以较小的风险处理支出获取较好的安全保障的管理活动和过程。

这一概念的要点有:风险管理的主体是非常广泛和普遍的,即任何一个经济主体都必须进行风险管理;风险管理的对象是其所面对的全部风险,并不局限于静态危险;风险管理是一个识别、分析、判断、测算、评估、比较、选择、执行、反馈、总结并不断改进的循环不停的周期性过程;风险管理的前提与基础是尽可能地识别所有的风险并尽可能准确地量化它们;风险管理的中心和关键是选取和执行适当可行的处理风险的技术与方法;风险管理的目标是获得较好的安全保障;现代风险管理更多的是在可能的"得"与可能的"失"之间的比较与权衡,它是一项重要的管理活动,是有成本的;风险管理是一个较独立的管理系统和新兴学科。

风险管理作为人们处理风险的活动,自人类产生以来就已经存在并发挥作用,只不过各个时期所能采取的方法与效果不同而已。风险管理的理念、方式、方法与人们所面临的风险的种类与数量是同向变化的。只是到了近现代,通过购买保险来管理自身的风险才成为较有影响的风险管理方式。现代意义上的风险管理①是在 20 世纪 30 年代萌芽,四五十年代产生的一门新兴的管理科学。第二次世界大战结束前后,最先是在美国,接着是在主要发达国家产生和

---

① 现代意义的风险管理的突出标志是具有独立的管理理念、研究角度、价值取向、一整套科学的程序与方法,并设立独立的机构,配备有专门的人员等。风险管理开始在一个企业发展中拥有非常重要的地位与作用。

发展了以企业的静态风险为主要管理对象的风险管理学科。其标志之一是风险管理由早期的作为企业其他管理的一种附属性管理发展为一门相对独立的管理,具有独立的管理职能与作用、明确而独特的管理目的与方式。今天西方国家许多大公司企业甚至政府性组织都专门设有风险管理组织,配备专门人员来负责企业的各种风险识别、风险测定和风险处理等方面的工作。随着市场的变化莫测和企业之间竞争的加剧,风险管理的发展和变化不但适应和满足了现代企业生存与发展的需要,而且使自身具有越来越旺盛的生命力。20世纪60年代之后,国际上一些较大的组织开始减少对保险这一传统方式的依赖,转而充分使用或组合各种有效的管理举措,这使得风险管理的功能与视野得以迅速扩展。随着国家之间风险相互传染的急剧增加,到了70年代中后期风险管理就开始进入一个全球化阶段,出现了许多全球性的风险管理联合体,而对风险投资行为的特别关注也是这一时期的一大特色。到了90年代,保险开始与其他的风险管理组织和活动进行全面整合或融合,出现了安全工程、系统安全等复合型的风险管理。进入21世纪后,由于巨灾风险和恐怖风险的增加,政府也积极地介入了风险管理领域,保险公司和其他的防灾减损机构也加强了国际合作,对于突发事件的预警和公共灾难的处理成为新时代风险管理的一大特色。这种发展变化,使得风险管理的含义与内容越来越丰富。

作为一门科学,风险管理在美国的产生不是偶然的,这倒不完全是因为美国的保险业发达或其市场经济发达。美国的企业之间竞争的激烈远甚于其他国家,这才有对企业所面临的风险的深入研究、把握与化解的动力。整体上看,美国企业的风险管理现在仍然是世界上水平最高的,甚至有很多企业借助于社会上各种专事风险研究、咨询、执行的独立部门来进行自我的风险管理,即相当一部分企业风险管理由最初的内置已经转为外部即社会化配置。相比之下,中国早期的风险管理理念与做法,多半局限于个人修身养性的范围里,没有把它发展为可用于企业经营管理的方法。折射到今天,中国个人的风险管理做得较好,而西方国家企业的风险管理做得较好。

可以从不同角度对风险管理进行归类。如:根据主体的不同可以把风险管理分为个体风险管理、企业风险管理、政府风险管理等;按照所管理的风险的性质和多少,可以把风险管理分为纯粹风险管理、投机风险管理、市场风险管理、政治风险管理、单一风险管理、综合风险管理;按风险可能危及的对象分则可以把风险管理分为财产风险管理、人身风险管理、费用风险管理、利润风险管理、责任风险管理和信用风险管理等;按企业经营管理的部门来分可以把风险管理分为生产风险管理、购销风险管理、财务风险管理、人事风险管理等;按风险管理所处的层级分可以把风险管理分为宏观风险管理、微观风险管理等。

二、风险管理的原则和要求

为了提高风险管理的科学性和效能,在风险管理中应遵从一些基本原则。

(一) 要有强烈的危机意识

即时时处处事事都要防万一,加强危机教育,树立人们的风险意识。做好各种防范与化解风险的预案,必要时要进行实验或演练。要有强烈的责任心和严谨的科学精神。在成本与效益观念的基础上,预防在先,投入在前。在美国,很多项目早期可行性研究的费用占整个项目开发的费用比重很大,这很值得肯定与借鉴。

(二) 遵从正确的风险管理理念

观念的落后是最大的落后。要不断地更新风险管理理念,如系统思想、继承与扬弃、长久

观念、总体观念、平衡观念,多探究、多实证、多准备,保持开放性与变动性。

（三）确定并追求一个合理的、有限的目标

即：设定一个经过努力能够完成或达到的目标,不管是业务规模目标、利润目标或者是风险管理目标,都要合适有度,一旦跨过了合理的度,益就是损或者益会转化为损。目标不能定得太高,根据不同的风险性质及损失后果制定合理的目标。需要注意的是,风险管理的目标并不是彻底阻止风险及损失的发生,因为这是不切实际的,而是谋求建立一种总体上花费少、保障程度高的风险管理体系。

（四）做好资料数据等基础性准备

尽可能全面、系统、完整、准确地搜集、掌握相关资料和数据。并能够合理地对资料进行分析,通过设立合适的评价指标来进行风险的识别和估算。

（五）学会权衡

采取的风险处理方法要考虑企业对该费用的承受能力,并考虑可能的获益和可能的减损值,要结合企业的其他目标进行综合权衡。不轻言牺牲但在必要时要主动牺牲,如共同海损。在各种损益权衡中,人的生命与安全健康最重要。

（六）准确识别和选择

要尽可能列出所有的风险,并尽可能对之都有相应的处置措施。所选取的风险处理方法要合理有效、可靠、可操作性强。从最优决策向可行性决策的转变是当代管理学科的一大进步。当一种方法不足以应对时,要整合所有的方法,综合地充分利用一切力量和资源；除了方法间的互补,企业内各部门间的配合以及对企业外的各种资源的利用也很重要。先宏观后微观,由面及点,在把握大势的基础上,具体问题具体分析。

（七）重程序、重制度并赋之以人的灵活性和创造性

把握好"应当的"、"纯粹的"和"实际的"、"能够的"之间的折扣度。严格遵守风险管理程序,不但能够避免风险而且能够控制系统风险和大的风险,在此基础上,充分发挥决策执行者的能动性,则能够应对情况的变化,减少前述的折扣度,贯通风险管理的环节与提升效能。要建立一套较科学合理的评估机制和反馈—总结—推广—提升系统,以不断提高决策和执行的有效性。

三、风险管理的目标

确立目标时应注意风险管理目标与主体整体目标的一致性,成本与效益间的对应和平衡,还应注意个体对安全性的态度和接受风险的意愿等。风险管理目标包括总目标、损失发生前目标和损失发生后目标三部分。此外还有风险管理各阶段的目标与任务。

（一）风险管理的总目标

总目标是力争以较小的代价获取较大的安全保障。由于风险本身有存在和发生的区别,因此这一基本目标又可以具体分解为损失前和损失后两部分目标。

（二）损失前的风险管理目标

这一时期要管理的是可能存在但尚未发生的风险。应通过种种方法力求避免、消除或减少风险的发生,即通过针对风险因素做工作来降低风险发生的概率。确立执行各种安全规范

标准。其具体目标有：

1. 消除存在的风险,减少风险事故的发生次数。

2. 以尽可能少的支出力争做到对所有的风险都做好较充分的准备,特别是通过预防来减少潜在损失的发生。

3. 减轻个人和企业因风险和损失的客观存在而产生的心理压力与精神焦虑。风险本身并不可怕,其发生后导致的巨大影响和难以承受的后果才是人们烦恼和忧虑的根源。因此,风险管理的目标之一就是有备而无患。比如只有求得损失补偿之保证,个人和管理者才会有"a quiet might sleep"(睡得很深很稳),而心神安定正是保险的重大价值之一。

4. 遵守和履行社会赋予家庭和企业的社会责任和行为规范,如交通规则、公共安全等,任何个体风险一旦发生,往往也会带来社会影响。所以做好风险管理就能为人们提供安全的生产生活环境。

(三) 损失发生之后的风险管理目标

此时风险已经发生并造成一定的损失,就需要面对损失来做好风险管理。这是损失前风险管理的延续,由于风险之发生不可能完全避免或被消除,它也并不表示损失前的风险管理就失败了,这时应及时采取合理的举措,力求尽快并最大限度地恢复到损失前的状态,即:尽可能有一个令人满意的重建和复原,或借此脱胎换骨改变并超越损失前的状态。具体应达到如下目标:

1. 通过积极有效的抢救和补救措施,防止灾害损失程度的蔓延和扩大,控制和减轻损失的危害程度。

2. 及时提供经济补偿,维持企业的继续生存并尽快恢复正常的生产经营,在此基础上稳定和增加收入,向社会提供良好的持续的产品或服务。

3. 减轻灾害或不幸事故对个人和家庭的影响。

第五节　风险管理的程序

风险管理的程序是风险管理要依次经过的环节与步骤,它是对风险管理的全过程根据其内容与特点、任务与要求的不同所进行的科学划分,这些环节在时间上表现为周期性循环的过程,这些必经的步骤是长期以来对风险管理研究和实践的科学总结,遵循该程序开展风险管理工作被证明不但是富有成效的,而且可以避免产生较大的差错。风险管理一般划分为目标的建立、识别风险、测算风险、综合评估风险及影响、比较选择风险方法与技术、方案执行、管理效果的跟踪评价总结及反馈等阶段。

一、识别风险

识别风险是风险管理的第一步,是针对风险的存在而言的。它是企业对所面临的客观存在的、甚至是已经感觉到其威胁的但是又尚未发生的各种潜在的风险所进行的识别、判断、分析、归类、性质鉴定等项工作。正确识别风险是成功的风险管理的基础,如果对风险作出了错误的识别,或者将一些重大的风险忽略掉了,那么无论后面几个阶段的工作做得多么精细,都不可避免并无可挽回地导致风险管理的失败。由于风险识别是某一主体对其一定时期内在特定条件下从事某一活动是否存在风险、存在着什么样的风险,这些风险的条件、根源和可能性大小的判断,所以风险识别要完成两大任务:一是要判别和列明都存在着哪些风险;二是要分析并列出这些风险之所以存在的原因。如果说识别是否存在某种风险要依靠一部分主观判断,那么在分析它们的风险因素的过程中则必须是高度理性化的,既要强调逻辑推理又要重视实证分析。一般地,只要判明了企业中存在着什么风险就意味着在一定程度上找到引起这些风险的因素。但由于引起这些风险的原因十分复杂,因此有时虽判明了或感知到了某些风险,但是要找出它们的原因(特别是比较全和比较强的原因)仍然面临很多困难。特别是多种类型的风险和原因相互交叉、错综复杂,有些风险还是其他风险的成因。这除了给识别风险带来困难之外,更多的是要求我们必须采取科学的方法,而不能只凭主观臆断。先宏观后微观,先大的类别后具体,内外部相结合,系统性和连续性等都是在识别中要坚持的。理想的识别是把所面临的所有风险都识别出来,没有遗漏;但风险的动态性使得要做到这一点非常困难,而通过一些科学的方法来保证不遗漏较大的风险却并非不可能。

识别风险的主要方法有:

1. 生产流程分析法。就是根据不同企业、不同的生产工艺流程,或者某一项目或活动的不同部分和内容,对每一阶段、环节、部分逐次进行调查、判断、分析,以发现和判明各种风险和风险因素。这种方法的优点是明显的,它不会因为人们只关注某些环节和内容中的风险而忽略了其他环节和内容中的风险因素,但对一些跨环节的风险,即总体性的风险,则需要进行综合性分析。也许每一环节都有"瓶颈",而不同环节的最大隐患的性质、影响又有所不同,这也产生了一个从总体上进行比较和取舍的问题。

扩展阅读 1-3　　　　　典型企业中的风险识别

一个典型的企业中一般存在如下风险:

市场风险:是指市场发生意外变化,使企业无法按原定计划销售它的产品而带来的风险。引起市场风险的原因主要有:企业对市场需求预测失误,未能准确把握消费者偏好的变化;新的生产技术或新的替代产品出现,使企业的产品在市场竞争中失败;等等。

生产风险:是指企业生产过程中由于意外事件的影响,不能按预定的成本完成计划而产生的风险。引起生产风险的主要原因有:生产过程中意外事件的发生,如火灾、水灾、地震、爆炸等迫使生产过程中断;生产计划失误,造成生产过程紊乱;生产技术达不到预定要求,使生产过程受到严重影响等。

财务风险:是指企业收支状况发生意外变动,给企业财务造成较大的困难而产生的风险。财务风险是企业风险的综合反映。引起财务风险的主要原因有:企业借出的款项由于债务人经济状况不佳而拖欠或因破产而造成死账,这些款项无法收回;意外变故使企业取得外来贷款发生困难或者已接受的贷款因利率过高或经营失误而无法偿还。

人事风险:是指企业的重要人员发生意外的事件或变动,给企业的生产经营造成重大的影响而产生的风险。企业经营的好坏,往往与其主要领导人的学识、才干、品质有关,所以很可能由于一些有能力的企业人员调出而使企业遭受严重损失。引起人事风险的主要原因有:高级管理人员和重要的技术人员"跳槽",使

（续上）

企业的生产计划或技术开发受到影响；管理人员和技术人员泄露企业机密或发生其他影响企业利益的行为；重要人员的伤、病、死，给企业的正常运行带来不利影响。由于今天的竞争是人才的竞争，各种人事风险对企业成败的影响就更大。人才的流动性和人本身的能动性，使得劳动和对劳动力的投入也存在着风险。正如布雷弗曼所说，人类劳动摆脱了由动物本能支配的刻板轨道，变成了不确定的东西。弗里曼也说，对人力资本的投资，如同对物质工厂或股票市场的投资一样，是一桩有风险而不确定的交易。他们都指出了劳动力在培养和使用的过程中存在着一定的外部性。

环境风险：是指企业外部环境的意外变化打乱了企业预定的生产经营计划而产生的风险。引起环境风险的原因主要有：社会道德风险的变化使企业的生产经营受到影响；国家宏观经济政策的变动，如紧缩银根、调整汇率、税收政策的改变等，使企业受到意外的损失；企业的生产对环境产生了意外的污染而受到经济上的制裁；等等。

在实际经济生产中，企业的各种风险因素往往交织在一起，使引发风险的原因错综复杂，所有这些都会使企业受到不同程度的影响。

2. 资金财务分析法。即：依据企业的资产负债表、财产目录、成本与利润报表和损益计算书，对企业的流动资产、固定资产的构成和变动进行动态的比较和分析，对企业的成本构成和变动以及影响利润和效益的因素进行分析，并审查企业的会计报表和企业与外单位的各种合同，以调查了解企业的财务状况和各种合同的实施情况，进而分析潜在的财务损失，制定风险清单，列出风险一览表。由于财务状况是企业经营管理的一个综合性的、结果性的反映，这种风险识别方法也就带有综合性。但实际上有相当多的风险及其影响难以在财务上被很直接、准确地反映出来，因此单纯地进行财务分析就可能掩盖一些风险，使用这种方法时还必须同时采用其他方法。

3. 背靠背的专家意见法。由风险管理人员给出企业的基本状况介绍和各种数据资料，并设定一些风险调查方案，列出一些风险及风险因素；聘请若干名不同年龄的、甚至不同领域的专家，由风险管理人员以通讯评估的方法把上述资料、方案和要确认的问题分别寄给这些专家；专家们根据所提供的资料、数据，在他们之间互不知情和互不见面的情况下独立地提出自己的意见和分析；风险管理人员回收、整理专家们的意见，把其中相同的意见和分析确定下来，但倘若企业其他人员或社会的其他方面对此有不同的看法，也可以把这些疑问或者异议，连同那些在不同专家之间的不同意见再以一对一的见面方式或通讯评估方式反馈给每位专家，让专家们再一次根据资料、数据以及别人的看法独立思考后第二次提出意见，比如，他坚持的某种风险会存在的理由；如果专家们的意见仍然较为分散和不一致，或者专家以外的人群有新看法，仍以上述方法反复进行，直到各种判断逐步收敛到一定程度为止。风险管理员可以决定在某一合适的程度上停止反复，并把这个基本一致的结果整理出来，此时可以召开由各个方面人员参与的管理会议，或者把这些专家召集到一起，就最近的结果进行面对面的讨论和分析。这样下来，最后的结果就是一个集思广益的风险识别报告。由于采用这种方法，专家们是互不见面的，他们对风险的判断就受身份、资历、性别、年龄、权威性等影响较小，从而对风险的看法较

为客观中肯,特别是资历较浅的专家在这种方式下会有勇气坚持自己可能正确的判断。

4. 筛选监测诊断法。筛选是对各种风险因素进行分类,列明哪些因素会引发风险,而哪些因素明显不重要,哪些还需要进一步深究,通过这一步有利于排除干扰,将注意力集中在那些可能产生重大影响的因素上。而监测则是对涉及可能与这种风险有关的产品、过程、现象或个人、群体等进行观测、记录和分析,以掌握随着企业活动范围和发展趋势的变动,相关风险的可能性及其后果的变动。而诊断则是根据风险状况与可能的因果关系进行评价、判断,找出可疑的原因并进行仔细检查,通过正确的诊断以求准确识别。筛选、监测、诊断三者之间皆用了疑因估计、仔细检查和征兆鉴别三个相同元素,但顺序不同。筛选中:仔细检查→征兆鉴别→疑因估计;监测中:疑因估计→仔细检查→征兆鉴别;诊断中:征兆鉴别→疑因估计→仔细检查。

5. 保险调查法。个人和组织可以委托保险公司或风险管理咨询机构对其所面临的风险进行调查和识别,这些专业性的风险管理人员不但有丰富的风险识别经验、规范的风险分析方法,关键是外部身份使他们有一个独特的分析识别视角。

6. 全员风险列举识别法。风险管理部门及人员在工作中也会有错误或遗漏,动员和组织更广泛的企业员工参与风险识别,无疑会提高风险识别中的全面性,非专业人员和专业人员之间也能实现更好的互补。社会发展史表明,非专业人群或边缘性人群往往是变化和创新之源,风险管理上亦是如此。

最后,由风险管理人员把由各种方法所识别的各种风险进行排列和分类,可以按照直接的和间接的,或者按自然的、社会的、经济的、法律的因素进行归类,为下一步的风险估测做好准备。

二、风险的估算

风险的估算是风险管理的第二阶段,是整个风险管理中较关键的一环,不但因为这是承上启下的一环,而且通过这一步对风险的定量化分析,能够对风险的认识和把握更加全面和深入,从而使日后对风险进行综合评价和选取风险处理方法有了依据。风险估算就是对业已识别出来的各种风险的性质、发生的可能性及其可能造成的损失进行估计、衡量和确定。它的两个主要任务是测算风险发生的概率和确定风险可能带来的损失。对个别企业进行风险测算是有局限性的,受估算目的、用途、角度、资料等的制约,很难准确量化。即使估算准确,也多限于本企业或本行业范围内,而很少具有推广和参考价值,但是客观角度的估算又容易流于宏观化和浅表化。如果没有细致入微的分析作配合,或者按照行业特点进行修整,其估算的微观用途可能就不大。估算的前提之一是获得足够的历史数据和资料,借助于统计分析来得出风险的数值,若信息残缺不全,风险管理人员就难免会根据自己的经验进行估算,这是一种主观的估算。主观估算并不仅仅是无奈的,有时还是必要的。事实上,只要不是随意的、非理性的,主观估算比客观估算对人的知识和能力的要求更高,所以在估算中既要尊重经验,更要依靠科学。当数据方面的条件不具备时,还可以用模拟的方法对风险可能发生的次数、进程、后果进行推演,建立起损失分布。在某一时间里面,估算出其最大、最小的损失规模及平均的损失规模。如果有可能,还要把风险发生和损失程度在时间序列上表示出来。估算风险的方法很多,最常用的是概率论和数理统计,以样本来推估总体。如:用抽样分布与统计推断理论,风险管理者便可以从少量的样本中预计未来的损失,预测总体的性质以及这些样本的可靠程度;通过平均

数、中位数、众数等来度量风险损失的集中趋势;通过计算样本的标准差、方差以及总体估计的标准差,估算出风险损失额区间,并描述出风险损失围绕中心值的离散程度;用普阿松分布可预测企业的工程事故、机器故障、产品责任事故等风险损失发生的频率;用正态分布和二项分布可预测一定时期一定范围内某些风险如价格波动发生的概率。风险估算的另一个重要工作是根据计算结果对风险划分等级,划分的指标有风险的性质、类型、频率、损失程度等。在对风险进行估算和定级时,要注意把风险的存在与风险的发生既联系起来又要区别开来。在风险的比较中,要综合运用各种指标。在风险估算完成之后,就可以进入下一个风险管理阶段。

扩展阅读 1－4　　风险管理的瓶颈之一:计量不可计量的风险

风险管理的理念与方法在对付传统的静态风险方面已被证明是较为有效的,但今天的风险管理已越来越多地涉及动态风险这一对各方面都更具威胁与挑战的领域。用动态的方法去分析、化解动态风险在当前对我们来说仍是一个非常困难甚至不可能之事。已能部分或全部做到的,是把动态风险静态化,即:通过把一些不确定因素依人为设计的指标转化为确定的因素,来建立起对动态风险分析、估算等的数量化平台,这种迂回或异化的处理当然难以做到十分准确,以至于现实中常出现这样的现象:一些经过反复考量的结论,竟然不比简单的直觉判断更为准确。这表明,受限于整体水平与进程,风险管理的一些做法尽管很重要但其作用仍然有限,不能以之为唯一指标来评断企业的所有努力。合适的做法是凭借这一过程中所提供的风险角度的信息,成为企业决策与行动的重要参考。

三、对风险的综合评价

风险的综合评价是在对风险概率和危害程度等风险事故自身的特点的估算和把握的基础上对照公认的安全指标,结合其他方面的因素来综合考虑风险的影响范围和波及程度。这一步主要是引入风险自身之外的因素,从应采取的措施角度对风险作更全面的评估和分析,如消除隐患、化解风险的费用,可能的损失数量与因之可能的获益之间的比率关系,风险的社会、政治、经济等的影响,从而为行动或者不行动、如何行动,即行动的范围、规模、方式、程度和变化等提供依据。这种不再局限于风险本身的经济性评价是选择风险管理技术的最后一步,正是这一步把企业的风险和未来的经营管理结合起来考虑了。

四、风险的处理

风险的处理是风险管理的第四个阶段,必须经过这一步才可能实现风险管理的目标。风险的处理是一个选择决策并组织实施的一个统一的过程,其中心是依据风险评价结果来选择和实施恰当的风险管理技术,并通过执行和协调来控制和化解所面临的风险。当某一种方法不足以应对时,可以组合不同的方法,也可以在一次处理中分别使用不同的方法。所选择的方法的合理性在很大程度上取决于风险识别、估算、评价上的准确性,也受选择者的理念和能力的影响。处理风险的效果则除了正确的风险管理方法之外还取决于执行得如何,应完善顺利

执行的保障。除了正常的合理的调整之外,应防止和减少执行中的各种异化。

五、评估风险管理的效果

这是风险管理周期的最后一步,它是在风险管理举措实施一段时间或暂时告终之后,以合适的指标和方法,对风险管理的技术适用性和收益性等方面及其可能引发的变化和走向进行分析等一系列检查、评估、修正或弥补、反馈以改进的活动和过程。比如,所采取措施的成效、是否成功地避免和化解了某种风险? 还有哪些风险和损失是此前没有考虑到的? 所选择的方法在具体实施中的可操作性和有效性如何? 机会成本有多大? 等等。通过这些回顾和总结,来评估风险管理的目标这一最重要的保障意图是否实现,明确可以适用推广的经验。

第六节 风险处理技术

风险是分层的,不同的风险应进入不同的管理渠道,被不同的方法所处理。战争、暴乱与罢工等政治类风险应由国家或政府来管理,百年不遇的大灾巨损需要政府组建一个多主体参与的保障体系来管理,那些频繁发生但损失很小的风险可以采取自留或自保来处理,发生概率小而损失程度较大的一类风险最好通过商业保险方式来化解。选取合适的风险处理办法应根据风险的特点并考虑主体与环境情况。技术要合适、实用、有效,有时需要组合运用很多方法。这些体系与技术可以做成针对不同情况的预案,在实施中只需要略微调整即可。风险管理技术分控制型与财务型两大类。控制法是以各种技术措施来避免、减少各种风险与损失,控制型包括避免、预防、控制、分散、分担、抑制等;财务法则用经济手段为风险损失之后果提供补偿资金,财务型包括自留、转移等。

一、对风险的避免

风险避免是通过不去做某些事来回避与此事相关联的一些风险。如为避免坠机伤亡而不坐飞机出行,为避免碰撞事故而不购买和驾驶汽车等,怕染病菌而不去医院探视病人,或为了避免呆账损失不敢贷款给企业开发新产品,等等。任何一项活动都含有一些特定的风险,通过不作为来直接避免其潜在的风险,是一种简单又彻底的处理风险的方法。

该法虽直接有效,但多消极,有因噎废食之嫌。其局限性表现在:首先,很多情况下有些事情是必须做的,是不应、不能也无法回避的。例如,出于道义或责任,必须深入疫区察看进而设法控制疫情等。其次,回避固然避免了一些风险,但同时也放弃了与该类事件或风险相联系的一些利益。再次,虽然避免了该类事件中的风险,但因采用别的方法或改做他事则会面临和产生其他一些风险。人在社会中,不可能不作为,而各类事件中都有风险,只是风险不尽相同罢了。最后,如同进攻可能是最好的防御一样,有时只有积极有为,不惧怕风险,才能有效地避免和化解一些风险,而一味地回避与过分谨慎是难以躲避风险和损失的[1][2]。

---

① 当然,某些回避则是正确合理的,如远离毒品、不占小便宜、暂不去战乱的国家旅行等。应视具体情况相机决定采用该方法与否,这也关乎一些人(群)的生活态度。

② 一个有趣的说法是,某些人觉得在外工作奔波容易遭受意外伤害甚至死亡,以为待在家中、躺在床上最为安全。但一项统计数据揭示,人们在床上死亡的概率是最高的。

二、对风险的预防

预防风险是在充分估计、密切注视、随时检查与分析的基础上，及时发现风险之征兆，采取各种针对性措施消除事故隐患，减少风险发生的可能性，这是一项安全工程。如：在高层建筑上安装避雷针；设置安全通道并保证畅通；坚持锻炼身体，合理饮食；对汽车定期检查与维修；注射各种防疫针剂；在汛期雨季前加固堤坝与房屋；等等。古语"生于忧患，死于安乐"，讲的就是预防风险的道理。

预防风险是社会防灾防损的重点。预防是未雨绸缪，防患于未然，把风险之萌芽扼杀于摇篮中，避免始乱终弃等后果。预防代价小，又能有效减少社会财富损毁和人身伤亡，社会效应好。因此，我国在对各行各业各种风险的管理上，历来强调以预防为主。

由于预防是在风险发生之前为阻止或减少风险发生所采取的措施，有些个人或单位受侥幸心理指使，或者对预防的积极重大效果认识不到位，便不重视预防，不愿意在灾害发生前多投入人力、财力等，往往在重大灾害事故之后才有了痛切的认识，才开始重视某方面风险的预防工作。教训惨痛，不能再因为看不见风险或为了节约开支而没有做好预防工作。即使预防费用开支大一些，也不能简单地只看到货币支出的多少，还应看到和肯定预防所带来的社会效益是其他风险处理方法所无法比拟的，更何况预防也是一种发展轴，发展取向，一种产业。当然，预防并非万能，风险之发生不可能通过预防一关而完全避免。应在做好预防的同时，合理配之以其他风险处理措施，以获取更好的管理效果。

预防与回避虽可以取得某些相同的结果，但预防是通过一些举措对某些事件中可能出现的风险及损失进行防范与排除，是针对风险因素而非针对某一项活动或项目本身；回避则是取消这些事件或活动项目，是对事件本身的直接回避。预防更积极、主动、乐观，而回避则有些缩手缩脚，不敢正视风险，显得保守悲观些。

三、对风险的控制

风险控制包括事前控制和事后控制。事前控制是通过选择、交易或安排，把不确定的损失改变成可控的有一定损失边界与范围的事件。一般有对损失总规模的控制，对损失结构与类别的分项控制等。事后控制即在灾害事故发生时或发生后，为防止灾害事故蔓延，尽可能缩小损失程度而采取的一系列施救措施。

风险不可能完全被防范或消除，对风险的管理就是一个连续的过程。"小洞不补，大洞吃苦"，"亡羊补牢，犹未为晚"，表明了做好风险控制的重要性。

控制与预防的区别，犹如消防队与防疫站之别。预防以减少风险发生为目标，控制则以减少损失为目的。它们是风险处理系统中两个相互连接、相互配合的步骤与环节，统一于共同的最终目标。做好各种风险预案，合理、敏锐、灵活地执行好各种预案，不但能实施对风险的良好控制，还能把预防与控制有机结合起来。

四、风险自留

风险的自留即由单位和个人承担自身的一些风险，用自有资金补偿风险损失的一种风险处理方法。风险的自留或自担是一种最原始也是最普遍被采用的方法。风险自留分为主动自留与被动自留。

　　主动自留是在充分认识、准确估计的基础上,对一些已存在的风险,认定自留是唯一的或较佳的处理方法,从而自觉主动选取自我承担这些风险的一种处理方式。对那些损失很小自身完全有能力承担的风险,或者通过比较不同的方法采取自留在经济上较为有利的那些风险,或者没有其他的处理方法、也不可能转移因而不得不由自己承担的风险,就可以采取主动自留的处理方法。主动自留风险是在有一定预见性前提下的理性决定,也就是能够为之提前积累一笔专用基金,所累积的资金准备应不小于自担风险的可能的最大损失值。若准备的资金少,难以完全应对风险损失;但若资金量太大,一是不现实,二是因经济上不合算且不可行,因为大量的资金占用于此不利于企业的生存发展和竞争能力的提高。所以,即使是主动的风险自留,也有明显的不足和限制。

　　被动自留是指由于缺乏风险管理知识,对有些风险觉察不了、判断不出来或预测不准,从而在风险发生时,不得不由自己承担风险损失;或者虽已知风险存在,但却麻痹大意,不予处置,或因侥幸心理而轻信自己可以避免这些风险,或因不具风险处理技术无法采取措施而造成的损失不得不由自己承担的种种情形。被动自留要么因为无知,要么因为大意,或是因为不积极主动想方设法而造成的,其结果往往是不经济或不很佳的一种无奈之举。

　　自留风险作为一种风险控制举措在现代保险业中被广泛采用。如:在不足额保险中,投保人自身就承担了一部分风险及损失,比例保险也是如此。共同保险条款就是约定保险双方各自承担风险责任的规定。一些较大的企业集团也采取类似自留的自保或互保的方式来进行风险管理。

五、转移风险

　　转移风险就是把自身面临的一些风险及损失通过种种渠道转移给他人承担的风险处理方法。转移风险主要有直接转移与间接转移两大类别。

(一)直接转移

　　直接转移是把一些包含着风险的财产或业务转给其他个人或单位,从而也就把所包含的风险转给了他人。

　　1. 出售或转让,如出售危房、卖掉病牛等。此举把与所有权相关联的一些诸如价格涨跌、损坏、倒塌、病死等风险转嫁给了购买者。

　　2. 转包,如把自己承接的工程再包给别人。

　　3. 套头交易(hedging)又称套期保值,是通过买进或卖出期货来避免交易风险的方法。在商品交易市场上就是通过期货买卖抵销价格变动对现货交易可能造成的损失,即在现货市场上买进一种商品的同时,又在期货市场上卖出同一商品同等数量的期货,或者相反操作。这样,在该商品价格发生波动时,期货和现货的价格会同样变动,但因交易方向相反,故而交易的盈亏可相互抵销,从而起到保值或预防风险的作用。这种方法在国际金融交易中也常采用。

(二)间接转移

　　间接转移是指并不转移财产或业务本身,只将与财产或业务有关的风险转移给他人的风险处理方式。

　　1. 租赁。在租赁期内可以转移相当一部分风险。

　　2. 保证。通过要求担保或保证,债权人可进一步避免风险,而债务人也可以借此分解或

转嫁自己的一些风险。

3. 保险。投保人或被保险人通过向保险公司缴纳一定的保险费用,订立保险合同,把自己面临的一些风险及损失全部或部分转移给保险机构承担。在以"主观为自己,客观为别人"、"人人为我,我为人人"等为理念的商业社会中,这种转移以其理性、提前、平等和强大的风险集散力,成为现代社会最常用也最重要的风险处置方法之一。

六、风险的集中或组合

风险的集中或组合是利用系统原理,把不同的风险集中起来,并通过巧妙的组合搭配,使总的风险减少的管理方法。风险的集中优势也指依据大数定理,利用总体效果大于部分效果的简单之和的原理,把面临不同风险的单位结合起来,使之相互协作,减少损失的不确定性,提高各单位应付风险的能力。例如,企业通过合并、联营、广设网点,采用多品种经营方式,分散和减少风险。相互保险与商业保险也是一种风险的集中与组合的处理方式。

风险的集中与组合受到组织管理水平、财务能力等多种因素制约。就一个普通的个体(个人、家庭或企业团体)来看,由于组合分散有限,操作的非专业性,该种方法的风险处理质量不是很高,难以成为企业处理风险的主导方式。

第七节　风险、风险管理与保险的关系

一、保险承保的只是可保风险

风险的存在与损失的可能,是保险业存在与发展的客观基础。虽然保险业的基本职能是分散风险、分担损失,但保险机构既不是风险的唯一承接者,也不是对所有的风险都提供保障。风险的存在、发生、性质、形态、种类、范围、程度等情况,远比保险的内容广泛而复杂,也远超各种保险合同条款之所及。基于对风险的认识、测算和管控能力,某一时期某一区域内,保险机构一般只对一部分可保风险进行有条件有限度地承保,尽管可保风险的范围与种类一直在扩展或增加,承保条件也在放宽;而对损失可能特别巨大的风险如战争、动乱、地震等则不予承保或不予单独承保,对自残、犯罪等恶意行为所导致的事件及各类动态风险不予承保,与很多新的或特定标的相联系的风险也是不予承保的。有的保险合同对灾后停工停产等间接损失也不予承保。这表明保险的业务范围与风险概念并不重合。

今天,部分风险可以通过证券化的方式进行交易处理,而部分保险险种的投资理财功能突出,表现出去风险化的现象,风险、风险管理与保险似乎成为各自独立发展变化的两个过程。但应该看到,这些现象与变化仍没有在基本层面改变风险与保险的关系。风险仍然是保险的自然基础,风险给保险业提供了产生与发展的理由和机遇,保险的主要功能仍然是分散与均化风险。

二、保险是处理风险的一种方法,是社会风险管理体系的重要组成部分

现代的风险管理是一个庞大复杂的体系,在这个体系中,每种风险都可采取多种处理方式,保险只是其中一种可供选择的方法。特别在商业社会中,每种方法各有长短优劣或者适用

性,因此应根据风险的性质、特点及自身的条件,在一个相对有限的范围内选取最为实用有效或性价比较优的方法,并注意各方法之间的协调配合。风险管理与保险虽都是研究和应对风险的,但保险本身着眼于风险的转移与分散,风险管理则从全局出发,对某一主体面临的全部风险进行综合考虑与处理。应科学认识并摆正保险在风险管理中的地位与作用,既不能过分强调或夸大保险的作用而忽视其他方法的作用,也不能低估保险业的作用而不重视保险业的发展。

三、风险管理意识在一定程度上是在保险意识的基础上增强起来的,风险管理源于保险,范围也大于保险

从历史角度看,现代保险业已有几百年的发展史,而现代风险管理不过是五六十年的事。风险管理意识、处理原则及方法多少都借鉴于相对领先和成熟的保险业。现代风险管理在20世纪40年代的产生与发展,原因之一就是保险业在处理风险上存在诸多限制。比如,为了控制心理及道德风险,规定免赔额或比例赔偿,为避免巨额赔偿限制保险金额等,这使得一部分灾损单纯通过保险是得不到补偿的。保险品种和合同条款是针对过去和现在的风险状况设计和订立的,新的风险不断产生,人们从认识到可用保险方法去处理它有一个滞后的过程。加之风险存在的范围与种类总是广于、多于保险的可保范围。因此,单靠保险一种办法难以完全解决问题,更遑论科学合理了。当保险市场竞争日趋激烈、承保力量相对过剩,而企业的风险管理人员又掌握着主动权时,便可寻求在不缩小承保范围的情况下,通过反复权衡综合考虑,设计出费用低保障强的风险管理总体方案。所有这些都表明,保险业的发展促进了风险管理的产生和发展。

四、保险业的发展极大地丰富与完善了风险管理体系

研究风险离不开保险学、经营管理等相关知识,保险理论研究的发展及其在风险管理上的运用,极大地丰富了风险管理学科的内容。作为一种损失补偿手段,保险业务的开展健全与完善了风险管理体系。出于职业的需要,保险机构对风险管理有着丰富的知识和经验,参保者与保险机构合作,会更好地了解分析所面临的风险,并在保险机构的指导下采取合适的方法处理它,由此大大提高了各种社会主体的风险管理水平。

在西方发达国家,企业风险管理部门和人员与保险机构之间的联系十分密切。这些风险管理人员非常熟悉各种保险业务,他们的许多风险管理经验就是直接从专业性保险机构那里获取的。甚至有些保险机构本身就兼营或设立公司专门经营企业风险管理咨询业务。著名的美国风险和保险管理协会,在学术和实务上都突出了风险管理的保险性。

美国的风险管理,初期的对象只限于纯粹风险,称为"保险管理型风险管理";而德国则把管理的对象扩大到企业面临的所有风险,称为"经营管理型风险管理"或"全面风险管理"。由于社会经济发展中动态风险相对增加更多,到后来,美国、英国和法国等国也仿效德国转向全面风险管理。从企业规模和特点观察,大企业多采取静态风险管理,即"保险管理型风险管理"方式,而中小企业由于受投机风险或经济波动影响较大,因而多采取"经营管理型风险管理"模式。

五、风险管理的发展也大大促进着保险业的发展

保险公司作为一个集散风险的企业,更是面临着各种各样的风险,也需要加强自身风险管

理以获取较好的经济效益。日臻成熟的一整套规范科学的风险管理理念、程序与方法都可被保险公司所借用。如：运用风险识别方法，可以区分可保风险与不可保风险，科学设定自身的责任范围；利用风险测算方法合理评估其结果及影响以合理厘定费率；通过共同保险和再保险以控制分散自身风险责任；用风险管理原则指导企业做好防灾防损、施救整理工作以减少损失和赔付；等等。在理论研究上，加强风险管理的研究可以检视深化保险理论，能从更全面更细微的角度认识把握、发展保险业。

既然风险管理与保险业存在一定交集，风险管理的发展会不会影响甚至削弱保险业的发展？答案是否定的。尽管企业的风险管理与其对保险业务的需求之间存在着某种替代关系，但由于企业面临的风险越来越多、越来越大，而保险作为商业社会处理风险的较佳方法之一，因此，企业风险管理的发展，会向保险业提出更多更高的要求，促使保险业提供更全面更优质的服务，刺激保险业的扩展。特别在我国当前和今后相当长一个时期内，由于风险管理处于较低水平，保险业的发展也处于初级阶段，两者都远远无法满足各个主体对风险管理的要求，因此，风险管理与保险业之间会主要表现为相互促进的关系。

总之，风险管理与保险虽有先后，并在部分与全部、对象、内容、技术与方法等方面存有差异；但它们之间的基本关系仍然表现为相互促进、相互借重、相互完善。风险管理与保险业在理论渊源与业务发展上，或者作为一种经济活动或机制上，都有着密切的联系，它们在发展中相辅相成、相得益彰。很难设想，没有一个高度发达的保险业，一个国家或社会会有一个出色的、健全完善的风险管理体系；同样，没有一个出色的、健全完善的风险管理体系，保险业也得不到有效发展。

 **本章小结**

1. 风险是当代社会的主要问题和特征之一。市场经济更是一种风险经济。在普遍不确定的情形之下，任何主体的分析与决策必须在一个时时变化的新的背景下进行。当然，风险不应该被惧怕或一味地被回避，相反，它应该被积极合理地管理。事实上，风险管理也从来没有像今天这般重要并被重视。由于时代的进步，风险也是可以、且能够被人类不断地更好地识别和处理的。正是风险给保险提供了发展的理由和机遇。

2. 在狭义上和保险学上，风险是一种损失的可能性和不确定性，这是一种统计角度的观察与结论。风险具有人类性、普遍性、客观性、随机性、变动性、两面性等特征。

3. 风险的构成要素有风险因素、风险事件、损失。风险因素可划分为自然风险因素、心理风险因素和道德风险因素三大类。一般地，风险因素引发风险事件，风险事件导致损失。

4. 出于某种需要，依据不同的标准或角度，风险可被归为纯粹风险与投机风险，或财产风险、人身风险、责任风险及信用风险，或政治风险、社会风险、经济风险和技术风险，或从保险角度的可保风险与不可保风险。

5. 可保风险是一个在不同时期、不同公司或不同的保险单上有差别的且其范围不断变动的概念。理想的可保风险一般具备经济上可行；独立、同分布、大量且同质的标的；风险概率及其损失可以被统计、确定和用货币计量的；损失的发生具有偶然性；最好是那类概率较小、损失较大但非特大的风险等。

6. 要准确地描述一种风险，须从风险性质、类别、概率及损失程度进行全面综合考量。

7. 识别与测算风险是风险管理和保险业务活动中具有挑战性的工作。现代科学技术和经验提供了一些很好的方法与手段。

8. 风险成本与风险收益指人们管理风险的支出与获得,它是相对于平均值的一个溢出值,它能表现出人们在风险偏好方面的差异性。

9. 风险单位给出了一个对事故与损失范围或大小的界定。它有一些圈划指标,涉及对风险责任承担能力的判断。

10. 保险学上的损失指的是非意愿的、非能预计的、非计划的、非故意的经济价值方面的减少、灭失和贬值。损失是判读风险的要素之一,也是风险管理与保险业务中的重要参考指标。损失的内容、表现及影响是多方面的。

11. 风险管理的主要程序有风险的识别、风险的估算、选择风险处理技术、执行方案、检查总结与改进等。这是已被证明较为合理、有效且普遍适用的工作步骤。

12. 风险管理的主要方法有回避、预防、控制、自留、保险和其他损失性融资等。这些方法各有其特点及适用性,应视具体情形相机选定。有时需要组合运用多种方法。

13. 风险管理与保险不论在理论渊源还是在实际业务中都存在既有一定独立性又相互借重、相互促进的关系。从风险管理体系与角度看,保险只是其中的方式之一。在概念、内容、手段等方面,风险管理比保险更广泛而复杂。

 复习思考题

1. 如何理解保险是一个知识、信息、能力或心理概念?

2. 分析当前我国个人、家庭、非盈利法人面临的风险,并提出合适的处置措施或管理方案。

3. 分析与揭示不同类别风险因素间可能存在的关系,据此提出一些有效的风险管理建议。

4. 如何合理确定风险管理目标?

5. 把损失限定为经济方面或可用货币量度是否合理? 分析其局限性并尝试建立一套新的评估损失的方法与指标。

6. 当代金融风险、各种系统风险较为突出,请提出一些新的防范化解这类风险的思路与方法。

7. 请罗列房屋、汽车的各种风险因素,并把这些因素按照性质与大小归类和排序。

8. 风险概率与损失程度之间一般是一个什么样的比例关系? 如何根据这一点做好风险管理?

9. 举例说明如何合理确定风险单位。

10. 损失有哪些表现形态? 为何间接损失、部分损失和无形损失更不易确定其程度? 保险上可通过哪些方法解决这一问题?

11. 在对风险的分类中应考虑哪些问题?

12. 为何现代风险管理首先产生于美国? 举例分析与总结美国历史上各领域风险管理的成败得失。

13. 分析比较不同的风险识别、估量和处理方法。

第二章 保险基本原理

 **本章导读**

　　作为一种经济补偿方式,保险是一种金融制度安排,也是保障体系的重要组成部分。本章从给出保险的概念开始,分析了保险活动过程,论述了保险的运作机制,揭示了保险的本质特征。从社会后备基金中引出保险基金的概念,指出保险基金是保险发挥各种功用的物质基础,接着论述了保险的功能与作用。最后从保障方式、保障结构及保障体系的宏观架构中明确保险的地位与作用。

 学习目标

1. 了解保险的内涵与外延。
2. 理解把握保险的特点和性质。
3. 掌握保险基金、保险准备金的概念和构成。
4. 了解保险的功能及作用。
5. 了解保障方式、保障结构和保障体系的含义和内容。

引　　言

　　保险是商业社会里一种普遍而重要的经济保障方式。以保险基金为基础,保险发挥着分散风险、分担损失、经济补偿、投融资及社会管理等功能,保险的发展也受着不同保险性质与功能学说的影响。要很好把握保险的发展方向,就须了解保险的内涵与特征,清楚其属性。

第一节　保险的概念与特点

一、保险的概念

　　对保险下定义就是对其本质的界定,关乎保险业务的性质与范围。由于保险多属法律特许经营的行业或行为,对其定义理解的不同不但易引发争议,一些商业经营者对消费者的损失补偿保证等承诺还可能违反保险法规。

　　中文里"保险"一词的一般意义是指事物存在的安全状态或者运行的安全系数,它含有一

定稳妥可靠、有把握、有准备、没问题、有保证等意义,具有某种强调的意味,主要指向某种状态或结果。它虽与西方作为商业用语的保险含义有差异,但从西方这一概念最初含有的抵押、担保、保护、负担等意义和从后来的"有准备"、"有保证"等实质性内涵看还是有共同点的,只是西方的保险概念主要指向某种机制、过程、方式与手段。据考证,西方的"保险"一词是随着海上保险的发展成为一个专门术语的,后由英国发展完善并传向世界。我国则经由日本传入。本教材中保险是指通过社会化安排,将面临风险的人通过保险机构组织起来,每个投保人通过缴纳保险费实现自身风险的转移与分散,而保险机构或组织通过收取保险费进行管理和运用,对风险进行集中承担,在合同约定的情形出现时,由保险机构从责任准备金中予以赔付的一种经济补偿行为。

2009年修订的《中华人民共和国保险法》给商业保险下的定义是:"本法所称保险,是指投保人根据合同约定,向保险人支付保险费,保险人对于合同约定的可能发生的事故因其发生所造成的财产损失承担赔偿保险金责任,或者当被保险人死亡、伤残、疾病或者达到合同约定的年龄、期限等条件时承担给付保险金责任的商业保险行为。"由于对财产保险与人身保险是否具有共同性质存在分歧,在立法上直接给保险下定义的情形并不多见。我国虽然在立法上给出了一个定义,但通过一个"或"字从合同意义上把两者分开了。

在经济学上,保险是个人通过交易转移机制,把不确定性损失转变为一项确定性成本,实现对某些风险的有效管理。在企业管理学上,保险是一种风险处理方法,通过风险的集散过程成为整个社会风险保障体系的重要构成部分。作为社会保险,保险是构成社会制度的一部分。作为商业保险,它是我国金融制度的一部分。保险是一种"损失性融资"。在商业上,保险是保险机构的一项业务内容。在法律意义上,保险是一纸法律文书,有权利与义务的对应性(对价)要求,虽然这一点在社会保险中比商业保险中为弱。由于各类保险客观上均具有内在的投保人之间的互助性,保险就促使人们在风险与损失面前的合作。

由于保险可以向很多方面展开,有的国家把它归口到贸易或商务部门管理,有的把它划属金融业。但保险的特殊性,使得它在金融业中具有相当大的独立性。保险虽是一种货币基金或准备金概念,与其他金融产业比较起来,它更接近于普通的工商业活动,尽管它也参与投资与资产管理。保险是一门理财术,一门合理合法避税的手段,一门生活艺术。它有较强的技术理性,须有数学原理、计算技术、经验数据、运行规则、风险管控等方面的支持。特定的风险、特定的条件、特定的损失是保险现实化的前提。保险是一种风险与损失期权,比商业行为更重要的,是保险内涵所散射出的一些保险理念,如坦然坚强、悲天悯人的人生姿态。在不同的意义、层面、角度和对象身上,保险表现出了它多样化的方式和极其丰富的内涵。

二、保险的特点

(一) 保险与赌博的异同

从收支间的结果及比例关系来看,保险和赌博存在着相似之处,比如说都要靠运气,都具偶然性和随机性,都是以小博大;也不排除一些主体把保险当赌博去使用,或者把保险设计成赌博。从历史上看,在保险的早期阶段,很多人就是利用保险法规的缺失与漏洞把保险当作赌博去利用。嗜赌者属于风险偏好一族,在博彩中也有巨大的心理压力成本和钱财机会成本。

商业保险既然是一种交易,也就很难把它划入纯粹的善事之列。但保险作为一种对不幸者的帮助和对灾损的补偿,总是能赢得社会的肯定与许可。与制造和增加风险的赌博不同,保

险是对风险的转移和化解。保险机构经营保险业务是基于科学的计算,合乎理性的运作,使自身得以生存和发展并对参保者负责。而赌博则完全靠侥幸和机会,两者的运作基础有所不同。

（二）保险与储蓄的异同

两者都是将现在的一部分收入或资金以形成后备资金的形式留作将来的准备或需要,这是它们的联系与统一之处;都是一种金融活动,为了调剂或保障未来的生产生活;从广义上来讲,储蓄也是一种自我保险;在人寿保险中具有较强的储蓄性,表现为储蓄性和保障性的统一。

但两者之间的不同也是明显的,储蓄是个体行为,完全取决于个人意愿,无须求助他人,储蓄者与银行之间是一对一的支付关系;储蓄者对储蓄资金拥有较大的支取灵活性;储蓄由于是在时间上的一种自我努力,所以存入大量的资金,并且需要很长的时间才会积累起一笔较雄厚的待用资金,即储蓄需要本金、时间和利率等方面的配合,除非利率很高,否则在较短的时间内,利息对于本金显得较小;储蓄的利率主要是参照社会平均利润率与通货膨胀率来制定,大多数储蓄品种不需要特殊的计算技术,所以储蓄性产品是较为简单的,为绝大多数普通人能完全熟悉掌握的。居民储蓄的前提是拥有闲置的货币资金,它属于信用调剂范畴,多数储蓄事前并没有专一明确的目的,或出于安全便捷的考虑,或出于保值增值的考虑,或为了满足流动性需求,要么是处于待机的考虑,有时可能是无奈的做法。当然,一些特种储蓄和有明确目的的除外。

保险是一种社会互助,需要多数人参加才能实现风险的分散;保险基金的专用性很强,保险机构必须按规定收取、积累、投资和支付。保险费虽然是保险公司对投保人的一种负债,但它强调的是整体对应关系,即只对那些遭损者支付保险金,投保人本人也不能随意动用,除非他中途退保,这时他要被扣除一部分资金,这种经济上的制约使得保险上的退保与储蓄上的自由灵活支取对领取人而言就有较大的差别。保险一般是缴纳少量的保费,只要在保险期内发生了保险事故,被保险人就可能领到大量的保险金,而与合同生效后的时间长短无关。保险费率主要依据风险损失率和保险业的经营成本等来确定,厘定的技术比较复杂;保险合同比储蓄更为复杂,一般人员难以完全通晓。保险主要强调群体的共同努力。如果说储蓄是一种资产,那么保险对于投保的个人和企业则意味着一项硬成本。保险的目的较为明确,就是为了对付因风险和损失所产生的经济需要。如果说储蓄仅能在时间上调剂个人收入和消费,那么保险则是在时间、空间、个人和他人之间、单位与社会之间甚至是在全社会或国际范围内调节基于损失的货币分配。保险和储蓄作为不同的金融产品,可以满足不同人群的不同需要,从这个角度看,两者无优劣之分,两者之间的异同使它们既存在竞争替代又存在合作互补。

（三）保险与救济的异同

两者都是为谋求生活正常稳定的一种救助行为,它们的目的相同。区别是保险双方有对等的权利与义务约束,各有获取与付出,而救济是政府或民间的单方面行为,不要求权利与义务的对等,救助方并不需要被救助方的对等回报;保险责任和赔偿数量由保险合同规定,受法律保护,在事故发生后必须履约或兑现,而救济不救济、救济多少,则完全取决于救助方的意愿和能力,作为一种无偿救济,它并没有合同的约束;保险基金要在科学计算的基础上进行收取积累使用,救济资金则来源于财政预算拨款和社会捐献,多采取现收现付法,其复杂性和事先积累性较弱。

（四）保险与保证的异同

保险与保证都是具有法律效力的合同行为,两者都是对未来偶然事件所致损失进行补偿

的方法。两者不同处是：保险体现的是众人间的互助关系，且保险机构与投保人之间有对等的权利和义务关系的约束，保险合同也是一种不依附其他合同的独立合同；保证则是保证人对债权人的一种担保和承诺，是债权人用以保证其权益的一种手段。在最初，保证人与债权人之间也不发生实质性的业务关系，债权人不承担义务，只有债务人与保证人承担义务。保证合同也是一种从属于债权债务合同的一种合同，不能独立存在。

第二节　保险的性质与发展方向

一、保险的性质

保险的性质有风险性、保障性、经济性、法律性、互助性、科学性、基金性等。

风险性：这是保险面对的主要问题。

保障性：这是保险的主要功能。

经济性：保险作为一种无形的劳务型商品，是通过市场的等价交易来实现的。

法律性：保险的表现以存在形式为契约，这种合同应该在自由、平等的基础上依法订立并受法律保护。

互助性：保险具有一种内在的损失分担机制。

科学性：保险的运行建立在数理统计与其他科学技术的基础之上。

基金性：充足的偿付能力有赖于不断累积的强大的保险基金。

对客户的依赖性：保险的成功运营要有足够多的风险单元和大量的同质风险的存在。众多的人不但愿意投保，而且有持续缴纳保费的能力。

保险供给的适当性：保险产品的数量和品种应符合市场和客户的要求。

保险的这些性质决定了保险的构成元素。

二、保险中的分配关系

保险中的分配关系是随着保险的产生和发展而不断变化着的。不同国家对保险性质的判定影响着保险中的各种分配关系。在最初的风险共同体中，先是投保人之间的关系最重要，后来随着商业化，投保人与保险机构之间的关系变得重要起来。由于竞争等原因，现在保险机构之间的关系又逐渐成为各方关注的焦点。它们之间有竞争，也有合作或联合，共保和分保关系就出现了。随着保险市场主体的多元化和结构的复杂化，投保人和被保险人之间、被保险人和受益人之间、投保人和经纪人之间、保险人和代理人之间、经纪人和代理人之间的联系开始出现并且加强。保险市场中的分配链条也更多、更长、更复杂了。正是保险的分配关系产生了保险的法律关系。保险的合同关系是对客观存在的保险分配关系加以确立、规范和调整。

保险性质的商品市场观点与非商品交易学说之间的争执影响着保险中的分配关系。需要关注和分析的是这种争执的背景、涉及的对象与领域。

过去曾有过保险交易的等价学说和非等价学说之争论，这也是对保险中分配关系性质的不同认定。实际上，不论就单份保险合同还是就所有合同看，保险都不违背等价交换的原则。之所以造成单份合同似乎存在不等价的误解，源于人们对保险的误解和人的侥幸心理。如果考虑到保险的心理价值，这种等价性就无可怀疑了。现代社会不会允许不等价的交易可以由

私营机构在市场上大规模拓展。

三、关于保险的性质之争

在保险形成和发展中,对保险的性质、功能和发展方向存在着不同的看法,由此形成了保险学说中的不同派别。

（一）损失说

该学派认为保险的产生源于风险和损失,强调保险对损失的分摊和补偿。它又分为一些具体派别。

1. 损失赔偿学说。这是在保险活动早期占据主导地位的一种学说。该学派以英国的马歇尔等为代表,是在海上保险产生和发展的基础上形成的一种学说,主张保险是一种约定损失的补偿合同。该学说把保险和保险合同等同起来了,并且把保险行为仅仅局限于保险当事人之间的合同关系。由于它没有能够在较广泛的意义上来阐释保险产生和发展的必然性,因此它虽然能够在私法意义上成功地解释合同保险,但难以解释公法上的强制成立的保险关系,如社会保险等,也难以概括和说明人身保险中的储蓄性和投资性功用,更难以绕过生命、健康的非损失性特性。

2. 损失分担学说。德国的合作主义思潮和社会保险理念也影响到了对商业保险性质的判定。损失分担学说由19世纪末20世纪初的德国学者瓦格纳首创和代表。该学说强调某些社会成员通过保险进入风险损失共同体,在共同体中体现了互助与合作。由于它指出了个体和群体之间的交换关系,强调了团体和集体的作用,所以该学说最接近于保险的本质属性。他对保险的定义有意避开了"损失"字样,变成了在财产上可能遭受不利结果,从而使保险的含义广泛起来。这样就能从经济学的角度适用于对保险的各种解释。该学说对后世影响较大。

3. 危险转嫁学说。该学说源于美国,代表人物是魏兰德。他们认为保险中的危险与损失的转嫁机制是保险的本质所在。该学说明显偏重经济主体利用保险来对静态危险进行管理的作用。它虽然仍难以兼顾财产保险和人身保险的意义,但是它通过公平交易来转移风险的制度性定义成为保险可以进行商业运作和竞争的理论基础,并因此获得了很多学者的赞同。

4. 人格保险学说。该学说认为人体及附属在其上的品性也具有经济性,人的各种精神和力量可以产生金钱价值,如健康、技能、经验、判断力、创造力甚至道德等都是可以定价或者比价的,因此,保障生命价值的保险与保障财产价值的保险是没有什么区别的。

5. 基金学说。该学说强调保险基金是最重要的社会后备之一,通过积聚保险费,保险可以补偿社会经济因自然灾害和意外事故所导致的损失。该学说曾一度流行于中央集权国家,不但政府色彩较浓,而且强调保险与财政、银行之间的联系甚至把它们连为一体。

（二）非损失说

这一类学说都是从非损失的角度来解释保险的存在和作用,并力图给保险一个或全面或全新的概括。非损失学说比损失学说出现和流行得晚,它们多是对保险一些新发展的解释或期望。

1. 欲望满足学说。强调保险的作用是通过经济补偿来满足经济需要或金钱欲望的,包括损失前以最小的费用支出来排解风险,获得一个发生之后的需求满足期权。该学派把保险定义为按照一定的概率算定将来可能发生的欲望,同时强调保险是保障在责任范围内的事故所

引起的金钱欲望的组织。该学说有损失赔偿学说的影子,只不过以需要代替损失,以满足代替补偿,这一代替可以把财产保险和人身保险汇合到一起,虽然有些牵强,并且试图绕过标的的外在特征。

2. 技术学学说。该学说强调保险的技术特性,认为保险的发展和作用的发挥都有赖于各种技术,特别是数理统计技术和资产评估技术。与其说它把保险标榜为一种技术,毋宁说技术是保险业的条件之一,并且让保险具备了科学和理性。

3. 共同财产准备说。该学说认为保险是一种共同的社会准备,这种准备可以化偶然为必然,化未来不确定的风险损失为今天一定的保费支出。这种共同的财产准备可以由保险公司经理,也可以由国家经理。

4. 经济确保说。该学说认为人们参加保险的目的不是为了损失赔偿,而是为了一种经济保障及由此带来的心理上的满足,由此出发才能正确理解保险的特殊使用价值。

5. 相互金融说。在经济日益货币化和金融化的环境中,保险机构成为一种重要的金融组织,保险活动也是最重要的货币金融活动之一。保险通过其货币资金的分配和再分派活动,成为融通资金的重要渠道,调节着社会的货币收支和货币供求态势。因此,今天必须把保险作为一种金融组织和金融活动来认识和把握。

6. 积累资金说。该学说认为保险是价值形式的聚散过程。国家可以利用保险的这一特点来积聚国家建设资金。表现为对保险业高税收甚至是对保险业资金的无偿调拨和利用,把保险费看做是收入而不是负债,制定并维持一个很高的保险费率,限定为在国内办理保险再保险或强制搭售投保等。它一般存在于国有保险机构行政垄断体制中。

(三) 二元说

这是一种主张把财产保险与人身保险分开认识与定义的学说。

1. 否定人寿保险说。这种说法认为:人寿保险不是保险,而是一种合约,一种投资或储蓄;只有财产保险才是真正意义上的保险。

2. 择一说。这种说法认为:人寿保险是一种保险,但它和财产保险没有共同的概念,无法给出一个统一的定义,应当把它们分别予以阐明。对保险合同的综合性定义是:保险合同不是损失赔偿合同,而是以给付一定金额为目的的合同。两者只能择其一。受此学说影响,瑞士、日本、德国等国便对损失保险和人寿保险分别定义。

3. 二元合一说。这种说法认为:损失保险和人寿保险虽然存在着不同,但存在着更多方面的共性。人寿保险也是保险,而且是最典型的、真正的保险。它们应该也必须统一在一个保险定义之下。二元合一学说虽然有些折中,但利于从更广泛的意义上来研究保险,从而得到越来越多的人的赞同。

上述的各种学说,各有所长,都是从不同角度或不同时期的特点出发和观察的结果,有助于我们从不同的方面、不同的层面去认识、分析保险。但一些学派失之偏颇,这是研究中要注意的。

扩展阅读 2-1　　　　从一元到二元复归一元

最初只有财产保险,一些人也就认为只有损失补偿性的财产保险才是保险,而给付性的人身保险不能算是保险。保险市场表现出一元性。

（续上）

后来，市场上出现了人身保险。在此情形下，人们虽承认人身保险也是保险，但认为其与财产保险有根本性或很大的不同，应当分开界定、分开经营和管理。保险市场成了两极或两元结构。

再后来，随着科学的发展，人们发现，人身意外伤害保险与短期健康保险在风险评估费率厘定上与财产保险更为接近甚至相同。这表明在财产保险与人身保险之间并不存在一条不可跨越的鸿沟。二元说就此动摇。一些国家于是从精算与经营上把保险分为寿险与非寿险两大类。这种重新整分的结果使得市场经营主体的成立及其业务范围的确定多样化起来，对保险的统计与监管也随之有变。

我国基本沿用了传统的按照标的划分保险的做法，这有失于表面化、形象化。2003 年允许财产保险公司也可如寿险公司一样经营意外与健康两类人身保险业务。由此中间过渡和连接，产寿险不论在理论上还是在实务中都从一种断开的状态连成一体了，二元归于一元，但这是一个不同于此前那个一元的复合性大元。

今天金融保险业综合化经营、集团化战略业已改变了始于 20 世纪 90 年代中期之后的产寿险分营格局，新一轮的产寿险混营开始了，尽管开始以一种很初级的形式。可以预期，今后专业性保险机构与综合性经营机构会陆续同时涌现和发展。

第三节　保　险　基　金

一、社会后备基金

（一）马克思关于社会后备基金的论述

社会的生产、再生产及扩大再生产需要在分配社会总产品时建立生产补偿基金、积累基金、消费基金和后备基金。其中社会后备基金是用于应付不幸事故、自然灾害的那部分资金。在计划经济时代，它由财政集中掌握使用；在市场经济体制中，后备基金一般由个人、企业、国家和各类保障保险机构等方面共同组织与分配。

马克思曾在《哥达纲领批判》一书中，批评了拉萨尔提出的劳动所得应当不折不扣和按照平等权利属于一切成员的观点，指出社会在向个人分配消费前，应做 6 项扣除，其中就包括应扣除"用来应付不幸事故、自然灾害的后备基金或保险基金"及"为丧失劳动能力的人等设立的基金"[①]。马克思和恩格斯还指出，后备基金不但要一直存在，还应随需要不断增加，它是一切社会生产方式、各种社会制度得以维持和发展的基础，甚至到了共产主义社会也是至少应存在的部分。只要风险存在，后备基金也就永远存在，不管其采取何种形式。马克思不但指出了建

---

① 马克思、恩格斯：《马克思恩格斯选集》第 3 卷，人民出版社 1972 年版，第 92 页。

立后备基金是社会化的必然要求,强调了其重要性,还指出了它来源于社会剩余,应根据各方面的条件、要求与概率论来确定其数量及其变动。

（二）后备基金的形式

1. 集中形式的财政后备基金。它是国家或政府为应对意外事故和自然灾害等所产生的经济损失以财政预算的方式设置的一种后备基金。我国财政后备基金由国家总预算中总预备费、周转金和年度结余组成。总预备费包括中央和地方各级预算的预备费,是列入当年预算的机动经费。周转金是为了平衡季节性收支变化,增加资金使用效益以供周转使用的资金。年终结余是财政年度内收入大于支出的余额,转为下年度机动使用。此外,国家每年安排一定数量的实物形态的各种储备,这些物资储备是各部门、地方按照国家规定进行储备,由国家统一调度,用于应付不测事件。财政后备基金表现为在全国范围内的筹措、调度和集中性使用,以强制方式征缴,主要针对大范围、大面积的严重灾损。

2. 个人和企业自留的后备基金。由个人、家庭或企业团体各自分散地以实物或货币形式提存使用的后备基金,用于补偿自身各种风险损失。这种形式的后备基金出现得最早,也较本能而自然,决策与行动较为容易,管理与使用的成本也低,对预防解决个体突发事故颇为便捷有效。国家通过税后列支该笔费用或先征（税）后退（税）的方式,鼓励个体建立加强该种基金。由于个体财力有限,风险损失又日益增加,绝大多数个体已难以建立一笔雄厚的能够有效应对灾损的基金；即使建立了,长期占用闲置大量资金也不经济,因为个体可能普遍缺乏对大宗资金的管理使用能力。另外,个体自愿所建立的基金,多半很难独立于其他资金,其在筹措使用上的专用性就不容易得到保证。社会化进程使得各类社会性质的保险基金逐渐在整个社会后备基金中占据了主导地位。但是,这种自留形式的后备基金并不会消失,其相对作用虽在减弱但其绝对数额仍在增大。由于其形成和使用比较灵活,对个体经常的小额损失的补偿较为及时、经济,因此自留后备基金作为整个后备基金体系中的一种补充形式仍将长期普遍存在。

3. 保险形式的后备基金。由商业保险机构、社会保险机构和政策性保险机构从资本金、保险费（税）、经营盈余中提取积聚用于风险损失补偿的资金。

（三）社会后备基金的形成与存在形式

社会后备基金可以采取临时凑集,也可以事前积累,或者事前积累加临时凑集的方式形成。

临时凑集方式多半因为意愿性选择或受限于资金条件,或在事前对风险缺乏认识而在损失发生后只能被动凑集的方式。它适于较小损失之补偿。该种方式资金管理成本低,投资及贬值风险小,收支数量间契合度较高,各种测算难度低。其缺陷是基金无法累积和增值,在筹措使用上缺乏保证。

事前积累方式则积极主动多了。它基于对风险损失的预测,对比可能需要补偿的额度与各种已有或将有的补偿方式及额度,在一个较长时期内有计划有目的地筹措积累保险基金。它适于对预见性较差和较大的损失的补偿。较为从容和缓,保证度高。由于时间长,资金量大,存在贬值或被挤占挪用等风险。由于长期占压资金,该种方式对资金筹集、管理、投资与使用能力与水平要求较高,需要一套很好的制度并有效执行。

把事前积累与临时凑集相结合则可以避免前两种方式的一些不足。一般是根据需要与可能,平时筹集积累一个必要的基本数量的资金,再依据此后的实际情况临时凑集一些资金。

在基金的存在方式上,传统社会多半采用实物形式的后备基金。它可以提高补偿的针对性、及时性,但也存在收取、保存、运送和分配上的诸多不便。可以在不同区域或易受灾地区建立救灾物品仓库,完善提升运输投送分配体系和效率。即使在高度货币化、社会化的今天,粮食、饮水、衣物、帐篷等这种实物类灾损后备与货币化后备可能一样重要。中国地域广阔、人口众多,在发生大面积粮荒时,不能过度依赖别的国家之接济。当然,当代各国最普遍、最大宗的后备基金采用的是货币形式。它的便利性和其他的优缺点皆因为货币的特点。

二、保险基金的概念与特点

（一）保险基金的概念

广义的保险基金指的是能发挥风险保障作用的所有基金。狭义的保险基金则是指由各类保险机构,主要是商业保险机构、社会保险机构和政策性保险机构按照规定提存积聚专门用于风险损失补偿的资金,所以又称为风险基金、赔付基金、风险准备金、损失补偿基金等。保险基金是社会后备基金和社会共同基金的重要组成部分。

（二）保险基金的特点

保险基金的特点有:保险机构按照要求预先提取和积聚;以某一概率或约定对合同对方进行补偿或返还,具有或然性;多以货币形式进行缴纳和赔付及投资;为形成雄厚资金,保险基金来源渠道众多,具有广泛性;该基金在使用范围、对象和用途上具有专用性,最终都是用于风险损失补偿的;从保险基金性质上来看,它属于保险机构的一项长期负债,不能把它视作一般收入去花费;保险基金作为一种资金有逐利的内在冲动,其在收支间的时间差和数量差使其可被用于投资以保值增值,这是保险基金资产性的一面。不管在理论上还是在实践上,对保险基金的管理与运用都是一个关乎赔偿能力的难题之一。

（三）保险基金的来源

从宏观分配结构看,保险基金来源于剩余价值。具体到某一家保险机构来看,保险基金的主要来源有:

1. 注册资本金。资本金是公司创立早期及业务发展初期的主要赔付准备,也是公司业务发展中一种最好的赔付准备。在保险经营上,由于业务的风险性,为保证和提升偿付能力,往往要随着业务的高速增长以各种方式增加公司资本金。

2. 从保险费收入中提取。随着业务的发展,这成为保险基金的主要来源,占了保险基金总量的大部分。

3. 从投资收益中得来。早期这一渠道来源较少,只是补充,随着保险资产的增加,投资收益成为保险机构的主要收入来源之一,从而保险基金中来源于投资收益的部分渐渐占据主要部分。

4. 从保险机构营业利润及资本公积中提取积累的保险基金。

5. 保险基金还有其他来源,如临时性借入等。

（四）保险基金的构成

保险基金之构成,即其存在形式指的是在其被赔付出去之前以何名目存在。它不但关乎如何提取,还关乎向哪儿使用。保险基金是以各种责任准备金形式存在的。准备金是一种平时被"闲置"的资金,从经营管理上讲,它并非越多越好,以够用恰当为宜。保险准备金随着保

险赔偿责任的增加而增加,随着合同中风险责任的减少而减少;合同到期时,准备金应为零。保险准备金与各类险种性质期限相对应。保险准备金不一定等于保险赔偿金,但它是赔偿的保证。保险准备金一般有法定最低提取率要求。各种短期的财产保险、人身意外伤害保险和健康保险的准备金由未了责任准备金、赔款准备金和总准备金等构成。长期人寿保险则主要采取未了责任准备金形式,而无须赔款准备金。人寿保险的未了责任准备金比短期保险的未了责任准备金的比例要大得多,一般占其全部负债的 90%。寿险公司的责任准备金加上未来所收纯保险费及各项基金的利润,应等于到期全部的给付责任。

1. 未了责任准备金,又称未到期责任准备金。由于保险的会计年度与保险责任期限不一致,在会计年度到期后,仍有一部分保险的责任期限未到,对于这部分保险责任,保险公司仍须负保障赔偿责任,为此就需要一定的准备金。未了责任准备金一般按照某个期限平均计提。为了使准备较平滑,期限可短些。

2. 赔款准备金。这是指在会计年度决算前保险赔案已经发生,但因各种原因尚未办理赔付所需的那部分准备金,包括赔案已发生,投保人尚未报告索赔的赔款准备金、已报案索赔尚未确定是否赔付或尚未核实赔付金额的未决赔款准备金、已决定赔付并确定了赔付金额但尚未支付赔款的赔款准备金等。

3. 总准备金。为应对巨灾损失发生所需的巨额赔款而设立的准备金。它一般从利润中提存,由总公司掌握,平时不动用,只用于巨大和紧急特殊之赔案。

4. 其他准备金。这是指为了确保全行业的赔偿能力,应对某些公司难以赔偿的情况,各保险机构按监管要求缴存的准备金,有的称为保险保赔基金。

保险基金显然是必要而重要的。风险损失对每个投保人来说都有可能发生,但会被参保成员平均分担而获得补偿,补偿的物质基础或经济保证就是保险基金。为之提存的各种准备金是一个社会正常运转的必然必需的成本。保险基金的存在还是其他有效消费的保障与条件。

第四节 保险的功能

一、保险的传统功能

自保险产生以来,分散风险与分担损失、组织经济补偿或给付保险金一直是保险的基本功能。这些传统与经典的职能是保险本质的体现,是保险发挥其作用的基础。它同样也是现代保险业的出发点及应固守的内涵。

二、保险的衍生功能

随着条件的具备及保险市场的发展变化,为迎合客户需求,也为了自身的生存发展,保险的一些新功能就不断地被开发出来,保险的功能就变得多样化起来了。

(一) 保险的投融资功能

对社会来讲,保险业是最重要的资金净供给者之一,是最大的社会共同基金之一,对货币市场、资本市场进而对整个产业市场、社会经济运行都发挥着强有力的资金融通调节作用;对投保人而言,保险则为他们提供了一种别样的理财工具,一种可供选择、组合的投资渠道,利于

其资产的保全、增值与多样化;对保险经营机构来讲,资本运营、投资及资产管理和保险产品经营是现代保险业最重要的两大经营内容。在有些国家,保险资金运用对保险业的生存与发展发挥着决定性作用。保险业的特点决定了保险投资的原则、方式与条件。如安全性的保证在保险投资上始终是排第一位的。保险投资要具备一系列宏观、微观条件,由于这些条件是渐次达成的,故而保险投资的方式、比例、规模、领域等随时间、情势而不断变化,是一个相互适应的逐步发展的过程。

(二)防灾防损的功能

过去长期有过争论,即防灾防损功能是否为保险的基本功能?持否定意见的主要依据是防灾防损并不是保险上所独有的;而持肯定态度的意见之依据是保险的防灾防损构成了整个社会防灾防损体系的重要组成部分,并以其对象、方式及目的的特殊性与其他的防灾防损存在着不同之处。从保险的防灾防损不只对保险公司,而且对整个社会具有独特而重大的作用出发,应对这一功能持肯定态度。

(三)财政分配职能

20 世纪 50 年代,在我国统收统支的财政体制下,保费收入上缴财政,保险赔款由财政预算来拨付。保险资金与财政资金混同,保险资金的独立性、完整性荡然无存。保险功能与财政功能相混同。保险资金属于转移支付资金,这使保险业在客观上具有较强的社会属性。

三、保险的社会管理功能

相当长时间内,由于此前关于保险功能的发掘与争论达到相当程度并渐趋统一,更由于实务问题急迫,于是关于保险功能这种基本问题的讨论与探索便消寂下来了。但在新形势下,挖掘与创新适应我国新形势与新要求的保险职能又显得非常必要。21 世纪初期,现代保险业的社会管理功能在我国的提出,掀起了新一轮关于保险功能探讨的热潮[①]。因为中国的保险业发展到今天这个阶段与程度,亟须新的视野和高度。通过创新保险功能来创新保险基本理论,进而推动整个保险市场理论与实务的创新与发展,很符合时代逻辑。

现代保险具有经济补偿、资金融通、社会管理这三大功能。其中,保险业应着力探讨开发的是其社会管理这一新的功能。社会管理功能大体有四个方面:社会保障管理、社会风险管理、社会关系管理、社会信用管理。具体来讲有:

1. 建立风险数据库,促进和承担社会风险管理功能。保险业以其专业、经验、活动和能力,对风险进行识别与评估,提炼出各种风险发生的诱因、概率和时空分布等基础特征,从而为全社会识别和预防风险提供数据支持,并以其业务内容直接参与防灾防损和风险管理,成为全社会的风险顾问及最重要的风险处理者之一。

2. 融入社会生产过程,承担社会生产管理功能。保险全面融入企业微观生产过程,通过补偿,恢复企业正常生产,减少利润损失;它还积极参与社会宏观再生产,维系社会产业链与产业结构的安全与合理;配合政府的产业政策,降低产业结构优化重组的成本,实现保险效益与社会效益的全面统一。

---

① 社会管理功能的提出很大程度上是因为当代中国社会发展的现实需要。尽管对这一功能的提法存在争议,但客观上保险业确实发挥着越来越大的社会管理作用。

3. 转变传统生活理念,承担社会生活管理功能。如满足人们规避风险的需求,均衡人们的收入(如合理控制与分配即期收入),满足风险收入之需求,从而利于全面建设小康社会目标的实现。

4. 承接部分政府职责,承担社会改革管理功能。商业保险业的充分健康发展利于完善和加强整个社会保障体系,本身还增加了就业,从而利于我国各项市场化趋向的改革。

5. 运用保险资金,承担社会资源管理功能。作为超级机构投资者,保险业通过进入投融资市场,有利于保持货币和资本市场的资源优化配置及运行的稳定,进而保障整个金融体系的稳定。

6. 支持技术进步,承担社会创新管理功能。保险以其分散风险的方式建立创新容错机制,利用大数定理筹措保险基金,对高新技术投资的失败进行补偿,降低科技创新失败的损失预期,吸引更多资金、资源进行风险投资,从而全面推动社会革新进步。

7. 改变各方行为模式,承担社会关系管理功能。这一功能主要体现在调整社会群体间的经济关系和民事侵权关系。提高事故处理效率,改变各主体思维模式,避免一些过激行为的发生,减少民事纠纷,弱化社会矛盾。

8. 秉承最大诚信原则,承担社会信用管理功能。保险作为一种无形服务,其文化基础就是最大诚信。保险业的诚信要求与作为是整个社会诚信体系的重要方面。其诚信建设不但利于自身也利于社会诚信的提升。通过对投保人的信用评级,建立失信者黑名单,协助建立完善信用数据库,利于降低整个社会的信用风险和运营成本。

总之,全面的社会管理功能是现代保险的重要特征,这一功能凸显了保险业的社会性和责任使命感,为保险业的全面发展打开了一个更广阔的、全方位的视野,揭示出商业保险发展的巨大契机。

保险的社会属性因其社会管理功能的确立与扩展而从来没有像今天表现得这么强烈,这表明我国保险业发展已到了"保险的社会经济"时代。新思维、新险种、新领域、新方式都摆在了保险业面前,保险业要抓住机遇,更好更快地发展,尽快做大做强,才能担当起新时代赋予其的新角色、新任务。

新功能的确立也预示着保险性质的一些变化,这些变化会促使保险市场的主体多元化,各种各样性质的保险机构将不断出现,各种方式、各种目的的保险业务将会展开。需要注意的问题有:一是补偿与保障功能仍是保险业最重要的功能,这是一定要坚持并不断彰显的,否则保险就会迷失自己,最终失去自身独立存在的必要性;二是保险功能的创新要有条件、有步骤地进行;三是要注意研究保险功能历史变化的规律,注意保险的功能与作用在不同历史时期、不同国家、不同制度和发展阶段及诸多影响因素下的差异性。

四、保险的作用

关于保险的作用,马克思曾说过,一旦资本主义生产和与之相联系的保险事业发展起来,风险对一切生产部门来说实际上都是一样的了。他还说,每当工业和商业的发展创造出新的交往形式如保险公司的时候,法便不得不承认它们是获得财产的新方式。这些论断可以帮助我们正确理解和把握商业保险的作用及应注意的问题。

(一) 从不同方面考察保险的地位、作用及其变化

从整个国民经济发展的角度看保险。保险既是国民经济中重要的产业门类和组成部分之

一,又对其他产业的发展发挥着重要的保障作用。它的发展规模和速度及与其他产业的比例关系决定着保险业在国民经济中的地位和作用。

从促进整个社会安全、稳定、和谐中看保险。它是现代社会最重要的"缓冲器"和"稳定剂",可以缓解大量社会矛盾。

从风险管理的角度看保险。正是保险业的发展催生了现代的风险管理。风险促使了保险业的发展,保险业的发展又把风险凸显在人们面前。

从社会保障体系的角度看保险。商业保险以它的个性化、多样化、契约化特征成为现代保障体系的重要组成部分。作为不同的性质、目的和层次,它还与社会保障体系的另一重要层次——社会保险构成互补。

从金融市场和金融业看保险。作为最大的共同基金和机构投资者之一,保险业对整个金融市场的支撑作用是巨大的。银行业、保险业和证券信托业在一体化的过程中存在着竞争与合作。

从理财的角度看保险。保险是现代转移性支付和社会财富再分配的重要方式。它提供对现有财富和未来收益的保障。万能、分红、投资类保险都以其具有现金价值彰显着理财功能。

(二) 从不同主体的角度考察保险的地位与作用

要全面合理地探讨发挥保险的作用,可以从不同主体角度出发分析风险的特点与影响以及保险的具体作用。从保险对整个人类的作用角度看,哪怕是商业保险也是人类文明的成果及延续者。作为一种善后的力量,保险可以帮助各级政府排忧解难。保险业很高的注册资本门槛和偿付能力的保证要求都使得这一行业需要源源不断的资本注入,而我国保险业的高成长性使得日渐富裕的民间资本进入这一有吸引力的投资领域。作为一个新兴产业,保险业会有较高的长期资本回报。

保险业的发展培养和造就了一大批能力很强的职业经理人。许多人的心理、性格、才能与财务状况正是伴随着中国保险业的崛起而获得了完全或一定程度的开放和改善。保险业的发展可调节人们的心理和精神。保险以其对待风险与损失的客观、集散与互助之理念,利于培养人们平衡、达观、对他人和自己负责的良好心态,利于建立健全我们坚实、安定、坦然、圆通的精神世界。保险是把风险和损失在社会个体间的平均化,这是一种不断地向中线回归的机制,利于帮助人们达到一个安定、平和的更高境界。在保险业中,不但可以获得就业机会而且有很好的个人成长空间和报酬,增加投资者和经营者的人生体验,实现自身价值。保险有助于人们摆正工作和生活之间的关系,一种全新的工作和生活理念开始在这个行业生成并向其他行业扩散。

(三) 保险的一些负面作用

保险也是一柄双刃剑,它固有的一些消极方面也会随着保险业的发展而表现出来。比如,保险业的发展也会耗费相当多的社会资源,而这些人、财、物原本可以被投入更需要的方面,更不要说它还可能被保险业不合理使用。保险作为一种风险处理方式,它也可能形成对其他风险处理方式的一种替代。选择保险作为风险处理方法并非最佳时,机会成本就产生了,会影响其他行业、主体风险管理能力的生成与发展。保险是处理风险的,但其本身作为一个有机体也会生发、积聚各种各样的风险。这种风险一旦发生,对整个社会的威胁将更大。参加了保险的

企业和个人对面临的风险、财产和他人的态度与行为可能发生一些微妙的变化,可能酝酿和催生一些心理和道德风险,形成新的风险源和破坏力。如果说利用保险来避税即使不被倡导也是被许可的话,那么利用保险来洗钱、赌博则要着力防范,否则其作用就会异化。商业保险业的投资者和经营者的愿望和利益与社会对这个行业的要求和社会效益也存在着不一致,这些不一致在某个时期、某些情况下会严重到冲突的程度。因此,强调保险机构的社会角色、社会责任,加强对被保险人合法权益的保护在任何时候都是重要的。保险有内在的互助成分,但今天的保险业由于向投资理财方面过分倾斜,使保险的互济色彩大为淡化。很多保险的负面作用就由此产生。虽然社会各界都不同程度地认识到了这个问题,并采取了一些措施使保险回归其保障功能,但需要条件和时间。分析保险的负面作用只是要客观地认识保险,以期对这一新兴行业的发展势头和方向给予合理的矫正。问题的关键不在于罗列保险的正负作用,而是要关注保险日益深入地渗透于社会经济各方面这一客观事实。

保险除了利于保证人们完成对社会和他人的责任,或承担更大的责任之外,今天的保险还可以被用来调节经济周期、促进社会发展。通过购买保险可以减少人们对未来收支失衡、财力不济或枯竭的忧虑,增强人们对未来的预期,利于保证人们当前的消费支出水平,扩大需求、刺激消费,振兴经济。保险在这一方面的作用和增加进出口与固定资产投资同样有效。

(四)正确定位测度保险的作用

对保险业作用的准确定位和正确评估影响到对其政策的制定。脱离保险业现有的水平、条件和约束,不考虑保险业和其他产业的协调程度就会人为扩大或缩小保险的作用,进而影响保险正常作用的发挥。本行业中的人们往往会自觉不自觉强调夸大保险的作用,这是要注意的。

通过设置和分析一系列指标,在数量上可把握保险的作用。主要的指标有:保险公司的总资产和净资产;保险公司的保障总额和赔付总额;保险业的就业和税收;保险资金的运用余额;保费总收入;保险密度,即某一时期、某一地区的人均保费,可反映保障的普遍程度和保障水平的高低;保险深度,即某一时期、某一地区的保费在 GDP 中所占的比例,可反映保险业在整个国民经济中所处的位置。在统计分析中,这些绝对和相对指标可以与本地区和其他地区的同类指标进行纵向和横向的比较。

第五节 保障方式与保障体系

一、保障方式、保障结构与保障体系

保障方式在这里指的是各种各样具有或能够发挥一定保险作用的力量。保障结构是某一时期某一主体各种保障方式的排列组合及其地位与作用,保障结构和社会发展阶段与水平、社会经济制度、文化背景与传统习惯等对应共生,并因各种原因而变动。保障结构由内部架构与外部条件组成。保障体系是由所有的保险力量构成的总体。衡量某一主体保障体系完善程度的指标有:保障层面与方式的多少,齐全与否;每一种保险方式的功效大小及其发挥程度;各方式之间协同的有机程度。

扩展阅读 2—2　　　生命价值——对保险充足性的一个量度

　　人的生命虽然无法用货币计量，但作为交易合约，人身保险与财产保险一样具有某种经济补偿的意义。确定个人保障价值可依据生命价值学说。该学说认为个人是家庭、团体和社会中的人，别人对他或他对别人都承担着这样那样的责任与义务，他的地位与作用可以外化为货币。不同的生命价值学说都认可客观的责任性价值观，即某人之能力贡献的外部性——对别人及社会的贡献，社会对他的认可评价构成了可保障价值的主体。在如何测算保障价值上，具有一定代表性的是美国的保险学者休布纳（Huebner）的生命价值方法。他认为人的生命价值可以用其总收入扣除其本人消耗后的剩余部分（为别人及社会所用的部分）的资本化价值来表示。例如，某人岁入 10 000 元，自身需去 6 000 元，假定货币收益为年 2%，则该人的生命价值是：（10 000−6 000）÷2%＝20（万元），那么他的投保金额应至少为 20 万元。若他以此金额投保，则无论他生与死，其家人仍可每年获取 4 000 元的来自他的保障性收入。从这个意义上讲，他的生命价值就是 20 万元。这种对生命价值的简单测算有利于帮助被保险人确定自己应投保金额的大小，并对照已投保额来评估保险充足性。

二、保障方式

　　通过总结不同人群、团体与国家的保障体系，一个相对健全与完善的保障体系应当至少具备的层面或方式如下：

　　1. 个体自我保障系统。这是指个体可拥有或可支配的收入与资产的全部或一部分，自觉或不自觉地直接用于个人的各种保险性支出。这种保障自然、可靠、直接和简便，但相对于越来越大的风险损失，这一保障力量显得有限。

　　2. 家庭保障系统。这是指家庭中的配偶之间、父母与子女之间、子女与子女之间及其他家庭成员之间在灾难面前相互提供的帮助。这是一种自然、可靠和持久的保障力量，只是范围狭小，保障力度有时显得不够。

　　3. 亲戚朋友保障系统。这是指以个人和家庭的各种外围关系所构成的救助系统。个人的有朋友、同事、同乡、同学、业务关系等，家庭的有亲戚、邻里及其他家际交往等。这是由个体和家庭的各种背景与活动在社会上拓展成的保障力量，是个体和家庭保障力量的延伸。这一保障方式的可靠性虽不及家庭保障，但更具社会和全面意义。亲戚或朋友关系是一种依靠对等互助方能长久的往来，从保障角度可把它看作一种相互帮助的结盟。

　　4. 单位的帮助。这在"单位化"的社会中表现得尤其重要与强烈。谈判与罢工以获取更高的报酬属于该层面的广义内涵。今天，一个人在单位和团体中的地位、人缘及所在组织的多少、强弱对其仍然具有不可低估的保障意义。

　　5. 组织与团体的帮助。这是指以成员的身份接受所在社会政治团体给予的帮助。

　　6. 互助合作性质的保障系统。这是以个体基于同一行业或地缘发起组织的具有互助性质的团体。从 20 世纪 50 年代起，我国农村曾组织实施过生产合作、供销合作与农村信用合作三大合作。现在我国开始试验推广建立新的农村合作医疗保险制度和新的农民养老保险制

度。由于我国历史上缺乏较为广泛长久的民间合作,今后应在这一方面付出更大的努力。

7. 各种民间性质的慈善捐助系统。既有个人或团体的直接捐助,也有通过慈善机构与基金会的捐助。我国改革开放后开始重视这一种保障力量,以利用国内外的一切资源。目前其作用仍然较小,对一般人而言也缺乏保障的保证。

8. 财政救济系统。这包括财政直接拨款、减免退税、实物帮助等方式。

9. 政府主导的社会保险系统。它是由政府直接经办或委托某一机构经办的以个人和团体为保障对象的保险系统,是在一国范围内对一部分保障资源的强制性社会化配置,多含有基本保障、公平与稳定的意义。它比商业保险晚,借用的也是商业保险的原理与技术。

10. 由政府主导的政策性保险系统。它是为扶持弱势或重点产业发展而举办的保障,以实现特定的政策目的。2001 年,我国在加入世贸组织后很快组建了政策性的中国出口信用保险公司,以促进和保障中国企业的国际化经营。

11. 商业性保险系统。其特点是可以形成巨大的跨国性保险基金,保险品种多样、功能强大,是市场经济社会中普遍而有力的保障方式。

12. 以企业年金为代表的保障产品。这是指企业为补充强化员工的保障所办理的保险。

13. 其他保障方式。除上面以外的一些方式,如当今一些创新的保障方式。

三、改革完善我国的保障体系

基于我国长期的小农经济制度和中央集权的政治体制,传统上我国一直以家庭保障、社会救济等系统为主,它们担负着个人及社会灾变的主要后备任务,一定时期中一定量的保障性资源就主要在这些传统方式上流转与配置。一些现代保障系统要么没有,要么效力低下,特别是民间慈善系统一直较弱,经济水平较低固然是重要原因,"家文化"的影响也显而易见。此外,由于传统文化、思想观念、意识形态及社会制度的影响,商业保险和社会保险产生得较晚,发展得也不好。社会保障机制曾一度被扭曲。

今后要完善我国的保障体系,就必须注意产生上述问题的背景和因素,既要从长远着眼建立适应市场经济制度要求的保障体系,又要考虑转轨期间保障问题的过渡性、复杂性。正确的取向是传统的保障方式不能丢弃,同时健全与加强各种现代保障层面,且应遵循自然的、内在的、自由自主的市场方式与原则来逐步完善新的保障体系。

对某一个体来说,只需一个或几个强有力的支持保障系统就可以应付诸多变故,但对复杂的社会有机体而言,单一的保险系统显得很薄弱。从整体上看,社会保障体系必须表现出多样性,今后宜于开发建立一个多元化、多层面、开放的、复合的、立体化的保障网络,才能满足社会和国民的保障需要;从系统论的角度出发,一个各系统之间相互补充与支持的多元架构体系本身才更有生命力、更有效、更可靠。首先要盯住的是结构及配合协调,然后才是每一层面或方式的力度问题(尽管两者之间并不一定存在替代),并使个体在保障方式与结构上的选择取舍、组合、更新有更大的空间与余地。

生产与交换虽仍是我们社会中的基本问题,但分配中的公平性不足而非生产与交换中的效率不足已成为制约和困扰社会全面发展与和谐进步的更大障碍,尽管它们之间是相互联系的。一个相对完善的保障体系的建立与形成有赖于一个较为合理的宏观分配格局与基础。

本章小结

1. 保险的要点有经济保障、数理预测、合同关系、保险基金、风险转移、损失分担机制及金融中介等。保险是一种基于保险合同的风险保障与经济补偿行为。现代保险业既是一个国家社会保障制度的重要组成部分，也是金融制度、经济制度的一项重要安排。

2. 保险是一种特殊的损失期权。它虽然也被划分到金融业中，但其本质与特性使之具有相当大的独立性，这也是其能够独立存在与发展的主要原因。

3. 比较保险与赌博、救济、捐赠、保证、储蓄等概念与行为的异同，能够更好地了解把握保险的特征。

4. 保险含有多层面分配关系，这些关系影响着保险交易的公平与顺利程度。在今天，投保人与保险人之间的商业交易关系很容易掩盖投保人之间的合作互助关系。

5. 一元学说与二元学说的差别关乎保险性质，影响着保险发展方向与保险功能的发挥。

6. 保险基金属于一种社会后备基金。后备基金可采取事前积累、临时凑集和两相结合的方式。事前积累与临时凑集相结合的方式在经济上较为合理从而被普遍采用。保险基金是一种最终专门用于风险补偿的资金，它主要来源于资本金、保险费和投资收益等。保险基金的存在形式主要是各种责任准备金，通过准备金的运用可实现保险机构负债与资产的合理匹配。

7. 保险的基本功能有经济补偿、资金融通和社会管理。保险的作用是其功能的发挥。需要注意避免或抑制的是由不当保险行为引发的心理风险与道德风险等保险的负面作用。

8. 保障体系是由各种保障力量与方式构成的整体。某一时期、不同主体的保障结构存在着差异。各种性质的保险是保障体系的重要组成部分。

9. 影响新的社会保障体系建立与完善的主要问题有社会进步与经济增长的不同步、宏观分配政策的不尽合理、人们的保险意识有待增强等。保险虽然是社会保障体系的重要组成部分，但整个社会的公平、和谐与进步更是保险业健康发展的基本平台与重要前提。

10. 从单一到多元、复合，几乎是所有事物演进的路径与趋势。保险体系也是如此。我们尚难判断，存续了数千年的家庭保障方式会有到头的一天。从多样性出发，再弱小的事物也有它生发的理由：与替代相比，强大更来自整合、互补、平衡与提升。由各种保障方式有机融合而成的和谐结构更值得追求。

11. 按理说，各种保障方式只是不同而无所谓优劣，应该能够以一种较为和谐的关系共存于一个体系之中而收互补之功效。但事实上，每个时期某种制度下所能采取、所能容纳的或被较广泛认同接受的保障方式都是有限的，这种有限元素还有一个动态而合理的架构问题。从长远及整体上看，社会保障结构由强制性变迁向诱致性变迁的转变，不只为经典的市场原则所推崇，还是促使有限保障元素之结构自始就较为和谐的条件。即使要人为地调整，也应更多地遵循全方位的、相互配套的、顺乎自然的、步调适当的原则，并将主要力量集中于外围，即背景和基础性方面的完善。

复习思考题

1. 马克思和恩格斯曾经指出，保险基金是一切社会的、政治的和智力的继续发展的基础；

保险费来源于利润,但要算在利润之外,不能全部分掉或花掉。请从中理解保险的必要性。

2. 企业所缴纳的保险费在成本中列支,保险事故发生后所领取的保险金不作为身故者的遗产或收益。试探讨这种制度设计的意图。它是否突出强调了保险的成本概念?

3. 为何几千年来中国多以家庭或家族内部的保障作为保障系统中的主要力量? 今天保障的市场化、社会化趋势对家庭保障是否构成了挑战?

4. 保险是如何进行风险集散的?

5. 如何把握我国法律上对保险所下定义的要点?

6. 保险的损失学说与非损失学说之间的争论反映了保险本质、保险业发展方向及其功能的哪些变化?

7. 试比较保险费、保险基金与保险准备金相互间的异同。

8. 保险有哪些功能和作用? 如何限制保险的负面作用?

9. 与储蓄、救济、捐赠、保证等相比较,保险有哪些特点?

10. 保险方式、保险结构与保险体系的含义是什么? 分析各种保障方式的特点及其适用性。

11. 如何建立完善我国的社会保障体系?

12. 生命价值是一种度量其个人对家庭、社会经济责任大小的一种方法。试将其应用于对保障程度的评估。

13. 了解未了责任准备金、赔款准备金和总准备金的用途。

第三章 保险发展简史

**本章导读**

　　梳理保险产生与发展脉络之所以必要,盖因当今许多保险问题的根源或答案掩藏在保险历史之中。本章介绍了古代中外一些极具价值的保障思想与形式,分析了影响近现代保险业在中国发展的根源。通过总结现代保险业产生发展的基础条件,揭示保险发展阶段转换及保险中心形成的真正动力,目的是以此检视、对照进而改良我国保险业发展的宏观环境。通过论述当代世界保险业发展的新特点和趋势,为中国保险业今后的发展指明方向。通过整理中国保险业的发展历程,总结了中国保险业发展中的经验与教训。通过分析比较中西方保险市场的差异,提出了中国保险业在今后发展中应注意的问题。章后的附录,从历史使命与时代要求高度表明了发展保险业的迫切性和重要性。

**学习目标**

1. 了解古代的保险思想与形式。
2. 论证储粮备荒在今天的意义。
3. 理解并掌握促使保险业产生与健康发展的基础条件。
4. 了解共同海损与冒险借贷的背景与具体做法。
5. 今后我国在发展保险业中应注意哪些问题?

引　言

　　纵向判读保障与保险,追根溯源,有利于明确发展保险业的必然性与重要性,利于解释和解决今天保险业发展中的一些重大问题,进而更好地促进保险业健康、持续和快速发展。

第一节　古代中外保险思想与形式

　　自从有了人类,就有了威胁人类生产生活的各类风险,进而产生了各种各样的风险管理与保险活动。由于古时候人类对风险缺乏充分的认知,也存在许多限制性条件,其保障与保险行为很难具有完全的理性基础。

中国人理想的社会是大同世界。《礼记·礼运》中曾描绘出令人向往的社会图画:"大道之行也,天下为公。选贤与能,讲信修睦,故人不独亲其亲,不独子其子,使老有所终,壮有所用,幼有所长,矜、寡、孤、独、废疾者皆有所养。"这其中已含有通过互助达到公平、安定的社会保障思想,几乎与现代的社会保险与救济一脉相承。中国人采取了当时所能够采用的较为合适的保险方式。

中国传统的保险思想与形式脱胎于农耕社会的母体,其产生也远早于其他的经济思想,如货币思想、财政思想等。生存与求安的本能成为最广泛意义上的保险思想与形式。

古代的风险管理着重于如何回避与预防各种灾损,保险行为倾向于敬畏、顺从自然,提出了一些影响至今的保险哲学思想和理念,如天人合一、相互消长、阴阳平衡、清静无为、中庸平均等。古代对祸福相因、共存且相互转化的认识在今天仍具有指导意义,还有积极的"尽人力,听天命"、"事在人为"的行为准则。构筑村寨或城堡,试图建立一个安全方面的首善之区,保甲与连带制度则类似一个风险与保险共同体。古代各国都有一些在一定范围内互帮互济的组织。例如,在石匠、船工、士兵等一些职业中,建有这么一种机制,入会成员平时缴纳少量费用,积存一笔基金,用于对伤残死难者及其遗属的救济。合会和行会也具有筹集物资以应急的作用。人们还常常通过把待运的货物分装到不同的船上以分散风险,类似于不能把所有鸡蛋装在一个篮子里的做法。清代四川井盐出川时,由官府与盐商共建一笔基金,对损失者进行补偿。"船槽会"也是一种会员基金式的损失补偿机制。镖局是一种带有保险性质的民间保卫与武装押运组织。明清时商品物流区域扩大,货主为求安全,付给镖局一笔类似保险费的费用,若运输途中因遗失或被劫而失镖,镖局要赔偿损失。此外,多样化、轮换种植也孕育着减损抗灾等朴素的保险原则。大量生育以量求存是许多生物自保自救之法,这很自然让人联想到今日保险经营中所遵行的大数法则。那些当今已成为遗迹的会馆也曾发挥过同乡同类在难中互帮的作用,颇似今日各驻外领使馆。

古代人们以各种方式趋福避灾、消难弥损。例如宣称所谓"神"的指示,通过风水先生指点,央求高士占卜问卦等。这些方式之所以仍有诸多现代版,可能与心理暗示有关。

储粮备荒则是贯穿古今的一种最重要的保障方式,在实物货币时代更是如此。有自我分散储备的,有村社统一储备的,也有官方集中储备的。封建时代多是一种领地式的综合性保障。欧洲的储粮备荒还具有教会教区的特点。这种横向性、分散性和小集合显然更容易孕育近现代保险业。中国则以政府的"荒政"为主。这是大一统体制为主的国家很自然会采取的方式,但这种纵向式、集中化、依赖性多少会阻碍商业保险的萌芽。中国历史上存在过义仓、社仓、广惠仓、常平仓等做法。义仓是指所储之粮来自捐献,用于急难之民;社仓指的是建仓的地点与层次;广惠仓是指粮食来源与使用的范围对象广泛化;常平仓则是其储粮还可用于平抑粮价。可惜义仓、社仓等都没有一直延续下来,朝代更替、政令变化、人心各异都会使之不继,更勿论储粮备荒这种传统的保险方式一直囿于自给自足的农业经济制度。值得提及的是,朱熹曾建议就近设仓以便救济,由"乡人士君子"来管理,在福建崇安实施后效果较好。曾国藩也曾想在家乡创办社仓,后因各种原因而作罢,但这可以看作后来曾国藩转而成为"洋务运动"主将之一的思想伏笔。当时,主要为工商运输业服务、在更广阔范围内筹集使用风险基金的商业保险已在西方蓬勃发展了。

中国的保险思想与形式一直停留在仓储赈灾水平的原因很值得探讨。胡寄窗在其《中国经济思想史》(下册)中指出,从中国经济思想的全部发展过程考察,在17世纪以前,我国的经

济思想的发展水平与欧洲相比较总是领先的。从 17 世纪至 19 世纪,我国的经济思想的发展水平就逐渐落后了,因为此时期内的欧洲已经突破了中世纪经济思想的沉寂,而我国的经济思想的发展到 19 世纪前半期仍未超出前资产阶级经济学的阶段,其中保险思想史自 14 世纪中叶开始已经落后于西方。小农式的封建经济对工商运输业、货币商品经济和与之相联系相适应的近现代保险制度基本是排斥与压制的。

中国地域广阔,占主导地位的小农经济模式,不断强化着家族意识与家庭家族的内部保障而排斥较大范围的互助合作;"修身、养性、齐家、治国、平天下"的儒家思想极大地中和了现代保险业的核心理念,即务实、积极、主动的人生态度;重实物而轻货币,重个人情感而轻平等的法律契约,重近期利益而轻长远利益等观念,被动忍受而非主动应对,加之高度集权的政治框架对各种作为孕育保险业组织细胞的小集合的挤压,等等,这些都影响了中国古代之保险思想与形式难以突破并跃升到更为现代化的形式。

第二节 近现代世界保险业的产生与发展

一、近现代保险业产生与发展的基础条件

总结各国保险业的发展历程,保险业健康持续生存与发展应具备一系列基础条件。

(一)自然基础

人们对大量同质风险的存在及其损失之忧虑产生了投保的经济需求。最初的风险主要源于人与自然之间的关系,风险是保险产生的自然逻辑。保险产生的第一个条件多是受到自然风险的威胁。

(二)经济基础

经济发展到一定程度,人们有了剩余产品,用来建立保险基金的物质基础就具备了。保险是一种在满足了当前生活之需后对未来的一种安排。这种安排不但有赖于剩余,还有赖于剩余在社会成员间的分配与拥有。

(三)制度基础

一个社会货币化程度较高,以交换为主的商品经济发达,市场经济体制及与之配套的制度更早地被确立和发展,作为其构成部分的商业保险就会发展得较好。

(四)契约意识与法律基础

在一定诚信基础上的合同形式日益普遍,有一系列法律条令规范,平等公平交易的原则确立与贯彻,从来被认为是保险业生发最重要的前提条件。

(五)人文基础

文艺复兴带来的开放与人文化提供了保险业发展的一些营养元素,个性需求被要求满足,而个体间愈是相互独立愈是会诉求在风险与损失方面的合作,平民化又推动了人们之间的相互关怀与帮助。甚至有观点认为,保险业的生存发展与基督教有较大相关性,商业保险可能是基督教悲天悯人情怀与世俗求利的商业原则相结合的产物。不论是何种性质的保险,其客观具有的、在某个风险共同体之内成员间相互分担损失的特点确是共性与事实。

（六）产业基础

最初是国际贸易与海洋运输，后来是工商业的广泛发展构成了保险业的业务基础，现实的可保对象也不断扩大与增多。

（七）空间基础

海洋文明、居住与工商业布局的集聚和城市化都新增了大量可保风险。保险产生于当时为城邦型国家的意大利，佛罗伦萨、热那亚等地就可以部分佐证这一点。

（八）科学基础

数理学科的创立与发展为保险业的发展奠定了理性基础。经验从此可转换成科学。

（九）组织基础

众多的行会组织、各种市民组织、社区或教区使得人们间能较自然地结成一个个保险体。

（十）民族基础

一个民族如果充分释放了其开拓探索与冒险精神，自然就会要求保险为其提供作配套的保障服务。

一个国家或地区若或多或少不具备这些基础条件，就会在某种程度上影响其保险业的生存与发展。要很好地发展保险业，也可从完善这些前提条件着手。

二、近现代保险业发展的阶段

（一）共同海损与冒险借贷

在早期的航海活动中，为了大家共同的、更大的安全利益而作出的牺牲要由借此获得安全的各方共同分担。这种共同海损的做法确立了"一人为众，众为一人"的保险分摊原则，成为现代保险的萌芽。当时的海上救难方式主要有在遭遇风险时，船长船员可提前主动以抛弃所载运货物、砍断桅杆、搁浅或进港避难等行为来获取安全。由于风险危及船货各方，那么这种人为的积极的举措之损失或费用就应在所涉各方之间合理分摊。今天，共同海损仍然是国际海运界的必订条款。对共同海损的界定、理算、分摊是海上保险的难点。

由于早期的航海技术水平很低，航行周期较长，航行中会产生借贷需求，而较大的风险与损失使得借贷成本较高，甚至达到陆地借款利率的两倍。这种冒险借贷为保险之始就在于它把还款与否及还款多少与航行中的风险与损失相联系：若安全到达目的地，本息均须按数归还；若船货遇险沉没，债权消失；船货遇险致损，以损失程度不同减少债务。高出的利息相当于保费，减免的债务类似于赔款。后来当保险合同从这种借贷合同中分离出来时，现代保险业就产生了。这也是银行业、保险业最初是一体的一个证明，当今保险业的银行情结也可从中获得某种解释。

（二）保险中心的形成及转移

1. 意大利成为第一个世界保险业中心。地中海爱琴海一带海域诸岛间贸易航运较早兴盛，内海的特点，使其风险较大却多不是毁灭性的，投保需求与保险供给就成为可能。12世纪末，十字军东征后，意大利商人控制了东方和西方的中介贸易，意大利沿岸城市成为海上贸易要冲，威尼斯商人群、伦巴第商人群的崛起与推动，加之具备其他条件，意大利半岛的保险业就发展起来了。第一张较为完备的保险单出具了，最早的一些保险法令制定颁布了，还有大量的

专门的保险合同起草人活跃于意大利各地,这使得意大利的保险业一时兴盛。但这还只是一个区域性保险市场,范围小,单个保险商人的资本普遍较少,接受业务和抗风险能力较低,主要限于海运保险,费率及赔偿的确定主要靠经验。

2. 英国成为世界上第二个保险业中心。工业革命、大规模的对外扩张与殖民活动使得英国成为欧洲新的经济贸易及航运中心,相应地英国取代意大利成为新的世界保险业中心。规范保险业发展的法律法规体系不断完善且达到很高的水平,现代数学的创立与概率论数理统计在保险上的运用,使得风险评估、费率厘定及保险理赔变得科学而合理,以公司化方式经营使得保险业的资本规模、经营规模快速膨胀,保险业也迅速发展成为一个世界性全球性产业,尽管海运保险仍然非常重要,但保险领域和对象不断扩展,火灾保险、盗窃保险等新险种不断出现。由于英国的市场经济体制较为经典,其发展模式、法律法规对其他国家就具有很强的标榜示范作用。标志性的人物与事件有:1666 年,伦敦大火之后,一个名叫巴蓬的医生开办了房屋火灾保险,并按照建筑材料及结构等级确定费率。1680 年,他创办了世界上最早的私营火灾保险公司。1683 年,作为劳埃德保险合作社前身的咖啡馆开设于英国海军部和航运局附近,它至今仍为世界上最大的又非常独特的保险组织。1693 年,英国数学家和天文学家哈雷以统计资料为基础,编制出世界上第一张生命表。18 世纪,伦敦公平保险公司首次将死亡表运用到寿险保费的计算,推动了寿险业的大发展。1869 年,苏伊士运河通航,欧亚海路距离缩短。1875 年,钢制轮船进入航运,船行更快更远。大西洋航线与北美航线开辟,世界海运保险业进入了一个新时代。

英国保险市场的特点有:经营上整体较为成熟稳健;市场诚信度较高,市场基础较好;保险市场环境较为自由宽松;保险监管上倾向于自主与自律,监管目标是单一的偿付能力;属于传统的经典的原生型市场;法律及执守具有较高水平;以保险经纪人为主要市场中介;伦敦城存在两大类市场——劳合社市场与保险公司市场。

此一时期,保险机构与险种在欧洲各国均有相当发展。荷兰、比利时、法国、丹麦、德国、意大利诸国保险业的发展各有特色。德国在 1591 年前后在酿造行业率先成立了"火灾保险合作社"。众多火灾保险合作社此后又联合组建了公营的"火灾保险局"。

人身保险比财产保险产生得要晚些,且与海上保险相联系。欧洲殖民主义者在贩卖非洲黑奴时,把奴隶作为海上运输的货物投保。此后,有航海者投保若被海盗绑架须支付的赎金,船长船员也开始投保人身安全保险。这就是人身意外险的前身。1655 年,意大利银行家佟蒂提出了一套联合养老办法。后被国王路易十四采用,称"佟蒂法",此乃较早的年金保险,它可以筹集积累资金以满足养老之需。

扩展阅读 3-1　　　　　劳　合　社

1683 年(也有说 1688 年),爱德华·劳埃德夫妇开了一家咖啡馆。由于它离英国当时的海军部、航运局不远,遂逐渐成为商人们等待与打探海运消息的中心,为方便客户,劳埃德出版了海事航运消息报刊《劳合动态》、《劳埃德新闻》。一些商业交易的当事人后来干脆在此就地洽谈、安排与处理保险事务。1691 年,劳埃德咖啡馆由伦敦塔街迁往金融中心伦巴第街经营保险业务,就这样它逐渐

（续上）

演变成为一个保险交易地点、交易中心，乃至成为今天的一个保险市场与保险社团。1871年，英国议会通过专门的《劳氏法案》，以承认并规范之。它长期以来一直保持着个人的分散度极高的投资人（承保商）特点。它是一个与英国的其他保险市场相分开的独特而独立的市场，有自己专门的法律且自己监管自己。很长时间以来，它在表面上更像一个咖啡馆，没有正式保单，咖啡账单后面附有保险意向。它是一个特别的合作社，每个投资人以松散之联合来分配、接受风险，经过审查接受的个人以他自己的认可资产为限来承接业务。它又不是常规意义上的合作社，合作社的法规对之不适用。它也不是公司性组织，公司法对之不适用。它更多的像一个市场，其运转类似证券交易所，实行会员制，有交易员、席位，还有竞合机制。众多承保人组成了不同的巨大的专业保险市场，如传统的船舶保险市场、汽车保险市场、航空险市场及其他非水险市场。

借助于其悠久的历史与丰富的承保经验，劳合社承保技术高超，承保及再保险能力强大。劳合社曾为20世纪六七十年代两伊海湾战争中进出哈尔克岛的各国油轮提供兵险，曾创新规划设计出各种新保单、新条款，是全球许多保险险种责任条款、价格变动的风向标。劳合社防灾减损能力卓越，曾经组织专家把两颗承保的发射失败的卫星推回到预定轨道。由劳氏理事会进行管理，劳合社实行严格而强大的经纪人制度，拥有众多高水平的保险经纪人。

令人称道的是，这样一个四不像的交易组织，存在了300多年且发展良好。看来只有善于试验、观察、妥协的英国才能容纳之。一个反证是，即使有英国、传统的美国也无法使类似的机构长期存在下去：1980年3月31日，赶在4月1日"愚人节"前营业的纽约保险交易所——模仿劳合社结构和运行方式并且针对劳合社而来，即为阻止美国市场保费通过劳合社渠道流向英国——在勉强运行7年后不得不解散关闭。

劳合社的经营管理也有来自内外的困扰：新兴市场咄咄逼人；美国市场吸引力不减，外来的竞争不断加大；风险失控；利润下降。

劳合社进行了一些改革以去除弊端并应对形势变化：加强与英格兰银行的传统联系；部分地改无限责任为有限责任；引入机构投资者和承保公司；改变经营形式，加入现代一些技术元素；以更加灵活的态度与方式扩展新市场；加强对保险经纪的管理，提升场内经纪门槛，限制部分经纪权力，降低经纪人从保险商获得的承保利润，而不是佣金收入，并试图把经纪商与承保人分开。

3. 美国成为新的世界保险业中心。第一次世界大战之后，随着美国的崛起，北美成为新的世界保险业中心。美国以海上强国、贸易中心、跨国公司、风险管理等强势迅速取代了英国在业界的地位。第二次世界大战后，一个时期美国的保险业规模甚至占到全球保险市场总规模的3/4。美国保险市场的特点有：经营主体众多，竞争激烈；注重控制风险与成本；注重承保效益与资金运用；创新能力较强；产寿险发展均衡、原保险与再保险发展也很均衡；保险中介多样化，经纪人与代理人都发挥着很大的作用；在保险业的经营管理中广泛运用各种现代科学技术；对保险业的监管全面严格，采取各州分散监管体制。

4. 美国、日本、西欧三足鼎立时代。日本的保险业在明治维新后发展迅速。第二次世界大战后和西欧诸国保险业都得到了恢复性发展。到 20 世纪 70 年代中后期,世界保险业的地区格局形成了美、日、欧三足鼎立的局面,它们引领着当时世界保险业的发展方向并占去了绝大部分保险市场份额。

5. 共同发展的多元化时代。自 20 世纪 90 年代以来,中国、印度、东欧、北非、南美等新兴市场的发展逐渐改变了原来的保险版图,连同此前新加坡、韩国、中国台湾、中国香港等新兴经济体的发展,世界保险业真正进入了一个多极化发展格局。新兴市场的强劲增长与传统市场的稳定发展形成了鲜明的对照。两类市场之间有竞争,同时也开展着相互学习与合作活动。

世界保险业中心的形成与转移固然有历史、地理等方面的机遇,但是现代工商运输业的迅速发展、法律法规的完善与执守、市场经济体制及其被成功运作则显示出其必然的一面。这也表明了软硬等环境条件对保险业发展的重要性,是今后发展我国保险业要注意的地方。

扩展阅读 3－2　　　　　　美国国际集团(AIG)

1919 年,美国国际集团(AIG)由史带(Cornelius Vander Starr)创于上海。他先创立了美亚保险公司(AIU),1921 年又创设友邦人寿(AIA),现为一家综合性跨国金融集团。1949 年撤出中国大陆。1992 年成为第一家进入中国内地的外资保险公司。友邦也是迄今为止中国内地唯一的一张持有纯外资寿险牌照的寿险公司。1996 年友邦重回上海外滩,现为美国也是全球最大的综合性金融集团。

21 世纪前后,该集团曾为美国一些垃圾证券滥开信用保证保险,加之高风险投资业务占比过大,终使其在 2008 年美国金融危机中严重受挫。在陷于危机后还发生高额奖金事件。由于其对美国民众承担巨大的保障责任,美国联邦政府注以巨资帮助,遂使其性质趋向国有化。

扩展阅读 3－3　　　　　　美国百万圆桌会议(MDRT)

美国百万圆桌会议最初是由美国全国寿险业务员协会设立的激励机构。这一精英会创立于 1927 年,至今已发展成为一个会员众多的国际性组织。其特点有:会员自发积极参与;非营利性;寿险行销界成功的代名词与里程碑,是不断追求卓越、走向更高处的起点;无国别、政治、种族、公司、人生观等方面的区别,这种包容性产生了权威性;帮助他人达到会员资格对自己也是另一种成功;改变人的生活态度,使之积极面对人生;提供优秀的知识、能力及专业销售本领;在个人幸运地成为 MDRT 会员后,有义务配合会员身份的严格考核。世界主要寿险公司每年均选本公司优秀业务员获得该会议的荣誉称号。会员现在分四种:临时会员、正式会员、正式兼终身会员及终身会员。每年举办一次为期 4 天的年会,有精心准备的演讲,还有技巧演练、意见交换等项目,课程设计常有创新。我国一些保险公司也建立了相类似的"高峰会议"等激励机制。

第三节　当前世界保险业的特点与趋势

与现代技术、自然及社会环境变化密切相关的新型风险不断出现。出于竞争和保险公司风险管控能力及承保技术的提高，一些传统的不可保风险正在成为可保风险，而另一些原来的保险风险因为某些缘由已经或正在失去其可保性。这使保险的需求倾向与结构不断变动。一些传统的保险观念不断被突破，并使这个行业更具争议性。

巨灾风险年发生的宗数及每宗的损失量都在加大，特别是一些极具未来意味的巨灾风险正在逼近，如危及全世界的瘟疫和宇宙灾难，使保险市场面临前所未有的挑战。

保险产业快速扩张，保险涉及的方面越来越广泛，社会对保险的依赖程度越来越高，保险业在整个社会经济发展中的地位与作用日益彰显。

虽然工业化国家的保险业在全球仍占据主导地位，保险业的发展在地区间不平衡，但一些新兴市场的高速增长正加快改变着这种地区结构。

国家主导的一些保险，如社会保险、政策性保险等，正不断以新的干预主义的面目出现，为着某种目的出现，并为着某种目的日益被加强。

时至今日，任何一国的保险人都不能单凭自己的力量来接受、承担本国的全部风险责任；地区势差的存在也促使着保险资本的国际流动，这不但使风险在国际上共保与分保，跨国保险集团的作为还使得保险业在全球范围内开始重新布局。伴随着国家及地区间市场的日益相互开放，全球经济一体化进程的加快，造就了保险业的全球化发展态势，保险业在国家之间的竞争与合作空前加强。相应地，保险监管的国际化（规则的统一与相互合作）和放松监管（自主化、自由化、市场化）的势头不断加强。

保险公司的资本运作——保险机构与保险机构及其他机构之间的并购和重组加剧，导致大型的跨国、跨行业的、综合的、多元化的金融服务集团不断出现。

财产保险与人寿保险综合经营与分开经营成为同时发展的两种力量；银行、保险、证券的合作甚至一体化趋势也越来越明显。保险市场借助资本市场分散风险和扩大承保能力，保险证券化方兴未艾。

出于因设计错误导致财务困难、高福利的诸多弊端及其他方面变动的考虑，社会保险普遍面临改革的压力。

电子信息技术广泛应用，新经济、互联网、电子商务等给保险业的运营和发展带来巨大影响。如信息技术可支撑保险业提供 7×24 小时不间断服务。

保险创新将成为企业生存和创造竞争优势的必由之路。

产品导向的经营理念向顾客导向的经营理念的转变势所必然，标准化、规范化的服务日益与个性化的服务相结合。

保险经营环节与内容的专业化和社会化、中介化并存。一些市场上中介及展业出现了非代理化趋势，表明单纯的保险推销员向风险及财务顾问的转变。双重代理问题也较突出。

现代社会的发展使各种经济主体之间的联系日益密切，责任关系及权利和义务关系增多，使责任保险、信用保险和保证保险极富前景，业务结构为之转变。

保险机构更加重视分保及风险管控，在重视价格竞争的同时也重视其他方面的竞争，如延伸服务、增值服务等方面的竞争。同时，保险机构也更加重视投资、人才与教育培训等，甚至提

出了"培训是最大的福利"的口号。

保险机构开始注重长期持续发展,控制成本提升内涵价值,调整业务结构提高效益。

第四节　中国近代保险业的发展

一、总体背景

中国的近代保险业是伴随着外国殖民势力的扩张被动地、不无屈辱地被引入的。18 世纪末 19 世纪初,先是以英国为主,后是美、德、日、法、意、荷、俄等国的保险机构和保险商人踏上中国的各大口岸。保险这一"新鲜事物"被植入中国的初期发展很有限,其后民族保险业也开始出现与发展。

广州是外国资本保险业进入中国的桥头堡。1805 年,英国驻印洋行在广州设立广州保险会社(又称谏当保险行),这是外商在中国开办的第一家保险公司,也是中国土地上第一家保险机构。1835 年,英国怡和洋行收买接管了广州保险会社,易名广州保险公司。1841 年,移其总部于中国香港。大批英国公司凭借两次鸦片战争后获取的各种政治特权,纷纷在各口岸设立保险机构,大量利用买办招揽业务,使得大量的白银经由保险渠道外流。

二、挑战与应战

20 世纪之前,外国保险公司依仗资本、技术与经验垄断了开放口岸的大部分保险业务。它们为其本国商人的资本与商品输出、在华侨民的活动提供各种保障服务,在承保上歧视、刁难中国企业,甚至企图通过保险来扼杀我国尚弱的民族工商业。为了给本国的工商运输业提供保险保障,中国以官办、民办或官商合办等方式组建了自己的保险机构。

1865 年,我国民族资本在上海创办了华商保险机构——义和公司保险行。1875 年,由李鸿章倡议,官督商办的轮船招商局集股 20 万两白银在上海设立保险招商局。1876 年和 1878 年,招商局又先后设立"仁和(水险)保险公司"与"济和(货栈)保险公司",后来两家公司合并为"仁济和保险公司",为船舶、货物运输、货栈等提供保障。此后,华资保险机构纷纷设立。20 世纪 20 年代,"交通"、"金城"、"国华"、"大陆"等 6 家银行共同投资开办了太平保险公司。1935 年,中央银行拨资 500 万两白银成立中央信托局保险部,其他的国民政府的官僚资本也纷纷进入保险领域。

三、上海成为保险业中心

自 19 世纪后期始,上海逐渐集中了大部分中外资保险机构,业务发展一时兴盛,从而确立了很长时间内上海的保险中心地位。第一次世界大战后到 20 世纪 30 年代中期,由于难得的国际机遇,加之近代工商业在上海的迅速发展,旧中国的保险业达到了一个历史高峰。中外资保险机构曾一度达 200 余家,保险中介种类齐全作用显著,保险法规也开始不断被制订颁行,保险从业人员众多,业务竞争相当激烈。由于中资保险机构资本和承保能力有限,外商保险公司一直占据优势地位。据 1936 年的统计,中外资机构保费收入占比为 2∶8。由于当时国家不断外战内争,市场被割据而不统一,法规法令难以统一有效地实施。保险业务发展主要集中在一些点状型市场上,且年度间起伏较大。抗战爆发后,上海经"孤岛"之后终于全部沦陷,中国

和同盟国的保险机构纷纷内迁,大后方的重庆、昆明等地替代上海成为我国的保险活跃城市。抗战胜利后,随着保险机构的回迁,上海重新成为中国保险业中心,但战乱之后的保险业已不比从前了。

晚清以来到抗战胜利期间对中国保险业贡献较大的人物很多,他们多半曾接触过西方社会,研究过它们的制度,属于先知先觉者精英群体。他们或做理论准备,或极有见识,或积极主张与行动。例如,魏源在其编撰的《海国图志》一书中介绍了西方保险理论;洪仁玕在其《资政新篇》一书中主张开办保险;王韬也写文极力主张自办保险,以对抗外商垄断;郑观应在其《盛世危言》一书中论述了保险原理及业务经营;陈炽在其《续富国策》一书中对保险的功能作了进一步阐述。而曾国藩、李鸿章、左宗棠、容闳、孙中山等则属于保险的设计、推动者或身体力行者。抗战时期,为服务战时运输与兵险,保险"十三太保"①在国民政府组织指导下,在保险领域作出了自己独特的抗日"贡献"。

第五节　中国现当代保险业

一、新中国成立初期的保险业

1949 年 8 月,在上海召开的全国财经会议提出要建立自己的保险公司。1949 年 10 月 1 日,中华人民共和国成立。10 月 20 日,经中央人民政府政务院批准,中国人民保险公司成立,此后,对原解放区内新成立的一些国字头保险机构进行合并整编。对国民政府时期遗留下的各类保险机构,新政府则通过分门别类、区别对待的办法进行清理与整顿。对外资保险公司,取消其在华种种特权并对其严格管理,限制其经营地域、业务、对象与险种,对部分外资保险机构不予登记,不发营业执照,责令其停业并限期撤离。外资保险的直接业务和分保业务日渐萎缩,纷纷申请停业。1952 年年底,西方国家的保险机构已全部或迁往本国或落脚中国香港、中国台湾及东南亚等地,东北和新疆的苏联国家保险机构撤出最晚。新旧殖民主义势力在保险领域就这样退出了中国内地。客观的评价是,虽然了结了一些历史怨仇,但内政(经济制度)与国际政治因素还是伤及了保险产业的持续发展,以及市场化进程和国际化视野。对于国民政府官僚资本的保险业,采取没收、接管、整合及换人换牌的办法使其新生。这样做符合国体、制度更迭的历史逻辑,也是一次新角度新要求的监管过程。对于大量民族民营保险机构,先是要求它们重新核查登记,合格的换发执照,不合格的或名存实亡的则予以撤销。政府积极推动私营保险机构的联营合营,后来以参股等方式使其公私合营,但这种改造有些简单急躁,不但影响了保险业的发展,后来终致保险业被撤销。

当时,28 家私营保险公司合并为太平和新丰保险公司,后来它们又合并为太平保险公司,迁往香港专营海外保险业务。这一事件被认为是保险界社会主义改造完成的标志。1992 年,新中国成立后一度离开中国内地的美国友邦人寿保险公司在上海开业。2000 年前后,太平保险又回迁上海开展国际国内诸项保险业务。

---

① 这是借用唐时十三有功将领之名作比喻。张仲良、林振峰、程恩树、包玉刚、唐雄峻、沈雍康、茅子嘉、徐曾渭、周志斌、胡肇忠、沈尔元、童肇麟、赵镇圭这些来自抗战前不同保险机构的人员,被国民政府抽调服务于战时保险事务。其中包玉刚后来成为亚洲船王,另有多人抗战胜利后仍活跃于保险界。

53

二、20 世纪 50 年代的中国内地保险业

与其他行业一样,受"一大二公"等极"左"思想的影响,20 世纪 50 年代中国内地的保险业变成了中国人民保险公司的一家天下。保险的市场元素已经荡然无存,国有公司政企合一,经营管理行政化,多以红头文件的方式强制企业投保,保险也主要为国营企业、集体企业提供财产保障服务,为居民个人和家庭的保险很少。保险费收入如税收一样上缴财政,而保险赔款也由财政支出来安排,保险的财政化色彩异常浓厚。保险费率由官方制定且高于实际水平。保险公司官僚作风严重,业务经营与财务管理混乱,为此作了几次行政化整顿。当然,这一时期的保险业也有善可陈,如制定实行了一些规章制度、试办了一些农作物保险业务、为社会经济发展提供了保障、培养了一些保险人才、衔接了保险历史、也参与了一些保险国际事务、建立了分保合作关系等。

20 世纪 50 年代后期,在人民公社化运动之后,许多人天真地认为人民公社和国家政府可以保障一切,加之国有保险与财政部门无异。于是,1958 年全国财贸工作会议遂决定停办国内保险业务,少量涉外保险业务转入中国人民银行国外局办理,旅客人身伤害保险则交给各交通部门自行办理。1959 年,国内保险业务全部被停办①。1964 年,部分地区曾一度恢复了一些保险业务,但在随后的"文化大革命"中被彻底停止了。保险机构被撤掉,队伍被解散,人员被遣散到其他部门或地方,一度整个中国大陆保险界只余 9 人处理一些未了保险合同事宜。裁撤之后,今天民间还会偶然发现几张 20 世纪 50 年代的人身险老保单,已经是很珍贵的文物了。

三、20 世纪 80 年代以来的保险业

1979 年,中国人民银行行长会议决定恢复保险业,1980 年正式全面恢复国内保险业务。其标志是中国人民保险公司重新挂牌营业。公司经营管理模式虽然基本承袭 20 世纪 50 年代,也随着全国整体性改革作了一些新的尝试。1982 年,中国香港民安保险公司经批准在深圳特区设立分公司。1986 年,新疆生产建设兵团农牧业保险公司成立,虽然早期其业务范围局限于兵团系统内部,但在有限的地域、对象与业务上打破了中国人民保险公司一家垄断的局面。后来通过业务分离整合,新疆的这家公司由一家自保机构变成为今天的全国性的中华联合财产保险公司。1988 年,平安保险公司在深圳成立,南部的垄断被打破,它还是改革开放后中国内地第一家股份制保险公司。1991 年,中国太平洋保险公司在上海成立,这家全国性股份制保险公司打破了保险业的全国性垄断。

1992 年,美国国际集团旗下的友邦人寿保险公司进入上海,拉开了中国内地的保险业对外开放的大幕。此后,大都会人寿、安联保险、国泰人寿、美亚保险、劳合社、瑞士再保险公司、慕尼黑再保险集团等先后进入中国市场。一些外资保险中介机构、教育培训机构也先后进入中国保险市场。特别在中国 21 世纪初加入世界贸易组织之后,由于要履行我国在保险市场开放方面的承诺,中国保险业的对外开放呈现出加速化、全面化、层次化、多元化等趋向。

随着各种保险经营主体的增多,保险市场竞争日益激烈。服务领域与对象的拓宽,催生了新的保险险种。合同条款与保险费率的制定及变动,随着市场化的深入自主性不断提高。

---

① 北京大学经济学院的孙祁祥教授认为,并非时代变化导致不再需要保险发挥其功用,而是一种受意识形态影响的制度安排取缔了保险业。

1995 年 12 月,中国人寿保险业第一张经验生命表制作完成,结束了长期借用日本生命表的历史。虽然现在还有一些基本统计数据仍依赖外国同行,但中国已经开始日益重视保险业各种基本数据的采集、积累、整理、分析与使用。

1995 年,《中华人民共和国保险法》(以下简称《保险法》)颁行,这是新中国第一部商业保险法。此后,在清理有所不适的保险法规的同时,新的保险法规不断被制定出来。保险法规渐成体系,合理性程度也大大提高。2002 年,首次修改后的《保险法》获得通过,从 2003 年 1 月 1 日起正式实施。这次修改贯穿了几条指导思想:履行"入世"承诺;加强对被保险人利益的保护;强化保险监管;支持保险业的改革和发展;促进保险业与国际接轨。2009 年,我国又对《保险法》进行了第二次较全面的修订。

1998 年 11 月,中国保险监督管理委员会成立(以下简称中国保监会或保监会),为国务院直属的行业管理机构。自此,在经历了曾由中国人民银行监管、财政部监管等之后,商业保险有了自己专门的监管机构。保险同业协会这一自律组织也在全国各地陆续建立,表明由政府监管、行业自律、自我内控、社会监督合成的四位一体的现代监管体系基本形成。通过确立监管目标,建立各种监管指标,端正监管理念,完善监管队伍,改进监管方式,提升监管能力,我国的保险监管日益市场化、合理化和有效化。

国有保险公司也顺应时势,按照新法规和国家的要求,进行了一系列改组与改革,使自己成为保险市场上合格的有实力的竞争主体。先是中国人民保险公司分为 3 家机构:中国人保(财险)、中国人寿、中国再保险。后来这 3 家机构又独立发展为三大国有控股的拥有众多子公司的综合性保险集团。中国人保和中国人寿先后在海内外发行股票上市,变为现代化的股份制企业。经过一系列改革,公司的法人治理结构日趋完善,官衙作风被摒弃,市场观念、服务理念得以树立,奖惩制度更加合理有效。这些公司伴随着业务迅速的发展,经济效益也有了显著的提高。拥有保险市场的相当份额,对整个中国保险市场的稳定发展起着举足轻重的作用。

扩展阅读3-4　　　　　　个人代理人

个人保险代理人即保险个人营销员制度在 20 世纪 90 年代初被友邦人寿率先引入中国内地保险市场,与之相应地,引入了中国台湾等地的保险营销培训模式。围绕这种模式,还形成了晨会、传帮带等独特的保险企业文化。中国平安保险公司在中资保险中较早采用该种模式推销保险。由于效果显著,人寿保险公司纷纷学习模仿,从而带来了人寿保险业的大发展,并使之很快地超过了财产保险。后来一些财产保险机构也尝试该种营销体制。一些个人代理人的销售误导使这种体制在社会上毁誉参半。历史地看,尽管存在一些问题,需要改进,个人保险代理人确实带来了保险业的中介化时代。此后,专业保险代理人、兼业保险代理人、保险经纪人、保险公估人大量出现,极大地推动了保险业的发展。

近年来,中国保险业的发展值得提及的还有:机动车辆保险占据了财产保险业务增长的绝大份额,电话销售方式在保险单较为标准化的车险市场作用突出;带有一定公益性质的各种责任保险发展迅速;政府补贴保费的农业保险成为社会热点;银行保险成为寿险公司争相依赖的最重要的销售渠道之一。

保险理论研究、教育培训随着保险业的快速发展虽也有所起色,但基本上滞后于市场步伐。保险高等教育主要集中在一些老牌学校,培养的保险人才有限且多少与保险实务、市场要求有所脱节。国外的一些考试培训机构与项目进入中国,围绕各种保险考证的学习培训较多,各种业务拓展技能培训项目搞得颇有声色。

尽管近年来中国的保险业一直保持着很高的增长速度,从保险费总规模上看也已经是一个保险大国,但保险密度、保险深度相对还很低,甚至远远低于世界平均水平,还有待跃升为一个保险强国。中国正在抓紧建立完善自己的社会保障体系,商业保险市场的发展潜力巨大,今后要注意应以历史的经验与智慧推动其发展。

第六节 英、美、日保险市场发展比较

一、西方国家保险发展之路

保险业源于西方,发展历史较长,加之其市场经济的理念与机制深入人心、精密而规范,故而它们的保险业之运作更为传统与经典,历史的积淀已使其保险市场成熟而丰厚,极富质感,表现之一是其保险市场的表层与前卫部分极其活跃,而其根部,即市场的深层处与基本面,却稳实而坚定;进出保险业的资本数量与结构随市场之峰谷交替虽有变化,但基本上是一种自如的调节而不失其合理性。这是一种有张力的动感,正是它,引导与支撑着西方保险业历经几百年仍然辉煌与充满活力。

以英、美为代表的西方保险业由于是以自然生发和诱致性变迁为主导发展起来的市场,保险业便与社会经济的方方面面平滑衔接,几无缝隙。由于顺从市场大势,经历过无数次的残酷竞争与自我提升,保险业的发展更适于自然的节奏。保险与其他方面共成长,相互依赖与促进,表现出更强的整体性。这可以从保险的主体结构及险种结构的历史变动中得到证明:相互保险组织向合作社与商业保险公司的分化;劳合社从一家咖啡馆向大型保险社团的演化;投资连接保险率先在英国出现而不是出现在资本市场更强大更有效率的美国市场,以及该险种为何在20世纪60年代才出现而不是在19世纪抑或20世纪初就出现。英、美的保险业把自身的成长较成功地融入了整个社会经济的发展与进步之中是其成功的主要原因之一。

英、美的保险市场发展至今,虽也有自然形成的垄断成分与色彩,但其竞争程度仍比较充分,保险公司运作的透明度、公正性高。在这类市场中,也有不少的特大型保险企业,如美国国际集团、通用再保险公司等,它们都是全球500强中的成员;但更多的则是组织形式多样、经营管理灵活高效的小型保险机构,甚至还存在个人保险人这种情况,如庞大的劳合社中就有不少的个人投资人和承保人。由于保险机构数量众多,除个别情况外,一个或一些保险机构出问题甚至退出保险市场对整个保险业之运行并无大碍,其市场表现出一种整体上的强势和稳健性,具备一种欢迎变革、接受变革、不惧变革和能够在应变中不断成长的活力。英国是保险"原生型"或"自发型"的代表国家,一贯提倡自由竞争。但世界发展史告诉我们,英国是走进现代世界的第一个国家,自由竞争、市场、民间、妥协等英国式的道路是一条稳健的发展之路。钱乘旦在其《英国通史》[①]一书中这样形容道:"英国的保守主义是一个很奇特的东西,它从来不落伍

---

① 参见钱乘旦、许洁明著:《英国通史》,上海社会科学院出版社2002年版,第335页。

于时代,当然也从来不走在时代的前头。它与时代的进展仅一步之遥,但一旦进展完成,它就迟早跟上,并且以新成果的守成者的面目出现,维护新成果。"

英、美的保险市场是较典型的消费者主导与主动型市场。公司众多,产品多样,加之消费者较为成熟,故其市场最需要的不是推销型的代理人,而是能够提供保险咨询、设计,帮助谈判、选择、订立及执行较复杂保险合约的保险经纪人。这使其通过经纪人这种中介服务成交的保险业务量占很大比重。甚至在英国的一些市场,经纪人与代理人已经合二为一,或者经纪人成为市场的主要甚至唯一的中介,这使得保险交易更公平、更顺利。因为经纪人作为消费者利益的代表,负有了解客户愿望,使客户明确自身保险需求,并接受委托代办保险等的责任与义务。这种市场的出发点在消费者,市场的重心与竞争的焦点都集中在消费者身上,谁赢得了消费者的青睐,谁就能取胜于市场。这决定了保险业的发展与消费者的成熟度较为合拍与同步,从而具有内在的发展理性。这样的市场肯定强调并注意维护消费者的权益,而这一点又反过来有利于促进并保持保险市场的可持续均衡发展。

二、日本的教训

日本的保险市场属于外生型市场,其发展具有行政性、强制性、自上而下等特征,又急于求成,力争尽快赶超英、美诸强。日本在 20 世纪 90 年代中后期发生了一连串的保险机构破产倒闭事件。今天回过头来看,一点也不奇怪。假使日本的金融改革再提前一点,即让市场的自由竞争与自我淘汰功能更强些,让保险公司的经营更透明些,政府不庇护存在问题的保险公司,则破产事件会更早更多。这已不是部分保险公司的经营问题,而是市场机制被扭曲的必然结果。在日本,由于自然的力量在保险公司的成长中发挥不足,市场曲线是被人为地拉起来的,保险发展就缺乏坚实的长期基础。这种赶超式的战略只能依靠来自外部的强制性变迁,而这种变迁又显然不是一种能长期起作用的理性因素,导致了诸多的"日本病"。

日本的保险市场一直表现出较强的垄断特征。日本的寿险业曾位列世界第一,产寿险之和曾位居全球第二,仅次于美国。然而自第二次世界大战结束以来,至 21 世纪初的 50 余年间,其保险公司的数量不过 30 余家,其在全球前 10 家大保险公司中,竟占去 3/4,排在前 20 位的保险公司之和决定着它们的整个市场状况。相应地,任何一家保险公司的破产都会对整个市场带来较强烈的震动,有时甚至是灾难性的影响,动摇人们对保险业前途的信心。这成了一个不敢出问题的市场,于是只有靠政府提供保护。

日本多以保险代理人为主要市场中介,并曾创造出不少营销神话,主要特点是靠激情、感动、频率、强度、关系来打动客户,推展市场。这是典型的感性化市场,消费者始终处于一种弱势的被动地位,他们对保险的认同度总跟不上保险公司扩占市场的强烈欲望。日本于 1996 年修改其保险法时才引进经纪人制度,至今经纪人发展的空间仍受挤压,保险交易缺乏主动、对冲与公正的力量。消费者对公司的信心与忠诚度反过来依赖于不正常的高速扩张,保险市场在很大程度上有被强力催熟的意味和症状。对保险市场资源和需求的短期过度开发总是以周期性的特征破坏了市场的长期平衡发展的基础,也破坏了市场自然生发的那种节奏感,使得一些地区的保险市场尚未充分展开便进入老态。

究其根由,都是赶超在作祟。日本为海上小岛国家,为了改变历史上形成的东西方相对态势,以欧美为目标在各方面加速赶超,保险上也如此。它们过分重视后发优势,同时轻视市场文化的长期匮乏及路径依赖等诸多问题所可能带来市场的严重变形,强调超常规发展,忽视市

场的自然演进。按理说,人类社会发展到今天所积累的智慧,的确可让后发国家在保险发展过程中少走些弯路。但如果把这种智慧夸大到可以完全省略必需的自然生长过程的程度,后发优势就可能变为后发劣势,补课就不可避免。"赶超"一词令当政者和保险经营者执迷不悟,于是种种违背保险运行内在规律的政策与举措不断出台,很少考虑其他方面的条件与相对水平,这种对市场自然演进、竞争淘汰功能的蔑视最终尝到的是一颗颗难咽的苦果。保险大跃进虽一时压缩了某些发展阶段的长度,却留下了众多隐患。

三、我国保险发展取向

我国始于 1978 年的历史性变革走了一条渐进之路,它遵从由易到难,强调基础、前提与条件,给社会各个方面的变动留出了较充足的相互磨合适应的时间与选择,其过程更具自然演变特征,从而在总体上较为平稳和成功。但若这种变革迟迟进入不到其核心与本质层面,或者在这种变革中,政府的意志与作用一直在不合理地被强化,那么,它所付出的时间与其他代价可能更高,未来的问题与摩擦更多、更大、更集中,还容易嵌入一些不确定因素,从而难以按原设计进行。这样一来,保险业的改革与发展在路径选择、中间目标的确定、节奏的把握及对中西方的借鉴学习等方面,就不得不受制于背景、目标、时间、成本、风险、异化等问题的相互作用与困扰。中国当然要走自己的路,但若要借鉴学习的话,基于以上的分析,应多学习借鉴英国与美国的成功经验,注意吸取日本等国保险业发展中的教训。中国保险业此前曾有"赶超"之嫌,过分重规模、求速度,潜伏着一些类似日本市场的问题。今后,应调整战略方向,通过各方面的努力,营造一个较公平公正的、宽松自由的、既竞争又合作的、讲求效率与效益的市场环境与氛围,这才是急迫的、重要的和根本的。

关于东西方保险市场生发方式、市场结构的不同会影响到保险业的长久发展及其社会效应,张杰先生早就曾不无忧虑地写道,中国的企业内(单位内)保障转为企业外保障,对保障资源进行有偿的社会化配置确乎必然又必要,但鉴于保险物品的市场特性,理当是交易出(而非由政府安排出或构建出)一个商业保险制度来。必须明确,从制度创新的过程来看,强制性变迁只是一种权宜之策,因为,改革停滞的机会成本与摩擦成本很高,而强制性变迁虽然会付出巨大的实施成本,但同时会产生递增的变革收益。当然,伴随这种改革或者随后展开的将是一个长期的制度磨合与博弈过程。只依靠政府的强制性变革与推进并不能一下子造就出一个崭新的保险制度,它只是为这种制度的建立提供基础。不能忽视保险体系完善中的自主自由、公共选择等特质。

附录　解读《国务院关于保险业改革发展的若干意见》(国务院 2006 年 6 月 15 日)

在"入世"过渡期结束保险业即将进入一个新的开放和发展的历史时期,国务院对各级政府部门、军队下发了该份文件。在肯定此前保险发展成绩与贡献的同时,指出了保险业发展存在的不足,主要是还不能满足社会经济发展的保障性需求。在此基础上,文件对保险业今后的发展提出了新的期望和任务,也要求各级政府各部门重视和推动保险业的发展。该文件在指明今后保险业发展方向的同时为保险业的发展烘托出良好的政治氛围。

该文件的指示与内容有:充分认识加快保险业改革发展的重要意义;加快保险业改革发展的指导思想、总体目标和主要任务;积极稳妥推进试点,发展多形式、多渠道的农业保险;统筹发展城乡商业养老保险和健康保险,完善多层次社会保障体系;大力发展责任保险,健全安

全生产保障和突发事件应急机制;推进自主创新,提升服务水平;提高保险资金运用水平,支持国民经济建设;强化体制改革、提高开放水平,增强可持续发展能力;加强和改善监管,防范化解风险;进一步完善法规政策,营造良好发展环境。

该文件的十个创新之处是:全面系统阐述了事关保险业改革发展全局的重大问题;明确了保险业在经济社会发展全局中的定位;从建设社会主义和谐社会的高度系统论述了保险的功能和作用;提出要将保险业纳入地方或行业的发展规划统筹考虑,发展环境的创新;提出要将保险业纳入灾害事故防范救助体系;提出切实解决误导和理赔难等问题;提出了保险创新机制的主要内容;提出要提高少数民族地区的保险服务水平;发展了保险市场调控论;创新了养老保险和医疗保险的提法。

与以往相比,该文件在十个方面有所突破:发展多形式、多渠道的农业保险;稳步拓宽保险资金运用渠道;探索保险综合经营;将行业、企业自保和互助合作保险统一纳入保险监管范围;为计划生育提供保险保障;将保险教育纳入中小学课程;在煤炭开采等行业推行强制责任保险试点;鼓励发展专业责任保险公司;完善高危行业的安全生产风险抵押金制度;加快保险立法进程。

 **本章小结**

1. 尽管由于变化和发展使得从纵向角度研究保险的作用和意义有限,但对一个行业的起源与发展过程的了解也是必要的,且不说"路径依赖"现象在保险发展上也照样存在。今天的保险是过往保险的部分或全部、表面或内在的结果。今天保险业发展中许多问题的根源需要从其历史中去探究,而要解决今日许多保险问题也同样能够从历史中获得启示和帮助。历史提供的营养使得保险史以及保险思想史的研究不是必要不必要、重要不重要的问题,而是有没有能力正确研究借鉴的问题。

2. 研究保险发展历史的方法与切入角度大致有:不同发展阶段的划定及各时期的特点总结;按时间序列即按自然年度推进;保险人物研究;保险大事件;保险组织机构研究;保险险种研究;保险发展环境(如法律法规、意识观念)研究;顺着保险思想理论发展脉络的研究,这要求在一个更高的层面展开;保险教育培训研究。

3. 储粮备荒是农业社会里人类最重要的保障方式。古代有很多保险思想和方式即使对今天的我们也有很好的启示、指导与借鉴意义,如天人合一的自然主义、大同理想、总体观念、平衡观念、相互消长论和中庸学说等。要善于总结继承这些保障的历史成果。

4. 小农经济、集权的封建制度、闭关锁国、围于家庭、法律契约意识缺乏是中国没有成为近现代保险业原生地的主要原因。

5. 保险业的产生需要一定的适当的基础,其持续健康发展也需要良好的环境条件。保险业的发展固然需要不断强化保险公司的各项内功,但也要注意其外部的变动,把视野转向更为基本的方面。

6. 共同海损与冒险借贷是现代保险业产生的两个重要先导。一个确立了"一人为众,众为一人"的保险分摊原则,另一个则把灾损与还款相联系。

7. 意大利、英国、美国等国都曾是世界保险业中心。当今世界保险业虽仍然以北美、西北欧、日本为重心,但中国、东欧等新兴市场的发展正在迅速改变着世界保险业的版图,多元化发

展趋势进一步增强。

8. 劳合社是由咖啡馆演变而来的个人保险组织,是一个独特的保险市场。它能在英国长期存在与发展不是偶然的。

9. 当代世界保险业在保险功用、保险险种、保险精算、保险经营、保险监管等方面都发生了巨大的变化。观察分析这些行业动向,顺应保险发展大势,积极变革创新,是各国保险业今后发展中的正确选择。

10. 中国的保险业从被动地植入到国人的积极应对挑战,保险业在近代中国历史上曾有过短暂的辉煌期。后来因为战乱、体制等原因,中国内地的保险业遭受了一些挫折,其中保险业一度被撤销的历史教训尤其值得汲取与警惕。中国要建立完善市场经济体制,加快发展保险业是历史与现实情势所迫,比较中西方保险业发展路径,有利于正确选择自身发展方式,这其中应认清并摆正法制、政治与保险经营管理之间的关系,建立支撑保险业发展的法律体系与市场基础。

 ## 复习思考题

1. 试比较保险思想与财政思想、货币思想产生的早晚及条件。

2. 中国的传统文化习俗与制度中有哪些因素影响了保险业的产生和发展? 对照保险业生发的一些基础条件,思考促进我国保险业发展的着力点。

3. 为何保险中心首先在地中海爱琴海一带形成? 保险业中心沿海路出地中海时为何没有当时的文明之国埃及?

4. 现代保险业是怎样进入邻国日本的? 在其发展中都有哪些曲折与教训?

5. 人身保险是如何产生与发展的?

6. 考察不同历史时期银行业与保险业之间的关系。

7. 试述英国对保险业的贡献。

8. 了解海上保险的内涵、地位及其变化。

9. 检索、了解并客观评价洋务运动在保险方面的作为。

10. 你还知道哪些对中外保险业的发展贡献较大的人物?

11. 检索、了解抗战前、抗战中及抗战后中国内地保险业的发展。

12. 我国保险业曲折的发展史有哪些教训值得吸取?

13. 为何美国和德国的产寿险发展较为均衡?

14. 当前世界保险业的发展都有哪些特点与动向?

15. 中西方在保险市场的形成和发展中有哪些不同?

16. 《国务院关于保险业改革发展的若干意见》(2006 年 6 月 15 日)是在什么背景下出台的? 该文件的意图及作用有哪些?

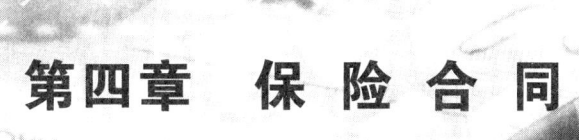

第四章 保险合同

本章导读

保险的实质是契约,即保险合同,它是约束规范双方当事人行为、保护当事人权利、解决纷争的重要依据,是保险关系建立和运行的法律保证。本章主要讲述保险合同的概念、特征,重点介绍保险合同的基本要素,以及保险合同的形式,论述保险合同的订立、生效与无效、履行和变更,以及在合同履行和变更的过程中出现纠纷的争议处理问题。通过本章的学习,读者可以掌握保险合同构成的具体内容,清晰地认识保险合同的动态变化过程。

学习目标

1. 了解保险合同的概念,掌握保险合同的特征。
2. 掌握保险合同的主体和内容。
3. 熟悉保险合同的基本形式。
4. 了解保险合同订立的过程和合同生效的条件。
5. 掌握保险合同投保人和保险人的义务。
6. 了解保险合同客体的变更,掌握合同主体的变更。
7. 了解保险合同中止与终止的区别。
8. 了解保险合同的解释原则和争议处理方式。

引　言

商业保险活动体现的是一种民事法律关系,这种民事法律关系是以保险合同的存在为前提的,也是以保险合同为依据的。通过了解保险合同的概念和特征、合同的组成、合同的订立和执行,不但能够进一步了解保险,还能合理有效解决保险合同纠纷。

第一节　保险合同的概念和特征

一、保险合同的概念

保险合同是一种经济合同。它是保险双方当事人为实现保险保障的目的,约定保险权利

和义务关系的协议。它是保险双方当事人的法律行为,是建立、变更和消灭保险关系的法律事实。

从保险人承担的责任来看,保险合同有两种不同的类型:一种是补偿性合同,即:在保险标的遭受约定事故时,由保险人根据保险合同的规定,对被保险人的经济损失给予补偿,补偿金额不得超过保险金额的合同。各类财产保险合同属于补偿性保险合同。另一种是给付性合同,即:当发生保险合同订立明确的约定事件或保险期限届满时,由保险人根据保险合同的规定,向被保险人或受益人给付保险金的合同。给付性合同存在于人身保险合同中。

二、保险合同的一般法律特征

保险关系属于经济法律关系或民事法律关系的范畴,是人们的一种法律行为,受法律保护,因此具有一般合同的特征。

(一) 保险合同是保险双方当事人的法律行为

保险合同的参与者至少是两方当事人。在签订保险合同时,双方当事人意志表示一致,达成协议,合同才能成立。这一特点体现了国家保护当事人有意识地从事经济活动、实现一定经济目的的民事权利,是任何单位和个人也不能剥夺的。

(二) 双方当事人在法律关系上处于平等地位

保险双方当事人在签订保险合同时,任何一方不得把自己的意志强加于对方,任何一方对他方的限制或是强行命令都是违反合同自由的原则。在法律关系上的平等是保险合同的当事人自由表达意志的前提,也是双方当事人权利和义务对等的基础。

(三) 保险合同是一种合法的法律行为

保险合同之所以能够产生法律效力,是因为保险合同签订时符合国家法律规定和有关的政策,因而被国家承认并受到保护。这一特点使保险双方当事人的权利和义务得以确认和履行,从而实现保险合同所反映和调整的经济关系。任何通过不正当手段签订的保险合同都是无效违法的,得不到法律的保护。

(四) 保险合同双方当事人必须具有行为能力

保险双方当事人不仅要具有权利、能力来体现自己的意志,而且必须具备行为能力,理智审慎地处置自己的事务。也就是说,能够用自己的行为取得权利或为自己设定义务的能力。有行为能力的当事人,才能认识到自己行为的法律后果,通过自己的行为取得法律所赋予的权利,履行应尽的义务。这一特征有利于保护权利人的利益,促成保险合同权利和义务的履行。

三、保险合同与一般经济合同的区别

合同是债权发生最为普遍的根据,保险合同也不例外。但保险合同所发生的债权同其他经济合同不同,主要区别如下。

(一) 保险合同是保障性合同

保险合同生效后,保险人根据保险合同的规定对被保险人提供经济保障。保险合同从约定生效时起到终止时的整个期间,保险标的一旦遭受保险事故发生损失,被保险人可以从保险人那里取得赔款或给付。赔款和给付远远大于所付的保险费。

这种保障包括有形和无形两种形式。有形保障体现在物质方面,即保险标的发生保险事故时被保险人获得的经济补偿或给付;无形保障则体现在精神方面,即保险人对所有被保险人提供的心理方面的安全感,使他们能够解除后顾之忧。

(二)保险合同是双务合同

根据合同双方当事人相互是否都负有义务,合同可分为双务合同和单务合同。单务合同是指对当事人一方发生权利,而对另一方只发生义务,即单方承担权利和义务的合同;双务合同是指合同当事人双方相互承担权利和义务的合同,且双方的权利和义务相互联系,互为因果。

保险合同是双务合同,合同一经签订,双方当事人都享有权利并承担义务。投保人一方履行缴纳保险费的义务之后,义务就转化为按保险合同享有请求保险金的权利;保险人一方按保险合同收取保险费之后,权利就转化为履行承担保险赔付的义务。因此,保险合同既是双方当事人履行义务的合同,又是双方享有权利的合同。但是,保险合同的双务性与一般双务合同并不相同,即保险人的赔付义务只有在约定的事故发生时才履行,因而是附有条件的双务合同。

(三)保险合同是有偿合同

根据合同当事人双方的收益状况,合同被区分为有偿合同与无偿合同。有偿合同是指当事人因享有合同的权利而必须偿付相应代价的合同;无偿合同是指当事人享有合同的权利而不必偿付相应代价的合同。

保险合同是有偿合同。被保险人要取得保险人对其标的给予保障和赔偿的权利,必须以缴付一定数额的保险费为代价;而保险人若要享有领取被保险人交付的保险费的权利,必须对保险标的给以经济保障和赔付被保险人的保险金为代价。当保险标的发生事故后,保险人负有经济补偿或给付的义务。但保险合同与很多有偿合同不同,其支出和获得不等价,可称为对价有偿合同,而非等价有偿合同。

(四)保险合同是附和性合同

根据合同签订的主动与否,合同分为附和性合同与协商性合同。附和性合同是指由一方提出合同的主要内容,另一方只能在此基础上作取与舍的决定的合同;协商性合同是双方当事人经过协商,在意愿一致的基础上订立的合同。

保险合同是附和性合同。保险人根据保险标的的性质和危险状况,对不同险种分别拟定了若干保险条款供被保险人选择。投保人一般只能作出同意与否的意思表示。投保人购买保险就表示同意保险合同条款,即使需要变更合同的某项内容,也只能采纳保险人事先准备的附加条款。从这一点上讲,保险人处于主动地位,而投保人则处于被动地位。

(五)保险合同是射幸合同

射幸合同是合同的效果在订约时不能确定的合同,即合同当事人一方并不必然履行给付义务,而只有当合同中约定的条件具备或合同约定的事件发生时才履行。

保险合同是射幸合同。投保人根据保险合同支付保险费的义务是确定的,而保险人仅在保险事故发生时承担赔偿或给付义务,即:保险人的义务是否履行在保险合同订立时不确定,而是取决于偶然的、不确定的保险事故是否发生。

保险合同虽然是一种射幸合同,但它与赌博有着本质的区别。因为这种射幸性质是对单个保险合同而言的,保险事业并非投机性事业。就保险业承担的全部保险合同来看,保险费总

额与保险金总额的关系是以精确的数理计算为基础的,原则上收入与支出保持平衡。因此,从总体上看,保险合同不存在偶然性。

(六) 保险合同是最大诚信合同

任何合同的订立都应以合同当事人的诚信为基础。但是,由于保险双方信息的不对称性,保险合同对诚信的要求远远高于其他合同。因此,保险标的在投保前或投保后均在投保方的控制之下,而保险人通常根据投保人的告知来决定是否承保以及承保的条件。所以,投保人的道德因素和信用状况对保险经营来说关系重大。另外,保险经营的复杂性和技术性使得保险人在保险关系中处于有利地位,而投保人处于不利地位。因此,保险合同比一般合同更需要诚信,即保险合同是最大诚信合同。

案例分析 4 - 1　　　如何确定保险合同中投保人的如实告知义务

案情介绍

2003 年 1 月 12 日,刘某雇佣船舶运送 95 吨重型废钢,并到保险公司对该批货物进行投保,保险公司向刘某签发了保险单。该保险单载明:投保人为刘某,被保险人为刘某,保险的货物为 95 吨重型废钢,保险金额为 99 750 元。保单生效后,该船舶行驶途中沉没,船上货物全部灭失。事故发生后,海事部门无法认定沉船原因,刘某向保险公司报告并请求赔偿保险金,但保险公司认为:刘某雇佣的船舶的核定吨位仅为 60 吨,货物严重超载,导致事故的发生,因刘某投保时未履行如实告知义务且违章超载运输,有重大过错,保险公司可以免责,故拒绝理赔。刘某诉至法院,要求保险公司给予赔偿。

裁判要点

原被告签订的货物运输保险合同依法成立,在发生合同约定的保险事故时,保险人应承担赔偿责任。原告雇佣船舶运输货物,应遵守交通管理部门的安全运输要求,其在运输保险货物的过程中,虽有超载行为,但其超载行为不能成为被告拒绝赔偿的理由:首先,该超载行为与货物灭失之间是否具备因果关系,被告没有举出证据证明。其次,双方在订立保险合同时,没有对货物超载是否构成保险人免责进行约定。再次,在订立保险合同时,保险人没有对货物是否超载的事实进行询问,投保人对没有询问的事实不负告知义务。双方在保险合同关系中,应以保险合同的约定确定双方的权利和义务,保险人对投保人超载行为没有过问,也没有明确约定免责,推定为其自愿承担该项风险,在发生事故后,有关部门未确定事故原因的情况下,被告以船舶超载为由拒绝承担保险责任,不予支持。

判决保险公司向刘某支付保险金 99 750 元。案件受理费由保险公司负担。

评析

1. 本案是有关投保人在投保时如何确定自己的告知义务的问题。根据《中华人民共和国保险法》第 17 条第 1 款规定,订立保险合同,保险人应当向投保人说明合同条款内容,并可以就保险标的或者被保险人的有关情况提出询问,投保人应当如实告知。从这一款规定中我们可以看出,我国《保险法》确立的投保人

（续上）

告知方法是询问告知的方法，而不是无限告知的方法，所以只要投保人如实回答了保险人的询问，即为履行了告知义务。对于保险人没有询问的事项，即使是重要事实，投保人也没有告知义务，所以对保险人没有询问的事项，投保人没有告知，不构成对告知义务的违反。本案被告向原告询问了货物的数量、船舶名称，原告已经作了如实告知，至于保险公司没有询问的船舶是否超载问题，原告则没有告知义务，故被告不可以原告未履行如实告知义务来进行抗辩。

2. 被告以原告超载运输货物有过错为由进行抗辩的理由为何不能得到法院的支持。本案从原告提供的书证（投保单）来看，双方对免责事由没有约定。退一步说，即便被告签发给原告的投保单上有关于因超载而发生事故的免责条款，被告在订立合同时，未向原告明确说明该条款，根据《保险法》第18条的规定，该免责条款也不产生效力。故被告以此为由作出的抗辩理由也不成立。

3. 投保人订立保险合同的目的就是合法地转移其在经营中的风险，保险人承保时应对承保范围内的各种风险作出合理估计与预见。作为水路运输货物保险，出险系数较大，其中船舶超载是重要原因之一，但保险人在承保时对这一重要事实未进行询问或作出免责约定，视为愿意承担该风险。如果保险人事先与投保人约定不得超载或明确将超载作为保险人免责事由，投保人就不能侥幸得到赔偿了。

资料来源：根据相关网络文章整理。

第二节　保险合同的基本要素

保险合同是一种特殊的合同，属民事法律关系范畴。任何一项民事法律关系都包括主体、客体和内容三个基本要素。保险合同的民事法律关系也不例外。

一、保险合同的主体

保险合同的主体是保险合同订立、履行过程中的参与者，包括保险合同的当事人和保险合同的关系人。保险合同的当事人是保险合同订立的直接参与者，通常是保险人和投保人。保险合同的关系人虽不是合同订立的直接参与者，但按合同规定享有权利，履行义务，主要是指被保险人和受益人。

（一）保险合同的当事人

1. 保险人。保险人是签订保险合同的一方当事人，是经营保险业务、收取保险费和在保险事故发生时负责履行赔偿或给付义务的人。保险人也称承保人，其设立应当经国务院保险监督管理机构批准，且一般具有法人资格，或被法律特准的自然人。无论是法人还是被法律允许的自然人，都必须按保险监督管理机关的规定，具备一定数量的资本金，保持应有的偿付能力，并将一定比例的资本金作为保证金存入特定银行，以维护合同另一方的经济利益和社会政治经济的安定。

2. 投保人。投保人是保险合同另一方当事人,是向保险人申请签订保险合同,并负担和缴纳保险费义务的人。投保人一般要具备的条件有:① 具备完全的权利能力和行为能力。保险合同与一般合同一样,要求当事人具备完全的权利能力和行为能力。这对法人和自然人均相同。未取得法人资格的组织不能成为保险合同的当事人,无行为能力或限制行为能力的自然人也不能签订保险合同而成为保险合同的当事人。② 对保险标的具有保险利益。投保人对保险标的不具有保险利益,则不能申请订立保险合同;已签订的合同视为无效合同。③ 负有缴纳保险费的义务。保险合同为有偿合同,投保人取得经济保障的代价就是支付保险费。不论保险合同是为自己的利益还是为他人的利益而订立,投保人均需承担缴纳保险费的责任。

(二)保险合同的关系人

1. 被保险人。被保险人是指其财产或人身受保险合同保障,享有保险金请求权的人。① 被保险人的资格。一般来说,在财产保险合同中,被保险人的资格没有严格的限制,自然人和法人都可以作为被保险人。而在人身保险合同中,法人不能作为被保险人,只有自然人并且只能是有生命的自然人才能成为人身保险合同中的被保险人。在以死亡为给付保险金条件的合同中,无民事行为能力的人不得成为被保险人,但父母为其未成年的子女投保时除外,只是最高保险金额通常都有限制。② 被保险人与投保人的关系。在保险合同中,被保险人与投保人的关系,通常有两种情况:一是当投保人为自己的利益投保时,投保人与被保险人是同一个人,此时的被保险人可以视为保险合同的当事人;二是投保人为他人的利益投保时,投保人与被保险人分属于两个人,此时的被保险人即为保险合同的关系人。③ 被保险人的数量。同一个保险合同中的被保险人可以是一人,也可以是数人。无论是一人还是数人,被保险人都应载明于保险合同中。如果被保险人是已经确定的,应将其姓名或单位在合同中载明;如果被保险人是可变的,则需要在合同中增加一项变更被保险人的条款。当约定的条件满足时,补充的对象自动取得被保险人的地位。④ 各类保险的被保险人。在财产保险中,被保险人是保险财产的权利主体;在人身保险中,被保险人既是受保险合同保障的人,也是保险事故发生的本体;在责任保险中,被保险人是对他人财产毁损或人身伤害依据法律、契约或道义负有经济赔偿责任的人;在信用、保证保险中,被保险人是因他人失信而有可能遭受经济损失的人,或者是因自身失信可能导致他人损失的人。

2. 受益人。受益人一般属于人身保险范畴的特定关系人,即人身保险合同中由被保险人或投保人指定的享有保险金请求权的人。投保人和被保险人可以为受益人。

受益人在法律资格上分为确定的受益人和未确定的受益人。未确定的受益人是被保险人的法定继承人,已确定的受益人分为三种情况:一是投保人、被保险人和受益人三位一体,如年金保险;二是投保人指定被保险人为受益人,如父母为子女投保的婚嫁险;三是被保险人指定的第三人为受益人,如死亡保险中,被保险人可以指定与其有特定关系的人为受益人。

受益人的特征有:① 受益人由被保险人和投保人在人身保险合同中指定,投保人指定受益人时须经被保险人同意。② 受益人不承担保险上的义务而享有保险上的权利,体现出特殊的权利和义务的不对等性。③ 受益人没有主体资格限制,即使没有民事权利和行为能力的人,甚至未出世的胎儿也可以是受益人,但须以出生时存活为条件。若受益人有数人,被保险人或投保人可以确定受益顺序和份额,未确定顺序和份额的,由数个受益人均分保险金。④ 受益权是一种期待权,受益权的行使仅限于保险事故发生时受益人尚生存于人世为条件。

受益人受领的保险金归受益人独享,不是被保险人的遗产,没有用其偿还被保险人生前债务的责任和义务。⑤ 出现没有指定受益人、受益人先于被保险人死亡、受益人和被保险人同时死亡、受益人依法丧失受益权或者放弃受益权而没有其他受益人等情况时,保险金作为被保险人的遗产,由被保险人的法定继承人受领。⑥ 除非是不可撤销的受益人,被保险人和投保人有权变更受益人,无须经原受益人和保险人认可和同意,但应当通知保险人。

二、保险合同的客体

保险合同的客体是保险权利和义务关系指向的对象,即保险利益。保险利益是指投保人或被保险人对保险标的所具有的法律上承认的利益,也就是投保方在保险标的上因具有各种利益关系而享有的法律上承认的经济利益。

特定的保险标的是保险合同订立的必要内容。但是订立保险合同的目的并非保障保险标的本身。也就是说,投保人或被保险人将保险标的投保后并不能保障保险标的本身不发生损失,而是在损失发生后,他们能够从经济上得到补偿。因此,保险合同实际上保障的是被保险人对保险标的所具有的利益,即保险利益。

三、保险合同的内容

保险合同的内容是指保险人与投保人的权利和义务。由于保险合同一般都是依照保险人预先拟定的保险条款订立的,因而在保险合同成立之后,双方当事人的权利和义务就主要体现在这些条款上。

(一)保险条款及其分类

1. 按照保险条款性质的不同,保险条款分为基本条款和附加条款。① 基本条款又称普通条款,是指保险人在事先准备的保险单上,根据不同险种而规定的有关保险当事人双方权利的基本事项。它往往构成保险合同的基本内容,是投保人和保险人签订保险合同的依据,不能随投保人的意愿而变更。② 附加条款是指保险合同当事人双方在基本条款的基础上所附加的,用以扩大或限制原基本条款中所规定的权利和义务的补充条款。附加条款通常也由保险人事先印就一定的格式,待保险人和投保人特别约定填好后附贴在保险单上。它产生的原因主要在于:一是扩大基本条款的伸缩性,以适应投保人的特别需要;二是变更原保险单的合同内容,如扩大承保危险责任、增加保险标的数量等,也可以用以减少原规定的除外责任或缩小原规定的承保范围。

在保险实务中,一般把基本条款所规定的保险人承保的危险叫做基本险;附加条款所规定的保险人承保的危险叫做附加险。保险条款的这种特殊构成决定了投保人只有在投保基本险的基础上,才能投保附加险,而不能单独投保附加险。

2. 按照保险条款对当事人的约束程度,保险条款可以分为法定条款和任意条款。① 法定条款。法定条款是由法律规定的保险双方权利和义务的保险条款。② 任意条款。任意条款是相对于法定条款而言的,它是由保险合同当事人在法律规定的保险合同事项之外,就与保险有关的其他事项所作的约定。保险双方当事人可以自由选择任意条款,故又称选择条款。

(二)保险合同的基本内容和条款

1. 当事人和关系人的名称和住所。当事人的名称是某一主体区别于其他主体的符号。

住所是法律确认的自然人的中心生活场所及法人的主要办事机构所在地。明确名称和住所对于合同的履行如保险费的催交、提出索赔、给付保险金等均十分重要。因此,在保险合同中,要载明保险人、投保人、被保险人及受益人的名称和住所。

2. 保险标的。保险标的是作为保险对象的财产及其有关利益或者人的寿命和身体。明确保险标的能确定保险的种类,并据以判断投保人或被保险人是否对之具有保险利益。

3. 保险责任和责任免除。保险责任是指保险人承担赔偿或给付保险金责任的风险项目。保险责任依保险种类的不同而有所差异,通常由保险人确定保险责任的范围并作为合同的一部分内容载于合同中。例如,我国财产保险基本险主要包括火灾、爆炸、雷电、空中运行物体的坠落等。责任免除又称除外责任,是保险人不承担赔偿或给付保险金责任的风险项目,如被保险人的故意行为所致保险标的的损失属于责任免除。作为责任免除的风险通常有道德风险、损失巨大并且无法计算的风险项目。责任免除涉及被保险人或受益人的切身利益,所以在保险合同中应载明。在保险合同中载明保险责任和责任免除,在于明确保险人的赔付范围。

4. 保险期间和保险责任开始时间。保险期间是保险人和投保人约定的保险责任的有效期限,又称保险有效期。它既是计算保险费的依据,又是保险人和被保险人享有权利和承担义务的有关时限界定的根据。保险期间是保险人承担保险责任的起讫期间,保险人仅对承保期间内发生的保险事故承担赔偿或者给付保险金义务。由于保险事故的发生是非确定性的,因而,明确保险期间是十分重要的。

确定保险期间通常有两种方式:自然时间期间和行为时间期间。前者是根据保险标的保障的自然时间所确定的保险期间,常以年为计算单位,如企业财产保险等;后者是根据保险标的保障的运动时间所确定的保险期间,常以保险标的的运动过程为计算单位,如建筑工程保险、货物运输保险分别以工程时间和航程时间作为保险期间。

保险责任开始时间是保险人开始承担赔偿或给付保险金责任的时间,如我国企业财产保险的保险责任开始时间一般为起始日的零时开始。值得注意的是,保险责任开始时间未必与保险期间的起始时间完全一致,当事人可以就保险责任开始时间作出特别约定,但保险责任开始时间必然在保险期间之内。

5. 保险价值。保险价值是保险标的的价值,该概念属于财产保险合同。财产保险标的的价值可以由投保人和保险人约定并在合同中载明,也可以按照保险事故发生时保险标的的实际价值确定。

6. 保险金额简称"保额",是保险人承担赔偿或者给付保险金责任的最高限额。保险金额是计算保险费的依据,是双方享有权利承担义务的重要依据。财产保险的保险金额可以根据投保人对该标的物的利益程度和保障要求,按照保险财产的实际价值、重置价格或估价等方式来确定。人身保险的保险金额则由投保人的实际需要和交付保险费的能力确定。另外,确定保险金额时要遵循保险利益原则,不应超过投保人或被保险人对保险标的具有的保险利益额度。

7. 保险费及其支付方式。保险费是指投保人为取得保险保障而交付给保险人的费用。缴纳保险费是投保人为获取保险保障而必须履行的义务,是保险合同生效的重要条件。保险费包括纯保费和附加保费两部分。其中纯保费是以预定风险发生概率和预定利率为基础计算出来的、用于给付保险金的保险费。附加保费是指用于保险人的营业费用、营业税金和利润等的保险费。保险费的多少取决于保险金额的大小、保险期限的长短和保险费率的高低。保险

费的支付方式主要有趸缴和期缴两种。

8. 保险金赔偿或者给付办法。在保险合同中,还应载明保险金赔偿或者给付的办法,包括赔偿或给付的标准和方式。原则上,保险人以现金方式进行支付,不负责以实物进行补偿或者负责恢复原状,但是合同当事人有约定的除外,如现金赔付、修复等方式。同时规定免赔额(率),分为相对免赔和绝对免赔,前者为了减少小额赔付手续,后者为了控制保险人的责任。

9. 违约责任和争议处理。违约责任是合同当事人未履行合同义务所应当承担的法律责任。有关违约责任的内容,当事人可以自行约定,也可以直接载明按照法律的有关规定处理。

争议处理是指保险合同发生纠纷后的解决方式。保险合同订立以后,双方当事人在履行合同过程中,围绕理赔、追偿、缴费以及责任归属等问题容易产生争议。因此,采用适当的方式公平合理地处理保险纠纷,直接影响到双方的权益。对保险业务中发生的争议,可采取协商、调解、仲裁和诉讼四种方式来处理。保险合同发生争议的,应首先通过友好协商解决;协商不成时,再考虑通过仲裁或诉讼等方式解决。

10. 订立合同的年、月、日,通常是指合同的订约时间,以此确定投保人是否有保险利益、保险费的交付期等。在特定情况下,订立合同的年、月、日对核定赔案事实真相可以起到关键作用。

第三节 保险合同的基本形式

保险合同一般采用书面形式,并载明当事人双方约定的合同内容。保险合同的体现形式主要有投保单、暂保单、保险单、保险凭证和批单。

一、投保单

投保单又称要保单,是投保人向保险人申请订立保险合同的书面文件。它是投保人进行保险要约的书面形式,由投保人如实填写。在投保单中列明订立保险合同所必需的项目,供保险人据以考虑是否接受承保。其内容一般包括投保人和被保险人的地址、保险标的、坐落地点、投保险别、保险金额、保险期间、保险费率等,但因险种不同而具体有异。

投保单是保险合同的重要组成部分。投保人在投保单中所填写的内容会影响保险合同的效力。投保单上如有记载,保险单上即使有遗漏,其效力也是与记载在保险单上一样的。如果投保人在投保单上告知不实,在保险单出立时又没要求修正,保险人可以以投保人未遵循合同的诚信原则为由而在规定的期限内宣布合同无效。

案例分析 4-2   **投保单与保险合同不符时,应如何判定?**

1999 年 9 月 28 日,某海运公司向保险公司投保了船舶险,在其填写的投保单中,航行区域一栏填写为:亚太区域。该投保单为格式投保单,在其投保单题头下以印刷小字体标有:本投保单由投保人如实填写并签章后作为向本公司投保船舶险的依据,本投保单作为该船舶保险单的组成部分。保险公司按照公司有关只能承保近海船舶的规定,在出具的保险单上将航行区域规定为:东亚及东南亚,并规定保费分 3 次缴纳。海运公司对此未作异议表示,按保单约定分 3 次交清了保费。2000 年 5 月,投保船只因主机故障发生过一次保险事故,海运公

（续上）

司曾依据保单向保险公司提出过索赔。保险公司按照保单规定，在仔细勘查后依法作出赔付决定。

2000 年 9 月，投保船只航行至大洋洲某群岛附近搁浅，后被拖船救援，海运公司向保险人要求赔偿全部损失共计 135 万元人民币。保险公司以海运公司超出保单规定的航行区域，没有及时告知保险人，导致保险标的危险程度增加为由作出拒赔决定。海运公司遂诉至法院。

海运公司认为，海运公司填写投保单时，在投保区域一栏明确填写了"亚太地区"。而保险公司的投保单为格式投保单，投保单题头下明确标有本投保单由投保人如实填写并签章后作为向本公司投保船舶险的依据等内容。由于保险公司在保险单中将投保区域一栏改填为"东亚及东南亚"，导致了投保单与保险单的规定不一致。

保险公司认为，在本案中，由于海运公司要约中的航行区域超越了保险公司的承保范围，保险公司对要约的主要内容作了改变，这在理论上应视为一个新要约，对该新要约在长达 1 年的时间内海运公司没有作出否定的表示，并按时缴纳了保费。其缴纳保费的行为表明其对新要约已经作出承诺，即同意保单上航行范围为东亚及东南亚，保险合同此时成立，保险合同的内容应当以新要约的内容为准，并且，在保险合同的履行过程中，本案保险标的曾经因主机故障发生过一次保险事故，海运公司曾依据此保单向保险公司提出过索赔。保险公司按照保单规定，在仔细勘查后依法作出了赔付海运公司 7 000 多美元的赔付决定。这次赔案充分说明，根据新要约达成的保险合同已经生效。海运公司以不知道保单作了变更为由，寻找种种理由图取非法利益，其行为应不予支持。

问题：

1. 投保单是否具有法律效力？

从投保单和保险单的产生过程来看，投保单是投保人填写的，表示愿意同保险人订立保险合同的书面申请。投保单由保险人事先准备并具有统一格式，其中列有订立保险合同所需要了解的项目，投保人逐一填写后交给保险人，订立保险合同的要约完成。投保单本身并不是正式的合同文本，但一经保险人接受，即成为保险合同的一部分。

2. 在本案中，投保单与保险合同不符时，应如何判定？

本案中海运公司向保险公司投保船舶险，在投保单中航行区域填写为：亚太区域。保险公司在保险单上将航行区域规定为：东亚及东南亚。保险公司对要约主要内容的改变在理论上视为一个反要约，需要海运公司的承诺合同才能成立。海运公司在接到反要约后并无异议，并按时缴纳了保费，在合同履行过程中还提出过索赔。其缴纳保费和索赔的行为可以表明其对反要约已经做出承诺，即同意保单上航行范围为东亚及东南亚，保险合同此时成立。保险合同的内容应以变更后的内容为准。

资料来源：根据相关网络文章整理。

二、暂保单

暂保单是在保险单或保险凭证未出具之前,保险人或保险代理人向投保人签发的临时保险凭证,亦称临时保险单。其作用是证明保险人已同意投保。暂保单的内容比较简单,仅载明与保险人已商定的重要项目,如保险标的、保险金额及保险费率、承保险种、被保险人姓名、缔约双方当事人的权利和义务及保险单以外的特别保险条件等。暂保单具有证明保险人已同意投保的效力。出具暂保单一般有以下情况:

1. 保险代理人在争取到保险业务但未向保险人办妥保险单手续前,可先出具暂保单,以作为保障的证明。

2. 保险公司的分支机构,在接受被保险人的要约后但尚须获得上级保险公司或保险总公司批准前,可先出具暂保单,以作为保障的证明。

3. 保险人和投保人在洽谈或续订保险合同时,订约双方当事人已就主要条款达成协议,但尚有一些条件需进一步商讨,在未完全谈妥前可先出具暂保单,以作为保障的证明。

4. 保险单是出口贸易结汇的必备文件之一。在尚未出具保险单和保险凭证之前,可先出具暂保单,以资证明出口货物已经办理保险,并以此作为出口结汇的凭证之一。

暂保单一般具有与保险单或保险凭证同等的法律效力,但通常其有效期限以 30 天为限,一旦出具保险单,暂保单自动失效。保险单出具前,保险人亦可终止暂保单,但必须提前通知被保险人。

三、保险单

保险单是保险人和投保人之间订立的正式保险合同的书面凭证。一般由保险人签发给投保人。保险单将保险合同的全部内容详尽列明,包括双方当事人的权利和义务以及应承担的风险责任。保险单的主要结构包括保险项目、保险责任、责任免除及附注条件等。保险单的正面一般采用表格方式,其填写内容包括投保人、被保险人和受益人,保险标的的详细说明。其背面是保险条款,具体包括保险人和被保险人的权利和义务、保险责任、责任免除、保险期限、保费与退保、索赔与理赔、争议处理等。保险单是保险合同双方当事人确定权利义务和在保险事故发生后被保险人索赔、保险人理赔的主要依据。

四、保险凭证

保险凭证又称小保单,是保险人签发给投保人的、证明保险合同已经订立的书面文件。其所列项目与保险单完全相同,并声明以某种保险单所载明的条款为准,但是不载明保险条款,实质上是一种简化的保险单,它与保险单具有同等的法律效力。如果保险凭证尚未列有其内容,则应以同类保险单载明的详细内容为准;如果保险单与保险凭证的内容有抵触或保险凭证另有特约条款时,则应以保险凭证为准。

五、批单

批单是保险人应投保人或被保险人的要求出具的修订或更改保险单内容的证明文件。批单通常在两种情况下使用:一是对已印制好的标准保险单所作的部分修正,这种修正并不改变保险单的基本保险条件,只是缩小或扩大保险责任范围;二是在保险合同订立后的有效期内

对某些保险项目进行更改和调整。保险合同订立后在有效期内双方当事人都有权通过协议更改和修正保险合同的内容。如果投保人需要更改保险合同的内容,须向保险人提出申请,经保险人同意后出具批单。批单可在原保险单或保险凭证上批注,也可另外出具一张变更合同内容的附贴便条。凡经批改过的内容,以批单为准;多次批改,应以最后批改为准。批单一经签发,就自动成为保险单一个重要组成部分。

第四节 保险合同的订立与生效

一、保险合同的订立

保险合同的订立,即保险合同的设立。保险合同是投保人和保险人之间的一种合意行为。因此,保险合同的设立,必须要有投保人要求投保和保险人同意承保的意思表示。前者在法律上称为"要约",后者称为"承诺"。保险合同一般是经过投保人的要约和保险人的承诺成立的,保险合同订立的程序也就必须经过要约和承诺两个阶段。

（一）要约

要约在保险合同订立过程中又称为"要保"或"投保",它是投保人向保险人提出的订立保险合同为目的的意思表示。一个有效的要约应具备三个条件:一是须明确表示订约愿望;二是需具备合同的内容;三是要约在有效期内对要约人具有约束力。投保人的要约是订立保险合同的必需的、首要的程序。

1. 要约邀请。投保人的要约一般应当采用书面形式,即采用要保书(亦称投保单)形式。由于保险合同属于格式合同,因此投保单通常由保险人事先印制,投保单的内容除投保人或被保险人的基本情况,如投保人、被保险人的名称(或姓名)、住址、保险标的(对象)及坐落地点等以外,还包括了投保人要求保险人保障的范围等内容。保险人将空白的投保单发放给投保人或者保险代理人推销保险的行为,其法律性质属于"要约邀请",即邀请投保人向保险人发出要约。

2. 保险要约。投保人索取并填写投保单,认可保险人设定的保险费和保险条款,并将之交给保险人的行为,即为保险要约。投保人在填写投保单时,必须按投保单所列内容逐一如实填写。在订立保险合同时,投保人对保险人提出的关于保险标的或者被保险人的有关情况的询问必须如实告知。因为保险人询问的这些问题足以决定保险人是否同意承保或者是确定保险费率的重要依据。如果投保人对保险人提出的询问告知不实或者不如实填写要保书,保险合同无法订立;保险合同即使订立了,保险人也可以据此解除或者拒绝承担保险责任。

（二）承诺

承诺又称为"承保",它是保险人同意投保人提出的保险要求的意思表示,亦即保险人接受投保人在投保单中提出的全部条件,同意在发生保险事故或者在约定的保险事件到来时承担保险责任。

保险人的承诺,既可以由保险人自己做出,也可以由保险人的代理人做出。保险人或其代理人做出同意承保的意思表示必须是无条件的。如果保险人或其代理人对投保人的投保要求做出同意承保的意思表示的同时,又附有其他条件的,则这种同意承保的意思表示不能作为承

诺,而只能作为一种新的要约。这种新的要约,只有经过投保人同意后,保险合同才能成立。

在某些特殊情况下,如果保险人接受了投保单并接受了保险费,但未明确表示承保,应推定保险人接受了投保人的要约,保险合同成立。

保险合同属于诺成合同,以承诺到达要约的时间为合同成立时间,保险合同的法律效力一般于合同成立时发生,但是如果双方约定了条件,并将该条件的成就作为保险合同成立的依据,这种情况应附停止条件的保险合同,其法律效力的发生以合同所附条件成就的时间为准。

二、保险合同的生效

(一) 保险合同的成立与生效

1. 保险合同的成立。保险合同的成立是指投保人与保险人就合同的条款达成协议。合同成立制度表现了当事人的意志,体现了合同自由原则。《中华人民共和国保险法》第 13 条规定:"投保人提出保险要求,经保险人同意承保,保险合同成立。保险单或是其他保险凭证应当载明当事人双方约定的合同内容。当事人也可以约定采用其他书面形式载明合同内容。"

在实务操作中,当保险人审核投保人填具的投保单后并在投保单上签章表示同意承保时,即意味着保险合同的成立。但是,保险合同的成立并不一定意味着保险责任的开始。

2. 保险合同的生效。保险合同的生效是指保险合同对当事人双方发生约束力,即合同条款产生法律效力。合同生效制度体现了国家对合同关系的肯定或否定的评价,反映了国家对合同的干预。《中华人民共和国保险法》第 13 条规定:"依法成立的保险合同,自成立时生效。投保人和保险人可以对合同的效力约定附加条件或者是附期限。"一般合同一经成立就生效,双方便开始享有权利、履行义务。但是,保险合同往往是附加条件、附期限生效的合同,只有当事人的行为符合所附条件或达到所附期限时,保险合同才生效。

(二) 保险合同的有效与无效

1. 保险合同的有效。保险合同的有效是指保险合同具有法律效力并受国家法律保护。任何保险合同要产生当事人所预期的法律后果,使合同产生相应的法律效力,必须符合有效条件。按照保险合同订立的一般原则,保险合同的有效条件包括:① 合同主体必须具有保险合同的主体资格。在保险合同中,保险人、投保人、被保险人和受益人都必须具备法律所规定的主体资格,否则会引起保险合同全部无效或部分无效。② 主体合意。主体合意主要是指签订保险合同的当事人双方要合意,而且合意是当事人双方必须具有主体资格基础上的合意,是建立在最大诚信基础上的合意。③ 客体合法。客体合法是指投保人对于投保标的所具有的保险利益必须符合法律规定,符合社会公共利益的要求,能够在法律上有所主张,为法律所保护。④ 合同内容合法。内容合法主要是指保险合同的内容不得与法律和行政法规的强制性或禁止性规定相抵触,也不能滥用法律的授权性或任意性达到规避法律规范的目的。

2. 保险合同的无效。保险合同的无效是指保险合同不具有法律效力,不受国家保护。保险合同无效由人民法院或仲裁机构进行确认。导致保险合同无效的原因有以下几方面:① 保险合同主体资格不符合法律规定。例如,投保人没有民事行为能力或对投保标的不具有保险利益;保险人未取得经营保险业务的许可证或超越经营范围经营保险业务等。② 保险合同的内容不合法。例如,投保人以非法具有的保险标的投保;未成年人父母以外的投保人,为

无民事行为能力人订立的以死亡为保险金给付条件的保险合同;保险条款内容违反国家法律及行政法规等。③ 保险合同当事人意思表示不真实,即保险合同不能反映当事人的真实意志。如采取欺诈、胁迫等手段订立的保险合同,重大误解的保险合同,无效代理的保险合同等。④ 保险合同违反国家利益和社会公共利益。

保险合同的无效不等于保险合同的失效。保险合同被确认无效后,即自始无效,是绝对无效;而保险合同失效则是由于某事由的发生,使保险合同的效力暂时中止,而非绝对无效,待条件具备时,合同效力仍可恢复。

第五节　保险合同的履行

保险合同的履行是双方当事人依法全面执行合同约定的权利和义务的过程,也是保险合同的意义和价值所在。在保险合同履行过程中投保人一方和保险人一方都承担不同的义务,同时也享有各自的权利,履行义务是享受权利的前提。保险合同是双务合同,一方的义务恰好就是另一方的权利。

一、投保方义务的履行

投保方包括投保人、被保险人和受益人等,主要义务如下。

（一）如实告知义务

该项义务要求投保人在保险合同订立之前、订立时及在合同的有效期内,对已知或应知的与危险和标的有关的实质性重要事实向保险人作真实陈述。如实告知是投保人必须履行的基本义务,也是投保人实现其权利的必要条件。我国对投保人告知义务的履行实行"询问告知"原则,即投保人只需对保险人所询问的问题作如实回答,而对询问以外的问题投保人无须告知。

（二）缴纳保险费义务

缴纳保险费是投保人最基本的义务,通常也是当事人约定保险合同生效的前提之一。投保人如果未按照保险合同的约定履行此项义务,将要承担由此造成的法律后果:以交付保险费为合同生效条件的,保险合同不生效;对已经成立的财产保险合同不仅要补缴保险费,同时还要承担相应的利息损失,否则保险合同终止;约定分期交付保险费的人身保险合同,未能按时缴纳保险费,保险合同中止,在合同中止期间发生的保险事故,保险人不承担责任,超过中止期未复效者,保险合同终止。

（三）防灾防损义务

保险合同订立后,财产保险合同的投保人、被保险人应遵守国家有关消防、安全、生产操作、劳动保护等方面的规定,维护保险标的的安全。保险人有权对保险标的的安全状况进行检查,经被保险人同意,可以对保险标的采取安全防范措施。投保人、被保险人未按照约定维护保险标的安全的,保险人有权要求增加保险费或解除保险合同。

（四）危险增加通知义务

在合同有效期内,保险标的的危险程度显著增加时,被保险人应该及时通知保险人。保险人可根据危险增加的程度决定是否增收保险费或解除保险合同。若被保险人未履行此项义务,

保险人对因危险程度增加而导致的保险标的的损失可以不承担赔偿责任。

（五）保险事故发生后及时通知义务

保险的基本职能是对保险事故发生造成的被保险人保险标的的损失承担赔付责任。为保证这一基本职责的实现，投保人、被保险人或受益人在知道保险事故发生后，应当及时将保险事故发生的时间、地点、原因及保险标的的情况、保险单证号码等信息通知保险人。保险事故发生后通知义务的履行，既可以采取书面形式，也可以采用口头形式，但法律要求采取书面形式的必须采取书面形式。

（六）避免损失、扩大义务

保险事故发生时，被保险人有责任尽力采取必要的合理措施，进行积极的施救，以避免损失的扩大。为鼓励被保险人积极履行施救义务，许多国家的保险法通常规定，被保险人为防止或减少保险标的的损失所支付的必要的、合理的费用，由保险人承担。投保人、被保险人未履行施救义务的，对于由此而扩大的损失，应当承担责任。

（七）其他义务。

如对提出的保险赔偿有提供单证或举证义务。如果存在第三者责任人，被保险人还有向保险人提供必要的文件和所知道的有关情况的义务等。

二、保险人义务的履行

（一）承担赔偿给付义务

承担赔偿或给付保险金是保险人最基本的义务。这一义务在财产保险中表现为对被保险人因保险事故发生而遭受的损失的赔偿，在人身保险中表现为对被保险人死亡、伤残、疾病或者达到合同约定的年龄、期限时给付保险金。

保险人履行给付赔偿义务的行为主要包括保险金的内容和保险金的给付方式。

1. 保险金的主要内容。① 赔偿给付金额。在财产保险中，根据保险财产的实际损失而定，但最高以保险标的的保险金额为限。如有分项保险金额的，以该分项保险标的的保险金额为最高限；在人身保险中，则以约定保险金额为最高限。② 施救费用。在发生保险责任范围内的保险事故时，被保险人为抢救以及保护、整理保险财产而承担的合理费用由保险人承担。而且保险人所承担的费用数额在保险标的损失赔偿金额以外另行计算，最高不超过保险金额的数额。③ 争议处理费用。如责任保险的被保险人因给第三者造成损害的保险事故而被提起仲裁或者诉讼的，被保险人支付的仲裁或者诉讼费用以及其他必要的、合理的费用，除合同另有约定外，由保险人承担。④ 查勘、检验费用，是指保险人、被保险人为查明和确定保险事故的性质、原因和保险标的的损失程度所支付的必要的、合理的费用。

2. 保险金的支付方式。原则上，保险人通常以现金的形式赔付损失和费用，而不负责以实物补偿或恢复原状。但双方在合同中有约定的除外。例如，在财产保险中，保险人按约定负责重建或修理；在伤害或健康保险中，保险人按约定医疗；在工程保险中，保险人按约定重置受损项目或予以修理等。

（二）说明合同内容

订立保险合同时，保险人应当向投保人说明保险合同的条款内容，特别是对免除保险人责任的条款必须明确说明；否则，责任免除条款不产生效力。

（三）及时签单义务

保险合同成立后，及时签发保险单证是保险人的法定义务。保险单证是保险合同成立的证明，也是履行保险合同的依据。

（四）保密义务

保险人在办理保险业务中对知道的投保人或被保险人的业务情况、财产情况、家庭状况、身体健康状况等负有保密的义务。为投保人或被保险人保密，也是保险人的一项法定义务。

再保险接受人在办理再保险业务的过程中，必然知悉再保险分出人及原保险的投保人、被保险人的业务、财产及人身等情况，因此再保险接受人也依法负有保密义务。

第六节　保险合同的变更、中止和终止

一、保险合同的变更

保险合同的变更是指保险合同没有履行或没有完全履行之前，当事人根据情况变化，按照法律规定的条件和程序，对保险合同的某些条款或事项进行修改或补充。保险合同依法成立，即具有法律约束力，当事人双方都必须全面履行合同规定的义务，不得擅自变更或解除合同。但是有些长期性保险合同由于主观和客观情况的变化，就需要对已经订立的合同作必要的变更。保险合同的变更，主要包括保险合同主体的变更和内容的变更。

（一）保险合同主体的变更

在保险实践活动中，保险合同主体的变更一般是指投保人、被保险人和受益人的变更，而且在财产保险合同与人身保险合同中的情况各不相同。

1. 投保人、被保险人在财产保险合同中的变更。在财产保险中，由于保险财产的买卖、转让、继承等法律行为而引起保险标的所有权转移，从而引起投保人或被保险人的变更。由于保险合同的主要形式是保险单，因此投保人或被保险人的变更又会涉及保险单的转让。对此，有两种不同的做法：① 保险单随保险标的所有权的转让而自动转让，因而投保人或被保险人也可随保险标的的转让而自动变更，无须征得保险人的同意，保险合同继续有效。一般在货物运输保险中，由于货物不是由被保险人而是由承运人在运输过程中保管，加上货物所有权随着货物提单的转移多次发生转移，因此保险标的所面临的风险与被保险人没有直接的联系。所以，允许保险单随着货物所有权的转移而自动转让，无须征得保险人的同意。② 保险单的转让须征得保险人的同意方可有效。对大多数财产保险合同而言，由于保险单不是保险标的的附属物，保险标的的所有权转移后，新的财产所有人是否符合保险人的承保条件，能否成为新的被保险人，需要进行考察。在财产保险实务中，为了减少社会成本，保护被保险人的利益，也可以规定保险标的的转让时财产保险合同效力的继承和延续，但需要同时规定被保险人的通知义务。

保险合同的转让一经确认，原投保人与保险人的保险关系即行消灭，受让人与保险人的关系随即建立。

2. 投保人、受益人在人身保险合同中的变更。在人身保险中，因为被保险人的寿命或是身体是保险标的，被保险人的变更就很可能使保险合同终止。因此，除个别不指明被保险人的团体人身保险合同外，人身保险合同中一般不允许变更被保险人，而主要是涉及投保人与受益人的变更。① 投保人的变更。只要新的投保人对被保险人具有保险利益,愿意并能够交付保险费,无须保险人的同意,但必须告知保险人。但是,如果以死亡为给付保险金条件的保险合同,必须经被保险人本人的书面同意,才能变更投保人。② 受益人的变更。受益人是由被保险人指定的,或经被保险人同意由投保人指定的,其变更主要取决于被保险人的同意。被保险人或投保人可以随时变更受益人,无须经保险人同意,但投保人变更受益人时须经被保险人同意。无论哪种情况,受益人的变更均需书面通知保险人,保险人收到变更受益人的书面通知后,应当在保险单上批注。

与财产保险不同的是,人身保险合同主体的变更不以标的的转移为基础,而主要取决于投保人、被保险人的主观愿望,无须征得保险人的同意,但变更后要通知保险人。

（二）保险合同内容的变更

保险合同内容的变更是指保险合同主体享有的权利和承担的义务所发生的变更。也就是在主体不变的情况下,改变合同中约定的事项。《中华人民共和国保险法》第20条规定:"投保人和保险人可以协商变更合同内容。"这说明投保人和保险人都有变更保险合同内容的权利。

1. 投保人变更保险合同内容。保险合同内容的变更主要是由投保人引起的。具体原因有以下几个方面:① 保险标的的数量、价值增减而引起保险金额的增减。② 保险标的的种类、存放地点、占用性质、航程或航期等的变更引起风险程度的变化,从而引起保险费率的调整。③ 保险期限的变更。④ 保险责任范围的变更。

2. 保险人变更保险合同内容。保险人变更保险合同内容主要是修订保险条款。但是,由于保险合同的保障性和附和性,在保险实践中,一般不允许保险人擅自对已成立的保险合同条款进行修订。因而修改后的条款只能约束新签单的投保人和被保险人,对修订前的保险合同的投保人和被保险人并不具有约束力。

（三）保险合同变更的程序和形式

无论是保险合同主体的变更还是合同内容的变更,都要遵循法律、法规的程序,采取一定的形式。

1. 保险合同变更的程序。保险合同变更必须经过一定的程序才能完成。一般是:在原保险合同的基础上,投保人及时提出变更保险合同事项的要求;保险人审核,并按规定增减保险费;签发书面单证,变更完成。

2. 保险合同变更的形式。保险合同变更必须采用书面形式,并对原保单进行批注。根据国际惯例,条款的有效性是手写批注优于打字批注,打字批注优于加贴的附加条款,加贴的附加条款优于基本条款,旁注的附加优于正文的附加。

二、保险合同的中止

保险合同的中止是指在保险合同存续期间,由于某种原因的发生而使保险合同的效力暂时失效。如果保险事故发生在保险合同中止前的宽限期(一般为60天)内发生保险事故,保险人应当承担赔偿或给付保险金的责任;若保险事故发生在合同中止后,保险人不承担赔偿或给付保险金的责任。

保险合同的中止,在人寿合同中最为常见。人寿保险合同大多期限较长,由数年到数十年不等,故其保险费的缴付大都是分期缴纳。如果投保人在约定的保险费交付时间内没有按时

缴纳,且在宽限期内仍未缴纳,则保险合同中止。各国保险法均规定,被中止的保险合同可以在合同中止后的 2 年内申请复效。满足复效条件复效后的合同与原合同具有同样的效力,可以继续履行。当然,被中止的保险合同也可能因投保人不提出复效申请,或保险人不能接受已经发生变化的保险标的或其他方面的原因而被解除,不再有效。

三、保险合同的终止

保险合同的终止是指保险合同成立后,因法定或约定的事由发生,合同双方当事人权利和义务关系彻底消灭。导致保险合同终止的原因很多,主要有以下几种。

(一) 自然终止

自然终止也称届期终止,这是因保险合同期限届满而终止,是保险合同终止最普遍的原因。凡保险合同订明保险期限届满时,无论在保险合同期限内是否发生过保险事故,保险合同按时终止。保险合同期满后,需要继续获得保险保障的,须重新签订保险合同。这时,新的保险合同开始。

(二) 履约终止

它是保险事故发生后,保险人根据保险合同规定履行赔偿或给付全部保险金义务,保险合同即为终止,即使保险合同期限尚未届满,合同也告终止。但是,有些险种除外,例如定期船舶保险:船舶连续发生部分损失,每次损失都在保险限额之内,经数次赔款后,即使赔款总额已经超过保险金额,保险人仍需对保险标的的危险负责,直至保险单自然终止。

(三) 保险合同主体行使终止权而终止

这是指保险合同主体在合同履行期间,遇到某种特定情况,行使终止合同的权利而使合同终止,而无须征得对方的同意。《中华人民共和国保险法》第 58 条规定:"保险标的发生部分损失的,自保险人赔偿之日起三十日内,投保人可以解除合同;除合同另有约定外,保险人也可以解除合同,但应当提前十五日通知投保人。合同解除的,保险人应当将保险标的未受损失部分的保险费,按照合同约定扣除自保险责任开始之日起至合同解除之日止应收的部分后,退还投保人。"

(四) 保险标的的全部灭失而终止

这是指由于非保险事故发生,造成保险标的的灭失。保险标的实际已经不复存在,保险合同自然终止。例如,人身意外伤害保险中,被保险人因疾病而死亡就属于此种情形。

(五) 保险合同因解除而终止

这是指保险合同有效期尚未届满,合同一方当事人依据法律或者法规解除原有的法律关系,提前终止保险合同效力的法律行为。保险合同的解除有四种情况:① 约定解除。约定解除又称为"协议注销",是指保险合同双方当事人在订立保险合同时约定解除合同的条件。在合同履行的过程中,一旦约定的条件出现,一方或双方有权利解除保险合同。一般而言,依约定方式解除保险合同对当事人双方均作了限制性约束,其中对保险人的限制更严。② 协商解除。协商解除是指在保险合同履行的过程中,某种特殊的情况出现,导致合同双方当事人无法履行各自的责任或者是合同履行的意义已经丧失,就通过协商方式,解除保险合同。③ 法定解除。法定解除是指法律规定的原因出现,保险合同当事人一方依法行使解除权,消灭已经生效的保险合同关系。依法有解除权的当事人向对方作出解除合同的意思表示,即产生效力,无

须征得对方同意。④ 裁决解除。当产生保险纠纷,纠纷当事人根据合同约定或法律规定提请仲裁机构或向人民法院提起诉讼时,仲裁机构或人民法院裁决解除保险合同。

对于投保双方来说,除《中华人民共和国保险法》另有规定或保险合同另有约定外,保险合同成立后,投保人有权随时解除保险合同,但保险人不得解除保险合同,除非发现投保方有违法或违约行为。但是对于货物运输保险合同和运输工具航程保险合同,保险责任开始后,合同当事人都不得解除保险合同。

案例分析 4-3　　　　　单方解除再保险合同是否有效

案情介绍

2008 年 9 月 2 日,A 保险公司(以下简称 A)与 B 保险公司(以下简称 B)签订一份"共保协议",约定:A 与 B 共同承保中国第一重型机械集团有限公司2008—2009 年度财产一切险及机器损坏险,A 为共保项目的主共保人,是共保双方的代表,按 70% 份额承担保险责任并负责牵头处理保险相关事宜,B 为共保项目的从共保人,按 30% 的份额承担保险责任并协助 A 处理保险相关事宜。保险期限为 2008 年 9 月 3 日至 2009 年 9 月 2 日。A 向被保险人收取全额保费,并向被保险人出具全额保险费发票和全额保险单。对于估损金额低于 5 万元的保险事故,由 B 负责现场查勘和初步核损,赔偿金额由 A 与 B 协商确定,A 在每个案件结案后将赔案情况通知 B;对于等于或高于 5 万元的保险事故,由 B 负责现场查勘,并在接到被保险人出险通知后立即通知 A,A 接到通知后全权处理。所有赔案由 A 审核,对于属于保险事故的,由 A 向被保险人支付全额赔款,B 在接到A 提交的相关赔付材料后,向 A 支付共保赔款。

合同签订后,被保险人向 A 缴纳了 218.28 万元保费。2008 年 9 月至 2008年 12 月 30 日,被保险人发生了两起保险事故。2008 年 12 月 30 日,A 以 B 不按约定履行查勘定损义务为由,向 B 发出解除"共保协议"的函,要求解除与原告之间签订的协议。B 于 2008 年 12 月 31 日发出答复函,表示不同意解除共保协议。2008 年 12 月 31 日至 2009 年 9 月 2 日,被保险人发生了三起保险事故,B 未进行现场查勘、核损。

A 与 B 就 A 应当分配 B 多少保费发生争议,2009 年 8 月 5 日,B 将 A 起诉至沈阳市沈河区人民法院,并于 2010 年 8 月 13 日上诉至沈阳市中级人民法院。

双方观点

B 主张,A 与 B 签订的"共保协议"合法有效,B 已经按"共保协议"实际履行了全部义务。A 单方解除"共保协议"的行为既无协议的约定,也无法律效力,故A 应当分配其"共保协议"约定的全年保费中 30% 的份额,即 65.45 万元。

A 认为,A 与 B 签订的"共保协议"实为再保协议。B 未按合同履行再保协议中查勘的主要义务,A 于 2008 年 12 月 30 日向 B 发出解除合同通知书,再保合同自 2008 年 12 月 30 日终止。A 应当支付 B 的保费为 2008 年 9 月至 12 月共计 4 个月的再保保费。故 A 只需要支付 B 全年保费中 30% 的 1/3,即 21.82 万元。

（续上）

法院认定及判决

2010 年 6 月 9 日，沈阳市沈河区人民法院一审认为：A 与 B 签订的"共保协议"实际上为再保险合同，依法成立、合法有效，双方均应全部履行合同约定的义务。A 从被保险人收取了全部保险费用，即应当按 A 与 B 签订的再保险合同约定的份额将保险费分配给 B。由于 A 与 B 于 2008 年 12 月 30 日因保证事故的现场勘验及核损问题发生纠纷，A 向 B 发出合同解除通知书。B 虽未表示同意，但也未对 2008 年 12 月 31 日至 2009 年 9 月 2 日之间所发生的保险事故按约定进行现场查勘、核损，该再保险协议已经不再履行。因此，A 应按照原、被告实际履行的共保协议的期限，即 2008 年 9 月至 2008 年 12 月分配给 B 保费。一审判决：A 给付 B 保费 21.82 万元。

2010 年 9 月 14 日，沈阳市中级人民法院二审认为：一审认定 A 与 B 签订的"共保协议"合法有效是正确的。在合同履行过程中，由于 A 与 B 因现场查勘、核损等问题发生纠纷，A 于 2008 年 12 月 30 日向 B 发函解除双方签订的共保协议，B 虽未表示同意，但在 2008 年 12 月 31 日至 2009 年 9 月 2 日所发生的保险事故，B 也未到现场进行查勘、核损，未履行共保协议约定的义务。一审按照双方实际履行的期限，裁决 A 给付 B 的保险费金额并无不当。二审判决：驳回上诉，维持原判。

法律评析

本案争议的焦点在于 2008 年 12 月 30 日 A 发给 B 的解除协议通知书是否有效。合同解除包括约定解除与法定解除。约定解除是根据合同自愿原则，当事人在法律规定范围内享有自愿解除合同的权利。当事人协商一致，可以解除合同。当事人也可以约定一方解除合同的条件，解除合同的条件成熟时，解除权人可以解除合同。法定解除，指合同生效后，没有履行或者未履行完毕前，当事人在法律规定的解除条件出现时，行使解除权而使合同关系消灭。

本案中，"共保协议"并未对合同的解除进行约定，当事人双方也未协商解除合同。故本案中合同的解除只能根据法定解除的规定来分析。根据《中华人民共和国合同法》第 94 条和第 96 条的规定，合同的法定解除必须同时满足三个要件：一是合同解除权行使的主体只能是合同当事人；二是合同解除必须满足一定的情形；三是合同的解除必须通知对方。本案中，A 向 B 于 2008 年 12 月 30 日发出了解除通知书，双方均无争议，有争议的是合同当事人与合同解除的理由。

（一）本案中的合同当事人

合同当事人是合同中享有权利与承担义务的人或组织。本案中，对于"共保协议"性质的判断就关系到对合同当事人的认定。根据《关于加强财产保险共保业务管理的通知》（保监发〔2006〕31 号）和《再保险业务管理规定》（保监会 2010 年第 8 号令），共保必须由被保险人同意，再保险只需要保险人与保险人之间达成一致。而本案中，所谓的"共保协议"并未征得被保险人的同意，该"共保协议"实质是再保险合同，其合同当事人只有 A 与 B。一审法院的认定"共保协议"是

（续上）

再保险合同是正确的，二审法院认定为"共保协议"不正确。如果根据二审法院的认定，该协议是共保合同的话，那么该合同的当事人包括 A、B 与被保险人。A 仅向 B 发出合同解除通知书并不能导致"共保协议"终止，还必须向被保险人发出。

（二）本案中合同解除的情形

《合同法》第 94 条规定，当事人可以解除合同的情形包括：（1）因不可抗力致使不能实现合同目的。（2）在履行期限届满之前，当事人一方明确表示或者以自己的行为表明不履行主要债务。（3）当事人一方迟延履行主要债务，经催告后在合理期限内仍未履行。（4）当事人一方迟延履行债务或者有其他违约行为致使不能实现合同目的。（5）法律规定的其他情形。

本案中，法院应当围绕 A 于 2008 年 12 月 30 日向 B 发出的解除合同通知书的理由是否符合上述五种情形中第（2）种或第（3）种进行推理，从而判定 A 解除合同的行使是否有效。遗憾的是，无论是一审法院还是二审法院，均以 2008 年 12 月 30 日以后 B 未履行合同约定的查勘、核损义务为由，认定合同效力终止。这一点值得商榷。

资料来源：刘清元：《单方解除再保险合同是否有效》，《中国保险报》2011 年 1 月 17 日，第 7 版。

第七节　保险合同的争议处理

保险合同争议处理是指在保险合同成立后，合同主体就合同履行时的具体做法产生意见分歧或纠纷。对合同做出合理的解释是解决纠纷的前提。

一、保险合同的解释原则

保险合同的解释是指保险当事人由于对保险内容的用法理解不同发生争议，依照法律规定的方式，对保险合同的内容或文字的含义予以确定或说明。

（一）文义解释原则

文义解释原则是解释保险合同条款的最主要的方法，是按照合同条款的文字含义并结合上下文来解释合同内容。文字解释的保险合同字句必须具有单一且明确的含义。如果所解释文句本来只有唯一的一种意思，或是联系上下文只有某种特定含义，那就必须按照它们的本意来理解。

（二）意图解释原则

当无法用文字解释时，通过其他背景材料进行逻辑分析确定合同双方当事人的真实意图，进而推定合同条款的内容，这就是意图解释。意图解释必须尊重合同双方当事人在订约时的真实意图。意图解释原则一般适用于合同条款用词不当、混乱模糊、不同当事人对同一条款所表达的实际意思理解有分歧的情况。

（三）有利于被保险人和受益人的原则

按照国际惯例,对于单方起草的合同进行解释时,应遵循有利于非起草人的解释原则。保险合同具有很强的专业性,保险合同条款大部分是保险人拟定的,有些专业术语一般人很难理解。为了避免保险人利用其特殊地位侵害对方的利益,当保险条款出现模糊不清时,应作有利于被保险人和受益人的解释。但这种解释应有一定的规则,不能随意滥用。若采用保险协议书形式订立保险合同,合同条款由保险人和投保方共同拟定,如果含义不清时发生争议,并非保险人一方的错,其不利结果应由双方当事人共同承担。

（四）批注优于先文、后批优于先批的原则

保险合同是标准化文本,条款统一。为了满足不同投保人的需求,有时保险人要在统一印制的保险单上加上批注,或增减条款,或进行修改。当修改与原合同条款矛盾时,采用批注优于正文、后批优于先批、书写优于打印、加贴的批注优于正文的批注的原则。

（五）补充解释原则

当保险合同条款约定内容有遗漏或不完整时,通常借助商业习惯、国际惯例、公平原则等对保险合同的内容进行务实合理的补充,以便合同继续执行。这就是补充解释原则。

二、保险合同条款的解释效力

对于保险合同条款的解释,分为有权解释和无权解释。

（一）有权解释

对保险合同条款有权解释的机关主要有全国人大及其工作机关、人民法院、仲裁机构和保险监督管理部门。这些机关对保险合同条款的解释具有法律约束力,其解释可以作为处理保险合同条款争议的依据。

1. 立法解释。全国人大是全国最高权力机关,同时也是最高立法机关。全国人大常委会对《中华人民共和国保险法》的解释最具有法律效力,其他解释不能与之冲突,否则无效。

2. 司法解释。国家最高司法机关在适用法律的过程中,对于具体应用法律问题所作解释。国家最高司法机关是最高人民法院。对于保险合同条款中有关《中华人民共和国保险法》的内容,在适用法律时,必须遵守司法解释。

3. 仲裁解释。保险合同争议的双方当事人把协议提交仲裁机构仲裁,仲裁机构对保险合同条款的解释,就是仲裁解释。仲裁机构对保险合同条款的解释同样具有约束力。当一方当事人不执行时,另一方当事人可以申请人民法院强制执行。

4. 行政解释。行政解释是指国家最高行政机关及其主管部门根据宪法和法律所制定的行政法规及部门规章所作的解释。中国保监会是中国保险业的最高行政主管机构,其有权对保险合同条款中有关规章或视同规章部分作出解释,有权解释由中国保监会审批的保险条款。这些解释对法院的判决具有重要影响,但不具有强制力。

（二）无权解释

无权解释是指不具有法律约束力的解释。除有权解释外,其他单位和个人对保险合同条款的解释均属无权解释。一般社会团体、专家学者等均可对保险条款提出自己的理解和解释,但是不具有法律效力,只供仲裁、审判参考。

三、保险合同争议的处理方式

(一) 协商

协商是指保险合同当事人在自愿互谅、实事求是的基础上,按照法律政策的规定对出现的争议直接沟通,通过摆事实、讲道理,求大同、存小异,对争议问题达成一致意见,自行解决争议的办法。自行解决争议的方式简便,有利于增强彼此了解,增进双方信任,有利于合同继续执行。

(二) 调解

在保险合同管理机关或法院的参与下,通过教育,使合同双方当事人自愿达成协议,解决争议。合理调解争议的前提是必须查清纠纷的事实、分清是非责任。调解必须遵循法律、政策和平等自愿原则;否则,调解不成立或调解后反悔,就必须申请仲裁或向法院起诉。

(三) 仲裁

仲裁是指保险合同争议双方当事人依照仲裁协议,自愿将彼此间的争议交由双方共同信任、法律认可的仲裁机构的仲裁员居中调解,并作出裁决。仲裁作出的裁决,由国家规定的合同管理机构制作仲裁决定书。仲裁协议可以是订立保险合同时列明的仲裁条款,也可以是在争议发生前或发生后达成的仲裁协议。仲裁方式具有法律效力,当事人必须执行。

(四) 诉讼

诉讼是保险合同当事人的任何一方按法律程序,通过法院对另一方当事人提出权益主张,由人民法院依照法定程序解决争议、进行裁决的一种方式。这是解决争议最激烈的方式。

我国现行保险合同纠纷施行的是两审终审制,即合同当事人不服一审法院判决时可以在法定的上诉期内向上一级人民法院上诉申请再审。第二审判决为最终判决。一经终级判决,立即发生法律效力,当事人必须执行;否则,法院有权要求强制执行。当事人对二审判决不服的,只能通过申诉和抗诉程序。

 **本章小结**

1. 保险合同是一种经济合同。保险合同有保障性、双务性、有偿性、附和性、射幸性及最大诚信等特征。

2. 保险合同的基本要素包括合同主体、合同客体及合同内容。其中合同主体主要包括当事人和关系人,合同客体是指保险利益,合同内容则主要包括保险标的、保险责任和责任免除、保险期间、保险金额、违约责任和争议处理等。

3. 保险合同的形式有投保单、暂保单、保险单、保险凭证和批单。

4. 投保人的义务有如实告知、缴纳保险费、防灾防损、危险增加通知、避免损失扩大义务等。保险人的义务有承担赔偿给付、说明合同内容、及时签单、为投保人或被保险人保密的义务等。

5. 保险合同的变更,主要包括保险合同主体的变更和内容的变更。保险合同主体的变更一般是指投保人、被保险人和受益人的变更,而且在财产保险合同与人身保险合同中的情况各不相同。保险合同内容的变更是指保险合同主体享有的权利和承担的义务所发生的变更。保险合同的中止和恢复多出现在分期缴费的长期性人身险合同中。保险合同终止的情形有自然终止、履约终止、保险合同主体行使终止权而终止、保险标的全部灭失而终止、保险合同因解除而终止等。

6. 保险合同争议处理是指在保险合同成立后,合同主体就合同履行时的具体做法产生意见分歧或纠纷。解决保险合同纠纷应遵循一些正确的解释原则。争议的处理方式有:协商、调解、仲裁和诉讼。

 **复习思考题**

1. 如何正确理解保险合同的保障性、有偿性和最大诚信性?

2. 试分析比较保险金额、保险价值和保险金三者之间的区别。

3. 保险利益对于投保人和保险人具有什么意义?

4. 案例分析:

案情介绍:杨某与陆某是一对未婚夫妻。2003年1月,杨某出钱为自己买了一份金额为50 000元的人身保险,受益人是陆某。2003年5月,两人正式结婚,并于婚后蜜月旅行。就在旅游途中,由于一场意外的车祸,导致两人同时遇难,经抢救无效,两人均死亡。事故发生后,保险公司赶至事故发生的现场,经过核实,认为符合理赔条件,并同意按照保险合同的约定进行赔偿。但是在理赔过程中,由于医院出具的证明是:送到医院时两人均已死亡。保险公司无法确定两人死亡的先后顺序,故无法发放保险金。陆某的父母认为他们是受益人的继承人,故理应向他们理赔。杨某父母则坚决不同意,遂将保险公司告上法庭,要求保险公司发放理赔款给他们。

问题:

(1) 被保险人与受益人的死亡先后顺序对保险公司理赔有无影响?

(2) 如果杨某先死,结果如何? 如果陆某先死,结果又如何?

(3) 本案中,在无确定证明死亡先后顺序的情况下应作怎样的推定? 保险公司应向谁理赔?

5. 保险合同主体变更的内容是什么?

6. 如何执守保险合同的解释原则? 并选取合适的处理合同争议方式。

7. 分析比较我国2009年版的《保险法》与2002年版的《保险法》在合同法部分有哪些改变? 为何要作这些改变?

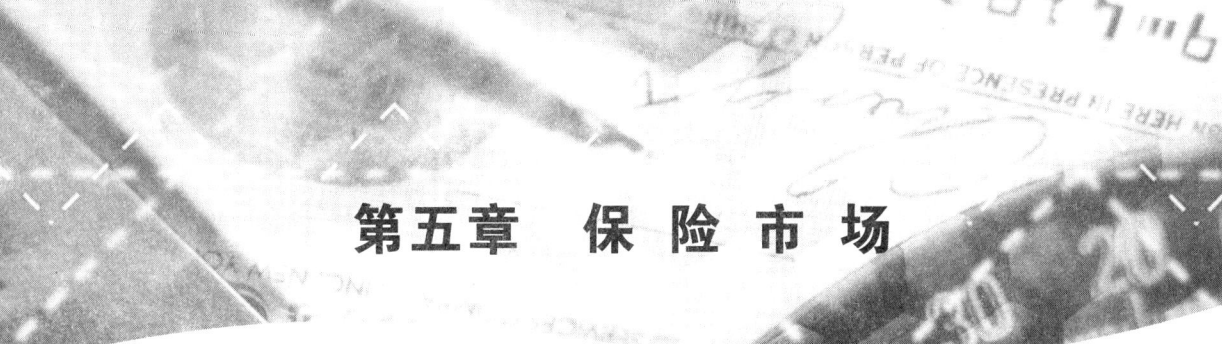

第五章 保险市场

本章导读

　　保险市场是保险商品交易关系的总和,有其自身的一些特点。本章首先介绍了保险供给者、保险需求者、保险中介、保险的管理调控系统等几个保险市场的构成要素,论述了保险市场机制存在价值规律、供求规律、竞争规律三者之间相互制约、相互作用的关系;接着对保险市场模式进行了分类;最后对保险市场的供给和需求理论进行了介绍。通过本章的学习,读者可以从宏观层面对保险市场有一个初步的认识。

学习目标

1. 理解保险市场的构成及特点。
2. 了解保险市场机制和结构。
3. 了解保险市场的主要模式。
4. 了解保险市场的分类。
5. 识别影响保险市场需求和供给的各种因素。

引　　言

　　保险作为商品经济的产物和组成部分,必然与市场产生联系。保险市场是保险经济关系赖以生存和实现的形式,因此建立和健全保险市场是我国保险业发展的重点。

第一节　保险市场概述

一、保险市场的概念

　　关于保险市场定义的界定,不同的理论其定义的侧重点不同。

　　在商品经济尚不发达的早期,市场主要是商品交易的固定场所,是一种空间地域概念。随着科学技术的发展进步,商品市场交易范围的扩大、交易方式的多样化、信息化,交易逐渐突破了空间地域的限制,市场的概念也被抽象化。

　　保险交易行为论认为,保险市场不仅包括有形的交易场所,还应该包括无形的交易行为和

交易关系。整个市场按照是否有固定交易地点分为有形市场和无形市场。

保险市场自愿交易论认为市场是建立在自愿平等基础上的供求关系的总和。因此,保险市场主要是指保险交易主体,即保险人和被保险人在协商一致、平等竞争的基础上形成的交易关系的总和。国家的法定保险或强制保险应被排除在保险市场之外。

不同的保险市场观反映的市场层面不同,都有其一定的道理,同时也有一定的片面性。随着保险行业的发展,人们对保险市场的认识会不断完善和更新,保险市场的概念也会有所补充和变更。

本教材界定保险市场是指以保险合同作为交易对象,形成的市场供求关系和运行机制的总和。它是广义的金融市场、资本市场、风险市场和保障市场的一部分。

二、保险市场的特点

(一) 保险市场的交易对象是风险,以及与之相关的各种服务

普通商品市场的交易对象是各种实物和劳务。而保险市场的交易对象是以保险单为载体的各种风险。大多数人都是风险厌恶者,在看不见、摸不着的风险面前,人们更偏好支付也许永远都无法收回的保费来确定地了解其财富数量,而不是保留使其财富可能减少的风险。保险能使人们放心:意外事件只会给他们的生活带来有限的财务影响。投保人通过购买保险合同获得在遭受风险损失时得到补偿的承诺,从而用少量的费用成本将这种"不确定的预期"转嫁给保险人,以此锁定最小成本或者损失。而保险人则运用大数法则和概率论原理对风险进行集中经营或者再分转移。因此,保险市场是风险转移、集中、再分散的场所。

随着保险行业的发展,可保风险不断地被挖掘,各个保险公司的产品开始趋于同质。由于保险产品和其他金融产品一样,并不受到知识产权的保护,因此,依靠保险产品创新带来的收益越来越少,保险公司的竞争演变成了服务的比拼。保险服务不仅包括保险产品的选择与组合,还包括与之相关的一系列理财、家庭关爱等服务。现代意义上的保险市场实际上是一个集风险保障、理财服务为一体的综合性市场。

(二) 保险市场是一个公众性的市场,必须有大量的参与者

现实生活中,风险无处不在,因此保险需求遍布人们生活的每个角落。不存在不需要保险的人,只存在无法得到保障的人。但凡有能力的家庭,总会持有多份、多种的保险产品,以稳固自己的生活,收获内心的安定。即使生活水平较低的人群,也有国家政府提供的社会保险和社会救助提供保险保障。可以说,每个社会人都是保险市场的参与者。

保险是一种社会互助性的活动,其本质是由多数人组织建立的风险共同体。只不过这种互助性掩盖在风险的商业经营之下,使人们误以为承担风险的只有保险公司。风险共同体中由众多投保人组成。投保人所缴纳的保费被集中起来形成了风险共同基金,并由保险人对该基金进行管理和分配。投保人通过向保险人缴纳少量保费获得了可以在约定情况下使用该基金的权利。由上述过程可知,保险的运行必须遵循大数法则,只有足够多的投保人才能建立起有保障作用的风险共同基金。因此,保险市场必然是公众性的市场,有足够多的参与者。

(三) 政府的监管对保险市场具有强烈的干预性

政府监管的干预性是由保险市场的公众性所决定的。保险市场的涵盖面广泛,不仅是参与者众多,而且保险的内容涉及了社会经济生活的方方面面,牵一发而动全身。因此,政府必

须对保险市场的安全运行进行全面掌控,保障社会的基本稳定。

此外,保险市场的信息不对称也是政府不得不强制干预的原因之一。保险的参与者虽然广泛,但保险公司的管理者、保险产品的实际研发者、基金的操作者却只是一小部分人。少数的人掌管了绝大多数的商业信息,并且操纵了巨额的资金,如果有任何一点道德或者操作问题,那么将使大多数人遭受损失。因此,国家对保险公司的资金运作、信息披露进行了严格的要求。目前,我国政府有明确法律规定,保险公司的成立实行严格的审批制,保险公司的资金运作要保证安全,并且必须足额提取备付金。

（四）保险市场风险的特殊性

同其他市场一样,保险市场风险包括市场风险、操作风险等。但值得关注的是,保险市场运营中的逆向选择和道德风险。逆向选择是指市场上那些最有可能发生风险损失的人,往往就是那些寻求保障最积极的人,于是就有了身体不好的人会比身体健康的人更加积极地参加保险;经常跑长途的人会比偶尔开车的人更加重视投保车损险等一系列的现象。逆向选择会使风险共同体的风险损失几率增大,致使保险公司受损,而保险公司又不可能因此就拒绝所有投保人。所以,大部分保险公司在承接一份新的健康人寿保单时都会要求投保人体检并核查以往的健康记录。与此同时,保险公司也会给在某一行业中工作的人提供更优惠的保险偿付比率。用这样一松一紧两个标准来避免逆选择问题。

道德风险的发生主要是因为在可能发生损失之前,投保人并没有采取预防措施或者故意不采取任何行动。这种行为不仅会使保险公司的损失增大,而且导致不必要的资源浪费。对此,保险公司针对风险设置免赔额。免赔额指的是在保险公司赔偿之前,必须由被保险人自己支付的损失金额。只有将保险公司和投保人的利益结合在一起,投保人才会尽心地履行投保义务。

三、保险市场的构成

保险市场一般由以下几个方面的要素构成,即保险供给者、保险需求者、保险中介、保险的管理调控系统。

（一）保险供给者

保险供给者又称保险人,是指经营保险业务的经济组织或个人,收取保费并按照保险合同的规定,积累保险资金,负责赔偿或履行给付义务的组织机构。为了保障保险行业的稳定发展,各国对保险人的经营资格、营业范围、资本金与保证金都有严格的限制。

按照公司组织形式的不同可将保险公司分为:股份保险公司、相互保险公司。

股份保险公司是以股份制的形式,由股东认购股份而成立的经营保险业务的经济组织。保险股份公司的最高权力机构是股东大会,它采取确定保费制,经营结果有盈余时,计入营业利润;不足时,股东应设法填补,不得向投保人征收或者摊还。股份公司提供的契约,即保险合同,属于商业行为,需要上缴营业所得税。股份公司以营利为目的,股东不一定就是该公司的参保人。

相互保险公司是由料定风险的多数经济单位为达到共同的保险保障目的而组成的非营利性保险组织。相互保险公司的参与者为社员。社员既是保险人,也是被保险人。该组织的目的在于尽可能低成本地向社员提供保险。相互保险公司的最高权力机构为社员代表大会;不

采取确定保费制,而以社员的数量、资金规模等条件临时厘定;公司的经营盈余可摊还,不足时也可以向社员临时征收。摊还的盈余反映的是保费超过成本的差额。一般来讲,相互保险公司的道德风险问题较少,且其盈余不需要被征税。

除了上述所说的两种组织形式之外,保险公司还存在着其他组织形式,如国有独资保险公司和个人保险组织。

国有独资保险公司即国营保险,指由中央和地方政府投资经营保险的机构。国营保险公司一般都有办理保险业务和代表国家管理国内的保险结构两种职能。而且国营保险还经营一些私营保险不愿或者不能经营的保险业务。

国营保险主要集中在发展中国家。第二次世界大战之后,发展中国家相继建立了民族保险事业。比如,伊朗、巴基斯坦、菲律宾、阿根廷、巴西等国家均基本垄断了国内保险市场,对外国保险行业的投资进行抵制。同时,在一些国家和地区,部分国家联合起来,形成跨国的国营保险公司和再保险公司,以促进民族保险事业的发展。就我国保险行业而言,国有独资公司曾在我国保险市场上占有主导地位。在1985年之前,国营的中国人民保险公司垄断了国内保险行业。1996年,中国人民保险公司改革拆分为中国人民保险(财险)、中国人寿保险、中国再保险三大保险机构。从2003年开始国有独资保险公司进行了全面的股份制改造。目前,国有控股公司是我国保险公司的重要组织形式之一。

个人保险即以个人名义投资经营保险的机构。在历史上,个人承办保险经历了相当长的时间。随社会经济的发展、科学技术的进步,风险单位日渐扩大,个人保险由于资金力量有限、业务面窄,呈现出渐渐被淘汰的趋势。它在英国较为流行。劳合社就是最典型的个人保险。出于增强竞争力的需要,1993年,劳合社引入了公司会员,允许公司资本进入社内,打破了劳合社成员只允许是自然人的传统惯例。近年来,劳合社的发展逐渐呈现多元化和国际化的特征。2000年,劳合社在北京设立代表处。2007年4月16日,劳合社在中国的再保险分公司正式开业经营。这是劳合社在全球开设的首个分公司。劳合社的入驻,表明了中国保险市场在世界保险和再保险市场中承担了越来越重要的角色。

(二)保险需求者

保险需求者一般是投保人,是指真正从主观上对保险保障有需求的人。投保人也是订立保险合同、履行保险费缴纳义务的当事人。投保人可以是自然人也可以是法人,但两者都需要具备完全行为民事能力。

对投保人来说,在选择保险产品时需要注意以下三点内容:

1. 根据需要来确定投保险种。保险市场历史悠久,且产品更新速度极快。目前,市场上的保险产品数不胜数。投保者首先要结合自身的经济状况、需要的保障大小、保障期限等来确定投保险种。经济条件拮据的家庭应当选择基本保障较好、费率低廉、保障期限较长的产品;经济条件较富裕的家庭就可以选择具有投资理财功能的投连险来进一步使资产保值增值;为预防平时生活中的疾病等风险的人可以选择期缴的健康险来减免平时的财务负担;为了保障某次出行安全的人应当选择趸缴的意外险……

2. 根据性价比来选择投保产品。风险越大、保额越高的险种保费越高;附加功能越多,保费也越高。一般来说,具有资产保值增值功能或者具有分红功能的险种费率要比单一具有保障作用的保险险种要高。因此,投保人在选择时应将费用与自身需要相结合。保险的最终目的还是寻求保障,在保障满足的基础上,可量力进行资产投资。

3. 根据信用和服务来选择保险公司。目前,我国保险市场上的供给商越来越多。随着信息技术的发达,保险产品多趋于同质化。保险公司之间的竞争也渐渐由产品创新转移到了服务质量上。各个保险公司都提出了自己的品牌和理念来吸引客户。但保险产品在时间上是具有滞后效应的,因此,投保人在投保前还是应该详细了解该公司的状况,选择信用好、服务完善的公司。

在保险市场运行中,从根本上来说,保险的需求者是保险经济运行的主导,只有基于一定物质生活水平以上的安全保障及享受者的需求,才从根本上刺激了保险的发展。在市场运行中,保险供给必须密切注视需求者的层次、需求方向等因素,适时调整保险经营政策与方向,才能更有效地促进保险行业的发展,促进国民经济稳步、安全发展。

（三）保险中介

在保险市场的起步阶段,保险业务并不发达,需求者和供给者都相对较少,两者之间可以直接完成交易。而在保险经济高度发达的今天,由于供给者和需求者的数量大规模增加,信息直接交易已经不能适应平等竞争和发展的需要,大量的、普遍的、间接的结合成为必要,而充当这种结合的媒介就叫保险中介。保险中介主体的形式多种多样,主要包括保险代理人、保险经纪人和保险公估人等。此外,一些其他领域的单位和个人也可以从事某些特定的保险中介服务,如保险精算师事务所、律师事务所等。

（四）保险的管理调控系统

保险市场的宏观管理调控系统主要有两类,国家调控系统与行业调控系统。国家调控系统主要通过立法来调控,比如费率、保险责任准备金、资金运用等方面。保监局和保险行业协会监督法律的执行,并且协调成员在市场竞争中的行为规范,防止不正当竞争,对保险市场进行维护。

由于保险经营的特殊性,保险市场的运行必须进行调整。其必要性在于:保险业有自己独特的经营对象——风险及独特保险目的,一旦经营不善,破坏性之大,远非其他行业可比;保险承担的是未来的损失赔偿责任,具有一定的不确定性,这也要求对保险人的偿付能力进行管理和调控;保险业的经营以大数法则为数理基础。足够多风险单位的集合,才足以控制风险。费率过高或者过低,都会影响被保险人及社会经济的利益。因此,对保险市场的调控十分必要。

四、保险市场的分类

从宏观上来看,保险市场是个庞大的网络体系,根据不同的分类标准可以分为不同种类的保险市场。而这些不同种类的保险市场又不是截然分开的,而是互相交叉和重合的。根据不同的标准,我们可以将保险市场作如下分类。

（一）按保险承保标的划分

按保险承保标的划分,保险市场可分为人身保险市场和财产保险市场。人身保险市场是指提供各种人身保险商品的市场,人身保险市场可以细分为人寿保险市场、意外伤害保险市场和健康险市场。财产保险市场是指提供各种财产保险产品的市场。财产保险市场可以细分为财产损失保险市场、责任保险市场、信用和保证保险市场。按该标准也有人分为寿险市场和非寿险市场。此外,传统上有些国家还分为水险市场和非水险市场两大类。

（二）按保险活动空间划分

按保险活动空间划分,保险市场可分为国内保险市场和国外保险市场。国内保险市场可分为地区性和全国性保险市场,国外保险市场也可分为区域性的国际保险市场和全球性的国际保险市场。其中区域性的国际保险市场是指对国际保险市场进行地理上的划分。从区域概念来看,国际保险市场可分为北美保险市场、欧盟保险市场、日本保险市场和发展中国家保险市场等。

（三）按保险承保方式划分

按保险承保方式划分,可将保险市场划分为原保险市场、再保险市场和自保市场。

1. 原保险市场。原保险市场是保险公司或其他形式的承保人,通过保险代理人、经纪人或本身的从业人员经营直接业务的市场,也称直接保险市场。在原保险市场的构成上,包括各国经营直接业务的保险公司,以及这些公司在国外开办的从事直接业务的海外分支机构。

2. 再保险市场。再保险市场又称分保市场,它是由原保险公司直接承保保险业务之后,又在保险公司之间进行分保的市场。其目的是分散各保险企业承担的风险。再保险市场是保险公司之间的市场。对于直接保险业务而言,它具有间接保险性质。再保险市场从构成上,包括专业再保险公司、兼营再保险公司及再保险集团。

3. 自保市场。自保市场是指由提供经济保障的自保公司所形成的保险市场。自保公司是指由工商企业设立的,主要承保或再保该工商企业本身业务的保险公司。自保公司在第一次世界大战和第二次世界大战期间首先在英国兴起。建立自保公司的目的在于保险费的节省和不外流。因为承保自己的利益有利于防灾防损,也不会出现道德风险。此外,保险经营具有灵活性,保险成本较低,并能享受税收上的优惠。

五、保险市场的功能

在保险市场形成以后,它进一步促进了保险业的发展,基本功能表现如下。

（一）为保险交易提供便利,提高了保险行业的服务效率

市场的出现,本身就是为了方便商品交换的,保险市场更是规模大、信息广、结构设备先进,因而大大方便了保险行业的业务经营,提高了服务效率。

（二）保险市场中的竞争规律促进了保险业的优胜劣汰

竞争是市场发展变化并导向公平的主导性力量。在保险责任范围、险种数量、履约情况、服务态度与效率等方面的竞争中,一方面使较先进的企业得以更好地发展,另一方面竞争的压力迫使全行业都采取新技术,提高服务质量。

（三）保险市场是金融市场的重要组成部分

保险市场积聚了庞大规模的资金,尤其是人寿保险中的期缴保费属于长期闲置资金。这部分资金具有很强的流动性和低成本性,可以缓解其他行业的资金缺口,提高整个金融业的资源利用效率。特别是在发展中国家,利用保险行业筹集资金的优势尤其明显。

（四）保险市场设备先进、信息灵活、规模庞大,是传导国家经济政策的重要中介

保险市场根据国家政策导向及时调整经营方针,进而作用于各个企业,使国家经济政策得

以落实,在宏观经济领域中起着独特的作用。

第二节 保险市场机制和结构

一、保险市场机制

市场机制通常指市场的供求、价格、竞争、风险等要素之间的相互联系和作用机理。和一般商品一样,保险市场机制也包括价值规律、供求规律、竞争规律三者之间相互制约、相互作用的关系。

价值规律是商品经济的基本规律。商品的价值量由生产商品的社会必要劳动时间决定。商品交换以商品的价值量为基础,实行等价交换。保险保障作为一种服务性商品,可以说它的价值量由提供保险保障的人力、物力、财力以及时间决定。在保险交易中,由于需求者与供给者之间的竞争,使保险商品的交换价格(费率)以它本身的价值为基础,实行等价交换。

价格虽然以价值为基础,但它同时又受到市场供求关系的影响,供大于求,价格下跌,这也同时表现在保险市场中。某个险种盈利高,供给成本小,技术难度不大,但由于人们很少需求,这个险种的费率必然要降低;反之,供不应求,则价格上升。同时价格也影响供求关系。一般来说,供求大致相等才能形成最优的市场,但在商品经济条件下,供给与需求两者很少正好相等。

竞争规律的范围表现于供给者之间的竞争、需求者之间的竞争以及供求双方之间的竞争。在保险市场中,竞争的结果造成保险人的优胜劣汰,被保险人有的能得到保险保障或赔付,而有的不能或部分不能得到保险保障或赔付。保险市场竞争的主要内容包括开发新险种的竞争、工作效率的竞争、保费高低的竞争、保险市场信息的竞争、服务态度的竞争等。

价值规律、供求关系与竞争规律三者之间存在着相互依存的关系。价值规律通过供求规律与竞争规律表现出来,而竞争规律是价值规律与供求规律的最根本的内在因素的表现,是市场发展变化并导向公平的主导型力量。

二、保险市场结构

所谓市场结构,是指某一市场中各种要素之间的内在联系及其特征,包括市场供给者之间、市场需求者之间以及供给者和需求者之间的关系。市场结构通常由市场主体、市场格局和市场集中度等几个要素构成。

市场主体指在市场上从事经济活动、承担义务并享有权利的个人和组织。市场主体参与经济活动都是以追求自身效用最大化为目的的。营利性是市场主体最本质、最重要的特征。

市场格局是指在市场经济条件下,买卖双方在商品交换活动中的地位及相互关系。这种地位和相互关系往往取决于市场上商品供求关系的对应情况及变化。

市场集中度是指某产业市场中排名前几名的企业所拥有的市场份额占整个市场的比例。市场集中度分为绝对市场集中度和相对市场集中度。依据绝对市场集中度指标,美国经济学家贝恩提出了著名的"贝恩市场理论"。该理论将市场格局分为两大类,即寡头型和竞争型。若市场上排名前4家的公司占市场份额的30%以上,或8家公司占市场份额的40%以上,则为寡头型市场;反之,则为竞争型市场。

三、保险市场结构的分类

1933 年,美国经济学家张伯伦提出了"垄断竞争"理论。同年,"不完全竞争"理论被英国经济学家罗宾逊提出。根据两种理论的分析研究,市场竞争模式按照市场竞争组织结构的不同可以分为"完全竞争"、"完全垄断"、"寡头垄断"和"垄断竞争"四种模式。

完全竞争型市场指市场上有众多的保险公司,任何保险公司都可以自由地进出市场。他们提供的产品都是同质的,每个参与者都是价格的被动接受者。在这种模式下,价格机制起到决定性作用。资源会主动流向最有效率的部门,市场会自动实现均衡。但是,完全竞争市场是一种理想模式,现实中并不存在。

完全垄断型保险市场是指保险市场完全被一家保险公司操纵,其他保险公司无法进入市场。因此,市场上不存在替代产品,也不存在市场竞争,消费者是产品的被动接受者。该垄断公司是市场价格的制定者,并借此获得巨大的超额利润,并容易形成官商勾结的局面,不利于保险业的健康发展。选择该模式的国家,其保险业往往比较落后,保险深度和密度较低。20世纪 90 年代,蒙古、阿富汗、缅甸、叙利亚和埃塞俄比亚等国家仍采用这种发展模式。

寡头垄断型保险市场是指保险市场上只存在少数几家大型保险公司相互竞争。一般情况下,该市场模式中的国家主管机构出于对民族企业的保护,往往对市场结构高度主导,严格控制新企业进入市场。该类市场又分为专业寡头垄断型、地区寡头垄断型和混合寡头垄断型三种。在经济发达国家中,日本采取的就是寡头垄断模式。日本市场上只有 50 多家保险公司,它们都具有雄厚的资产实力、强大的承保能力和良好的业务水准。日本保险业保费收入巨大,业务种类庞杂,对世界保险业具有举足轻重的影响。

垄断竞争型保险市场介于寡头垄断性市场与完全竞争型市场之间,市场上大小保险公司并存,少数大公司会在市场上取得垄断地位,同业竞争十分激烈。市场的集中程度并不高,进入壁垒较低。市场价格既受价值规律的制约,又受供求关系的影响。美国保险市场就是这种类型。在美国保险市场上,有 5 000 多家保险公司,但其中的 100 余家大公司占据整个市场 80％的份额。

目前,各国的保险市场都存在不同的垄断性,只是程度不同,且处于不断变化中。市场经济发达国家一般多采用垄断竞争模式,其保险市场竞争活跃,且较高的垄断性又使市场具有较好的稳定性。采取寡头市场的国家中既有发达国家,也有发展中国家。而采取完全垄断市场模式主要是经济较落后的发展中国家。

四、我国保险市场模式

我国自 1978 年实行改革开放的基本国策以来,经济逐渐转轨,由计划经济转向市场经济。与此同时,我国的保险市场也不可避免地进行市场模式的转变。

1986 年之前,中国保险市场上中国人民保险公司一家独大,属于完全垄断市场模式。这种垄断现象的出现,是在计划经济体制下产生的特定的历史结果,经济学上称为"特许垄断"。

1985 年,我国颁布了《保险企业管理暂行条例》,保险市场迈出了开放的第一步。1986 年之后,我国保险市场逐渐演变为寡头垄断型市场。在这一时期,国有保险公司改制而成的股份制保险公司成为市场供给上的大集团,占据了 60％的市场份额。而中国太平洋保险集团和中

国平安保险集团则成为第二集团,控制了大概 20% 的市场。其他保险公司则成为第三集团,它们总共占有市场不到 20% 的份额。而随着经济的发展,保险行业的兴起,占有寡头地位保险公司的市场份额呈逐年下滑的趋势,而第二集团的市场地位趋于平稳,第三集团的市场份额则呈现上升态势。这种发展趋势称为寡头垄断市场模式的过渡性。不只是在我国,各国的保险市场发展经验告诉我们,寡头垄断只是向垄断竞争模式过渡的一种中间形态,是市场化改革深入发展的必然结果。

总体来说,我国保险竞争仍停留在初级竞争阶段,市场还不成熟,良性竞争环境尚未形成。随着市场上参与主体的增多,市场竞争加剧,保险费率正在逐渐回归市场费率。但我国保险公司核心竞争力不足,彼此之间不论是在组织结构还是在经营方式上,相似程度较高,因此,价格战现象十分普遍。值得关注的是,我国保险市场目前正在逐渐转向一个较好的发展方向。部分保险公司,尤其是处于第二集团中的保险公司,已经开始意识到价格竞争和市场份额盲目扩张的弊端,并开始立志于持续性竞争手段的实施,比如附加值服务、产品创新、多渠道营销等。这种良性竞争手段的发展和应用,将有利于我国未来保险垄断竞争型市场的建设与规划。以此为目标,我国保险产业应该注重培育中小型保险公司,以大型保险公司为支撑,引导市场主体分工合作,鼓励创新和管理升级,确保资源的合理分配和高效利用,只有这样才能使保险产业健康持续发展。

第三节 保险市场的需求和供给

在保险市场运行中,保险的需求和供给是其最重要的因素。如果没有保险需求,保险公司则无法持续生存;同样,如果没有供给,保险市场也无法存在和发展。因此,在学习了解保险市场时,必须对保险的需求和供给进行认真的分析与研究。

一、保险需求

(一)保险需求的含义

需求,在经济领域主要指有效需求,即在一定时间与地点条件下,人们对某种商品或劳务愿意购买且有支付能力的需求。保险需求也就是指在一定的历史时期与地点,社会组织与个人对保险经济保障的需求量。它是保险市场形成的根源,对保险业的发展具有重要的意义。

保险需求者的有效需求必须具备三个条件:一是投保人主观上对保险保障这种特殊的商品有渴望;二是投保人客观上对想要购买的保险保障这种特殊的商品具有足够的经济支付能力,并且有能力履行与其相关的其他义务;三是投保人所需求的某种特殊的保险保障是保险人愿意并且有能力提供的。

除上述三个条件之外,保险需求还包括两个方面,即质和量。保险需求的质是指人们对保险所保障的风险的种类、保障的内容和所提供服务的质量的需求;保险需求的量是指人们对不同的风险保障的保障额度、保障范围的界限的需求。

保险的需求有两种表现形式:一种是指有形的需求,即在风险损失发生后,被保险人对经济补偿或者费用给付的需求。这种需求具有实物性质,是保险经济需求的物质方面。另一种是无形的需求。在人们的风险意识中,当某种危险存在且其可能造成的损失无法确定时,心理就容易产生不安全感、焦虑等负面情绪,影响正常生活。而投保可以得到一种心理上的安全

感,认为风险即便是发生了也只会给自己的生活造成有限的影响。人在内心安定的情况下更容易提高工作和生活的质量。这是保险经济需求的精神方面。可以说精神安慰来源于物质保障,但得到精神安宁才是人们投保的最终目的。人们也应该充分意识到精神需求的重要性,保险人也应该多从心灵方面宣传保险的作用,改变人们认为投保只是为了钱财赔付这样的片面观念。

根据时空的不同,保险需求还可以被划分为保险的现实需求和保险的预期需求。保险的现实需求指现阶段有支付能力的需求,一般可以从现实的保险费收缴状况看出。而保险的预期需求指一定时期后,可能发生的有支付能力的需求,它是对未来保险市场进行预测的结果。对保险人来讲,两种需求都应重视。

（二）影响保险需求的因素

影响保险需求的因素多种多样,这里我们主要对以下几个主要因素进行分析:

1. 风险因素。这里所说的风险是指保险承保的可保风险。风险是保险需求存在的前提,无风险也就无保险。一般来说,保险需求的总量与风险程度的大小是成正比的;风险程度越高,保险需求总量也就越大;风险程度越低,保险需求总量自然越小。

2. 经济制度因素。现代保险属于商品经济范畴。商品经济中的社会分工、平等交换是保险产生的经济根源。保险发展的历史表明,随着商品经济的发展,保险,尤其是现代意义上的保险经济关系才真正确立与发展。保险需求与商品经济制度的发展程度成正比。

3. 经济发展水平。根据马斯洛的需求层次,人有生理的需求、安全的需求、自尊的需求、社会交往的需求、自我实现的需求共五个需求层次,并且只有在较低层次的需求得到一定程度的满足之后才会产生对较高层次的需求。因而,随着社会经济发展水平的提高,人们的物质生活得到一定程度的满足之后,安全需求也越来越强烈,保险需求总量也越来越大。经济发展水平影响保险需求总量表现为以下几个方面:首先,是产业结构的变革。科学技术的进步,促进新的生产领域的诞生,扩大原有的生产领域;现代管理科学的应用,规模效益的趋势;生产力发展水平越高,产业结构越复杂——这些因素都促使新的风险的产生,原有风险的扩大,增加保险需求。其次,社会生产力的发展也使消费倾向有了一定的转变。生活水平的提高,打破了以生存所需的食物需求为主的旧式消费结构,使总消费中生存资料与享受资料的比重逐步上升。人们不仅要求吃好、穿好、住好,还期望在发生灾害事故或者丧失劳动能力时,也能维持相当的生活水平,安全需要逐步扩大了保险需求。最后,由于经济的发展,社会剩余价值的额度逐渐增大,因而整个社会更有能力筹集资金去致力于投保足够的保险保障,因而使保险需求进一步扩大。

4. 价格因素。保险价格即指保险费率。因为保险价格是保险人根据风险程度、保险标的状况等因素拟定,投保人只有接受或不接受的权利,而没有讨价还价的余地。因而,费率制定的高与低,直接影响着保险需求总量的大小。人们总希望以最少的保险费支付获得最充分的保险保障。因此,保险费越低,就有可能刺激保险需求量的增大;反之,会抑制保险总需求。保险总需求量和保险价格呈反比。

5. 人口因素。以人口因素为主导的各种社会环境也影响着保险业的发展,影响着保险需求总量,尤其对人身保险的需求影响尤为重要。具体来说,人口因素影响保险需求主要表现在以下几个方面:第一,人口总量对保险需求影响很大。一个国家的人口总量,是保险尤其是人身保险需求的重要影响因素。在既定条件下,人口总量越大,保险需求的总量越大;反之,则就

越小。第二，人口结构对保险需求的影响。人口结构的影响主要表现在人口的年龄结构、职业结构、文化程度结构等几个方面：① 年龄结构。随着物质生活的发展，医药卫生事业的进步，人的寿命不断延长，人口结构不断老化，老年人越来越多，他们的生命机理不断下降，迫切希望得到保险保障，因而刺激了保险需求总量的扩大。② 职业结构。从事现代职业者在总人口中占的比重越大，对保险需求的量也越大。从事农业或传统手工业者占的比重大，会对保险总需求造成一定程度的影响，因为他们不太容易接受保险产品，而且其面临的多是自然灾害等难以承保的风险。相对的，在职业结构中，从事采矿、电力、农药、化学工业等危险性职业的人越多，对保险保障的需求量也就越大；反之，则越小。③ 文化程度结构。人口的文化素质高低不同，人们的消费心理、消费习惯与消费偏好也有所差异。通常，文化素质高的人，更容易认识到参加保险保障的必要性，有助于刺激保险需求的增长。

在人口结构因素中，尤其以消费者对保险的认知对保险需求的影响最大。国内有关研究发现，我国消费者（被调查对象）普遍存在对寿险功能及行业认识上的误区。这直接导致了消费者虽然主观上爱与责任的意识较好，并存在对家庭财务安全规划和安排的需求，但由于缺乏对保险产品，尤其对寿险功用的深入了解，常常不能充分利用寿险做好家庭财务规划的科学安排。同时，市场上各种指导消费者的寿险规划观点种类繁多，莫衷一是，没有形成完整的理论体系，客观上增加了消费者对寿险消费的畏惧心理。对此，中国保监会从 2008 年年底制定了《加强保险消费者教育工作方案》，以加强保险消费者教育工作，保护保险消费者权益。

扩展阅读 5-1　　　加强保险消费者教育工作方案（节录）

一、指导思想和工作目标

加强保险消费者教育工作的指导思想是：以科学发展观为统领，坚持以人为本，以保护保险消费者合法权益为根本出发点和落脚点，着力解决保险业改革发展与人民群众日益增长的保险需求不相适应的矛盾，促进保险业又好又快发展，更好地为我国社会主义和谐社会建设服务。

保险消费者教育工作的主要目标是：普及风险和保险知识，提示保险消费风险，倡导科学理性的保险消费观念，提高公众风险意识、保险消费能力和维护自身权益的能力，形成保险监管部门、行业组织、经营者和社会公众等多方参与、制度健全、权责明确、形式多样、广泛普及的保险消费者教育工作机制，促进行业诚信经营，切实有效地保护广大保险消费者的根本利益。

二、工作原则

1. 风险提示与知识普及并重的原则。一方面，以风险提示为重点，进一步加强对保险消费者知情权和公平交易权的保护。另一方面，更加重视风险知识和保险消费知识的普及教育，扩大保险业社会影响，发掘潜在保险需求。

2. 加强保险消费者教育和倾听保险消费者呼声并重的原则。以面向保险消费者的保险知识和风险教育为核心，同时，注意倾听保险消费者呼声，以保险消费者最关心、最需要解决的问题为中心，促进保险业改革发展，营造行业和谐氛围。

3. 整合行业各方面力量齐抓共管的原则。逐步建立以保险监管部门为统领，保险机构和保险中介机构积极参与，保险行业组织、保险消费者权益保护组

（续上）

织为纽带,大众传媒、学校社区、社会组织、保险消费者等多方参与的工作机制,通过完善制度、监督检查、行业自律、舆论监督、企业内控等,全方位、多层次地开展和强化保险消费者教育。

4. 保险消费者教育与加强监管相结合的原则。保险监管部门应加强对保险消费者教育工作的制度规范、引导督促和监督检查。严肃查处严重侵害保险消费者权益的违法违规行为,强化保险消费者保护,引导保险机构和中介机构改进完善风险提示等保险消费者保护措施,落实保险消费者教育责任。

5. 重点明确、分步推进的原则。坚持对保险消费者教育工作常抓不懈,既要形成工作的长效机制,也要明确各个阶段的工作目标、工作重点和责任要求,从实际出发,求真务实地推动各项工作。要制定切实可行的工作规划,进行阶段性评估分析,及时调整完善方式方法,保证保险消费者教育工作取得实效。

三、工作思路和主要任务

做好保险消费者教育工作,应以保险消费者教育制度建设为基础,以调动监管部门、行业组织和经营者等全行业力量参与为保证,以金融保险知识教育、风险教育和保险消费知识教育为主要内容,以有效的监督检查为保障,形成"制度健全、多方参与、权责明确、执行有力"的保险消费者教育工作体系。

1. 加强保险消费者教育和权益保护有关制度建设。
2. 建设保险消费者教育服务窗口。
3. 推动保险知识普及,提高保险消费者自我保护意识。
4. 拓展保险消费者教育舆论宣传阵地。
5. 促进保险机构和保险中介机构积极参与保险消费者教育。
6. 开展保险机构、保险中介机构、保险消费者教育监督检查。

资料来源:中国保监会网站。

6. 风险管理因素。风险管理程度,尤其是除了保险以外其他风险管理方式的好坏对保险需求量也有直接的影响。首先,如果企业客观上除了保险外的风险管理水平比较高,自然对保险的需求量就较小;反之,则较大。其次,如果企业主观上愿意选择保险这种风险管理方式,则对保险的需求较大;反之,需求则较小。一般来说,风险管理水平与保险需求成反比例。

7. 利息率因素。现代保险中相当大的一部分是投资性的保险,尤其是人身保险表现为明显的储蓄性。投保人投保投资性保险主要是为了利用保险公司的资金运用而间接获利。如果利息率高于保险公司的获利水平,投资性保险的那部分资金就会从保险公司流入其他项目,从而使保险需求减少;反之,如果利息率低于投保投资性产品的获利,人们就会把资金从银行转向保险公司,使保险需求扩大。因此可以看出,利息率与保险需求成反比例关系。

8. 保险政策。一个国家的经济政策取向、行政管理、法律制度与宏观调控也都会直接或间接地影响保险需求总量的大小。比如货币政策的松紧,对保险需求与商品经济制度的发展程度成正比例关系。

(三)保险需求的特点

我们借保险需求弹性的特点来讨论一下保险需求的特点。保险需求弹性,是指影响保险需求的各要素中的一种要素,每变动1%而引起的保险需求变动的百分比。

1. 保险需求弹性和其他各种商品及劳务的需求弹性相比来说较大。和一般商品相比,保险保障商品不像其他商品那样是生活必需品,因而保险需求更容易随着价格的变化而增减,因此弹性较大。

2. 随着经济发展水平的提高,保险需求弹性将会越来越小。比如在我国,保险尚未被视为生产生活的必不可少因素,因而保险的价格弹性较大;而在美国、英国、法国和日本等国家,保险已经成为生活必不可少的要素,保险价格对保险需求的影响较小,价格弹性较弱。

二、保险供给

(一)保险供给的含义

一般经济意义上的供给,是指在一定时间与地点条件下,商品生产者或劳务提供者,对某种商品或者劳务愿意并能够提供的数量。保险供给主要指在一定经济条件下,国家从事保险经营的企业愿意并且能够提供的保险种类和数量。

保险供给也有两种表现形式:一种是有形的物质供给,人们可以看得见摸得到,主要是指保险人对遭受损失或伤害的投保人,按照保险合同的规定给予一定数量的经济补偿与给付,表现为货币的形式。另一种是基于有形供给的无形供给,即心理形态上的安全保障。对于投保人来说,参加了保险,在以后发生保险责任范围内的事故或者伤害时,可以得到相应的经济补偿或给付,减轻了投保人由于风险存在而造成的心理压力,可以使他们以更多的精力投入到其他事业中去,这就是保险提供的无形供给——心理价值或精神安慰。

保险供给的内容包括质和量两个方面。就质而言,保险供给包括两层含义:一层是指保险提供的险种多少、可保范围大小,如人身保险、财产保险、责任保险与保险保证等险种;第二层是指某种保险险种提供的责任范围、服务质量等要素。保险供给的量同样也有两方面的内容:一方面是指全社会能够提供的保险供给的总量;另一方面是指某种保险品种对发生的损失或伤害提供的保险经济保障额度。保险人应力求对保险供给与需求进行综合分析,以最好的效益充分满足保险需求。

和保险需求一样,根据现实和对将来的保险供给进行预期,保险供给可以分为现实供给和预期供给两个方面。从保险学的角度看,保险的预期供给主要根据预期需求来调整,以便使保险经济供需平衡,市场平稳。

(二)影响保险供给的因素

1. 保险需求。从根本上来讲,保险需求是制约保险供给的最基本的因素,没有保险需求,就失去了保险供给的根源。任何保险,都是应保险需求的产生而出现的。

2. 社会经济中筹集的保险资本量。保险供给是由全社会的保险公司和其他经营保险业的经济组织所提供的,而保险业务的经营必须有一定数量的资本。首先,保险公司的开业与经营过程需要一定的物质条件,其中包括基本建设费用、购置各种设备的费用、营业费用和从业人员工资等。其次,保险作为一种特殊的行业,要求有一定数量的资金作为责任准备金。在一定时期内,社会可用于保险经营的资金数额是有限的,这样,这个因素在客观上制约着保险供

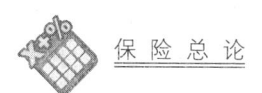

给的总规模。一般情况下,保险供给量与可用于保险经营的资本量成正比关系。

3. 保险成本。保险成本是指保险企业在业务经营过程中发生的与业务经营有关的支出。主要包括各项利息支出、赔款支付、与金融机构往来利息支出、各种准备金及其他有关支出。保险成本不仅包括实际的货币支出等显性成本,还包括隐成本。所谓隐成本,是指在保险商品供给提供的过程中,虽然没有支出任何货币但仍然对保险人付出的要素使用,主要指对自我拥有办公室及各种设备设施的使用,也就是会计学范畴的折旧。影响保险成本的因素很多,主要有业务结构、业务来源、服务标准、工作效率、劳动力结构、推销方式、通货膨胀等。保险成本是保险业经营中一个很重要的问题。如果保险成本过高,必然会抵减经营利润,对于保险人来说无利可图或利润过少就意味着用于保险行业的投资必然会减少,保险供给量也会随之减少;同时,保险成本高一定会使保险费率升高,也使投保人不得不支付更多的保费,因而使保险需求量受到压制,也进一步拉动保险供给量的下降;反之,如果保险成本较低,自然保险供给就大。

4. 保险行业经营管理水平。保险行业经营遵循大数法则与概率论的原理,是一种大规模的、技术性较强的经济补偿和给付活动,并且又是一种保障性、负债性与广泛性的特殊经营,要求经营管理上要有相当的专业水平与技术水平。在风险管理、险种设计、展业、承保、理赔、防灾、分保、准备金的提取、费率的厘定以及人事、法律方面都要有一定的水平,其中每一项水平的高低都会影响保险供给的总量,并与保险供给成正比。

5. 保险人才的数量与素质。保险经济活动是人们的经济活动。它需要的劳动,是具有特殊专业性的保险人才的劳动,保险人才的素质与数量对保险供给有很大的影响。保险供给者拥有合格的保险人才,面对新问题、新风险能够及时开发新险种,对这种新风险的防灾防损知识与技术能够全面了解,把新险种推广出去,扩大保险供给,促进保险需求;反之,如果保险人才欠缺或素质较低,一定会使保险供给量大打折扣。

6. 保险市场竞争。保险市场中的竞争结构也会从各方面影响保险供给。首先,从保险市场引起保险供给者数量的改变来说。在竞争中,保险供给者数量增多,自然会增加保险供给;如果一些效益差或缺少资金的公司被吞并,还可能造成规模效益,互补不足,保险供给量提高;也可能在竞争中使一些保险经营者破产或退出保险市场,使供给量有所减少。其次,保险市场竞争又会给保险供给者造成压力,使他们不得不改善经营管理,提高服务质量,开发新险种,从而使保险供给规模扩大。

7. 保险利润率。它是制约保险供给的一个极重要的因素。一般来说,需求的动力就是消费,供给的动力就是利润。如果保险企业的平均利润高,就会吸引人们投资保险业,从而扩大保险供给;如果保险行业的平均利润率较低,人们就会退出保险业使供给缩小。

8. 国家的保险政策。一个国家的保险政策也会直接或间接地影响保险供给。在行政力较强的国家,保险政策制度安排对保险市场的发展影响较大。

9. 保险中介。在现代保险市场中,承保力量过剩的问题日趋严重,这个问题的解决除了要求保险人的努力之外,保险中介的作用也不容忽视。保险中介把保险需求和保险供给结合起来,使压抑着的部分保险供给量得以实现。保险中介的发展程度也制约着保险的供给。

(三)保险供给的特点

1. 供给与需求同时存在,两者之间没有空隙。保险商品一旦被提供出来,同时就完成了

这被马克思称为"惊险一跳"的销售环节,而不存在其他商品生产与销售之间的批、运、存等环节。

2. 保险的供给弹性。保险供给弹性通常是指保险供给的价格弹性,它是衡量保险供给量对费率变动的反应程度。保险供给弹性的特点有:① 保险供给弹性比较稳定。一般商品的供给在经济趋向繁荣时期,因生产能力闲置而有潜力提高供给量,弹性较大;而繁荣时即使价格上升,也因设备已经充分利用难以提高供给量,供给弹性小。而保险承保的是风险,并且供需并存,因而供给弹性变化不大。② 保险供给弹性较大。保险商品的提供不受能源、原材料等派生供给的制约;并且固定资产占的比重不大,易于调整保险规模;替代品几乎没有,因而保险的供给弹性较大。③ 保险供给具有长期性。保险是提供在将来特定事件发生时,支付一定的保险金的承诺,因而保险的供给过程完成短则几个月或1年,长则10年或几十年。

扩展阅读5-2　　　　　我国保险市场的历史发展及现状

一、中国的保险市场发展及演变

1949年10月,中央政府批准组建了国内唯一的保险公司,由此开启了新中国保险业的发展元年,但短暂的发展被"十年动乱"所打断。随后中国于1980年恢复办理国内保险业务,中国保险业步入了正轨,随着经济的持续发展和人民生活水平的稳步提高,开始了飞速发展。自2001年以来,中国保险业务以年均34%的速度增长,其发展历程大致可以分为三个阶段。

(一)1980—1985年的恢复阶段

中国在1980年和1982年先后恢复国内财产险业务和人身险业务。这一阶段保险市场由中国人民保险公司一家垄断,产寿险统一经营,且保费收入中财产险份额大大高于人身险。但此时居民缺乏保险意识,在该时期,保险业有所恢复,但发展缓慢。

(二)1986—1991年的平稳发展阶段

以1986年新疆生产建设兵团农牧业保险公司成立为标志,区别于前一阶段的突出特征是出现了包括新疆兵保、太平洋、平安等在内的4家保险公司,中国保险市场由中国人保独家垄断的格局在形式上被打破,相对于第一个时期有了长足的发展与改变,保险开始深入人心,为一般老百姓所知所用。

(三)1992年至今的快速发展阶段

以1992年中国人民银行批准首家外资保险公司——美国友邦保险公司上海分公司成立为标志。这是迄今为止中国保险市场发展最为重要的阶段,明显区别于前两个阶段的特点,集中表现在:① 市场主体不断增加,多元化的市场格局初步形成。② 保险业实现产寿险分业经营,保费收入结构发生变化,人身险份额超过财产险。③ 保险与金融理财产品融合发展。④ 保险险种迅速增加,保险服务改善。⑤ 保险监管的组织体系和法规体系逐步建立,中国保险市场初步形成了以国有保险公司为主、中外保险公司并存、多家保险公司竞争的寡头垄断的市场竞争新格局。

（续上）

在扩大开放、深化改革的进程中,中国保险业呈现出日渐市场化、专业化、国际化、规范化的新特点。这标志着中国保险业正步入一个全新的发展阶段。

二、我国保险市场现状

随着中国保险业的改革走向纵深、保险公司竞争力增强,中国的保险行业取得了长足发展。2002 年以来,中国保险业务年均增长速度保持在 16% 左右。2010 年,全国保费收入达到 1.45 万亿元,是 2005 年的 2.7 倍,在世界排名第六位,比 2000 年上升了 10 位。

目前,我国保险市场有如下三大特征。

（一）行业发展迅速

保险深度和保险密度是衡量保险市场发达程度的重要指标。保险深度是指保险收入占国内生产总值的比例;保险密度是指人均保费收入。保险深度和保险密度越高就说明一国的保险行业相对越发达。由表 5-1 可以看出,自 2000 年至今,我国的保险深度和保险密度均在持续提高,其中,保险深度增长了两倍,而保险密度也翻了三番。但相比于国际水准,我国与保险业发达国家的差距并没有缩小。2004 年,美国的保险密度达到了 3 755.1 美元,而保险深度则为 9.36%。由此可以看出,我国保险业务的发展还是比较落后的,但同时也表明我国保险市场潜力巨大。

表 5-1　　　　　　　　　　　保险深度及密度

年　份	保险深度（%）	保险密度（元/人）
2000	1.79	126.21
2001	2.20	168.98
2002	2.98	237.64
2003	3.33	287.44
2004	3.39	332.16
2005	2.70	375.64
2006	2.80	431.30
2007	2.93	532.42
2008	3.25	740.66
2009	3.27	834.42

注：由于 2005 年对 GDP 数据的调整,使得保险深度出现了下降。
资料来源：根据历年《中国统计年鉴》《中国保险年鉴》等整理而成。

（二）市场以寿险为主导

从表 5-2 的数据来看,虽然增长速度起伏波动,但保险市场的总保费呈逐年上升趋势,其中,寿险市场保费的增长是主要推动力量。

（续上）

表 5-2		保费收入及结构				单位：亿元、%
年 份	保费收入		寿 险		非 寿 险	
	绝对值	增长率	绝对值	增长率	绝对值	增长率
2000	1 609.0	11.40	1 003.0	13.30	606.0	8.38
2001	2 115.9	31.50	1 424.8	42.10	691.1	14.00
2002	3 048.3	44.10	2 275.1	59.70	773.2	11.90
2003	3 848.8	26.30	2 983.2	31.10	865.6	12.00
2004	4 323.0	12.30	3 198.2	7.20	1 124.8	30.00
2005	4 928.4	14.00	3 644.9	14.00	1 283.1	14.10
2006	5 640.2	14.40	4 059.1	11.30	1 581.1	23.20
2007	7 033.4	25.00	4 946.1	21.90	2 086.6	32.00
2008	9 789.1	39.23	6 663.3	49.36	3 125.8	21.65
2009	11 137.3	13.83	7 457.4	12.00	3 679.9	17.72

资料来源：根据历年《中国统计年鉴》、《中国保险年鉴》等整理而成。

　　人寿保险占据了我国市场的大部分份额。造成这种现象的主要原因有三种：第一，中国独特的历史文化。中国人多以"长命百岁"为福，因此，人民对寿命得到保险保障的愿望最迫切。第二，中国的社会保险制度。与西方发达国家相比，我国的社会保障制度远不够完善。社保提供的医疗和养老金很难满足人们对基本生活条件的要求，因此，商业人寿保险就成了投保的必要选择。第三，人寿保险的科学费率。保险产品的费率和保额都是根据概率论和大数定律通过精算得到的。通常来说，期缴保单的利润要高于趸缴，长期保单的利润高于短期。这种利润不仅来源于保费，更重要的是占用保额资金进行投资得来的收益。因此，人寿保险，尤其是长期寿险，作为保险公司和保险代理人的宠儿，自然也成了市场上的主角。

　　（三）区域发展不均衡

　　2009 年全国各地区原保险保费收入如表 5-3 所示。

表 5-3			2009 年全国各地区原保险保费收入					单位：亿元
地区	原保险保费收入			财产保险保费收入			人身保险保费收入	
	本年累计	同比增长	占比（%）	本年累计	同比增长	占比（%）	本年累计	同比增长	占比（%）
全国合计	11 137.3	13.83	100.00	2 875.8	23.09	100.00	8 261.5	10.93	100.00
东部地区	6 517.9	13.36	58.52	1 733.9	20.81	60.29	4 783.9	10.88	57.91

（续表）

地区	原保险保费收入			财产保险保费收入			人身保险保费收入		
	本年累计	同比增长	占比（％）	本年累计	同比增长	占比（％）	本年累计	同比增长	占比（％）
中部地区	2 583.1	12.92	23.19	537.7	24.43	18.70	2 045.4	10.24	24.76
西部地区	2 011.1	16.12	18.06	579.7	26.93	20.16	1 431.5	12.25	17.33

资料来源：根据《中国保险年鉴》及中国保监会网站资料等整理而成。

　　所有影响保险市场发展的原因，从需求者角度来分析，大概可以分为两类：思想意识和经济承受能力。越是发达的地区，人们对保险的认识就越深刻，也越有能力购买保险。我国东部沿海地区由于改革开放得早，人们的经济风险意识较强，思维相对开放，生活也比较富裕，因此，其保费不论是财险还是寿险都占据了近一半的市场份额。

　　而在整个国民经济中，西部地区人民的收入水平较低，且消费习惯相对保守，食物支出占据了总支出的绝大部分，其保费支付能力较差，且保险意识薄弱。但随着西部大开发战略的实施和保险教育普及的推进，中西部地区的保险业务将来一定会有很大增长。

 **本章小结**

　　1. 保险市场是以保险单作为交易对象而形成的市场供求关系和运行机制的总和。保险市场的构成要素包括保险供给者、保险需求者、保险中介、保险的管理调控系统。

　　2. 保险市场按保险承保标的划分，可分为人身保险市场和财产保险市场；按保险活动空间划分，可分为国内保险市场和国外保险市场；按保险承保方式划分，可划分为原保险市场、再保险市场和自保市场。

　　3. 保险市场机制包括价值规律、供求规律、竞争规律三者之间相互制约、相互作用的关系。

　　4. 保险市场模式按照市场竞争组织结构的不同可以分为完全竞争型、垄断竞争型、寡头垄断型和完全垄断型四种。

　　5. 保险需求是指在一定的历史时期与地点，社会组织与个人对保险经济保障的需求量。其影响因素有风险因素、经济制度因素、经济发展水平、价格因素、人口因素、风险管理因素、利息率因素、保险政策等。

　　6. 保险供给主要指在一定经济条件下，国家从事保险经营的企业愿意并且能够提供的保险种类和数量。其影响因素有保险需求、社会经济中筹集的保险资本量、保险成本、保险行业经营管理水平、保险人才的数量与素质、保险市场竞争、保险利润率、国家的保险政策、保险中介等。

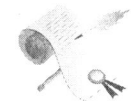 **复习思考题**

1. 什么是保险市场？它具有哪些特征？

2. 概述保险市场的基本构成要素。

3. 简述保险市场的种类。

4. 什么是保险市场机制？

5. 概述保险市场的主要模式。

6. 论述保险市场需求和供给的影响因素。

7. 搜集相关资料,探析我国保险市场的竞争状况。展望我国保险市场模式的发展方向。

第六章　保　险　中　介

本章导读

随着市场结构的日益复杂和保险业的快速发展，保险业内部的分工越来越细，保险中介正是随着保险市场精细分工以及保险市场的发展而产生的。综观世界保险业的整体发展状况，保险中介制度的建立和健全对完善一国的保险制度、促进保险业的健康发展发挥着重要的作用。本章主要介绍保险中介的概念、保险中介的类型、各国保险中介制度和我国保险中介制度的发展等。

学习目标

1. 理解掌握保险中介的特点。了解保险专业性对保险中介的要求。
2. 掌握保险代理人、保险经纪人、保险公估人的特征与作用。
3. 了解我国保险中介制度的现状与监管的目标。

引　　言

保险中介是保险市场的重要组成部分，一般包括保险代理公司、保险经纪公司和保险公估公司等。在成熟的保险市场上，它们分工明确，各司其职，各得其所，成为影响保险市场的重要力量。了解保险中介存在的意义和发挥的作用，对认识整个保险业的现行体制和发展趋势有很大帮助。

第一节　保险中介概述

一、保险中介的概念

保险中介是指介于保险经营机构之间或保险经营机构与投保人之间，专门或兼职从事保险业务宣传与咨询、销售与招揽、风险管理安排、价值衡量与评估、损失鉴定与理算、现场查勘和理赔等中介服务活动，并从中收取佣金或手续费的机构或个人。

一个健全的保险市场由三部分构成：保险经营机构，即保险市场的供给主体；保险投保群体，即保险需求主体；为保险关系提供保险服务的中介机构或个人，即保险中介主体。保险中介主体也叫保险中介人。

保险中介人，一般分为狭义保险中介人和广义保险中介人。狭义保险中介人包括保险代理人、保险经纪人和保险公估人；广义保险中介人除了上述三种以外，还应该包括与保险中介服务有直接关系的单位和个人，比如保险顾问、保险咨询事务所、法律事务所、审计事务所、会计师事务所、保险中介行业协会、保险精算师事务所、保险中介资格考试机构、保险中介信用评估机构等，它们在保险业的发展中也扮演着非常重要的角色。

二、保险中介产生的原因

（一）保险产品的特殊性要求保险中介积极参与

保险产品的本质是避害。在大多数情况下，只有当发生了保险事故、遭受损失时，保险才会起作用。在保险事故发生之前，消费者通常对风险没有足够的重视。此外，保险涉及灾难、死、伤等消费者避忌的东西。虽然在客观上人们是需要保险的，但从主观上来说，人们又不愿意主动接触保险。因此，解决此矛盾的有效方法即通过保险代理人和保险经纪人来帮助消费者实现其潜在的保险需求。

（二）社会分工的细化要求具有专业知识的保险中介的参与

由于社会分工趋于细化，人们不可能具备各个领域内的专业知识，因此在许多领域，人们都需要聘请具有专业知识和技能的人来完成一些专业活动。保险中介的出现，解决了投保人或被保险人保险专业知识缺乏的问题，最大限度地帮助客户获得最适合自身需要的保险商品。此外，保险中介的出现和发展也使保险经营者从繁重的展业、检验等工作中解脱出来，集中精力致力于市场调研、险种开发、偿付能力管理、保险资金运用以及各经营环节有机配合、系统运转高效的管理制度建设等方面。

三、保险中介的特点

（一）专业性

由于保险中介人为众多保险人和被保险人提供专业的保险服务，因此，保险中介人需要具备一定的保险、金融、法律、会计、理工等专业知识和广泛的行业背景才能以扎实的专业知识、熟练的业务技能和行业经验作出正确的判断和选择，提供充分体现其专业性的中介优质服务。只有这样才能沟通保险市场信息，减少交易成本并帮助保险委托人作出正确的商业决定和市场决策。专业性是保险中介人得以生存的最重要的前提条件之一。

（二）经济性

保险中介人既不是政府机构，也不是生产性组织，而是提供劳务服务的营利性的单位或个人，其目标是追求经济效益最大化。

保险中介人通过为保险市场提供有偿服务来实现自身的经济利益。同时，由于有专业技术的保障，有效地降低了由于保险市场信息不对称和不完全性所带来的高交易成本，从而提高了保险市场交易的效率，使得保险市场的其他主体也通过保险中介服务获得了实际效益。

（三）多元性与广泛性

保险中介人的服务贯穿于保险活动的整个过程，从保险营销到风险评估，从风险管理到设

计保险方案,从协助投保到协助索赔,从事故勘查到估损理赔等售前售后服务无所不包,具有多元性的特点。

保险中介服务的对象来源广泛,在市场经济体制下,所有的市场主体包括生产者、经营者、消费者,不论是公司法人还是自然人,都可以成为保险中介服务的对象。广泛的服务对象也为保险中介人自身的发展拓展了空间。

四、保险中介活动的经营原则

保险中介体系的建设对保险市场的发展具有极为深远的影响。为了保证中介市场的健康运行,保险中介人应当遵循以下四项原则。

(一) 合法性原则

保险中介行为事关保险业的健康发展,事关保险合同当事人的权益,因此必须符合国家的法律法规。国家通过颁布专门的法律法规,明确保险中介人的权利和义务,确立保险中介行为准则,建立行为考核制度,确保保险中介行为依法而行。

(二) 独立性原则

要使保险中介能有效地保护各方的合法权益,得到供需双方的信赖,维护平等、公平的竞争秩序,必须确立保险中介人的独立性原则。在保险中介活动中,保险中介人在委托人委托范围内依法独立从事业务活动,不受其他任何单位和个人的干预。

(三) 公平竞争原则

保险中介体系的建立,一方面促进了保险公司的市场竞争,另一方面也形成了保险中介人之间的竞争。为了保证保险中介行为规范、有序地进行,保险中介人应当遵循公平竞争的原则。保险中介人不得利用行政权力或职业便利引诱或强迫开展业务,不得任意诋毁其他保险中介人的商业信誉,不得为任何利益向客户给付回扣或合同规定以外的其他利益。

(四) 资格认证原则

保险中介人进行的是专业性很强的知识、信息服务活动,它关系到合同当事人的利益。依据国际惯例,世界各国一般都对保险中介人制定了明确的资格要求。个人只有在参加并通过保险监管部门指定的资格考试,取得相应的保险中介专业资格并予以登记后,才能成为法定的保险中介人,从事保险中介活动。例如,英国的劳合社拥有自己的监管组织及劳合社经纪人的特有章程及保险经纪人细则,对劳合社经纪人的资格进行严格管理。

五、保险中介制度的含义与作用

(一) 保险中介制度的含义

保险中介制度是指关于保险中介行为的各种规范的总称。保险中介制度主要体现在以下两个方面:其一,政府直接制定保险代理人、保险经纪人、保险公估人管理法规,规定各类保险中介人的行为规则;其二,保险行业自律组织制定行业间的行为准则,管理、约束和指导会员的经营行为。

在长期的保险实践中,由于各国保险业发展历史不同、发展环境不同,各国保险中介制度设计也不同。即使是同一国家或地区,在不同的发展阶段,其保险中介制度也在改变。我国在

计划经济体制的国家保险制度下,并不重视保险中介的作用,除具有一些兼业代理人外,其他保险中介形式基本属于空白。所以,整个保险中介制度具有很大的缺陷,在一定程度上影响保险业的有效发展。随着我国经济体制改革和保险市场化的不断推进,保险中介制度也随之有了较大的发展,在保险市场上不仅出现了保险代理公司,而且还积极发展了保险经纪公司和保险公估公司。

（二）保险中介制度的作用

世界保险业的整体发展和我国近年来的发展实践证明,保险中介制度是保险服务业重要的组成部分,它的建立和健全对完善一国的保险制度、促进保险业的健康发展起着关键的作用,主要体现在以下几个方面:

1. 优化保险资源配置。保险中介制度的形成和完善,能够有效地促进保险市场资源的优化配置及结构的合理调整,促使保险公司将主要精力致力于保险产品的开发和创新,改善资金运用的效益,加强员工的职业培训,扩展风险管理服务领域。总之,优化保险资源配置使保险中介市场上各类行为主体发挥自身不可替代的作用,使各种资源得到有效利用,达到保险资源最优配置的目的。

2. 降低保险交易成本。保险中介制度有利于沟通保险信息和有效抑制保险中介人的投机风险,有利于降低保险交易成本。其中保险代理人和保险经纪人利用自身优势,能有效地节约管理成本,促进保险市场和谐稳定地发展。总之,培育和完善保险中介市场,通过其提供的专业化服务,不但有效地降低了保险人的经营成本,而且也降低了其他保险相关人的交易成本。

3. 保证保险市场可持续发展。随着保险市场的迅猛发展,人们的法律意识和消费意识逐步提高,对保险服务提出了更高的要求。因此,保险人将展业、承保及理赔业务交由保险中介人经营,促进了保险业的专业化分工协作,实现了保险资源的合理配置,促使保险市场走向规范化、专业化、市场化和国际化,同时也确保了保险市场的可持续发展。

4. 激励和约束保险中介人。保险中介制度的建立,可以激励保险中介人在制度框架内进行自我发展、依法经营;也有利于保险中介人在公平和稳定的经营环境中进行成本核算和追求利润,防止类似保险中介寻租等违规现象的形成与蔓延,有效地促进保险市场健康和稳定的发展。

第二节　保险中介类型

保险中介主要包括保险代理人、保险经纪人、保险公估人、保险精算师等。

一、保险代理人

（一）保险代理人的概念及权限

保险代理人是指根据保险人的委托,向保险人收取代理手续费,并在保险人授权的范围内代为办理保险业务的单位和个人。保险代理是代理行为的一种,属民事法律行为。

保险代理人有权代理的事项,通常包括招揽与接受业务、收取保险费、勘查业务、签发保单、审核赔款等。代理的行为,通常视同其所代理的保险人的行为,因此在所规定的权利范围

内,代理人的行为对其所代理的保险公司有约束力。但若超出规定的权利范围,由代理人的行为而导致的损失,须由代理人负责赔偿。

(二)保险代理人的作用

1. 利用其广泛的市场接触点,直接为各保险公司获得大批业务,收取大量保险费,并取得可观的经济效益。

2. 各种保险代理人的展业活动渗透到各行各业,覆盖了城市乡村的各个角落,为社会各层次的保险需求提供了最方便、最快捷、最直接的保险服务,发挥了巨大的社会效益。

3. 直接、有效地宣传和普及了保险知识,对提高和增强整个社会的保险意识起到了不可替代的作用,进一步促进了我国保险事业的发展。

4. 保险代理人的运行机制,对保险公司尤其是对国有独资保险公司的机制转换,有着直接和间接的推动作用。另外,保险代理作为一个新兴的行业,它的发展能容纳大批人员就业。日本从事保险代理的人约占国民的1%。随着我国保险事业的不断兴旺发达,保险代理人的队伍将日益扩大,从而在安置就业方面,将发挥一定的积极作用。

(三)保险代理与一般代理的比较

1. 保险代理与一般代理的相同之处。代理行为是指代理人根据法律的规定或者依据被代理人的授权,以被代理人的名义同第三者所进行的民事法律行为。保险代理与一般代理在法律关系上有相同之处:① 代理关系涉及三方,即委托人(保险人)、代理人(保险代理)和第三方(投保人)。委托人是通过授权给代理人与第三方订立保险合同而创造出代理关系的;代理人根据与被代理的保险公司订立的代理协议而取得代理权。② 代理人的权力来自委托人即保险人,这种代理权既可以明示也可以默示。③ 代理人在授权范围内行使权力,如被代理人可以委托代理人代理承包业务,也可以委托代理人负责收取保费或理赔工作等。

2. 保险代理与一般代理的不同之处:① 保险代理人在运用代理权时如超越其授权范围,被代理人在得知后虽未追认,但也未加以拒绝,即可被认为保险人在事实上赋予了代理人该权利力。但保险人不得以自己未明示授权而否认代理行为的法律效果。这样规定是为了保障投保人的利益。② 代理人所知晓的事情都假定为保险人所知。由于从投保人或被保险人的角度来说,保险代理人就是保险公司,代理人所具有的常识就是保险公司所具有的常识。因此,只要被保险人对代理人履行了告知义务,保险人就不得以不了解被保险人的危险情况为由而拒绝履行自己的赔偿责任,即使由于保险代理人的过错致使保险人未获知晓,也是如此。所以,保险代理人须对保险人承担重视和谨慎的责任。保险人如果因为代理人超越代理权而受到损失,有权请求保险代理人赔偿。

为了让投保人了解代理人的权限,保险人可以在保单上标明对保险代理人权力的限制。如:在保单上载明,发生赔案时需向某地的保险理赔代理人提出,这就表明该保险代理人仅被授权处理赔案。同时,投保人应当认真阅读投保单,特别是投保单上有关保险责任、保险人的责任免除、投保人(被保险人)的义务等具体规定。

(四)保险代理人的类型

保险代理人种类繁多,依照不同的标准可分为不同的形式。根据《中华人民共和国保险法》及有关管理规定,我国保险代理人分为专业代理人(即保险代理机构)、兼业代理人和个人代理人三种形式。

1. 专业代理人。专业代理人是指专门从事保险代理业务的代理公司。根据《保险代理机构管理规定》，其组织形式可以是合伙企业、有限责任公司和股份有限公司形式设立。在保险代理人中，它是唯一具有独立法人资格的保险代理人。

2. 兼业代理人。兼业代理人是指受保险人委托，在从事自身业务的同时，为保险人代办保险业务的单位。常见的兼业代理人主要有银行代理、行业代理和单位代理三种。我国对中介的监管规定，保险兼业代理人从事保险代理业务应遵守国家的有关法律法规和行政规章，遵循自愿和诚实信用原则；保险兼业代理人在保险人授权范围内代理保险业务的行为所产生的法律责任，由保险人承担；党政机关及其职能部门、事业单位和团体不得从事保险代理业务。

3. 个人代理人。个人代理人是指根据保险人的委托，向保险人收取代理手续费，并在保险人授权的范围内代为办理保险业务的个人。此类代理人只能为一个保险人代理保险业务。

二、保险经纪人

（一）保险经纪人的概念和特征

保险经纪人是基于投保人的利益，为投保人与保险人订立保险合同提供中介服务，并依法从保险人那里收取佣金的单位。它可以是个人也可以是公司；但在我国，保险经纪人的存在形式是保险经纪公司。

经纪人是投保人的代表。在投保人的授权范围内，经纪人的行为可以约束投保人，但不能约束与投保人订立合同的保险人。投保人如因经纪人的过失而招致损失，经纪人在法律上需承担赔偿责任。

（二）保险经纪人的作用

1. 促使我国保险市场与国际惯例接轨。保险经纪人在世界保险市场中占有重要地位。依据国际惯例，保险经纪人具有以下职能：为客户进行风险评估；制定包括管理财务风险、发展战略风险等在内的综合风险管理计划；为客户选择最合适的保险公司，并为客户代办投保手续；监督保险合同的执行情况，并协助索赔。在国际再保险市场上保险经纪人的重要作用更不容忽视，因为再保险接受人与分出公司位于不同的国家，彼此要进行再保险业务往来，在很多情况下都是通过保险经纪人进行联系，达成交易并签订再保险合同。

2. 促进保险市场机制的完善。作为保险市场中联结买方和卖方的中介，保险经纪人的活动对双方都大有裨益，保险经纪人是被保险人的代理人，而不是保险人的代理人。保险经纪人应对被保险人负责，有义务利用所有的知识和技能为其委托人以最合理的费用获得最佳保障。保险经纪人的参与有利于保护被保险人的利益，反过来又刺激保险业的公平有序竞争，从而促进保险市场机制的完善。尤其在我国保险市场多元化、市场竞争激烈的今天，保险经纪人的作用就显得更为重要。

3. 促进保险公司的规范化经营。虽然保险经纪人不是保险公司的代理人，但保险公司同样需要保险经纪人。首先，保险经纪人有利于保险公司开展业务。当今世界保险市场上多数业务都是通过代理人或经纪人招揽的，相比之下，利用保险经纪人展业则显得优越得多。他们不占用保险公司人员编制、办公用房，费用也只是在他们提供保险业务时从按保费的一定比例扣除的佣金中支出。其次，保险经纪人有利于保险公司的理赔业务。当发生保险事故时，被保险人把损失情况详细报告给保险经纪人并委托其索赔就可以了，其他事项则由保险经纪人来

处理。这降低保险公司与被保险人直接接触所花费的成本,提高效率,还能避免保险人在理赔中出现的多赔或少赔等不合理现象。

(三)保险经纪人和保险代理人的比较

保险经纪人与保险代理人同属保险中介范畴,均凭借自身的保险专业知识和优势活跃于保险人与被保险人之间,成为保险市场的重要组成部分,都应当具备保险监督管理机构规定的资格条件,取得保险监督管理机构颁发的许可证,并向工商行政管理机关办理登记,领取营业执照,方可从事保险中介服务。但是两者具有明显区别,具体表现在:

1. 保险代理人是保险人的代表。保险代理人是受保险人的委托,代表保险人的利益办理保险业务,实质上是保险自营机构的一种延伸;保险经纪人则是基于被保险人的利益从事保险经纪业务,为被保险人提供各种保险咨询服务,进行风险评估,选择保险公司、保险险别和承保条件等。

2. 保险代理人代售产品为保险人指定。保险代理人通常代理销售保险人授权的保险服务品种;保险经纪人则接受被保险人的委托为其与保险公司协商投保条件,向被保险人提供保险服务。

3. 保险代理人代理佣金由保险人支付。保险代理人按代理合同的规定向保险人收取代理手续费;保险经纪人则根据被保险人的要求向保险公司投保,保险公司接受业务后,向经纪人支付佣金,或者由被保险人根据经纪人提供的服务给予一定的报酬。

4. 保险代理人的行为视为保险人的行为。保险经纪人的法律地位和保险代理人的地位截然不同。保险经纪人是被保险人的代表,其疏忽、过失等行为给保险人造成损失,应独立承担民事法律责任;保险代理人根据保险人的授权代为办理保险业务的行为,由保险人承担责任。

5. 保险代理人的业务以合同为前提。保险代理人与保险公司签订保险代理合同才能从事保险代理业务,保险经纪人开展业务活动前无需与被保险人签订固定合同。

(四)保险经纪人的类型

1. 直接保险经纪人和再保险经纪人。根据委托方的不同,保险经纪人可以分为直接保险经纪人和再保险经纪人。① 直接保险经纪人。直接保险经纪人是指直接介于投保人和保险人之间、直接接受投保人委托的保险经纪人。按业务性质的不同,直接保险经纪人又可分为人身保险经纪人和财产保险经纪人。一是人身保险经纪人,是指在人身保险市场上代表投保人选择保险人,代办保险手续并从保险人保险处收取佣金的中间人。人身保险经纪人必须熟悉保险市场行情和保险标的详细情况,掌握专项业务知识,还要懂法律,并且会计算人身保险的保费,以便为被保险人获得最佳方案。二是财产保险经纪人,是指为投保人安排各种财产、责任保险,在保险合同双方间斡旋,促成保险合同订立并从保险人处收取佣金的保险经纪人。财产险业务是保险经纪人活动的主要领域。② 再保险经纪人。再保险经纪人是指促成再保险分出公司与接受公司建立再保险关系的保险经纪人。他们把分出公司视为自己的客户,在为分出公司争取较优惠的分保条件的前提下选择接受公司并收取由后者支付的佣金。

在保险业发达的国家,拥有特殊地位的再保险经纪人在有利条件下为本国巨额保险的投保人提出很多有吸引力的保险和再保险方案,并把许多资金实力不强、规模有限的保险人组织起来,成立再保险集团,承接巨额再保险业务。

2. 小型保险经纪人和大型保险经纪人。根据人员规模划分,保险经纪人分为小型保险经

纪人和大型保险经纪人两种。① 小型保险经纪人。根据英国法律规定,小型保险经纪人是指公司员工少于25人的保险经纪人。由于它的所有人或者经营者十分了解本公司的日常经营,小型保险经纪人往往不需要建立正式的组织机构。一般地,小型保险经纪人的传统业务有三类:一是个人业务。主要是家庭保险和私人汽车险。二是商业业务。是指所有的制造业及工商业保险。三是人寿保险的年金业务。② 大型保险经纪人。大型保险经纪人是相对于小型保险经纪人而言的,其特点是人员多、机构全和业务广。大型保险经纪人通常都采用公司形式的组织结构,并有健全的管理层次和组织机构,从而可以从财务、预算、费用、管理权限等方面对企业进行更好的管理,以适应不断变化的市场环境。

3. 个人保险经纪人、合伙保险经纪组织和保险经纪公司。根据组织形式划分,保险经纪人分为个人保险经纪人、合伙保险经纪组织和保险经纪公司。① 个人保险经纪人。大多数国家都允许个人保险经纪人从事保险经纪业务活动。在英国、美国、日本、韩国等国家,个人保险经纪人是保险经纪行业中的有机组成部分。为了保护保险经纪人,许多国家都要求保险经纪人必须参加职业责任保险或者缴纳营业保证金。我国的《保险法》和《保险经纪公司管理规定》只认可法人形式的保险经纪人。② 合伙保险经纪组织。英国等一些国家允许以合伙方式设立合伙保险经纪组织,并且要求所有的合伙人必须是经注册的保险经纪人。合伙保险经纪组织是由各合伙人订立合伙协议,共同出资、合伙经营、共享收益、共担风险,并对合伙企业债务承担无限连带性责任的营利性组织。③ 保险经纪公司。保险经纪公司是以公司形式(一般是有限责任公司和股份有限公司)设立的、具备法人资格的保险经纪组织形式。这是所有国家都认可的保险经纪人组织形式。各国对保险经纪公司的清偿能力都有要求,规定保险经纪公司要有最低资本金,并缴存营业保证金或者参加职业责任保险。

案例分析 6-1   风险的定义要以实际情况为依据

某保险经纪公司在为武夷山铁路提供风险管理服务的时候,发现原来的保单对暴雨的标准是这样规定的,即"连续24小时降雨200毫米以上"。这意味着如果降雨低于这个标准,不论造成的损失有多大,客户都得不到赔偿。由于当地地处山区,降雨非常多,修建铁路最大的危害就是暴雨,暴雨很可能造成路基塌方、山体滑坡,给工程带来巨大的经济损失。保险经纪公司经过查阅有关资料,并到当地气象部门调查,得知"连续24小时降雨200毫米以上"的降雨在当地50年也难遇到一次。显然,这样的保险条款对客户是毫无价值的,这部分保费等于打了水漂。最后,保险经纪公司根据实际情况要求保险公司对保单进行了合理的变更,将暴雨的标准改成"连续24小时降雨50毫米以上"。更改过的保险条款内容,使客户的合法权益得到了切实的保障。

保险公司提供的格式保单中对风险的定义和条款的解释往往是根据一般情况制定的,很难满足特殊情况的需要,如果投保人被动接受只会使保障效果大打折扣,无法实现有效的风险转移。此案中,保险经纪人在充分了解当地情况并掌握历史数据的情况下,对保单内容提出了合理的更改要求,得到了保险公司的认可,为投保人争取到了合理的保险条件。

资料来源:林辉:《保险中介理论与实务》,清华大学出版社2008年版。

三、保险公估人

(一) 保险公估人的概念

保险公估人又称保险公估行,是指受保险人或被保险人委托,并由委托人支付佣金,对保险标的进行勘查、鉴定、估损、理算等活动,并出具公估报告书的保险中介服务机构。保险公估人的主要任务是:在订立合同时勘查风险,以及保障事故发生后勘查损失的原因及估计损失的程度,并出具公证书。保险公证书不具备强制性,只能作为当事人双方处理保险争议、确定赔偿金额的依据。

保险人和被保险人都有权委托保险公估人办理有关事宜。但在一些国家,保险合同当事人双方为证明和估价所支出的费用,除合同另有约定外,无论哪一方委托,一般都由保险人承担;由于保险公估人工作失误而给委托人造成损失的,则由保险公估人承担赔偿责任。

(二) 保险公估人的作用

保险公估人的存在有利于体现公平原则,解决保险争议。由于保险公估人在某些特定方面具有专长,且有相当的权威性,同时又处于第三方的地位,与保险合同当事人双方以及保险标的均无经济利害关系,因此,一方面,保险公估人所出具的公证报告更能保证客观、公正,从而最大限度地维护各方保险合同当事人的利益;另一方面,也易于为保险合同当事人双方所接受,有利于解决保险争议。

此外,保险公估人代替保险公司独立承担保险理赔领域的工作,从而实现了保险理赔工作的专业化分工。这种分工一方面有利于保险理赔技术的不断升级和横向交流,并能促进保险公估业整体执业水平的提高,从而促进整个保险行业的发展;另一方面由于规模效应以及逆向选择和道德风险的减少,必然会大大降低保险理赔费用进而降低保险成本,最终提高整个社会的福利。

(三) 保险公估人的类型

1. 根据保险公估人在保险公估业务活动中先后顺序的不同,保险公估人可以分为两类:一类是承保时的公估人;另一类是理赔时的公估人。① 承保时的公估人。它主要从事保险标的的承保公估,即对保险标的做现时价值评估和承保风险评估。由承保公估人提供的勘查报告是保险人评估保险标的的风险,审核其自身承保能力的重要参考。现时价值评估和承保风险评估是国际保险公估人新拓展的业务领域。② 理赔时的公估人。是指在保险合同约定的保险事故发生后,受托处理保险标的的检验、估损及理算的专业公估人。保险理赔公估人包括损失理算师、损失鉴定人和损失评估人。

2. 按照业务性质的不同,保险公估人可分为三类:保险型公估人、技术型公估人、综合型公估人。① 保险型公估人。这类保险公估人侧重于解决保险方面的问题,他们熟悉保险、金融、经济等方面的知识,但对其他专业技术知识知之甚少或者完全不知,对于技术型问题的解决只能作为辅助。② 技术型公估人。这类保险公估人侧重于解决技术方面的问题,其他有关保险方面的问题涉及较少。③ 综合型公估人。这类保险公估人不仅解决保险型问题,同时还解决保险业务中的技术问题。综合型保险公估人由于知识全面、经验丰富,越来越为社会所需要。

3. 从保险公估人与委托方的关系来看,保险公估人可分为雇佣保险公估人和独立保险公估人。① 雇佣保险公估人是指长期受聘于某一家保险公司,按该公司的委托或指令处理各项理赔业务,这类公估人一般不能接受其他保险公司的委托业务。② 独立的保险公估人是指可以同时接受数家保险公司的委托处理理赔事务,其间的委托与被委托关系是暂时的,一旦公估人完成了保险公司的委托业务,他们之间的委托关系也相应结束。

四、精算师事务所

精算师事务所是依法设立的专门为客户提供各种精算服务的机构。按照组织形式的不同,精算师事务所可分为个人型、合伙型和公司型。精算师事务所主要由精算师和部分管理人员组成。精算师是受过高等教育,通过专门机构的资格考试,获得精算师资格证书,并在保险、投资理财、财务管理、证券等方面具有专长的专家型人才。

以中介形式出现的保险精算机构,主要是保险精算师事务所。保险精算师事务所的主要从业人员是注册精算师。根据从业的性质或范围,注册精算师分为寿险精算师和非寿险精算师两大类。保险精算师事务所的主要职能是为客户提供各种保险精算服务,按照有关规定出具专业水准的精算报告。保险精算师事务所的主要服务对象是保险公司或其他保险组织。它既为保险需求者服务,又为保险供给者服务,是连接保险供需双方的中间环节。目前,精算师事务所在我国还很少见到。一般保险公司(主要是寿险公司)都内设精算部门,聘请保险监管部门认可的精算人员从事公司内部的各种精算事务。

精算师事务所除为保险公司服务外,还为银行、证券公司、信托投资公司、大型工商企业等客户提供专业的数理计算等服务,以供客户在投资、业务运作过程中作为决策的参考和依据。此外,精算师事务所还为某些特定客户提供咨询建议,这些客户包括保险公司、福利基金、医院、工会、地方政府等;咨询的内容主要是年金计划、社会保障产品计划、职工福利计划以及医疗健康保险计划的制订等。

扩展阅读 6 - 1　　　　　**精算师的资格认定**

精算科学是以数学、统计、会计、金融等学科为基础的交叉学科,用于商业保险与各种社会保障业务中需要精确计算的项目,如生命表的构造、费率的制定、准备金的提存、业务盈余的分配等。精算师是利用精算技能定义,分析和解决上述问题的专业人员。国际上主要采用两种方式认定:一是考试认可制度,即设定一系列考试科目,无论教育背景如何,只要通过全部科目的考试,即可获得精算师资格,属于此类制度的有英国、美国、加拿大、澳大利亚、日本等国;二是学历认可制度,以达到一定程度的大学精算学历教育和一定的精算工作经历为标准,获得相应的精算师资格,如法国、德国、瑞士、意大利等国家。我国精算制度的建立始于 1988 年南开大学引进的精算教育。1999 年 10 月,我国举行了中国精算师协会创始会员考试,通过者被中国保监会授予中国精算师资格,从而结束了我国没有精算师的历史。

资料来源:根据大家网网站 http://club.topsage.com 的相关资料整理。

五、律师事务所

律师事务所是依法设立的专门为客户提供法律服务的专门机构。律师事务所介入保险事

务主要有三种情况:一是当巨额保险合同签订时,保险双方当事人聘请律师给予法律帮助和见证,使保险合同更具法律的规范性,其委托人可以是保险公司,也可以是投保人;二是律师事务所受聘担任保险公司或者规模较大的保险代理公司、经纪公司的常年法律顾问,对委托人业务经营过程中的有关事务提供经常性的法律咨询,对特定的保险纠纷事务提供法律服务;三是在保险责任事故发生后,保险人和被保险人对责任归属和赔付金额发生分歧和纠纷,经过调解双方仍不能达成一致意见并相互对立时,委托律师给予法律帮助,并为进入仲裁和诉讼程序做好准备,以及在诉讼过程中提供辩护服务,这种情况最为常见。

第三节　各国保险中介市场

由于世界各国政治、经济、文化、社会制度环境各不相同,保险市场的发展模式也多种多样,其保险中介发展的状况也就不尽相同。例如,美国保险市场以代理人为活动中心,而其保险经纪人制度也比较发达;日本、韩国、加拿大等国家则主要靠保险代理人招揽业务,但近年来由于日本新的保险业法出台,已开始注重培育保险经纪人市场;英国则是最早以保险经纪人占主导作用、发展保险业务的国家。总之,各国的保险中介模式都各具特色。

一、美国保险中介发展的基本状况

美国是世界保险最发达的国家,拥有系统、健全的保险中介制度,保险代理人、保险经纪人和保险公估人分别在不同领域发挥着各自的作用。美国保险中介市场是以保险代理人与保险经纪人相结合、以代理人为主的模式。

（一）美国的保险代理人状况

美国的保险代理人是保险市场的主要角色,目前拥有100多万代理人,代理的业务无所不包,遍及各行各业,是保险公司特别是人寿保险公司获取业务的重要来源,也是美国保险业得以迅速发展的重要原因之一。按保险代理人代表保险公司数量的多寡,美国有独立代理人与专属代理人之分。

独立代理人具有独立地位,可同时为几家保险公司代理业务。

专属代理人只能为一家保险公司或某一保险集团代理业务,对其招揽的业务,保险公司保留其占有、使用与控制保单记录的权利。

在人寿保险中,美国保险公司主要依赖于专属代理人,因为它更适合于人寿保险业务险种繁多、业务量大的特点;在非人寿保险领域,美国保险公司更多地借助于独立代理人。可见,美国的保险代理人是多层次和多种类的,这就为保险公司提供了多种可选择的销售方式。

（二）美国的保险经纪人状况

美国有保险经纪公司1 000多家,其中100多家在世界保险市场上具有广泛的影响。据美国商业保险杂志统计,2004年世界十大保险经纪公司中有6家来自美国;世界前两大保险经纪公司达信保险经纪公司(Marsh Inc.)和怡安保险经纪公司(Aon Corp.)均为美国公司。同时,这2家保险经纪公司的单独保险经纪收入都高于世界其他前8家保险经纪公司业务收入的总和。

美国的保险经纪人可分为销售财产意外保险的经纪人和销售人寿保险的经纪人。美国的

财产保险经纪公司主要从事财产保险、责任保险和意外保险的业务招揽。

美国有些州在法律上不承认人寿保险经纪人(如纽约州),其规定,保险经纪人不得办理人寿保险和年金保险业务。而有些州不但允许保险经纪人经营保险经纪业务,还允许其同时作为保险代理人开展保险代理业务。由于各州的规定不同,因而各州的保险经纪人的经营性质和生存形态也不尽相同。美国保险经纪人主要是招揽大企业或大项目保险业务,保险经纪公司多设在大城市。

(三) 美国的保险公估人状况

美国的保险公估人有三种类型:独立理赔人、理赔事务所和公共理赔人。其组织结构可以是公司,也可以是合伙企业或个人。理赔事务所可向全国所有保险公司提供火险、车船保险等方面的理赔服务。其理赔人员受过专门训练,有能力对付欺诈性索赔,并能公正地对待所有被保险人,所以其核定的赔款很少发生争议。独立理赔人和理赔事务所是代表所有保险人处理赔案的,并不依附于单一某家保险公司。公共理赔人则代表公众利益。为避免保险公司的理赔人员作出偏向自己公司的不公正的赔偿处理,被保险人一般聘请代表公众利益的公共理赔人参与理赔过程的谈判,由被保险人按公共理赔人最后裁定的赔款金额的一定比例支付服务费。

扩展阅读 6 - 2　　　　　　　**美国保险中介制度管理机制**

　　美国对保险中介的约束主要是通过各州的保险法律或法律中的特别规定、自律性规则和保险中介合同等来体现的。由于各州都有自己独立的立法权,因此,对保险中介人的立法管理,无论是在范围上还是在具体内容上均存在很大差异。保险中介人需要遵守的自律性守则包括:全国人寿保险协会职业道德守则、美国特许人寿保险经销商和特许金融顾问协会的职业道德守则,以及百万美元圆桌会议的职业道德守则等。美国采取政府管理与行业自律相结合的保险中介制度双重管理机制。

　　联邦政府成立有全国保险专员协会(全国保险监督官协会)来对全国保险业务方面予以协调,协会下设保险规定信息系统,该系统在必要时为各州设计一些示范性法律及指导性建议来监管保险中介人,供各州采纳。州政府设有专门的监管机构,由保险监督官来对保险中介人进行直接的管理和监督。他们负责认定中介人必须具备的执业资格和条件,管理其销售行为,并对其违规行为进行处罚。

　　资料来源:根据 MBA 智库百科 http://wiki.mbalib.com/wiki 的相关资料整理。

二、英国保险中介发展的基本状况

英国是国际保险经纪人市场最发达的国家,其保险中介制度的典型特征就是以保险经纪人为中心。据统计,英国保险市场现有 800 多家保险公司,而保险经纪公司却超过 3 200 家,是保险公司的 4 倍,并拥有保险经纪从业人员 8 万多名。保险经纪公司的业务范围涉及财产

保险、人寿保险和再保险等领域。英国保险市场上 60% 以上的财产保险业是由保险经纪人招揽而来的。

英国建立的是以保险经纪人为中心的保险中介制度,这是由英国保险的历史渊源和制度发展演变的过程所决定的。英国是保险最发达的国家之一,被视为历史最悠久、最富竞争力的国际保险和再保险中心。英国劳埃德咖啡馆造就了保险经纪人,而劳合社在英国保险业的特殊地位造就了英国的保险经纪制度。

按组织与经营方式的不同,英国保险市场可分为两大市场,即劳合社保险市场和公司保险市场。在伦敦劳合社市场上,按照商业习惯,保险和再保险合同的签订必须经由注册保险经纪人来安排,因此,保险经纪人在英国的认知度很高,保险经纪人在英国保险市场上起着举足轻重的作用。

根据 1986 年《金融服务法》,英国人寿保险业务的代理人分为公司代理人和指定代理人两种。公司代理人负责销售代理一家保险公司的人寿保险商品。指定代理人又称兼职代理人,可以由银行、住房协会或其他个人担当。

根据 1977 年《保险经纪人登记法》成立的保险经纪人登记委员会是针对保险经纪人的独立的法定监管机构,负责监管自愿登记的经纪人,督促检查专业标准的执行以及财务状况和偿付能力。

依据 1986 年《金融服务法》设立的证监会下属的自律组织包括个人投资管理协会、金融中介管理协会及人寿保险和单位信托管理组织,负责对人寿保险中介人的检查监管。

在英国,保险公估没有被纳入专门的保险监管范围。保险公估公司成立的基本要求与一般商务机构没有区别,保险公估主要受普通法约束,保险公估人协会在保险公估人的监管方面扮演着举足轻重的角色,若协会会员违反了协会章程、职业道德规范或规章制度,则可能被处以罚款、停业整顿甚至取消会员资格等处罚。此外,信用评价、投诉受理和消费者协会等社会组织也对公估人的经营行为进行监督。

三、日本保险中介发展的基本状况

日本 1996 年保险业法修订之前,保险市场上进行营销的中介人仅仅是保险代理人,其后也引进了保险经纪人制度,但保险代理制度仍占绝对主导地位。日本在保险销售方面沿袭历史做法,擅长自我推销,借助于代理人开展业务。另外,日本企业注重信誉,重视提高自身的业务水准和员工素质,接受保险代理服务。因此,代理在保险市场上一直起着主导作用。

日本保险代理人分为生命保险营销人和损害保险代理店两种,都必须在保险监管机构金融厅注册。日本寿险公司采取生命保险营销人制度。营销人制度与代理人制度极为相似,主要区别在于营销员与公司的合同属劳务合同而不是代理合同。日本的财产险公司主要采用的是代理店制度。截至 2004 年年末,共有损害险保险代理店 28.6 万家,保费收入占财产险保费收入的 92.9%。损害保险代理店分为 4 个等级,不同的等级为 1 家或数家保险公司提供销售服务。

与英国和美国等主要依靠保险代理人和保险经纪人的力量获取业务的做法不同,日本的保险市场主要是依靠公司外勤职员和代理店制度,保险经纪人的作用不大。其中,外勤职员活跃于人寿保险市场,代理店制度则主要应用于损害(财产)保险市场。可以说,日本是以保险

代理人为主,同时引进保险经纪人制度的中介制度模式。但在 1994 年保险法修订之前,日本保险市场上进行营销的中介人仅仅是保险代理人,这也是日本保险中介制度明显区别于英美保险中介制度之所在。随着 20 世纪 90 年代初保险市场的开放和保险主体的增加,日本也引进了保险经纪人制度,但保险经纪人目前在日本保险市场上的作用仍然非常有限。日本的保险中介制度已开始受英美模式影响,但在严格监管方面又明显区别于后两者。主要表现在:日本在保险监管方面强调政府管理,其管理机关是大藏省,从事保险中介活动要经过保险监管机关批准,监管较严。相对而言,英国保险经纪人只需在保险经纪人注册理事会注册即可。还有在经营方面,日本对保险代理人与保险经纪人严格进行区分,两者不可兼营。

四、各国保险中介制度的比较

(一) 保险代理人制度模式的比较

英国保险代理的模式是两级结构。保险代理人与保险经纪人两者不能兼营,保险经纪人只能从事保险经纪业务,而保险代理人则只能从事保险代理业务。

美国的代理制度尽管在各州要求不一致,但并不是严格的两级结构,即保险代理人和保险经纪人区别不甚明晰。一般而言,其保险代理人制度可分为机构代理制(总代理制、分公司代理人等)与无机构代理制(专用代理人、独立代理人等)。无论哪种制度,代理人的授权均从两方面获得:一是根据代理合同;二是根据法律所默许的权力(即公开授权原则)。

尽管日本的保险业在发展初期受到美国的影响,但其后却建立了与美国不同的保险代理人制度——代理店制度。代理店在性质上是兼业代理,并实行以经营规模、业绩、业务技能等为标准的等级制度。与英国、美国的保险代理人主要进行寿险展业不同,日本的保险代理店主要应用于损害(财产)保险领域,业务量约占损害(财产)保险业务量的 90%。

(二) 保险经纪人制度模式的比较

英国、美国和日本三国有关经纪人的法规都对保险经纪人的资格认定(含资格考试制度)、组织形式、经营范围、执业标准、缴存保证金或劳务报酬、财务稽核等制度作出了规定,并对保险经纪人领取佣金、独立展业等权利予以保障,但仍有以下的不同:

1. 各国的监管权力集中程度不同。在英国,由于其保险监管偏重于行业自律,因此,保险经纪人的行业组织具有相当的监管权力。例如,英国保险经纪人注册委员会(IBRC)根据 1977 年颁布的《保险经纪人(注册)法》,对保险经纪人进行审核,劳合社则对劳合社的经纪人执业资格有一套更高的要求。美国对保险经纪人的监管机关是州保险监管部,各州有一定的立法权。在日本,保险经纪人的监管权集中于内阁总理大臣,通过保险经纪人资格考试的申请人必须向大藏省银行局保险部注册,经过严格审核批准后方可经营。

2. 组织形式不同。英国、美国和日本均允许保险经纪人以有限责任公司的形式存在,但英国和美国还允许保险经纪人以合伙组织经营。英国以合伙制为保险经纪人主要的组织形式,如劳合社。美国以保险经纪公司(有限责任公司)为主,如威达信保险经纪公司和怡安保险(集团)公司分别是目前世界上名列第一、第二的保险经纪公司。而日本是在 1994 年后才允许保险经纪人进入保险市场,主要采取的是个人经纪人的形式。

3. 在激励保险经纪人就业的机制上,英国采取了比较宽松的规则,即保险经纪人的佣金率由保险人和保险经纪人协商,监管机构不规定佣金率的幅度。美国则规定对于不同的险种

有不同的佣金率。日本的规定与美国相似。另外,英国的保险人往往会授予保险经纪人订约权,对保险金额有一定的限制。但美国和日本的保险人和保险经纪人之间一般是通过协商自愿交易。

(三)保险公估人制度模式的比较

英国是公估业的发源地。随着英国保险公估人制度的发展与完善,它对世界其他地区保险公估业的产生和发展起到了直接或间接的推动作用。由于保险公估人只是保险合同的辅助人,不销售保险,而且他们的业务有时也会延伸到非保险业,因而保险公估人没有纳入专门的保险监管之列,而是受制于三方面的约束:一是普通法的监管,包括一般的代理法;二是市场的力量,只有素质高的保险公估人才可能获得保险人的委托;三是行业自律,如英国特许公估师学会、英国公估师学会等。在英国的保险市场上,还有不少兼业代理人通过英国特许公估师学会对取得公估师资格的公估人行为进行监管,这是英国保险公估人制度的一大特色,它使英国的保险公估人在世界上获得了高度评价。在美国,从业的保险公估人需要领取从业执照,但在英国却没有这方面的规定,只是要求从业的公估公司负责人必须有特许公估师学士资格,以此来保证公估的职业水准。日本的保险公估人资格由日本损害(财产)保险协会认定,注册后即可从业。这种公估人的资格认定制度是一种封闭式的,所认定的资格并非公认的资格。英国和日本分别按各自的标准对公估人进行了等级划分。另外,在公估的内容上各国的侧重点有所不同。英国的保险公估人主要解决保险问题,也包括技术问题。美国的公估人以保险内容为主,工作需要时另指定技术专家协助处理。日本的保险公估人主要是估损和价值评估。

五、我国保险中介发展的基本状况

(一)我国保险中介制度的变迁

我国保险中介制度变迁是在我国政治经济体制变迁的外部环境下,在保险制度变迁和完善过程中进行的。我国保险中介制度变化可分为四个阶段。

1. 1949—1978年的保险中介制度。这一阶段,我国保险市场处于重建时期,保险中介制度处于由旧中国保险中介制度向新中国保险中介模式的急剧变迁之中。这一时期保险中介制度的非正式约束表现为:在新中国成立初期,由社会政治体制和经济体制的强制变迁引发人们价值观、意识形态领域的深刻变革,保险商品、保险中介被人们全盘接受。到了20世纪50年代后期,对保险业包括保险中介的认识发生偏差和错误,随着保险业的夭折,包括保险中介制度被强制停止实施。

2. 1979—1991年的保险中介制度。这一阶段,保险中介制度实际上是中国人民保险公司在开展业务上按"多渠道、广代理"的做法,委托单位和个人代理保险业务的代办体制。1979年,经国务院批准恢复中国人民保险公司的国内业务,保险中介业务随之发展,但是随着保险代理业务量的扩大,保险代理市场出现了混乱局面,为此1991年4月13日,中国人民银行下发了《关于对保险业务和机构进一步进行清理整顿和加强管理的通知》,对保险代理机构的设立条件作出了明确规定。

3. 1992—1995年的保险中介制度。1992年后,我国保险代理人队伍迅速扩大,特别是美国友邦保险公司在上海利用保险代理模式扩展业务后,保险中介市场的混乱局面加剧,巨大外部利润的存在,使保险中介制度需求空前旺盛,而保险中介制度的供给相对滞后,直到1995年

《保险法》颁布,保险中介制度一直以零星的代理制度安排体现,专职保险代理网点的设立成为这一阶段保险中介制度的重要特色。

4. 1995 年以后的保险中介制度。以 1995 年《保险法》实施为标志,1996 年中国人民银行颁布了《保险代理人管理暂行规定》,对保险代理人的资格、业务范围、执业管理作了具体规定。1998 年 2 月又颁布了《保险经纪人管理规定(试行)》和《保险兼业代理人管理暂行办法》,并于 1999 年 5 月 15 日举行了第一次保险经纪人资格考试。2001 年制定了《保险公估机构管理规定》。随着 2002 年银行代理保险业务异军突起,2004 年又颁布了《保险代理机构管理规定》、《保险经纪机构管理规定》以及《保险中介从业人员职业道德指引》规定,旨在加强保险中介监管,提高保险中介队伍素质。2009 年结合保险公司中介业务专项调查,完成了《保险代理机构管理规定》、《保险经纪机构管理规定》、《保险公估机构管理规定》、《保险营销员管理办法》、《保险兼业代理管理暂行办法》的修订工作。

（二）我国保险中介的发展方向

在借鉴世界各国保险中介制度发展模式的前提下,我们也应该大力发展具有社会主义特色的保险中介模式。

1. 深化体制改革,拓展保险中介发展空间,促进专业中介均衡发展。推进保险公司社会化、专业化经营,抓住核心优势,调整工作重心,剥离部分职能,借助保险中介机构促进产业发展。保险中介应主动与保险公司建立公平、公开的业务交流,在保险公司和保险中介机构之间建立合作伙伴关系,达成互惠双赢。

2. 调整结构,带动兼业代理健康发展。由于较低的进入门槛和较为松散的监管,兼业中介的发展表现出浮夸,必须加以调整。一是产品结构调整,保险公司应当综合考虑渠道特点、客户特征,结合不同的营销模式推广具有内涵价值的产品。例如,在银行保险渠道,可以采用"瑞泰模式"将保险保障产品同银行理财产品互融销售。二是营销渠道调整,目前机构所代理的险种简单化、单一化,渠道价值未充分挖掘。比如,航空公司不仅可以代理航空意外险,还可以代理车险、旅游保险等产品,航空意外险也可以在银行、邮政网点销售。多元化的营销将打破供需上的不平衡,带动兼业业务健康成长。

3. 实施人才战略,推进对外开放,加速保险专业中介与国外接轨。根据加入世界贸易组织(WTO)的承诺,我国已经逐步开放了保险经纪机构与外资的合作。目前,已有合资的保险经纪公司进入我国市场。开放保险经纪业,一方面带来国外先进的技术和管理,另一方面也有利于推进市场竞争。同时还应进一步扩大保险中介市场的对外开放,准予我国保险代理公司和公估公司与国际知名保险中介机构进行合作。实施保险中介人才战略,强化中介从业人员资格考试制度,建立专业中介技术人员资质考试制度以及中介高管人员强制培训制度,引进国外优秀中介人才,不断提高中介队伍素质。

4. 加强专业品质,注重诚信建设,提高中介机构的核心竞争力。诚信是保险中介的生命线和立足之本。如果保险中介机构的专业化程度不强,甚至有欺骗客户的行为,就会侵害投保人和被保险人的利益,导致社会公众对保险机构和保险业的不信任。应大力加强保险中介机构的专业化和诚信建设,努力提升中介机构的服务水准和行业信誉。

5. 改善监管,强化自律,促进中介机构健康和谐发展。借鉴国外保险监管的经验,立足于我国中介市场,制定出符合中国国情的监管政策。一是严格中介市场准入制度,完善中介机构退出机制;二是鼓励中介机构业务创新、服务创新,加强诚信建设,推进市场竞争;三是严格监

管中介机构市场行为的合法合规性,加大现场检查力度,规范市场秩序,对危害保险体系稳定的误导、欺诈和恶性竞争行为严格查处,促进中介市场健康协调发展。

扩展阅读 6－3　　　　保险中介集团化将成盈利关键

虽然 2011 年保险市场遭遇银保新政等的制约,增速放缓,但保险中介行业却逆势上扬,在经历了近 10 年的摸索期后,迎来了黄金发展阶段。

2011 年,寿险行业增长速度急速放缓,保监会最新发布的第三季度保险业经营数据显示,1～10 月全国原保险保费收入为 12 223.72 亿元,同比出现 1.28％的负增长。而 2006—2010 年中国专业寿险中介保费整体复合增长速度达到了 36.3％,专业寿险中介代理费收入整体复合增长速度高达 52.3％,增速远远高于整个保险市场的增长速度。目前我国保险中介市场已经承担起行业 80％以上的销售任务。

第一个取得全国性经营牌照的保险中介企业华康保险代理近日也公布了 2011 年的经营业绩状况。截至 12 月 12 日,华康当年总保费已达 12 亿元,实现自 2009 年起连续 3 年保费收入平台超过 10 亿元。2011 年,华康寿险新单保费、代理费收入继续双双保持超过 30％的增幅,连续第三个财务年度实现年度盈利,为其上市增加了重要砝码。华康给出的应对策略是集团化发展。据悉,华康提前启动 2012 年开门红营销部署,并将于成立的第二个 5 年加快集团化发展战略,通过扩张规模、进军电销渠道等一系列新措施及制度,加速华康的集团化发展进程。或许业务规模上去了才能提高议价能力,也能因为规模效应降低一些成本。

目前中国市场上有 80％的消费者还没有购买长期寿险,有 80％的保险公司还没有自己的销售队伍,相信保险中介企业面对的市场空间巨大,保险中介企业的价值将在 2012 年开始的下一个 5 年中更加凸显。

资料来源:根据沃保网 http://www.vobao.com 的相关资料整理。

 **本章小结**

1. 随着保险业的迅猛发展和市场经济的需求,客观上要求保险向更深层次、更广阔空间发展。保险中介就是随着保险市场精细分工以及保险市场的发展而产生的。

2. 保险代理人是指根据保险人的委托,向保险人收取代理手续费,并在保险人授权的范围内代为办理保险业务的单位和个人。保险代理是代理行为的一种,属于民事法律行为。

3. 保险经纪人是基于投保人的利益,为投保人与保险人订立保险合同提供中介服务,并依法从保险人那里收取佣金的单位。在我国,保险经纪人的存在形式是保险经纪公司。投保人如因经纪人的过失而招致损失,经纪人在法律上须承担赔偿责任。

4. 保险公估人又称保险公估行,是指受保险人或被保险人委托,并由委托人支付佣金,对保险标的进行勘查、鉴定、估损、理算等活动,并出具公估报告书的保险中介服务机构。

复习思考题

1. 保险中介是在什么情况下产生的?

2. 如何理解建立保险中介制度的作用?

3. 比较保险代理与一般代理的异同。

4. 电话营销和网络营销已经成为保险营销的新型手段,在此环境下政府如何加强对保险中介的监管?

5. 当你有购买保险的意愿时,如何选择合适的保险经纪人? 当你出现保单纠纷或理赔,需要保险公估人介入时,怎样选择合适的保险公估人?

6. 试比较英、美、日各国的保险中介制度。

7. 试述发展保险中介的必要性和可行性。

8. 目前我国保险市场上制约保险中介发展的因素有哪些? 怎样确定我国的保险中介的目标?

第七章 保 险 法 规

**本章导读**

在保险业的发展过程中,市场这只"看不见的手"在资源配置方面发挥了不可替代的作用。但在促进发展的同时,由于市场本身的缺陷,也出现了很多问题。保险法规作为调整和规范保险行为的依据,其本身的不断发展和完善,对于维护保险市场秩序、保护被保险人利益,为保险业营造良好的制度基础和法律环境,推动保险业的健康、科学发展,起着举足轻重的基础性作用。

本章首先从保险立法角度谈起,分析阐述了保险法律法规的起源及我国保险法规的建立历程,结合英国保险法的概况、制法缘由和历史地位介绍了英国保险法,以便比较。在此基础上分析、介绍了最新修订实施的《中华人民共和国保险法》《中华人民共和国社会保险法》的有关内容。

**学习目标**

1. 了解保险法规的起源和发展。
2. 了解英国保险法规的特点、背景与意图。
3. 了解我国商业保险法、社会保险法的构成与改进。

引　言

保险业的健康发展离不开保险法律,加强保险法制建设、加强保险监管,对于防范保险市场运行中的各种风险具有非常重要的作用。学习保险法,应从了解保险法规的起源开始。

第一节　保险法律法规的起源与发展

一、保险法规概述

(一)保险法规的概念

保险法规是规范和调整保险权利和义务关系、规范和调整保险商品交换活动的行为规则。

（二）各国保险立法分类或内容构成

世界各国有关保险的立法，一般包括三部分内容：保险业法、保险合同法和保险特别法。

1. 保险业法。保险业法是有关保险组织的建立、经营、管理、解散和监督的法律。

2. 保险合同法。保险合同法是保险法的核心部分，狭义的保险法仅指保险合同法。其主要内容是关于保险关系双方当事人的权利和义务的法律。

3. 保险特别法。保险特别法是规范某一种险种的保险关系的法律规范。如各国海商法中的海上保险制度即属保险特别法。

二、保险法规的起源与发展

保险法起源于欧洲。最早的保险立法为意大利的康索拉都海事法例，继之为 1266 年法国的亚勒龙法。近代意义上的保险立法出现在 14 世纪。

（一）罗德海商法

罗德海商法被称为世界保险法的起源，由地中海上的罗德岛的船东和商人起草并公布，在当时地中海的航海贸易中起着极为重要的作用。在罗德海商法中规定：在海上运输中，船舶及其所运载的货物遭遇自然灾害或意外事故等危险时，船长为了解除共同危险，有意识地采取合理措施，如：为减轻船只载重而将一部分货物投入海中所导致的损失和额外费用等，由船东和货主共同承担。

罗德海商法第一次将保险的"共同海损"原则用文字的形式写入法典，为以后保险法的出现，奠定了坚实的基础。

（二）巴塞罗那法令

巴塞罗那法令被誉为世界上最古老的海上保险法典，由巴塞罗那当局于 1435 年公布。它是一项有关海上承保规则和损害赔偿的法令，又被称为《巴塞罗那法令》的法律文本。在以后数百年，巴塞罗那法令的精髓成为世界各国制定海上保险法的蓝本。

（三）意大利的海上保险条例

1523 年，在意大利港口城市佛罗伦萨，司法当局制定并颁布了一部比较完整的海上保险条例。该条例规定了保险单的标准格式，明确了保险商与船东和货主之间的权利和义务关系，统一了发生保险事故后，船东的索赔程序和保险商应承担的责任。

此后，比利时的安特卫普、荷兰的阿姆斯特丹等都先后设立了海上保险的地方法院，用以处理和协调纠纷。

（四）安特卫普法令

在西班牙国王腓力二世颁布的保险法令中规定，经纪人不得在保险业务中认占份额，这使保险法令中对保险经纪人的约束程度又提高了一步。此后，1563 年腓力二世又制定颁布了安特卫普（现为比利时港口城市，原为西班牙殖民地）法典。该法典分为两部分：一部分是航海法令，另一部分是海上保险及统一的海上保险单格式的法令。安特卫普法令在以后的航海业中影响深远，被欧洲各国普遍采用。

（五）法国保险契约法

1681 年，在法国路易十四制定的《海事条例》及 1808 年拿破仑制定的《商法典》中均有海

上保险的条例规定。在 1904 年开始讨论及草拟的《保险契约法》历经 26 年的试行及修改,在 1930 年才公布实施。在当时,该法是一部体例完整、修订成熟的保险法典。

(六)德国的保险法规

1731 年,德国汉堡就颁布了《保险及海损条例》,规定了海上保险的相关的行为及准则。1794 年的《普鲁士法》则属于陆上保险法。该法共分五章:第一章为各种保险的共同规则,即保险契约法的通则;第二章为损害保险;第三章为人寿保险;第四章为伤害保险;第五章为附则。

在保险业监督法方面,有 1901 年制定的《民营保险业法》,1931 年颁布的《民营保险企业及建筑银行法》;此外在 1931 年又颁布了《再保险监督条例》。上述法律文本的贯彻实施为德国及欧洲的保险市场起到了积极的稳定及规范作用。

(七)英国海上保险法

1906 年,英国女王正式签署并颁布了英国历史上第一部《海上保险法》,其中将劳合社制定的海上保险单,经过严密论证及修改后作为该法案的附件。《海上保险法》出台以后便成为世界各国海上保险法的范本。至今,该法案上的一些规定,仍为各国保险公司在签订海上保险单时所遵循。

三、我国保险法规的发展历程

我国的保险立法和理论研究起步较晚,从最初的晚清律例草案中的只言片语,到 2009 年 2 月 28 日,《中华人民共和国保险法》经十一届全国人大常委会第七次会议第三次审议通过,完成第二次修订,已有百年历程。百年保险法的发展沿革见证了中国民族保险业漫长而曲折的发展轨迹。

(一)清政府时期带有保险内容的《钦定大清商律》

19 世纪末 20 世纪初是民族保险业进一步发展的时期。1894—1895 年中日甲午战争的失利和戊戌变法使朝野震动,人心思变。清政府开始对保险事业的作用有所察查。李鸿章早在 1872 年就提出"华商自立公司、自建行栈、自筹保险"的主张。1898 年耿道冲"奏请设立保险公司",清廷批转总理各国衙门办理。清政府还兴起经商变法修律的热潮,多次派遣大员专程去各国考察和搜集外国法律章程,还不惜重金聘请外国法律专家。1903 年,设商部和修订法律馆。1904 年,颁布中国第一部《钦定大清商律》,由《商人通例》和《公司律》组成。《商人通例》共 9 条,规定商业中包括保险业;《公司律》131 条,其中对保险公司的设立作了规定。这是中国近代史上第一部带有保险业内容的法律,它的颁布使保险业开始有法可依,初步改变了以往处理保险索赔案时依据外国相关法律的情况,结束了中国保险业无法可依的局面。

1907 年将工部并入商部,进而成立农工商部,将起草的《保险业章程草案》(共七章 105 条)上报清朝政府,可惜并未批准实施。1909 年、1911 年又在日本等国专家的协助下先后拟定《海船法草案》和《大清商律草案》,其中《商行为》第七章为损害保险营业(共 49 条),第八章为生命保险营业(共 10 条)。在中国保险史上,这是最早的几部保险法规(草案)之一。

综观清末时期拟定的保险法草案,对于保险法规以及涉及的商法、海法两大法系都进行了制定法规的探索,而且内容比较周全。这些保险法规虽未颁行实施,但对于民族保险业的兴起、发展起了一定的促进作用,并对民国成立后的北洋政府时期的保险法规的制定,起了借鉴

和依据作用。

（二）北洋政府时期的《保险契约法草案》和《保险业法案》

1913年，北洋政府时期，当时任北洋政府农商总长的张謇在《实业政见宣言》中倡言：应尽快制定公司法、破产法、运输保险等法规。北洋政府修订法律馆聘请法国顾问爱斯嘉拉拟定《保险契约法草案》（共4章），这是第二部由外国人协助起草的保险法草案。其第一章保险总则，第二章损害保险，第三章人身保险，第四章终结条款。不久，北洋政府瓦解，此草案并未公布。

1917年，北洋政府农商部拟定了以保险为主的专门法律《保险业法案》。翌年，法制局作了修改，力主严加监督，认为"保险营业本含有投机之性质，近来此等公司之设立，日益增加，非明定监督之方，恐难免欺诈之弊"。并规定人寿保险公司除将1/3收入作为保证金交农商部存储外，负监督之责的官署须派员列席保险公司股东大会和董事会议。因北洋政府解散，上述法案未公布。

国民政府金融管理局于1928年曾制定《保险条例草案》。广东省政府同时颁布《广东省整理保险事业暂行条例》。翌年，广东省劳工厅制定了劳动法规，其中涉及劳动保险、伤害保险和疾病保险。

（三）国民政府时期的《中华民国保险法》和《简易人寿保险法》

1929年12月30日，国民政府公布了我国保险史上第一部专门法律——《中华民国保险法》，内分总则、损害保险、人身保险三章共82条。界定了各种财产保险、人身保险、重复保险、再保险等契约签订、存续、中止、恢复、失效等方面的有关规定以及保险双方的权利和义务关系。

1930年，张学良政府颁布《保险公司暂行管理办法》，辽宁省政府公布《整理保险公司暂行章程》。1931年，颁布施行涉及海上保险的《海商法》。1935年，行政院通过《强制劳工保险法草案》，7月5日颁布了《保险业法》，内分总则、保证金、保险公司、相互合作社、会计、罚则、附则七章共80条。1935年5月10日，颁布《简易人寿保险法》共38条。同年9月12日，公布《简易人寿保险章程》。1937年1月16日，国民政府修正公布了《保险法》和《保险业施行法》。规定同一保险公司不得兼营损失保险与人身保险，在保险业法施行前兼营者，应于保险业法施行后2年内依法改组。各保险公司都制定了具体的保险法规、条例、章程。

在抗日战争爆发、国民政府迁都重庆后，上述法规除《简易人寿保险法》和《简易人寿保险章程》外，均未能付诸实施。其中一个重要原因，是为了维护中国民族的权益，起草者试图冲破外国列强不平等条约的约束，在保险立法的某些条款中，限制外国保险公司在中国领土上的经营范围和特权。但在半封建半殖民地的旧中国，执政当局对帝国主义的依赖性和它本身的软弱性，就决定了有关限制外商权益的立法，必然会遭到它们的干扰和反对，而不可能获得施行。

国民政府迁都重庆以后，还重新制定过一些单行法规和办法。在1941年以前公布施行的有《国民寿险章程》、《公务员团体寿险简章》、《战时兵法案》及《健康保险草案》等。1942年，又公布修正后的《简易人寿保险法》。但比较系统的保险法令规章，还是从1943年起，由政府陆续颁布的《战时保险业管理办法》及其施行细则，火险、水险、人寿保险基本条款和《保险代理人经纪人公证人登记领证办法》等几种。

（四）《中华人民共和国保险法》的颁布及其修订

中华人民共和国成立以后，国家颁布了一系列有关保险的法规，如1951年政务院发布了

《实行国家机关、国营企业、合作社财产强制保险及旅客强制保险的决定》，不久又发布了对财产、船舶、铁路车辆、轮船旅客意外伤害、铁路旅客意外伤害、飞机旅客意外伤害实行强制保险的6个强制保险条例。1957年4月6日，财政部发布了《公民财产自愿保险办法》，1981年12月13日公布的《中华人民共和国经济合同法》对财产保险作了规定。而后国家继续以单行法规的形式对各种具体保险制度及险种作了规定，如1983年9月1日国务院发布的《财产保险合同条例》，1985年3月3日国务院发布的《保险企业管理暂行条例》等。1995年颁布了《中华人民共和国保险法》，随着保险业的快速发展，2002年、2009年进行两次修改，形成我国现行保险法。

第二节 英国保险法

一、英国保险法律法规概况

英国的保险业发展很早，但早期并无专门的成文保险法，只是在普通法中有关于保险原则的内容。1774年，英国颁布了人寿保险法，沿用至今。1867年，制定了保险法。1906年，制定了有关海上保险的专门法律，但该法的某些原则也适用于非海上保险。1923年，制定了简易保险法，规定了简易人身保险的事项。1958年和1974年两次制定了保险公司法。1977年，制定了保险经纪人法。

二、英国《海上保险法》

英国《1906年海上保险法》（Marine Insurance Act 1906）是Mackenizie Dalzell Chalmers爵士在1894年完成起草的，先于当年提交给贵族院讨论，然后由Herschell勋爵指定给一个由律师、船东、保险人和理算师组成的委员会讨论，最后于1900年被提交上议院及由大法官Halsbuty勋爵组成的一个委员会讨论。1900年，在上议院获得通过，但在众议院受阻，直至1906年由同时兼任上议院议长的Loreburn大法官提议并最终获得通过。1906年12月31日，该法获得英国女皇御准。

（一）制法缘由

制定该法的目的是为了调整海上保险合同，承认其法律特征，赋予其法律效力，解释其法律含义并给予其法律上的其他支持。该法的规定相当完整，包括海上保险合同的定义、形成、形式要件、基本法律特征、默示内容、合同条款的法律界限及适当解释等。该法将1779年劳氏S·G格式保单列为"附件一"，其第30条规定，保险单要采用本附件一之格式。该条款虽非强制性规定，但事实上已被广泛采用而成为英国海上保险市场上的标准保险单。

（二）英国《1906年海上保险法》的历史地位

英国《1906年海上保险法》是一部对很多国家的海上保险立法都有重要影响的法律，被世界各国视为海上保险法的范本。目前，世界上有船舶保险和货物运输保险的国家中几乎有2/3的保单内容，采用英国保险条款，或者是既采用英国保险法的规定，又采用保险单条款。还有一些过去属于英联邦的国家把《1906年海上保险法》作为海上保险合同的基本法规，甚至把该英国立法不加以任何改变地或以类似方式列入本国法规中，如印度、澳大利亚、肯尼亚等国。

有的国家虽然没有正式把英国立法列入本国立法中,但是其地方的司法惯例也是以英国立法作依据。例如,美国法院处理这类问题时常以《1906年海上保险法》作为美国海商法的依据。有的国家如泰国、匈牙利、挪威和瑞典的出口货物保险单上常有适用英国立法的规定。

三、英国《1982年保险公司法》

英国《1982年保险公司法》对1958年立法和1981年立法作了统一修订。根据该法规定,在英国境内从事保险业务的公司无论其属于何国国籍均适用英国法。凡从事保险业务的保险人(承保人)必须取得国务大臣的许可授权,国务大臣具有对保险营业进行管理和调查的广泛权力。判例法认为,保险业务自保险合同订立并由承保人出具保险单之时起即应开始,而不是自保险危险存在时起进行。但是《1982年保险公司法》不适用于以下机构和人员从事的保险业务:① 由劳埃德协会成员从事的非工业保险。② 依赞助法令登记注册而成立的赞助团体所从事的保险。③ 由工会或雇主协会成员从事的非工业保险。其中这些协会为其成员提供的保险只限于与成员长远利益或罢工利益相联系的生活保险。根据立法规定,贸易大臣对保险业经营有权采取控制措施以确保保险公司的承保责任金额不超过其资产价值,确保保险公司的所有董事、经理或管理人员可以胜任其职责。在必要的情况下,贸易大臣有权为确保保险公司的财务稳定或偿付能力而干预公司内部事务,以保护投保人和潜在投保人的利益。此外,根据《1975年投保人保护法》的规定,贸易大臣有权对经其核准授权营业的保险公司征收特别费用,并用于补偿此类保险公司无力偿付的投保人之损失。

根据《1982年保险公司法》的规定,投保人保护委员会也是法律执行监督机构,它有权监督被清算的保险公司向英国境内的强制投保客户支付全额赔偿,有权在保险人依《1972年道路交通法》被判裁给付时监督其全额履行,有权通过行政措施保障英国境内的个人或合伙人依照所持保险单或强制保险条件,获得90%的损失赔偿额,但海事保险、航空保险或再保险的保单持有人不在此限。

四、英国《1774年生命保险法》

(一) 可保性利益

根据《1774年生命保险法》第1条的规定,当一人为另一人的生命投保时,该投保人对于后者生命必须具有可保性利益,否则该投保不发生生命保险效力。这一可保性利益是指投保人在被保险人死亡时将会蒙受某种财产利益损失,并且这一利益在保险合同成立时必须已经存在。如果某一可保性利益虽在订约时存在,但在被保险人死亡前即已消灭,那么该保险单仍然有效;但是保险单持有人根据该保险单只能就该可保性利益消灭前的有效数额追偿。

根据1854年戴尔比诉印度伦敦人寿保险公司案判例,债权人就其债权对债务人的生命具有可保性利益,可以对其生命投保,因此即使债务人在该保险单届期之前已经清偿了债务,该债权人仍有权在该债务人死亡时依保险单追偿。担保人对于主债务人的生命也具有可保性利益,可以对后者投以生命保险。与此同理,共同债务人在债务总额的半数之内对其他共同债务人的生命也具有可保性利益。根据1863年赫伯顿诉韦斯特判例规则,剧院经理对其聘用的演员的生命具有可保性利益;长年受雇的雇员对其雇主的生命也具有可保性利益。此外,寄托关系中的受托管理人对寄托物具有可保性利益;但如果受托人根据保险单就寄托物损失请求保险赔偿时,必须向寄托人说明该情况。

任何人对自己和其配偶的生命均具有永久的可保性利益。例如,在1909年格里菲思诉弗莱明案中,某夫妻之间订有一份合同。根据该合同,夫妻任一方死亡时另一方有权依法对对方的保险单索取赔偿,而保险费由夫妻双方共同缴纳。后男方在女方死亡时要求赔偿。法院判裁,男方无须证明他对妻子的生命具有财产性利益。然而,根据1886年霍华德诉难民友好协会案判例,父母与子女之间或者姐妹之间对于对方的生命不具有可保性利益,但父母对于其正在抚养的子女不在此限。

根据《1774年生命保险法》第2条的规定,当某人对他人生命投保时,必须在保险单中写明利益相关者的姓名,也就是说该保险单中既应写明被保险人姓名又应写明保险受益人的姓名,否则该保险单将归于无效。《1882年已婚妇女财产法》第11条则进一步规定,已婚当事人在为自己生命投保时如果在保险单中注明以其配偶或子女为保险受益人,那么该明示构成对保险赔偿金的有效信托;该项赔偿金在法律上不属于被保险人的遗产,也不能用于清偿被保险人的债务。

(二)保险的坦诚合同属性

生命保险与其他各种保险一样,是一种坦率诚实合同。因此投保人必须将自己知道的可能影响保险人承保决定的各种实质性情况全部告知保险人;如果投保人未向保险人告知此类情况,其保险单不发生合同效力。例如,在1879年伦敦保险公司诉曼索尔案中,原告公司在被告申请生命险投保时曾询问其是否曾向其他公司做过申请,以及其他公司是否同意以一般保险费标准承保。被告说他仅在两家保险公司申请投保,但隐瞒了他曾向其他几家公司投保而被拒绝的情况。法院判裁:被告所隐瞒的情况属于实质性事实,故其保险单无效。对于投保人所隐瞒的情况是否属于实质性事实,这通常取决于具体案情。但判例规则认为,只要所隐瞒的情况足以影响保险人正常的订约意愿,则应属于实质性事实。例如,在1925年纽约综合人寿保险公司诉安大略金属制品公司案中,原告公司在投保申请表中要求生命险投保人说明在近5年内是否看过病。被告在填表时隐瞒了曾因轻微病症就医的事实。在后来的诉讼中法庭判裁:被告所隐瞒的情况不属于实质性事实,因为保险人即使在知悉这些事实的前提下,通常也会同意以一般费率承保,故该保险单有效。

保险作为坦诚合同还要求投保人将申请投保后到保险合同订立期间所发生的有关危险的实质性变化自动告知承保人,否则该保险合同仍可归于无效。

最后,在保险单条款中指明保险合同的订立以投保人的某项声明陈述为基础的情况下,如果投保人所作的该项陈述内容不真实,那么无论该事实是否具有实质性,其保险单均属无效。

(三)保险费的退还

在保险单因投保人欺诈性虚假陈述而无效的情况下,承保人不仅有权拒绝履约,而且有权拒绝退还收付的保险费,但是在保险单因某些不构成欺诈或非法行为的原因而自始无效的情况下(例如保险单仅根据上述1922年道森公司诉案规则而无效),则承保人仅有权撤约却仍须退还保险费,因为在此种情况下,承保人实际上没有保险义务。然而,根据1912年斯帕伦伯格诉爱丁堡人寿保险公司案规则,在保险单中规定有免予退还保险费条款的情况下,承保人可免除退还义务;但这一判例不适用于承保人基于欺诈而订约的情况。

在因不存在可保性利益或其他原因而致使保险单非法的情况下,如果当事人双方均具有过错,则投保人无权请求退还保险费。例如,在1904年哈斯诉庞尔人寿保险公司案中,被告公

司的代理人善意告知原告可以为其母亲投生命保险,原告据此投保并缴付了保险费;但根据法律,这一投保不具有效力。法庭判裁,由于所涉保险中不具有可保性利益,并且被告公司代理人的陈述属于善意(而原告的订约行为中实际上具有过错),故原告无权请求返还保险费。但是,如果仅承保人一方有过错,而投保人完全无辜,那么投保人仍有权请求返还保险费。例如,在 1916 年休斯诉利物浦维多利亚法律协会案中,他向被告公司投有保险但后决定放弃,被告公司的代理人欺骗原告:如果后者替代缴付保险费,将能取得保险受偿权(但原告实际上对该保险不具有可保性利益)。在原告知道所有事实后诉请返还保险费。法院判裁原告胜诉,因为原告在本案中完全没有过错,故不适用混合过错原则。

(四)生命保险单的转让

根据《1867 年生命保险单法》第 1 条的规定,因转让而合法持有生命保险单的人可以以自己的名义起诉追索保险赔偿。保险单的转让可以采取对保单背书的方式,也可以根据《1867 年生命保险单法》附表所规定的格式另以独立的文据协议转让(第 5 条)。但无论以何种方式转让,当事人在保险单交付转让后必须以书面形式通知承保人(第 3 条)。

根据《1867 年生命保险单法》第 6 条的规定,承保人在接到转让通知之日起应视为他已经确认保险单受让人对其具有完全的请求权。因此,承保人在收到通知和规定的费用(不超过 25 便士)后,有义务以书面形式确认该通知。但是,承保人接到转让通知的事实并不具有确认保单财产的各种请求权人之间对该保险单权利的效力。因此,即使受让人通知承保人该保单上曾设有优先债权,也不意味着前者因此而取得了这一权利。根据该法第 2 条的规定,生命保险诉讼的当事人可以依据衡平法提出抗辩。

五、《保险经纪人法》

英国对保险经纪人的管理相当严格,其主要表现在:

1. 设立专门的监管机构即保险经纪人注册理事会,颁布了《经营法》,对保险经纪人的信誉、宣传及服务进行监管。在英国,只有经过注册理事会注册的个人或法人才能以“保险经纪人”的身份开展业务。

2. 进行严格的财务管理。《保险经纪人法》规定,保险经纪人的资产要超过负债 1 000 英镑,而且要开设独立的“保险经纪人账户”;保险经纪人每年要向注册理事会提交审计过的账户及有关证明;执业保险经纪人必须提交一定的保证金,最低金额为 25 万英镑,最高为 75 万英镑。

3. 严厉的惩罚条例。注册理事会最严厉也是唯一的处罚办法就是将违法者除名。除名后的公司或个人不得再利用保险经纪人名义从事经纪活动。

第三节 中国保险法

一、中国保险法的构成

新修订的《中华人民共和国保险法》(以下简称《保险法》)分为八章,共 187 条。第一章总则;第二章保险合同;第三章保险公司;第四章保险经营规则;第五章保险代理人和保险经纪人;第六章保险业监督管理;第七章法律责任;第八章附则。

二、中国新《保险法》的主要内容

2009年2月28日,第十一届全国人大常委会第七次会议表决通过了修订后的《保险法》。新《保险法》在规则完善和制度设计上注重对广大投保人、被保险人和受益人利益的保护,自2009年10月1日起正式实施。

(一)修改的主要内容

从修改结果来看,这次共修改了原《保险法》中的33个条文,把其中的2条合并为1条,另外增加了6个条文,使《保险法》从原来的181条增加到187条。这次的修改内容主要集中在以下方面:修改了保险条款费率管理的有关规定,取消了由监管部门制定条款费率的规定;扩大了财产保险公司的业务范围,将短期健康保险和意外伤害保险列为产、寿险公司都可以经营的险种;突出了有关偿付能力监管的规定,授权监管机构制定相关的具体办法;修改和完善了保险中介尤其是保险代理人代理行为方面的有关规定;对保险资金运用的禁止性规定作了适当修改;增加规定了保险监管机构对保险公司在金融机构存款的查询权;修改了罚则部分,增加了对保险违法行为的处罚手段,加大了惩治力度;取消了法定再保险。

同时,新《保险法》还借鉴国际惯例,增设了保险合同"不可抗辩"条款,规定"自合同成立之日起超过二年的,保险人不得解除合同"。此规则对于长期人寿保险合同项下的被保险人利益的保护意义重大,填补了现行保险法的空白。

(二)新《保险法》的一些亮点

1. 拒赔不再容易

案例:刘某,2003年因患肺气肿无法正常上班,便办了病退手续。2005年,保险公司业务员上门展业,刘某在得知了有关保险内容后,便要求为自己投保简易人身保险,保额为5万元。起保日期为2005年5月14日,刘某还在健康询问栏中填写了"健康"字样。此后,刘某一直按时缴纳保险费。2008年,刘某之子携带被保险人的死亡证明,到保险公司报案登记,并填写了出险通知书,要求死亡给付。保险公司调查后发现,刘某买保险前患有严重肺气肿,这显然不符合简身险的投保条件:身体健康,能正常劳动和正常工作,即符合全勤工作和劳动条件的人。保险公司表示,刘某在"健康状况"一栏中故意隐瞒事实,不履行如实告知义务,虽然投保已经超过2年,但不能予以理赔。

新规:新《保险法》增设了不可抗辩规则,规定自合同成立之日起超过2年的,保险人不得解除合同,即保险合同成立满2年后,保险公司不得再以该投保人未履行如实告知义务而解除合同。

解析:近年来,有的保险公司在收取保费时不认真审查投保人告知的事实,出险时则竭尽全力严格审查。有的保险人甚至明知投保人不实告知,也不处置。这样一来,如果不出险,就坐收保险费;如果出险,则以未如实告知为由,不赔保险金,不退保险费。这一状况有着深刻的法律根源。原来,我国过去保险法和各保险公司使用的条款中,都未对保险人的这一做法作出明确规定,从而留下了不利于投保人的法律漏洞。此次修订的最大亮点当属引入了"不可抗辩条款":保险合同自生效之日起经过一段时间(一般为2年),就成为不可争议的文件,保险人就不得以投保人在订立保险合同时违反诚实信用原则、未履行告知义务为由而主张合同无效并拒绝赔偿保险金。当然,如果投保人一开始就是为了诈骗保险金或恶意谎报被保险人的年

龄,保险公司仍然可以拒赔。

2. 保险利益主体范围扩大

案例:2006 年,宁波某单位为员工投保了中国人民财产保险公司的家庭财产险作为福利。之后,员工张某家中失火,财产损失大半,他找到保险公司,要求赔偿。但是,保险公司却以"该单位与张某家庭财产没有保险利益"为理由拒赔。

新规:按新《保险法》中"投保人或者被保险人对保险标的应当具有保险利益"规定,该案例中的张某应该获得人保财险公司的理赔。

解析:现在不少单位以福利的形式为职工投保家庭财产险,由单位作为投保人出钱投保,职工作为被保险人享受保险保障。众所周知,单位对于职工的个人家庭财产一般毫无保险利益可言。但现行保险法规定:投保人和保险标的应当具有保险利益,因此如果严格按照这一规定来判断,则这类保险合同均为无效。而就一般法理而言,这种投保行为是各方当事人的真实意思表示,并未侵犯任何人的合法权益(以私分、转移国有资产为目的的除外),理应得到法律的支持。这就造成了法律规定与现实生活的不一致。

新《保险法》关于"投保人或者被保险人对保险标的应当具有保险利益"的规定,与现行保险法相比,必须具有保险利益的主体由单一的投保人扩展为投保人或被保险人。这一修订顺应了我国保险业的现实需求。社会生活中大量存在的赠与型保险、团体保险等险种以及代购代付保险费等行为,将告别合理不合法的尴尬境地。

3. 不知条款不再成问题

案例:2008 年,某地一家货运公司的汽车在高速公路发生了交通事故。经交警认定,该公司的司机负全责,损失为 34 500 元。由于货运公司早在一家保险公司为所有的车辆投保了机动车辆险,因此自己先行赔偿之后,货运公司就向保险公司提出理赔申请。保险公司经过调查,认为该公司驾驶员在事发时还是实习驾驶员。保险条款明确规定,实习驾驶员产生的损失保险公司不赔,况且交通法规也明确规定,驾龄未满 1 年的驾驶员不得开车上高速。因此,保险公司作出拒赔决定。但货运公司表示,保险公司未告知有这一免责条款,起诉到法庭。

新规:新《保险法》第 17 条规定,订立保险合同,采用保险人提供的格式条款的,保险人向投保人提供的投保单应当附格式条款,保险人应当向投保人说明合同的内容。对保险合同中免除保险人责任的条款,保险人在订立合同时应当在投保单、保险单或者其他保险凭证上作出足以引起投保人注意的提示,并对该条款的内容以书面或者口头形式向投保人作出明确说明;未作提示或者明确说明的,该条款不产生效力。

解析:保险人的说明义务,是诚实信用原则在保险合同订立过程中的体现。保险人相对于投保人来说,更熟悉保险业务,因此,有向投保人说明保险条款的义务。由于保险合同多为格式条款,客户没有仔细阅读,有些保险代理人故意宣传保险产品好的一面,而将免责条款一笔带过,误导许多保户,出险后产生许多纠纷。新《保险法》要求保险人对合同应当履行全部说明义务,向投保人提供的投保单应当附格式条款,保险人对保险合同中免除其责任的条款应作出提示。

4. 过户之后丢车,保险公司照赔

案例:沈阳某中外合资酒店有一辆奥迪车,一直由中方经理李某使用。李某日常工作和上下班均使用该车,晚上就将车存放在自家楼下。而该车保险,则由酒店负责办理。2007 年 6

月 29 日,酒店在某财产保险股份有限公司辽宁省分公司为该车办理了全车盗抢险,赔偿金额为 5 万元,保险期为 1 年。2007 年 8 月,酒店领导决定将该车由公司转到李某名下,并办理了车辆过户手续,但未到保险公司办理保险批改手续。2007 年 12 月 7 日晚,李某照常将车停在自家楼下,第二天早上起来后发现车辆丢失。民警通过调查,确认该车被盗。李某向保险公司索赔,却遭到拒绝。理由是:机动车商业保险条款规定了被保险机动车转让他人,未向保险人办理批改手续,保险人不负赔偿责任。

新规:新《保险法》第 49 条规定,保险标的转让的,被保险人或受让人应及时通知保险人,保险公司自接到通知后 30 天内,可以按照合同约定增加保险费或者解除合同。同时,保险公司因保险标的转让导致危险程度显著增加而解除合同的,"应当将已收取的保险费,按照合同约定扣除自保险责任开始之日起至合同解除之日止应收的部分后,退还投保人"。

解析:对于财产保险来说,存在较大争议的问题是财产保险合同存续期间,如果保险标的因买卖、赠与等发生转让,转让后发生保险事故,保险公司赔不赔?以前保险标的发生转让也需要到保险公司进行报备,但是到底如何操作并没有细致规定。新《保险法》对这方面的规定,规避了操作中可能存在争议的一些问题,对保险公司和投保人都是一种保护。

5. 合理加快理赔速度

案例:2006 年 8 月,李某向某保险公司投保了以本人为被保险人的终生寿险 1 份,身故、高残保险金均为 5 万元。2007 年 6 月,被保险人李某不幸发生意外,经抢救无效死亡。2007 年 10 月,受益人申请理赔。保险公司以该保险事故情形复杂,需要进行大量勘查工作为由,在受益人报案后 3 个月的时间里,既不支付保险金,也没有作出拒赔决定。受益人于是将保险公司起诉至法院,要求法院判决保险公司给付理赔金 5 万元。

新规:新《保险法》第 23 条规定,保险事故发生后,投保人、被保险人或受益人提出索赔时,保险公司如果认为需补交有关证明和资料,应当及时一次性通知对方;材料齐全后,保险公司应当及时作出核定,情形复杂的,应当在 30 天内作出核定,并将核定结果书面通知对方;对属于保险责任的,保险公司在赔付协议达成后 10 天内支付赔款;对不属于保险责任的,应当自作出核定之日起 3 天内发出拒赔通知书并说明理由。

解析:"投保容易理赔难"是客户集中反映的问题。某保险公司相关负责人表示,之前各家保险公司理赔方面的规定比较模糊,没有具体的时间限制。而新《保险法》在这方面给予了明确规范。另外,产生"理赔难"说法的原因也有很多,有的客户在投保时并没有仔细看合同,只是听代理人的介绍,而有的代理人盲目夸大保障范围,这些都有可能为以后理赔带来难题。此外,新修订的《保险法》,对于免除保险公司责任的"免责条款",强调保险公司应当在保险凭证上作出"足以引起投保人注意"的提示,并对该条款的内容向投保人作书面或口头说明。

6. 避免责任"真空期"

案例:2005 年 9 月 3 日至 2007 年 9 月 3 日,小学生王蒙连续 3 年准时购买了甲保险公司的学平险。他在 2006 年的 10 月 15 日出险,因符合学平险的理赔范围,获得了理赔。2008 年 9 月 3 日,王蒙的妈妈将他的学平险改成了乙保险公司。在等待拿保单的第二天,王蒙就因为在校发生意外,住院了。虽然这次他的情况也属于学平险理赔范围,但乙保险公司以"保单未生效"为由拒绝理赔。

新规:新《保险法》规定:"依法成立的保险合同,自成立时生效。"考虑到保费缴纳与保单

正式生效之间需要必要的核保环节,新《保险法》也规定:"投保人和保险人可以对合同的效力约定附条件或者附期限。"

解析:在现实生活中,人们购买人寿保险时,一般要经过保险公司的核保环节,投保人在填写好保单并缴纳首期保费之后,有一段时间等待保险公司是否同意承保的决定。但在这段等待期,投保人万一发生保险事故,保险公司赔不赔呢?投保人认为自己已缴首期保费,保险公司就应该赔;而保险公司认为不应该赔。这类理赔纠纷很多。针对新《保险法》中有关"保险合同成立时间与效力"问题的新规定,中国保险行业协会在标准条款里,鼓励寿险公司引入"临时合同"这一特殊处理规则,保险公司可以根据实际情况,在投保人支付首期保险费起至同意承保,或发出拒保通知书并退还保险费期间,为消费者提供临时保障。"提供临时保障"的做法也是国外保险法中的一个特殊处理方式。比如在美国,保险公司通常会在被保险人等待批准合同的期间,向其提供一份临时保险合同,保护被保险人和受益人的利益。

三、《中华人民共和国保险法》变迁史

(一) 1995 年《保险法》

1995 年通过的《保险法》是新中国成立以来的第一部保险基本法,是集国际上一些国家和地区保险业法、保险合同法为一体的法律体系,形成了一部较为完整、系统的保险法律。该法共分为八章,分别为总则、保险合同、保险公司、保险经营规则、保险业的监督管理、保险代理人和保险经纪人、法律责任和附则,共计 152 条。《保险法》的颁布和实施为规范各种保险活动,保护保险活动当事人的合法权益,加强对保险业的监督管理,促进保险事业的健康发展,提供了全面的法律依据和法律保障,标志着我国保险法律体系的形成。

(二) 2002 年《保险法》

1. 修订背景。《保险法》自 1995 年颁布实施以来,对于规范保险活动,保护当事人的合法权益,加强保险业的监管,促进保险业的健康发展,起到了十分重要的作用。7 年来,保险业发展的外部环境和内部结构都发生了深刻变化。从外部环境看,金融体制改革不断深化,市场机制的作用日益增强,尤其是加入世界贸易组织以后,中国对外开放和与国际接轨的步伐进一步加快。从内部结构看,保险市场主体大量增加,业务规范迅速扩大,保险产品日益丰富。与此同时,费率市场化进程稳步推进,保险公司经营管理水平不断提高,保险监管明显加强。客观形势的变化使得《保险法》的一些不足逐渐显露出来,如:个别条文与中国加入世贸组织的承诺不符,一些条文已不适应加强保险监管、加快保险业改革和发展的要求。对《保险法》进行修订和完善,是保险市场发展和进一步改革开放的必然要求。

这次修订是《保险法》自 1995 年颁布实施以来的第一次修订,是中国保险法制建设向前迈进的重要一步。它体现了年初全国金融工作会议确定的保险业改革与发展的一系列重要方针政策,对深化保险体制改革、加强和改善保险监管、推进保险市场化进程、加强保险业与国际接轨将产生深远的影响,必将促进保险业持续快速健康发展。

2. 修订的主要内容。2002 年《保险法(修正案)》的主要内容包括以下几点:一是履行了加入世界贸易组织承诺。修正案根据中国政府加入世界贸易组织所作出的承诺,修改了法定再保险的规定。二是加强了对被保险人利益的保护。修正案加强了保险公司对保险代理人的管理责任,对保险代理人的展业行为提出了明确的规范要求,同时对《保险法》的保险合同部分

的个别条文作出了直接有利于被保险人的修改。三是强化了保险监管。修正案要求监管部门建立、健全偿付能力监管指标体系,对保险公司的最低偿付能力实施监控,健全责任准备金的提转办法。修正案同时增加了保险违法行为的处罚措施。四是支持保险业的改革和发展。修正案修改了保险条款费率管理制度、保险资金运用、意外伤害保险和短期健康保险的兼营和保险代理管理制度等方面的规定。

（三）2009 年《保险法》

1. 修订背景。现行《保险法》是 1995 年制定的,2002 年为履行加入世贸组织承诺曾作过部分修改。近年来,我国保险业快速发展,保险业发展的外部环境和内部结构发生了深刻变化,现行《保险法》已不能完全适应当前保险业改革发展的需要,在保险市场主体、保险公司业务范围和资金运用渠道、监管手段、保险经营行为规范等各方面都存在不足,因此,保险行业内外对系统修订《保险法》的呼声很高。对现行《保险法》进行修订完善,是深入贯彻落实科学发展观、切实保护被保险人利益、夯实诚信基础、加强和改善保险监管、防范和化解行业风险和促进保险业持续平稳健康发展的必然要求。

2. 修订主要内容。本次《保险法》修订主要包括了以下几个方面的内容:一是加强对被保险人利益的保护,进一步明确保险活动当事人的权利和义务;二是进一步扩大保险公司经营范围,拓宽保险资金运用渠道,完善保险行业基本制度;三是明确保险监管机构职责,强化监管手段和措施;四是进一步明确法律责任,打击保险违法行为。

第四节　社会保险法

一、《社会保险法》的构成

《中华人民共和国社会保险法》(以下简称《社会保险法》)分为十二章,共 98 条。第一章总则;第二章基本养老保险;第三章基本医疗保险;第四章工伤保险;第五章失业保险;第六章生育保险;第七章社会保险费征缴;第八章社会保险基金;第九章社会保险经办;第十章社会保险监督;第十一章法律责任;第十二章附则。

二、《社会保险法》内容概述

《社会保险法》于 2010 年 10 月 28 日在全国人大常委会上获得通过,于 2011 年 7 月 1 日实施,这是我国出台的第一部社会保险领域的综合性大法。

（一）《社会保险法》的主要内容

《社会保险法》规定,国家建立基本养老保险、基本医疗保险、工伤保险、失业保险、生育保险等社会保险制度,保障公民在年老、疾病、工伤、失业、生育等情况下依法从国家和社会获得物质帮助的权利。

第一,基本养老保险包括职工基本养老保险、新型农村社会养老保险和城镇居民社会养老保险。该法总结 20 多年来中国养老保险制度改革的经验,对职工基本养老保险制度的覆盖范围、基本模式、资金来源、待遇构成、享受条件和调整机制等作了比较全面的规范,并规定了病残津贴和遗属抚恤制度。根据开展新型农村社会养老保险试点这一重大实践进展,该法对新

型农村社会养老保险的主要制度作出规范。此外,该法还规定国家建立和完善城镇居民社会养老保险制度,同时授权省、自治区、直辖市人民政府根据实际情况,可以将城镇居民社会养老保险和新型农村社会养老保险合并实施,为逐步建立统筹城乡的养老保障体系奠定了法律基础。

第二,基本医疗保险包括职工基本医疗保险、新型农村合作医疗和城镇居民基本医疗保险。该法对职工基本医疗保险制度和城镇居民基本医疗保险制度的覆盖范围、资金来源、待遇项目及享受条件、医疗保险费用结算办法等作了比较全面的规定,对新型农村合作医疗制度作了原则规定,并授权国务院规定管理办法。

第三,工伤保险、失业保险和生育保险制度经过10多年的实践,已经比较成熟。该法在总结实践经验的基础上,对工伤保险、失业保险和生育保险也分别单独成章,对其覆盖范围、资金来源、待遇项目和享受条件等作了具体规定。

《社会保险法》确立了中国社会保险体系的基本框架,明确了各项社会保险制度的覆盖范围,规定了社会保险制度的筹资渠道,规定了各项社会保险的待遇项目和享受条件,完善了社会保险费征缴制度,规定了社会保险基金管理制度。此外,对社会保险经办服务的内容、社会保险监督制度、违反该法行为所应承担的法律责任都作出了明确的规定。

（二）《社会保险法》的一些亮点

1. 妥善解决了养老保险缴费不满15年如何处理的问题。《社会保险法》以国家立法形式将这一政策上升为法律,明确规定,个人跨统筹地区就业的,其基本养老保险关系随本人转移,缴费年限累计计算;个人达法定退休年龄时,基本养老金分段计算、统一支付。参加基本养老保险的个人,达到法定退休年龄时累计缴费满15年的,按月领取基本养老金。参加基本养老保险的个人,达到法定退休年龄时累计缴费不足15年的,可以缴费至满15年,按月领取基本养老金;也可转入新型农村社会养老保险或者城镇居民社会养老保险,按国务院规定享受相应的养老保险待遇。

2. 工伤医疗费用第三人不支付由基金先行支付。《社会保险法》明确:"用人单位未依法缴纳工伤保险费,发生工伤事故的,由用人单位支付工伤保险待遇;用人单位不支付的,从工伤保险基金中先行支付,随后再由用人单位偿还;另外,由于第三人的原因造成工伤,第三人不支付工伤医疗费用或者无法确定第三人的,也由工伤保险基金先行支付,随后再向第三人追偿。"

工伤保险医疗费先行垫付制度,从制度设计上真正实现工伤保险制度本应具有的统筹资金、共担风险的功能,这是现代国家实行工伤保险制度的根本意义所在,使工伤职工尤其是农民工能真正得到工伤保险基金的保障。即使用人单位未参加工伤保险,农民工发生工伤后同样可向社保基金申请工伤治疗费,其工伤也能得到及时治疗。

3. 职工未就业配偶享受生育医疗费用待遇。《社会保险法》规定,职工应当参加生育保险,由用人单位按国家规定缴纳生育保险费,职工不缴纳生育保险费。用人单位已缴纳生育保险费的,其职工享受生育保险待遇;职工未就业配偶按国家规定享受生育医疗费用待遇。所需资金从生育保险基金中支付。生育保险待遇包括生育医疗费用和生育津贴。

该条规定将未就业的职工配偶纳入生育保险,改变了原有生育保险只保参保人员的做法,充分体现我国社会保障制度是要保障公民在年老、患病、工伤、失业、生育等情况下依法获得物质帮助权利的建制本意。

此外,《社会保险法》还合理地规定了失业人员的医保待遇,体现出人性化的一面。

三、《社会保险法》的主要成就

（一）社会保险政策的法律化意义重大

《社会保险法》有一些亮点和制度上的突破。第一，以法律的形式确立了我国覆盖城乡全体居民的社保体系，这是一个非常大的成就。现在的《社会保险法》，是建立了覆盖城乡全体居民的社会保险制度。第二，体现了统筹城乡的原则。《社会保险法》草案在3年的审议过程中，努力的方向是综合考虑城乡的社会保险体制，比如对城乡居民的基本养老保险和基本医疗保险的模式大体上是一致的，资金来源、筹资的方式、待遇的标准也正趋于一致。第三，这部法律突出了参保人员的合法权利，在保险制度的设计和实施方面，始终以保护参保人的权利、提供政府服务为重点，很多具体制度的设计都是要保护参保人的权利。

（二）基本养老保险"全国统筹"目标首次确立

我国养老保险事业发展中存在许多问题，如养老保险关系跨地区转移难、养老保障地区差别大等问题都与养老保险统筹层次低有直接关系。这部《社会保险法》确立了"全国统筹"目标，意味着不同地区的企业缴费率将统一，有助于推动企业之间的公平竞争，实现劳动力跨地区自由流动、全国范围内优化配置人力资源，解决养老保险关系跨地区转移难题，地区之间养老金待遇差距也会缩小。

（三）新法体现以人为本的理念，规定更具人性化

相比于我国以往的劳动立法，《社会保险法》在彰显和提升基本人权的保障力度以及强化国家责任等方面，均达到了一个前所未有的全新高度，充分展现了《社会保险法》注重"人文关怀"的特色和理念：新法在保险待遇的支付问题上，则以被保障者利益最大化为主要出发点，作出了一系列在现阶段最有利于实现个人利益的制度设计，对参加养老保险制度比较晚的劳动者、缴费不连续的农民工、灵活就业人员都是非常大的利好，更多的劳动者会因此实现老有所养；新法中取消一次性领取养老金的规定，按照"多缴多得、少缴少得"的原则享受养老保险待遇，更有利于实现养老保险的目的，也更能体现社会公平；新法让养老、医疗保险异地"漫游"，不仅给参保者带来方便，也会极大鼓励养老医疗保险事业的发展；新法中外国人可以参保的规定体现了对在华外籍人士的人文关怀，利于吸引和留住外籍优秀人才，为我国的各项事业发展服务。

（四）操作规定更趋科学合理

《社会保险法》在社会保险费征缴的问题上有个很大的进步，就是将实行统一的征收。统一征收社会保险费更有利于管理，有助于解决重复参保的问题。但实施步骤和具体的规定还须由国务院规定。尽管目前相关部门还没有给出最终的操作方法，但基于新法给出的规定，最根本的解决是要从行政管理和经办信息的统一来考虑。由统一的信息系统来确认参保人的参保身份和参保后应当享受的权利，将大大解决重复参保问题。

（五）刚性约束增强新法严肃性

与保障和改善民生这种法的理念相对应，《社会保险法》特别强调对用人单位的相关义务给予刚性约束。在该法中较多地采用了命令性条款、禁止性条款等强制性规范，并规定了相应的强制措施和严厉的法律条款。例如，用人单位应当自行申报、按时足额缴纳社会保险费，非

因不可抗力等法定事由不得缓缴、减免；用人单位逾期仍未缴纳或者补足社会保险费的，社会保险费征收机构可以向银行和其他金融机构查询其存款账户，并可以申请县级以上有关行政部门作出划拨社会保险费的决定。针对用人单位欠缴社会保险费的现象，该法还规定了按日加收滞纳金和罚款的法律责任。

新法强化了社会保险基金征收的手段，维护了法律的严肃性，更好地保证基金正常收缴，保证所有受益人应得的权益。

四、对《社会保险法》的思考

本法历时 3 年四审终获通过。一方面，它是众望所归的结果。多年来以各种行政法规形式实施的社会保险制度终于"并轨"。该法相当程度上吸收和继承了原有体系的合理部分，也在诸如提高统筹层次、社会保险账户缴费转移及加强基金监管等方面作出改进，着实可圈可点。另一方面，该法的颁布又引起了人们的揣度。此次的立法当中，授权性条款过多使这部基本法的意义打了折扣；养老保险缴费的标准偏高，而相对享受的保障偏低；社保基金的投资运营仍是难啃的骨头，缺少对其具体操作的补充与改进等。

在肯定立法成就的同时，我们应当看到，《社会保险法》及其配套立法在践行"以人为本"理念、落实国家责任方面仍然有着可以继续完善的空间。

四审稿中大量的授权性条款使这部基本法的意义打了折扣。即使不将该法中诸如"按照国家规定执行"的表述计算在内，仅明确的授权性条款也不下 10 个，这不得不引起公众对于通过制定和社会保险法律实现社会公平产生质疑。"分配正义"是实质正义和社会公平的重要内容，社会保险属于社会财富的"第二次分配"，无疑应恪守公平原则。《社会保险法》为实现社会公平所作的努力是不容抹杀的，如：其首次确立了基本养老保险基金逐步实行"全国统筹"的目标，但该法尚未真正做到社会保险资源的公平分配。这种"分配不公"既包括制度设计上的城乡有别，也包括不同群体享有权益上的差别对待。一个典型的例子是：公务员和参照公务员法管理的工作人员的养老保险被排除在了该法的适用范围之外（即由国务院规定其办法），而该法对这一授权立法又未作出任何的原则性要求。

授权性条款过多并非问题的关键，能否将这些授权性条款体现出来的法律政策化纳入法治轨道才是问题的关键。一方面，政策有任意性较大、易与人治合流的弊端，不纳入法治的轨道，难以成为法所不可或缺的要素。另一方面，《社会保险法》中的授权性规定，均授权国务院及其相关部门制定具体办法，政府有可能使政策偏离人大及常委会授权的初衷。

法律政策化纳入法治轨道的具体做法：一是充分发挥人大及常委会对政府政策制定过程及结果的监督作用。人大及常委会在授权政府制定《社会保险法》的具体实施政策时，可对政府机构制定的规则类型、内容、制定方法以及完成规则制定任务的时间提出明确的要求。二是构建全面、系统的行政问责制度。由于社会保险政策不可或缺，行政政策制定权和行政自由裁量权亦随之日益增长。有权力就有责任。社会保险政策是一项重要的公共政策，政府应负担依法全面落实社会保险政策的主要责任，比如逐年增加政府对社会保险制度的财政投入，逐步提高社会保险支出占国内生产总值和政府财政总支出的比重。行政问责是促使政府合法、合理地使用权力，勤勉、忠信地承担责任的制度保障。问责主体包括人大、执政党、各民主党派、司法机关、新闻媒体及社会公众；对象是负有直接或间接领导责任的社会保险事务领导者以及各级社会保险行政机关的领导成员；后果是怠于行使社会保险义务和滥用权力的行政机关及

其公务员承担相应的道德责任、行政责任和法律责任。问责程序的启动和进行过程也应纳入法治轨道。

总之,《社会保险法》是我国社会保障制度的一部基本法,对于加快发展我国的社会保障事业具有里程碑意义,它对于加快推进覆盖城乡居民的社会保障体系建设、维护社会和谐稳定、全面建设小康社会必将发挥重要作用。

 **本章小结**

1. 保险法规是规范和调整保险权利与义务关系、规范和调整保险商品交换活动的行为规则。世界各国有关保险的立法,一般包括三个部分:保险业法、保险合同法和保险特别法。

2. 英国的保险业发展很早,但早期并无专门的成文保险法,只是在普通法中有关于保险原则的内容。英国《1906 年海上保险法》是一部对很多国家的海上保险立法都有重要影响的法律,被世界各国视为海上保险法的范本。目前世界上在船舶保险和货物运输保险的国家中几乎有 2/3 的保单内容,采用英国保险条款,或者是既采用英国保险法的规定,又采用保险单条款。

3. 2009 年 2 月 28 日,第十一届全国人大常委会第七次会议表决通过了修订后的保险法,新《保险法》分为八章,共 187 条。新《保险法》在规则完善和制度设计上注重对广大投保人、被保险人和受益人利益的保护,自 2009 年 10 月 1 日起正式实施。

4. 通过的《社会保险法》有一些亮点,有一些制度上的突破。第一,以法律的形式确立了我国覆盖城乡全体居民的社保体系。第二,体现了统筹城乡的原则。第三,这部法律突出了参保人员的合法权利,在保险制度的设计和实施方面,始终以保护参保人的权利、提供政府服务为重点,很多具体制度的设计都是要保护参保人的权利。

 **复习思考题**

1. 保险立法是如何分类的?

2. 简述我国《保险法》的发展历程。

3. 英国《1906 年海上保险法》对我国有何影响?

4. 新《中华人民共和国保险法》主要修改了哪些内容?

5. 新《中华人民共和国保险法》有何亮点?

6. 简述新《中华人民共和国社会保险法》的主要成就。

第八章　保险基本原则

 **本章导读**

在保险合同订立、履行的过程中，为了保证保险双方当事人正常履行各自的权利和义务，维护其合法权益以及社会公共秩序，在保险业的长期发展过程中，保险制度经过不断变革和完善，逐渐形成了一些规范保险行为的基本原则，包括可保利益原则、最大诚信原则、近因原则和损失赔偿原则。这些原则贯穿于相关法律和保险条款中，成为保险当事人的行为准则。

 学习目标

1. 掌握保险利益原则的内涵及其应用。
2. 掌握最大诚信原则的主要内容。
3. 熟悉近因原则的概念及其应用。
4. 明确损失补偿原则的概念及其限制条件。
5. 掌握代位追偿原则的内容和分摊原则的分类。

引　言

遵循保险利益原则、最大诚信原则、近因原则和赔偿原则能够有效提高保险运行的合理公平度。这些基本原则是各个国家保险历史经验与教训的总结。为了更好地遵守这些原则，就要了解和把握其意图与内容。

第一节　保险利益原则

一、保险利益原则概述

保险利益原则是构成保险制度最基本的原则之一，同时也是保险合同特有的原则。它能有效促进保险制度职能的充分发挥，其本质内容是要求投保人必须对投保标的具有保险利益。

（一）保险利益的概念

1. 保险利益的含义。保险利益又称可保利益，是指投保人或者被保险人对保险标的具有的法律上承认的利益。保险标的则是保险合同中所载明的投保对象，是保险事故发生的本体，

即作为保险对象的财产及其有关利益或人的生命、身体和健康。

投保人或被保险人对保险标的是否具有保险利益,是看投保人或被保险人是否会因保险标的的损害或灭失而遭受经济上的损失。即:当保险标的安全时,投保人或被保险人可以从中受益;而当保险标的受损时,投保人或被保险人必然会遭受损失,则投保人或被保险人对保险标的具有投保利益。保险利益与保险标的两者相互依存,缺一不可,也是联系保险各关系人的纽带。

2. 构成保险利益的三个要件。① 必须是合法的利益。保险利益必须是受法律认可并受到法律保护的利益,而不是违反法律规定或通过不正当手段获得的利益。投保人或被保险人以非法利益投保,将不构成保险利益,即使保险人因不知情而订立了保险合同,该合同也是无效的。如以偷盗来的赃物、受贿所得财物、走私货物等投保家庭财产保险,或以走私品、违禁品投保海洋货物运输险等,这也是赌博和保险的根本区别。② 必须是可以用货币计量和估价的利益。因为投保人投保的目的是为了可以在因保险标的出险而遭受经济损失时得到补偿,因此保险利益必须在经济上有价值,可以用货币来计量,否则就无法计算损失的额度,也就无法理赔,保险赔偿和给付也就无从实现了。对于财产保险的保险利益,确定的依据是保险标的的实际或预期价值,而人身保险是以人的身体、生命、健康为保险标的的,人身价值无法确定,但被保险人的生、死、伤、残等均可使受益人在经济上受到影响,而这影响可以用货币计量和估价,因此人身保险的利害关系只有反映在经济上才能称为保险利益。③ 必须是可以确定的利益。确定的利益是指投保人对保险标的所具有的已确定利益和尚未确定利益。已经确定的利益是客观上或事实上已经存在的利益,如已取得物品的所有权、使用权及经营权等;尚未确定利益又可称为预期利益,是指在订立合同时利益尚未确定,但保险事故发生前或发生时必能确定的合法利益。

(二) 保险利益原则的含义

1. 保险利益原则的概念。保险利益原则又称可保利益原则,是指在签订和履行保险合同的过程中,投保人或被保险人对保险标的必须具有保险利益,否则合同无效。保险利益既是订立合同及使合同生效的先决条件,也是保险合同在存续期间保持合同效力的前提条件。

2. 坚持保险利益原则的重要性。① 防范道德风险。强调保险利益这一原则,最主要的目的是要防止道德风险。道德风险是投保人或被保险人为了谋取比自己所缴保费多的赔付而非为了获得经济保障进行投保的一种行为风险。在这种动机的促使下,这些投保人或被保险人不是积极防止而是希望和促使保险事故的发生,甚至故意造成保险事故,这势必给社会造成混乱及危害。从法律上明确规定保险利益,可以在很大程度上消除道德风险的根源,有效防止道德风险的发生。因为根据保险利益原则,保险事故的发生以被保险人实际遭受的经济损失为前提,并且因为赔付的最高限额以保险利益为限,不论投保人的投保金额是多少,保险人的赔偿损失责任都不超过被保险人的实际损失。② 防止赌博行为的发生。从单个保险合同的运行来看,保险与赌博都具有不确定性,都会因偶然事件的发生而获得经济收入或遭受经济损失。如果保险关系的确立不是建立在投保人对保险标的所具有的保险利益的基础上,投保人就可以随意投保,而保费与保险金额的巨大差额就会使该投保人以较小的保费获得成倍的保险金额赔偿,这就违背了"互助共济"的保险思想,不利于社会的公共利益。但是保险又不同于赌博,赌博中损失的风险是由交易本身创造出来的,而保险中风险是客观存在的;赌博所面临的是投机风险,而保险则是纯粹风险;保险只是一种将现存的风险从一方转移到另一方的工

具。③ 限定保险保障和赔付的最高限度。保险的宗旨是补偿被保险人因保险标的发生保险事故时所遭受的经济损失,但与此同时也不允许被保险人通过保险而获得额外的利益。以保险利益作为保险保障的最高限度既能保证被保险人能够获得足够和充分的补偿,又能满足被保险人不会因保险而获得额外利益的要求。

二、财产保险的保险利益

1. 保险利益的分类。① 财产上的现有利益。"现有利益"指现在拥有并可以继续存在的利益。财产上的现有利益主要包括所有权和收益权、共有权、经营权和使用权、抵押权和留滞权等。投保人对财产拥有以上权利时,可以认定他对该资产具有可保利益。② 责任利益。从广义上说,"责任"可以包括行政责任、刑事责任和民事责任。而我们这里仅指因民事责任而产生的责任利益。投保人投保、保险人承保的责任利益,只能是因民事责任而产生的责任利益。③ 或然利益。这里是指投保人或被保险人对特定财产可能所具有的不确定的利害关系。例如,以离岸价格出口货物的卖方在未收到货款前,对该批货物具有经济利益,即对该批货物具有保险利益,因此或然利益也可作为海上货物运输保险合同的标的。

2. 保险利益的存续时间。财产保险合同通常规定,在保险事故发生时,被保险人对保险标的应当具有保险利益,否则不能行使索赔权。这样规定的原因在于,财产保险的目的是补偿经济损失。我国《保险法》规定,保险事故发生时,被保险人对保险标的不具有保险利益的,不得向保险人请求赔偿保险金。

3. 保险利益与赔款支付的关系。在财产保险中,保险利益不仅在事故发生时必须存在,而且被保险人所能得到赔偿的数量也是受保险利益的范围限制的。例如,一个投保人对一所价值 10 万元的房屋有 50% 的保险利益,那么这所房屋遭受火灾之后,不论他购买了多少保险,他都不可能从保险公司得到超过 5 万元的赔偿。

4. 财产保险所保标的物的转移。我国《保险法》第 49 条规定:"保险标的转让的,保险标的的受让人承继被保险人的权利和义务。保险标的转让的,被保险人或者受让人应当及时通知保险人,但货物运输保险合同和另有约定的合同除外。"财产保险所保标的物的转移有以下几种方式:① 让与。除海上货物运输保险以外,大多数财产保险通常都规定,如果投保人或被保险人将标的物转移他人而未取得保险人的同意或批准的话,保险合同的效力终止。不过,这一规定并未排除保险利益也可随保险标的物的让与而转移的情形。② 继承。大多数国家的保险法都规定,在财产保险中,如果被保险人死亡,其继承人自动获得被继承财产的保险利益,保险合同继续有效。③ 破产。如果被保险人破产,保险利益转移给破产财产的管理人或债权人,但有一个期限规定,超过该期限则破产财产的管理人或债权人应与保险人解除保险合同。

5. 保单诉权的转让。保单诉权的转让是指保险事故发生后,被保险人将赔偿请求权转让给他人。这种转让是被保险人自由处置其财产权的一种民事行为,法律上一般予以承认,而无须征得保险人的同意。但是,该转让应及时通知保险人,以免保险人发生赔付的错误。

三、人身保险的保险利益

人身保险的保险利益一般没有统一的规定,但一般都认为,凡被保险人的继续生存对投保人具有现实或预期的经济利益的,即为投保人对该被保险人具有保险利益。

我国 2009 年修订的《保险法》第 31 条规定,投保人对下列人员具有保险利益:

1. 本人。

2. 配偶、子女、父母。

3. 前项以外与投保人有抚养、赡养或者扶养关系的家庭其他成员、近亲属。

4. 与投保人有劳动关系的劳动者。

除前款规定外,被保险人同意投保人为其订立合同的,视为投保人对被保险人具有保险利益。订立合同时,投保人对被保险人不具有保险利益的,合同无效。

一般规定,在人身保险合同订立之时,要求必须有保险利益的存在,但投保数额通常不受保险利益范围的限制,而只受保险人愿意承保、投保人能够支付保费的能力的限制。

案例分析 8 - 1　　　　　保险利益的判定

陈先生和王小姐相恋多年,已到了谈婚论嫁的阶段,但无奈因为工作关系,两人常年两地分居。2008 年的情人节,王小姐为给未婚夫陈先生一个惊喜,为其投保了一份保险期限为 20 年的两全保险。不巧的是,陈先生在归家途中,遭遇车祸不幸去世。王小姐在帮助陈先生父母一起料理完后事以后,想起自己为陈先生买的两全险,随即向保险公司提出了理赔申请。但保险公司以"投保人在投保时对被保险人不具有保险利益"为由拒绝支付保险金。

依据原《保险法》第 31 条的规定,投保人对保险标的不具有保险利益的,保险合同无效。既然保险合同无效,保险公司自然不应承担保险责任。据某保险公司产品负责人介绍,我国《保险法》对人身险保险利益的规定采用的是法定原则与同意原则相结合的方式,即:投保人与一定范围内的亲属或者具有一定的法律关系的人之间具有保险利益,一旦投保人希望为其他人投保时,必须经过被保险人的同意。而王小姐在投保时却疏忽了这一点。由此可见,在投保人身险时,明确自己与被保险人之间是否具有保险利益是很重要的。

第二节　最大诚信原则

保险合同的特点之一就是最大诚信。而我国 2009 年修订的《保险法》第 5 条也规定:"保险活动当事人行使权利、履行义务应当遵循诚实信用原则。"为了使保险的"最大诚信原则"得以贯彻实施,各国保险立法一般都对告知、保证、隐瞒、弃权与禁止反言等作了规定,这几项是影响合同效力的重要因素。

一、告知

(一) 告知的含义

告知(representations)是指投保人在签订保险合同前或签订保险合同时,投保人对已知或应知的危险和与标的有关的实质性重要事实向保险人所作的口头的或书面的陈述。

告知强调的是最大诚信中的诚实,告知的目的在于使保险人能够正确估计其承担的危险

是否可保,使投保人确知未来危险损失是否能得到保障。

（二）告知的方式

1. 根据告知的立法形式,通常分为无限告知和询问回答告知。无限告知也称客观告知,即法律上或保险人对告知的内容不管有没有明确的规定,只要是事实上与保险标的的危险状况有关的任何事实,投保人都有义务告知保险人。无限告知对投保人的要求比较高,目前只有法国、比利时以及英美法系国家的保险立法采用该种形式。询问回答告知是指投保人仅就保险人对保险标的或被保险人的有关情况提出的询问如实告知;保险人未询问的,投保人无须告知。目前大多数国家的保险立法采用该种形式,我国也采用该种形式。我国 2009 年修订的《保险法》第 16 条规定:"订立保险合同,保险人就保险标的或者被保险人的有关情况提出询问的,投保人应当如实告知。投保人故意或者因重大过失未履行前款规定的如实告知义务,足以影响保险人决定是否同意承保或者提高保险费率的,保险人有权解除合同。"

2. 根据告知内容,又可分为确认告知和承诺告知。确认告知是指投保人向保险人告知已经存在的事实与情况,又称事实的告知;承诺告知是指告知预料将来存在的事实与情况,又被称为企图的告知。

另外,如果投保人所告知的重要事实有误,保险人可据此宣告合同无效;如果告知不实,保险人在以后查出来的话(一般为 2 年之内)可以据此宣告合同无效。

二、保证

（一）保证的含义

保证(warranty)是指投保人在签订合同时向保险人保证做或不做某事,或者保证某种状态存在或不存在。事实上,投保人的保证是保险人承保的一个先决条件。在某些情况下,如果投保人不予保证,保险人可能不予承保或将提高费率。

（二）保证的形式分类

1. 按照保证存在的形式,可以分为明示保证和默示保证。明示保证是以书面形式,或以特约条款的形式附加于保单之内的。这种条款是保单的一部分,被保险人必须遵守,否则保险人可以据此宣告保单无效。而默示保证在保单上虽然没有文字记载,但从习惯上或社会公认的角度看,被保险人应当保证对某种事情的行为或不行为。默示保证在海上保险中具有十分重要的意义。

2. 按照保证事项是否存在,可以分为确认保证和承诺保证。确认保证是投保人对过去或现在某一特定事实的存在或不存在的保证;承诺保证是指投保人对将来某一事项的作为与不作为的保证,即对未来有关事项的保证。

三、隐瞒

在保险公司可以解除合同的几种根据中,隐瞒的含义不仅最难确定,而且也最难证明。由于保险合同是最大诚信合同,这就要投保人在投保时必须将其所知而保险人不知的所有重要事实都告诉保险人,告知不实即为误告;不予告知即为隐瞒。如果隐瞒是有意的,则属于欺诈行为,而这足以成为保险人解除合同的依据。

四、弃权与禁止反言

前述的告知和保证等因素均在法律上约束投保人的作为与不作为；而另一方面，合同也用弃权和禁止反言来约束保险人。

"弃权与禁止反言"原则是最大诚信原则中的一项重要内容，新《保险法》首次明确规定了该原则。该原则适用于保险人已经知道其有解约权和抗辩权而明示或默示地表示放弃解约权和抗辩权的情形。构成弃权必须符合两个条件：一是保险人必须知悉权利的存在，这里的"知悉"应理解为"保险人确切知情为准"；二是保险人须有明示或默示的意思表示。

禁止反言适用于保险人已经知道被保险人违反如实告知义务或者违反保证，而明示或默示地向被保险人表示保险合同仍有强制力，被保险人不知其事实而信以为真的情形，保险人日后不能再向另一方主张已放弃的权利。在很多情况下，弃权和禁止反言存在重复和交叉，主要是约束保险人的行为，也维护了被保险人的利益，有利于保险人权利和义务关系的平衡。

我国 2009 年修订的《保险法》第 16 条第 6 款规定："保险人在合同订立时已经知道投保人未如实告知的情况的，保险人不得解除合同；发生保险事故的，保险人应当承担赔偿或者给付保险金的责任。"

五、违反最大诚信原则的后果

在保险实务中，违反最大诚信原则的事理主要体现在违反告知与保证事项方面。

（一）违反告知义务的法律后果

投保方未发行或者违反告知义务的原因总体上可归结为两类：一是过失未发生，即导致未告知的原因是主观故意的，如漏报、误告。二是故意隐瞒不告知，即投保方是出于某种利己目的而主观故意不告知或怀有某种不良企图而捏造事实故意不实告知。

无论投保方是出于过失还是故意隐瞒，从某种程度上都侵犯了保险人的利益，由此，各国保险法都作出了"此时保险人有权解除保险合同，并对保险合同解除前发生的保险事故不承担赔偿或给付责任"的规定。所不同的是保险费是否退还，对此我国保险法也作出了具体规定。如：《保险法》第 16 条第 2 款规定，投保人故意或者因重大过失未履行前款规定的如实告知义务，足以影响保险人决定是否同意承保或者提高保险费率的，保险人有权解除合同。第 3 款规定，前款规定的合同解除权，自保险人知道有解除事由之日起，超过 30 日不行使而消灭。自合同成立之日起超过 2 年的，保险人不得解除合同；发生保险事故的，保险人应当承担赔偿或者给付保险金的责任。第 4 款规定，投保人故意不履行如实告知义务的，保险人对于合同解除前发生的保险事故，不承担赔偿或者给付保险金的责任，并不退还保险费。第 5 款规定，投保人因重大过失未履行如实告知义务，对保险事故的发生有严重影响的，保险人对于合同解除前发生的保险事故，不承担赔偿或者给付保险金的责任，但应当退还保险费。第 6 款规定，保险人在合同订立时已经知道投保人未如实告知的情况的，保险人不得解除合同；发生保险事故的，保险人应当承担赔偿或者给付保险金的责任。

同时对于保险人来说，保险合同中规定有关保险人责任免除条款的，保险人在订立合同时未提示责任免除明确说明义务，该保险合同责任免除条款无效。对此我国《保险法》第 17 条也作了规定："订立保险合同，采用保险人提供的格式条款的，保险人向投保人提供的投保单应当附格式条款，保险人应当向投保人说明合同的内容。保险合同中免除保险人责任的条款，保险人在订立合同时应当在投保单、保险单或者其他保险凭证上作出足以引起投保人注意的提示，并对该条款的内容以书面或者口头形式向投保人作出明确说明；未作提示或者明确说明的，该条款不产生效力。"

（二）违反保证的法律后果

任何不遵守保证条款或保证约定、不信守合同约定的承诺或担保的行为均属于破坏保证。保险合同所约定的保证事项均为重要事项，而且又是订立保险合同的基础和条件。如果保险主体违反保证，那么保险合同就失去了合同得以成立的依据。因此，各国对保险主体遵守保险合同中保证条款的要求都十分严格，且就违反保证所承担的法律后果作出了具体的规定。

英国在《1906 年海上保险法》中规定，保险人可以在违反保证之日起，解除保险合同，但对于该日之前保险人应负的责任并不影响。美国法律规定，如果投保人或被保险人违反确认的保证，保险人有权自始取消保险合同；如果投保人或被保险人违反承诺的保证，保险人得自违反保证之日起才可解除合同，在保险人有权解除合同之前的保险期间内发生的因保险事故导致的损失，保险人仍承担赔偿责任。我国《海商法》第 235 条规定，被保险人违反合同约定的保证条款时，应当立即书面通知保险人。保险人收到通知后，可以解除合同，也可以要求修改承保条件、增加保险费。

第三节 近 因 原 则

在保险实务中，并不是保险标的的所有损失保险人都要承担赔偿或给付的责任。保险人对保险标的的损害是否进行赔偿取决于损害事故发生的原因是否属于保险责任，如果是除外责任，保险人就不承担损失赔付责任。而通常造成保险标的损失的原因是多种因素作用的结果，且它们的作用方式多种多样，这就要根据近因原则来判断了。近因原则是判断保险事故与保险标的的损失之间的因果关系，从而确定保险赔偿责任的一项基本原则。它要求从中找出哪些属于保险责任、哪些不属于保险责任，并据此确定是否进行赔偿。

一、近因原则的概述

（一）近因的含义

近因是指引起保险标的的损失最直接、最有效、并起决定作用的原因，而并非是时间上、空间上最近的原因。

（二）近因原则的含义

近因原则是指凡引起保险事故发生、造成保险标的的损失的近因属于保险责任，则保险人承担赔付责任；若为除外责任，则保险人不负赔付责任。英国《1906 年海上保险法》规定："依照本法规定，除保险单另有约定外，保险人对于由所承保的危险近因造成的损失，负赔偿责任，但对于不是由所承保的危险近因造成的损失概不负责。"

近因原则在确定发生的事故是否属于保险事故、投保人是否能够获得赔偿起着至关重要的作用，它也是保险人处理赔案的关键原则之一。坚持近因原则，有利于正确、合理地判定损害事故的责任归属，从而有利于维护保险双方主体的合法权益。

二、近因原则的应用

近因原则在理论上讲简单明了,但在实践中的运用却存在相当大的困难,即从众多复杂的原因中判断出引起标的损失的近因。对近因的分析和判断,成为掌握和运用近因原则的关键。

案例分析 8-2 　　　　　　　　　**近因的判定**

某汽车公司为其所有的鄂 D51071 号大客车先后在两家保险公司分别投保了第三者责任保险和车上乘客责任保险,保险责任限额分别为 50 万元/座和 7 万元/座。第三者责任险除外责任条款将"本车上的一切人员和财产"作为除外不保情形,车上乘客责任险将"车上人员在车下时遭受的人身伤亡"作为除外责任。保险期内,大客车与农用车相撞,将大客车内的乘客骆某从撞碎的玻璃窗内弹出,随即大客车侧翻,将撞出车外的骆某压死。事故发生后,承保了大客车第三者责任险和车上乘客责任险的两家保险公司均认为,骆某属于自己所承保险种的除外不保情形而拒绝赔偿。骆某亲属遂以某汽车公司及承保了大客车第三者责任险和车上乘客责任险的两家保险公司、农用车主为被告和第三人,请求判令赔偿各项损失 343 545.5 元。

本案争议的焦点是,骆某到底是大客车的车上乘客还是车外第三人。对骆某身份的认定涉及案件当事人尤其是两家保险公司的利益。

对此,专家提出,骆某是被弹出窗外继而被侧翻的大客车压死的,骆某死亡时的位置是在车外,故应认定为"车外第三人"。我国的第三者责任保险,无论是任意三者险还是强制三者险,都将第三者圈定在本车人员、被保险人以外的受害人范围内。通常情况下乘客和第三人是以保险车辆承载空间为界限划分的,是极易识别的。但现实生活中存在一些特殊的、动态的、临界的情形,如交通事故发生时正在上下车的人员、交通事故发生时紧急避险跳车的人员到底是车上人员还是车外第三人,又比如,本案中从车内撞飞出去继而被本车压死的骆某到底应为本车上的乘客还是第三人。对此,法律条文和合同条款因无法预见而未能预设,这就需要法官根据实际情势进行判断。

对于本案应运用近因原则分析事故的整个过程,从造成死亡结果的近因以及近因发生作用时骆某所处空间位置两方面进行考察,来认定骆某的身份,从而决定哪家保险公司担责。因此,我们判定本案中的骆某是车外第三人。

案例分析 8-3 　　　　　近因的判定与保险责任的确定

姜某以自己为投保人和受益人,以丈夫胡某为被保险人,与某保险公司签订了身故保险全为 3 万元的终身保险合同。保险合同中约定:被保险人因违法、故意犯罪或拒捕、故意自伤、醉酒、斗殴造成人身伤害或身故的,保险公司应免除保险责任。合同生效后,胡某在追讨其借给张某的 2 万元赌资时,与张某发生口

（续上）

角,被张某用钢管击中头部,经抢救无效死亡。之后,胡某之妻姜某在多次向某保险公司索赔未果的情况下,将某保险公司诉至法院,要求某保险公司给付保险金3万元。

本案在审理中,对保险公司应否承担理赔责任,有两种不同的观点:第一种认为,应驳回姜某的诉讼请求,理由是:胡某之妻姜某与保险公司签订的保险合同明确约定被保险人从事违法行为而导致身故的,可免除保险公司的保险责任。第二种认为,应支持姜某的诉讼请求,理由是:虽然胡某借给张某赌资具有赌博性质,属于违法行为,但导致胡某死亡的真正直接原因并非是胡某提供赌资而被张某杀害,即,胡某追讨赌资的行为与其被杀的损害结果之间没有内在的、必然的、合乎自然规律的联系,不具有法律上的因果关系。所以,保险公司不能免除自身的保险责任。

对此,我们分析认为:本案胡某追讨赌资时,张某如果没有产生杀人的动机,并采取相应的暴力手段,而是如数交付,就不会导致胡某身亡。即张某实施的犯罪行为并不是胡某追讨赌资直接的、必然的结果。因此,胡某追讨赌资的行为作为前因不具备近因的条件;相反,真正导致胡某死亡的近因是作为后因的张某实施的犯罪行为。故此,张某的犯罪行为不属于保险公司的免责范围,保险公司仍应承担理赔责任。

第四节　损失补偿原则

经济补偿是保险的基本职能,也是保险产生和发展的最初目的和最终目标,因此损失补偿原则是保险的重要原则。但是损失补偿原则只适用于补偿性合同,而不适用于给付性合同。因为在给付性合同中,当被保险人发生人身事件时,其经济损失难以用货币来衡量,故无补偿之意义。

一、损失补偿原则

(一) 损失补偿原则的含义

损失补偿原则(principle of indemnity)是指当标的发生保险责任范围内的事故时,通过保险补偿,使被保险人减少损失从而尽力恢复到受灾前的经济原状,但不能因损失而获得额外的收益。要理解该原则,需从以下几方面把握:其一,有损失才有补偿,补偿以损失的发生为前提;其二,所补偿的损失只能是保险责任范围内的损失;其三,保险赔偿以保险损失为限。坚持损失补偿原则可以维护保险双方的正当权益,限制不当得利,保持保险经营的稳定性。

(二) 限制条件

由于影响保险赔偿的因素较多,损失补偿原则按以下限制条件掌握:

1. 以实际损失为限。保险的目的是补偿被保险人因保险标的发生保险事故而遭受的实际损失,使被保险人的经济利益能够得以弥补。一般来说,保险人按实际损失赔偿,赔款不能

大于实际损失,由于理赔方式或免赔额等因素的制约,赔款也可能小于实际损失。而财产的实际损失一般都应按照损失当时的市场价格计算。例如,一栋房屋年初投保时市价和保额均为10万元,年末市价跌至8万元,此时房屋遭受火灾全部焚毁,保险人应按8万元实际损失赔偿。实际损失一般包括财产直接损失和相关费用,也可以包括预期利润损失。

2. 以保险金额为限。保险金额是保险合同中确定的保险人为被保险人提供的保障数额,是保险人能够赔偿的最高金额,保险人已收取的保费是以此为基础计算出来的。超过该限额进行赔付,将使保险人处于不公平地位,因此损失补偿应以保险金额为限。即使发生通货膨胀,仍应以保险金额为限。

3. 以保险利益为限。保险赔偿以被保险人对损失财产具有保险利益为条件,而且以现有保险利益为最高限额。如果保险财产全部转让,则被保险人无权索赔;如果部分转让,或者在本次损失之前发生过部分损失和保险赔偿,则被保险人只能获得不超过现有保险利益的赔款。例如,债权人对抵押的财产投保,当债务人全部偿还债务后,债权人对该财产不再具有保险利益,即使发生标的损失,债权人也不再对此具有索赔权。

以上条件互相关联、相互制约,保险人对被保险人赔偿时按实际损失、保险金额和保险利益三者中较低者作为赔偿限度。

(三) 损失补偿原则的例外

损失补偿原则虽然是保险的一项基本原则,但在实践中也有一些例外的情况。

1. 人身保险。由于人身保险的人身价值无法估量,而只能以健康、伤残等作为保险标的,其精神痛苦和部分经济损失却无法弥补。因此,人身保险合同不是补偿性合同,而是给付性合同。保险金额是根据被保险人的需要和支付保费的能力来确定的。

2. 定值保险。所谓定值保险是指保险合同双方当事人在订立合同时就将保险价值确定下来的保险。在定值保险中,双方约定保险标的的价值,并以此价值为保险金额。当保险事故发生时,保险人不论保险标的的市价如何,均按损失程度十足赔偿。计算公式为:保险赔款=保险金额×损失程度(%)。

在这种情况下,保险赔款可能超过保险标的的出险时的实际损失。但是由于投保时保费是按照当时约定的保险价值厘定的,所以从根本上保费和保险金额也是匹配的。

3. 重置价值保险。所谓重置价值保险,是指以被保险人重置或重建保险标的的所需费用或成本确定保险金额的保险。一般财产保险按保险标的的实际价值投保,但是在通货膨胀的时候,有些受损财产需要重置或重建才能足额,因此保险人允许投保人按保险标的的实际价值的重置或重建价值投保,这样就可能出现保险赔款大于损失发生时的实际价值。

二、损失补偿原则的派生原则

随着财产保险业务的发展,逐渐出现了重复保险、委托和代位追偿等一些特殊的赔偿制度,适应发展和完善这些赔偿制度的需要,而损失补偿原则的核心是不允许被保险人通过保险而获得额外收益,所以在补偿原则基础上又派生出代位原则和分摊原则。

(一) 代位原则

代位原则(principle of subrogation)是指当保险事故涉及第三者责任时,或者在保险标的发生推定全损由保险双方达成委付协议时,当保险人赔偿被保险人损失后,被保险人必须将有

关权益转让给保险人,由保险人向第三者代位追偿,或者对发生推定全损的标的物享有物权,被保险人不能获得额外利益。代位原则包括权利代位和物上代位两种形式。

权利代位又称代位追偿,是指当被保险人的损失是由保险关系双方以外的第三者的疏忽、过失或故意行为所致,而损失又属于保险责任范围的,依法应当由第三者承担赔偿责任时,保险人向被保险人支付保险赔偿金之后,通过与被保险人签订"权益转让书"的形式,在赔偿金额的限度内就取得了对第三者请求赔偿的权利。

保险人的代位追偿权是债的代位权在保险关系中的运用,保险的代位追偿是各国保险法承认的债权转移制度。我国《保险法》第60条规定:"因第三者对保险标的的损害而造成保险事故的,保险人自向被保险人赔偿保险金之日起,在赔偿金额范围内代位行使被保险人对第三者请求赔偿的权利。"

代位追偿原则的意义在于:一是贯彻损失补偿原则,不使被保险人额外获利;二是追究第三者责任,维护法律和社会公平原则。保险人的代位追偿权适用于除人身保险(健康保险除外)以外的其他任何保险。

代位追偿成立的要素主要有:首先,代位权的产生必须在保险人支付赔偿金以后。即:所谓"先赔后追",追偿权是在保险人支付赔偿金后自动转移的;其次,代位追偿权以其实际支付的保险赔偿额为限;再次,被保险人不能损害保险人的代位追偿权。如果被保险人一方面在保险人处得到赔偿,另一方面私下与第三者责任人达成协议,免去第三者的赔偿义务,则会妨害保险人的代位追偿权的行使。我国《保险法》第60条第2款规定:"保险事故发生后,被保险人已经从第三者取得损害赔偿的,保险人赔偿保险金时,可以相应扣减被保险人从第三者已取得的赔偿金额。保险人依照本条第1款规定行使代位请求赔偿的权利,不影响被保险人就未取得赔偿的部分向第三者请求赔偿的权利。"

案例分析8-4　　　　　　　　保险公司的代位追偿权

2008年6月24日晚,邱某驾车前往某鱼翅馆就餐,鱼翅馆泊车员周某在为邱某取车时撞伤了路人刘某,车辆也受损。事发后,刘某住院至当年年底,后经鉴定为二级伤残、智力重度缺损,需专人护理。另外,车主邱某在某保险公司投保了交强险和机动车第三者责任险。事后,受害人家属、周某、鱼翅馆、邱某及某保险公司就赔偿问题进行协商,因无法达成一致,刘某及其父母、妻子和儿子将周某、鱼翅馆、邱某和某保险公司告上了法庭,要求他们共同承担194万余元赔偿金。在诉讼过程中,保险公司提出对鱼翅馆及周某享有代位追偿权,而被告主张,邱某与保险公司之间订立的第三者责任险中明确约定:被保险人或其允许的合格驾驶员在使用保险车辆过程中发生保险事故的,保险人承担赔偿保险金的责任,因此保险公司不享代位追偿权。对保险公司是否有权对鱼翅馆行驶代位追偿权这个问题,各方代理律师观点冲突、各执一词。因本案最终以调解方式结案,使得这个备受争议的问题未能通过判决予以明确。根据本教材所阐述理论,对于本案中机动车第三者责任险保险人是否代位追偿权的问题,保险人有权在向被保险人赔偿保险金后向造成事故的鱼翅馆和周某追偿。本案中,邱某在鱼翅馆用餐,双方之间形成的是服务合同关系,根据双方的实际行为以及行业惯例

（续上）

> 可以推知,在该服务合同中,鱼翅馆应当履行的义务包括:按照邱某的要求向其提供用餐、代邱某泊车并取回车辆,而该泊车和取回车辆的义务当然包含不得造成车辆损失、不得导致邱某对第三人承担责任。因此,在周某取车的过程中导致刘某受伤的事实,即是鱼翅馆对邱某合同义务的不履行。鱼翅馆应当承担邱某对刘某的损害赔偿责任。

物上代位是指发生保险事故时,保险人在支付了全部或部分保险金以后,即可取得保险标的物的全部或部分所有权。此规定主要为了防止被保险人在获得保险赔偿金后,又可能通过获得保险标的的残值、保险标的的失而复得而得到额外利益。我国《保险法》第 59 条规定:"保险事故发生后,保险人已支付了全部保险金额,并且保险金额等于保险价值的,受损保险标的的全部权利归于保险人;保险金额低于保险价值的,保险人按照保险金额与保险价值的比例取得受损保险标的的部分权利。"

物上代位在海上保险中通常以委付方式进行。所谓委付,是指被保险人在发生保险事故造成保险标的的推定全损时,请求保险人按保险金额全数予以赔付,并将保险标的的一切权利和义务转移给保险人的行为。

（二）分摊原则

在重复保险的情况下,当保险事故发生之后,若被保险人通过向不同的保险人就同一损失索赔,则可能获得超额赔款,这显然是违背损失补偿原则的。为了防止被保险人由于重复保险而获得额外利益,确定了分摊原则。

1. 重复保险。我国《保险法》规定,重复保险是指投保人对同一保险标的、同一保险利益、同一保险事故分别与两个以上保险人订立保险合同,且保险金额总和超过保险价值的保险。

重复保险原则上是不允许的,但事实上却是存在着的。其通常是由于投保人或被保险人的疏忽,或者为求得更大的安全感,当然也有为谋取超额赔款而故意进行重复保险。对于重复保险,各国保险法都有规定,投保人必须将重复保险的有关情况通知各保险人。我国《保险法》规定,重复保险的投保人应当将重复保险的有关情况通知各保险人。投保人不履行该项义务,保险人有权解除保险合同或宣告保险合同无效。

2. 分摊原则。分摊原则是指在重复保险的情况下,当保险事故发生时,各保险人应采取适当的分摊方法分配赔偿责任,使被保险人既能得到充分的补偿,又不会超过其实际损失而获得额外的利益。

3. 分摊方式。重复保险的分摊方式主要有比例责任分摊方式、限额责任分摊方式和顺序责任分摊方式三种。

（1）比例责任分摊方式又称保险金额分摊制,是各保险人按照各自保单中承保的保险金额与各保险人承保保险金额的总和的比例分摊保险事故损失责任的方法。其计算公式为:

$$某保险人分摊的赔偿金额 = 实际损失 \times \frac{某保险人承保的保险金额}{所有保险人承保保险金额总和}$$

比例责任分摊方式在各国的保险实务中运用较多,我国也采用这种方式。例如,某公司以其 10 万元的车子,分别向甲、乙、丙 3 家财产保险公司投保,3 家保险公司承保的金额分别是 4

万元、6万元和10万元。当发生保险事故时,保险标的遭受损失为8万元,则该公司所获得的保险赔付金额为8万元,3家保险公司按比例责任分摊方式赔偿金额分别为1.6万元、2.4万元和4万元。

(2)限额责任分摊方式是指各保险人在无其他保险情况下单独应付的赔偿金额与各保险人单独责任之和的比例承担保险责任。其计算公式为:

$$某保险人分摊的赔偿金额 = 实际损失 \times \frac{某保险人单独承担时的赔偿限额}{所有保险人单独承保时的赔偿限额总和}$$

限额责任分摊方式与比例责任分摊方法的区别在于分摊基础不同,前者以赔偿比例为基础;后者以承保金额比例为基础。

(3)顺序责任分摊方式是根据各保险人出立保单的顺序来确定赔偿责任,即由先出单的保险人先负责赔偿,后出单的保险人只有在保险损失超过前一保险人承保的保额时才依次承担超出的部分。

在这三种分摊方式中,比例责任分摊方式在世界各国应用较多,我国同样如此。我国《保险法》规定,重复保险的各保险人赔偿保险金的总和不得超过保险价值。除合同另有约定外,各保险人按照其保险金额与保险金额总和的比例承担赔偿保险金的责任。

案例分析 8-5　　医疗保险赔偿责任范围与比例分摊

潘女士在一次意外中眼睛受伤,因视网膜脱落住院治疗。医疗费用中有7 000余元属于基本医保报销范围,其余的3 000多元是住特护病房和用进口药的自费部分。潘女士曾分别投保了A保险公司的综合医疗保险计划和B保险公司的个人住院费用保险。出院后,潘女士前往A保险公司理赔,A公司对她的7 000元部分按条款中规定的比例进行了报销。之后,潘女士又去B保险公司同样申请理赔,B公司答复说只能对7 000元中A公司已理赔以外的那部分金额按比例报销,算下来只有3元钱。潘女士对此有了疑问:同样是买了保险,为什么A公司作了理赔,B公司就不再理赔了呢?

一般来说,根据保险公司保险条款规定,只有被保险人治病所用的医疗费符合公费医疗、劳保报销以及社会医疗保险的报销条件,保险公司才会给予赔偿,超出基本医疗保险规定范围的费用同样也不在商业保险的保障范围。因此,上述两家公司拒赔自费部分的医疗费用,是合理合法的。

 **本章小结**

1. 保险的基本原则包括可保利益原则、最大诚信原则、近因原则和损失补偿原则。

2. 可保利益原则是指在签订和履行保险合同的过程中,投保人或被保险人对保险标的必须具有保险利益,否则合同无效。

3. 最大诚信原则是指当事人要向对方充分而准确地告知有关保险的所有事实,不允许存在任何的虚伪、欺骗和隐瞒行为。它主要包括告知、保证、隐瞒、弃权与禁止反言四项内容。

4. 近因原则是指凡是引起保险事故发生、造成保险标的的损失的近因属于保险责任,则保险人承担赔付责任;若为除外责任,则保险人不负赔付责任。对近因的分析和判断,是掌握和运用近因原则的关键。

5. 损失补偿原则是指当标的发生保险责任范围内的事故时,通过保险补偿,使被保险人减少损失从而尽力恢复到受灾前的经济原状,但不能因损失而获得额外的收益。由于重复保险、委托和代位追偿等一些特殊的赔偿制度的产生,为了适应发展和完善这些赔偿制度的需要,在补偿原则基础上又派生出代位原则和分摊原则。

 **复习思考题**

1. 试述保险利益原则的含义及其成立要件。

2. 最大诚信原则的主要内容有哪些?

3. 试述损失补偿原则的含义及限制条件。

4. 怎样理解代位追偿和物上代位的内涵及其两者的区别?

5. 重复保险的分摊方式都有哪些?

第九章 保险公司经营管理

本章导读

保险经营是全部保险经营与管理架构的基础,因此本章主要介绍保险公司的经营管理。保险经营是一种商品经营,它必须遵循商品经营的一般原则。同时保险商品又是一种特殊的商品,因此它有它的特殊性。我国《公司法》和《保险法》规定,保险公司可以采取有限责任公司(含国有独资公司)和股份有限公司。由于各种保险公司组织形式各具特点,没有普遍适用的保险公司组织形式,因此我国保险公司组织形式也正在向着多元化方向发展。保险公司获得长期利润的关键是向客户提供满意的服务,而成功的市场营销则是让客户满意的关键。投保人购买保险,缴付保险费后得到的是一纸承诺,只有在约定的保险事故发生或期满时这种承诺得以兑现,才让人真正感受到保险的使用价值和价值。而保险公司经营管理中的承保环节则是对风险的选择,以使保险公司在财务上得以稳定,这也是非常重要的。另外,对于保险公司来说,保费和投资是它们均衡的两翼,因此做好资金运用的规划也是不可或缺的。对于巨灾保险、市场竞争,保险公司为了自保,也开展了再保险业务,历史证明,再保险对世界保险业起到了巨大的推动作用。

学习目标

1. 掌握保险公司的主要组织形式。
2. 理解保险数理基础的原理。
3. 了解保险公司营销的环节和流程。
4. 掌握保险公司资金运用的主要渠道和面临的风险。
5. 了解保险公司再保险业务的种类和市场特点。
6. 掌握财产保险费率的厘定和人寿保险费的计算。

引　言

不论何种性质的保险,都要依托于某种组织架构进行运作。在我国,商业保险是由保险公司来经营的。为了更好地发挥保险的功能与作用,促进保险业健康持续发展,就需要了解保险公司的组织形式、运营原理和各项业务。

第一节　保险公司组织形式

保险公司的组织形式是指在一国或一地区的保险市场上,保险人在经营保险业务时所采取的组织形式。它可采取不同的组织形式,以其目的、功能需要合理设置架构来适应竞争的加剧。

从目前国内保险公司组织机构形式和职能分配看,多数是实行总、分、支公司管理模式。保险公司分支机构作为基层经营单位,其主要职能是销售保险产品、提供保险服务,保险公司分支机构是保险公司运营系统的终端和服务窗口,是保险公司微观经营基础的重要组成部分,也是保险公司业务收入和利润的直接来源,其经营管理水平的高低在一定程度上决定保险公司的整体经营状况,直接反映保险公司的社会形象和发展水平。加强基层保险公司的管理,提高基层公司业务发展能力和管理、服务水平,对于夯实保险公司发展的基础、实现良好的经营业绩至关重要。

根据保险供给主体采用的产权结构的不同,保险公司的组织形式有以下几种分类。

一、国营保险组织

国营保险组织是国家或政府投资设立的保险经营组织。国营保险组织既可以由政府机构直接经营,也可以通过国家法令规定由某个团体来经营。其经营可以是以营利为目的,作为增加财政收入的手段,而组织形式为举办商业保险的保险组织;也可以是以方便实施为宗旨,并无营利的动机,组织形式为举办社会保险的保险组织。国营保险组织依据各国的社会经济体制不同,可分为完全垄断型国营保险组织、商业竞争型国营保险组织和政策型国营保险组织。完全垄断型国营保险组织是指完全垄断了一国所有保险业务的保险组织,它担负着保险监管机关和保险业务经营实体的双重角色。这种形式大多存在于保险业不发达的第三世界国家的保险市场。商业竞争型国营保险组织是指国营保险组织可以和其他保险组织一样,经营各类保险业务,开展公平的市场竞争,并以营利作为经营的主要目标。政策型国营保险组织是指为了保证国家某种社会政策的实施,专门经营一些强制性或特定的保险业务的组织。我国的出口信用保险公司和美国的联邦存款保险公司都属于政策型的国营保险组织。

国有保险公司目前是我国国营保险组织的主要组织形式之一,在我国保险市场上占有重要的地位。目前,我国的三大国有保险公司(集团)为中国人寿保险(集团)、中国人保控股公司、中国再保险(集团)公司。在法律上国家是国有保险公司的唯一股东,国家仅以出资额为限对公司承担有限责任,代表国家出资的机构或部门必须获得国家授权,国有保险公司不设股东会,国有保险公司的章程,由国家授权投资的机构或部门制定,或者由公司董事会拟定,由国家投资的机构批准,后报经中国保监会核准后生效。

国有独资保险公司是一种典型的国有形式,它是由国家授权投资的机构、国家授权的团体或部门单独出资设立的有限责任公司。对一些关系到国计民生的行业,适合由国有独资保险公司经营管理。国有独资保险公司实行的是公司制度。但是国有独资保险公司与国家政府之间不是行政隶属的上下级关系,而是平等的民事主体关系。

二、私营保险组织

私营保险组织是指由私人投资设立的保险经营组织。在保险业发达的国家,90％的保险

经营组织是私营保险组织形式,多以股份有限公司的形式出现。

保险股份有限公司和相互保险公司是两种典型的私营保险组织。其中,保险股份有限公司是现代保险公司制度下最典型的一种组织形式。

（一）保险股份有限公司

保险股份有限公司是由一定数量以上的股东发起组织的,通过发行股票（或权证）筹集资本,股东以其认购股份承担有限责任,公司以其全部资产对公司债务承担民事责任的保险公司。

保险股份有限公司作为一种现代保险公司制度,因其严密而健全的组织形式而备受各国保险业的推崇。

1. 保险股份有限公司的特点。① 保险股份有限公司所需要的大量资本通过发行股票筹集。资金实力雄厚,有利于业务扩展和风险更广泛地分散,使经营更加安全,从而对被保险人的保障能力也更强。② 保险股份有限公司采用所有权与经营权相分离,实现了现代企业制度所必需的出资者与经营者之间的委托-代理机制,又以营利作为经营的首要目标。这促使公司不断改善内部管理,开发适销对路的新产品,提高保险服务质量,提高经营管理效率。③ 保险股份有限公司采取确定的保险费制度,使投保人的保费负担能够确定,排除了向被保险人追补的情况,既符合现代保险的特点和投保人的需要,又便于保险业务的扩张。

2. 保险股份有限公司的组织机构。① 股东大会。股东大会由保险股份有限公司的股东组成,它是保险股份有限公司的最高权力机构,股东大会会议由股东选组的董事会负责召集,董事长主持,一般每年召开一次,某些特殊情况下可以召开临时股东大会。股东大会行使的职权主要是和公司的重大决策有关,如对公司合并、分立、解散和清算等事项进行投票表决,审议批准董事会、监事会报告等。② 董事会。董事会是由股东大会选举产生的公司日常经营决策和常设业务的执行机关,一般由5～19名成员组成。设董事长1人,副董事长1～2人。董事会是公司组织的主要管理集团,对股东大会负责,行使以下职权：负责召集股东大会,并向股东大会汇报工作;执行股东大会的决议;决定公司的经营计划和投资方案;制定公司的年度财务预决算方案;制定公司的利润分配方案和弥补亏损方案;负责制定公司增减注册资本的方案和发行公司债券的方案;撰写公司的合并、分立、解散方案;决定内部管理机构的设置;负责公司总经理等高级管理人员的任免;制定公司的基本管理制度。董事会每年度至少召开两次会议,董事对董事会的决议承担责任。③ 监事会。监事会由股东代表和适当比例的公司职工代表组成,成员一般不得少于3人,是股份有限公司的监督机构。董事、总经理及财务负责人一般不得兼任监事。监事会主要行使的职权有：检查公司财务;监督董事、经理依法及公司章程执行公司职务;要求董事、总经理纠正损害公司利益的行为;提议召开临时股东大会等。监事会的议事方式和表决程序由公司章程规定。④ 总经理。总经理由董事会聘任或解任,对董事会直接负责。总经理主要负责执行公司的经营方针,行使公司章程和董事会授予的职权。总经理是公司的代理人,应当履行职务,维护公司利益,不得以权谋私。

（二）相互保险公司

相互保险公司是由所有保险合同的持有人共同设立的保险法人组织,是人寿保险业特有的一种非营利性的公司组织形式,其经营目的是为各保险合同持有人提供低成本的保险产品。它在西方国家的寿险业中占有特别重要的地位。

1. 相互保险的特点。① 相互保险公司的投保人具有双重身份。他们既是公司的所有人,又是公司的客户。在相互保险公司这一组织形式下,投保人只要缴纳保险费,就可以成为公司的所有人之一;保险合同关系一旦终止,公司所有关系也就消失了。② 相互保险公司是一种非营利性组织。相互保险公司没有资本金,公司创立时所需的经营资金称为基金,以缴纳保险费的形式筹集,用以承担将来的全部保险责任,不足部分可以向外筹借。③ 相互保险公司的加入者同时成为公司的所有者,可以参与公司的经营和盈余的分配,公司所有者的利益也就是被保险人的利益,利益关系密切,相互依存,彼此监督,可以有效避免保险人的不正当经营和投保人的欺诈行为。

2. 相互保险公司的分类。按制定费率的差异和交付的不同,相互保险公司可以分为三类:① 分摊收取的相互保险公司:保单持有人就是公司所有人,每人都有相同的表决权,理事会由公司成员选举产生。这些公司通常业务范围小,组织结构简单。参加保险时付少量保费,以支付日常费用和小额赔款。如果不足,其成员有无限摊收保费的责任。② 预订足量保险费的相互保险公司:在保险期的开始,向投保人收取的全部保险费能够应付经营费用和赔偿费用后,往往会有剩余,剩余部分可用来加强公司财力。这种实力雄厚、组织规模较大的公司在世界保险业中占有一席之地,是相互保险公司的常见形式。③ 永久性保险制的相互保险公司:提供无限期保险,投保人签订保险合同的同时缴付一次性大额保险费,数额必须达到使保费存款的投资收益足以赔付损失和支付各种费用。在保单生效若干年后,被保险人分享公司红利。保险公司和被保险人都有权使保单作废退出保险。如果保单取消了,保险公司将退还该被保险人最初一次性支付的保险费。这种保险公司在承保类型、承保数量、承保范围和对被保险人的选择方面都有严格的限制,以保护自身的利益。

作为现代保险业常见的两种公司组织形式,相互保险公司与股份保险公司各有优势。

相对于相互保险公司而言,股份保险公司具有以下几个显著的优点:第一,筹集资金、扩展业务规模更为便利。股份保险公司可以通过资本市场来筹集资金,而相互保险公司筹集资金主要来自积累的盈余。第二,激励机制更有效。股份保险公司可以实行股权激励机制来吸引关键人才。股份保险公司归股东所有,股东对公司运作比相互保险公司的所有者(保单持有人)有更浓厚的兴趣,更关注于公司的经营管理。

而相互保险公司也具有自己独特的优势:第一,可以有效避免敌意收购。相互保险公司不发行股票,其竞争对手无法通过资本市场运作来进行恶意收购。第二,对消费者更有吸引力。与股份保险公司不同,相互保险公司经营所获得的绝大部分利润将返还给保单持有人,因此,保险消费者能最大限度地降低成本并获得保障。

相互保险公司比较适合于人寿保险公司。作为现代人寿保险开端的英国公平保险公司就是于 1962 年以相互保险公司的形式成立的。美国最大的人寿保险公司,如谨慎人寿保险公司、大都会人寿保险公司等都是相互保险公司。随着寿险业的发展,相互保险公司最初的相互性正在逐渐消失,与保险股份公司之间的区别已不再明显。

事实上,保险股份有限公司和相互保险公司可以相互转化,不少相互保险公司最初是以保险股份有限公司的形式设立,然后通过退股转化为相互保险公司。但是近几年却是相互制向股份制转化。

(三)合作保险组织

合作保险组织是由社会具有共同风险的个人或单位,为了获得保险保障,共同筹资设立的

保险组织形式。合作保险组织既可以采取公司形式,如相互保险公司,也可以采取非公司形式,如相互保险社与保险合作社。

一般而言,保险合作社与相互保险公司最早都属于非营利的保险组织,但两者存在区别。首先,保险合作社属于社团法人,而相互保险公司属于企业法人。其次,就经营资金的来源而言,相互保险公司的经营资金为基金,保险合作社的经营资金包括基金和股金。再次,保险合作社与社员的关系比较永久,社员认缴股本后,即使不投保仍与合作社保持关系。相互保险公司与公司所有人之间,保险关系与所有人关系则是一致的,保险关系建立,则所有人关系存在;反之,所有人关系终止。最后,就适用的法律而言,保险合作社主要适用保险法及合作法的有关规定,相互保险公司主要适用保险法的规定。

合作保险组织主要有相互保险社和保险合作社。

1. 相互保险社。相互保险社是最早出现的保险组织,也是最原始的保险组织形态,每个社员为其他社员提供保险,每个社员同时也获得其他社员提供的保险。相互保险社目前在欧美国家仍相当普遍,如美国的同胞社、英国的友爱社以及海上保险方面的船东相互保障协会等。与相互保险公司和保险合作社相比,相互保险社的特点有:① 相互保险社的成员之间相互提供保险保障,体现"我为人人,人人为我"的思想。② 相互保险社无股本,保险费采取事后分摊制,事先并不确定。在相互保险社中,赔偿和管理方面所需要的款项和开支由社员共同分担,社员先交付暂定分担额和管理费,在年度结算时计算出来确定的分担额后再多退少补。③ 相互保险社的最高管理机构是社员选举出来的管理委员会。通常情况下,委员会指定一个有法人资格的代理人主持社务,处理有关保险与社内财务等一切事务。④ 相互保险社的经营对象是社员,不对外公开营业,其组织规模较小,纯粹为社员服务。

2. 保险合作社。保险合作社是由一些具有相同保险需求的人组织起来、共同经营的相互保险组织。保险合作社与相互保险社很相似,相互保险社通常是按照合作社的形式建立起来的,但是两者还是有区别的。

美国的蓝十字会和蓝盾医疗保险组织是美国非营利性的医疗保险组织,它们以州或社区为经营范围。蓝十字会提供住院费保险,蓝盾则提供非住院的内外科费用保险。美国各地共有 70 个这样的组织,大约 2/5 美国人是蓝十字会成员,1/3 的美国人买了蓝盾保险。这两种组织是由医院和合作的承保组织联合向成员提供医疗保险的,会员即是投保人。

美国的保健团体是一种健康保险合作组织,又称管理式医疗保险组织,它向成员提供综合性的医疗和服务。虽然其重要性不如商业性人寿保险公司和非营利性的蓝十字会及蓝盾组织,但它在 20 世纪 70 年代以后得到了迅速发展。

日本的农业合作社(协同组合)是日本办理人寿保险最活跃的合作社,它是根据昭和二十二年(1947 年)的农业合作社法,由农民组织建立的互助组织。互助组织的种类有建筑物互助、人寿保险和损害保险等。费率和条款在全国是统一的,所聚集的资金大部分存入农业合作社系统的信用农业合作社联合会或农林中央金库,或用来购买农林公债和金融机构发行的债券。

（四）合营保险组织

合营保险组织有两种:一种是政府与私人共同投资设立,属于公私合营的保险组织形式;另一种是本国政府或组织与外商共同投资设立的合营保险组织。我国称之为中外合资保险组织形式。公私合营保险组织通常也是以股份有限公司的形式出现,并具有保险股份有限公司

的一切特征。

（五）行业自保组织

行业自保组织是由某一行业或公司为本系统或本公司提供保险保障的组织形式。欧美国家的许多大企业集团都有自己的自保保险公司。行业自保公司是在第一次世界大战和第二次世界大战期间首先在英国兴起的。到了 20 世纪 50 年代，美国也开始出现了这种专业型自保公司。

行业自保公司一般是由母公司为保险目的而设立和拥有的保险公司，它主要向母公司及其子公司提供保险服务。目前，美国已有 1 000 多家自保公司，《财富》500 强中已有 48％的公司建立了行业自保公司。行业自保组织具有一般商业保险所具备的特点，但其适用范围有限制，所以不能像商业保险那样普遍采用。行业自保公司的主要优点在于：① 减少公司的保险费用。它用比商业性保险公司更经济的办法提供保险业务。② 方便参加再保险。这是因为许多再保险公司只与保险公司做交易，而不与被保险人打交道。③ 作为公司盈利的一项来源。行业自保组织除了向母公司及其子公司提供保险外，也向其他单位提供保险业务。④ 降低被保险人的保险成本。⑤ 增加承保弹性。即：自保公司承保业务的伸缩性较大，对于传统保险市场所不愿承担的风险，也可予以承保，以解决母公司风险管理上的困难。⑥ 减轻税收负担，因自保公司设立的重要动机，在于获得税收方面的利益。向行业自保组织缴付的保费可以从公司应税收入中扣除。⑦ 加强损失控制，即：通过建立自保公司，可以降低商业企业保险引起的道德风险，母公司会更加主动地监督其风险管理方案。

而行业自保公司也存在缺点，其缺点在于：① 业务能量有限。因现今多数自保公司虽皆接受外来业务，以扩大营业范围，本质上其大部分业务仍以母公司为主要来源，危险单位有限，使大数法则难以发挥功能。② 风险品质较差。因自保公司所承保的业务多为财产保险及若干不易从传统保险市场获得保障的责任保险，不仅易于导致风险的过分集中，且责任保险的风险品质较差，如损失频率颇高、损失额度大、损失补偿所需的时间常拖延甚久等。③ 财务基础脆弱。即：自保公司设立资本较小，财务基础脆弱，同时外来业务少，不易分散经营风险。

（六）个人保险组织

个人保险组织是以自然人的名义承保风险的一种组织形式。该组织主要存在于英国。英国的劳合社是世界上最大的、历史最悠久的个人保险组织，其演变史可以成为英国海上保险发展的一个缩影。

（七）我国保险公司的主要存在形式

在我国保险市场上，中国人民保险公司曾一直是国有独资保险公司的代表。平安、太平洋保险为大陆较早成立的股份有限公司。除了国有独资保险公司外，我国保险市场上保险公司的组织形式主要是保险股份有限公司。

我国的保险股份有限公司已经纷纷开始寻求公开上市，以募集更多的资本金，增强保险公司的偿付能力以及整个保险业的抗风险能力。中国人民财产保险股份有限公司作为国内第一家海外上市的金融企业，于 2003 年 11 月 6 日在中国香港成功发行股票，募集资金 62.2 亿港元。中国人寿保险股份有限公司也于 2003 年 12 月 17 日、18 日分别在美国纽约、中国香港两地上市，成为第一家在境外上市的中国寿险公司和第一家在境外两地同步上市的中国金融企业。2004 年 6 月 21 日，中国平安保险（集团）股份有限公司在香港联合交易所首次公开发行

股票,募集资金 140 多亿港币。2007 年,中国人寿保险公司和中国平安寿险公司又在国内 A 股市场成功上市。中国太平洋保险(集团)股份有限公司也于 2007 年 12 月 25 日在上海证券交易所上市。

2003 年年底,中国保监会开始筹划农业保险,深入探索建立政策性农业保险制度,充分发挥保险的社会管理职能,服务于"三农"。2004 年 3 月成立的首家专业农保公司——安华农业保险股份有限公司。2004 年 11 月,经保监会批准,我国第一家相互保险公司——阳光农业相互公司获准筹建。

1992 年 9 月 29 日,美国国际集团(AIG)附属的子公司美国友邦人寿保险公司在上海设立分公司,成为我国第一家外国保险公司分支机构。目前我国保险市场上已有多家外国保险公司分支机构,如瑞士丰泰保险(亚洲)有限公司上海分公司、英国皇家太阳联合保险集团上海分公司、日本东京海上火灾保险公司上海分公司、韩国三星火灾海上保险公司上海分公司等。其中,除了友邦保险公司是唯一一家外国独资人寿保险公司外,其他外国保险公司分支机构多为财产保险公司。在中国设立分支机构是外资财产保险公司目前进入中国保险市场的主要形式,随着我国保险市场对外开放的扩大,外资财产保险公司也可以通过设立合资公司或独资公司等形式进入中国保险市场。

此外,我国保险市场上也存在着中外合资保险公司、合作保险组织和专业自保组织等保险组织形式。

第二节　保险的数理基础

一、保险费率的构成与厘定原则

(一) 保险费率的构成

1. 保险费。保险费简称保费,是投保人向保险人购买保险所支付的费用。保费的多少是由保险金额和保险费率这两个因素来决定的。保费在经济上应当具有可行性,即: 对于投保人而言,购买保险产品所支付的保险费用应当低于该产品带来的预期价值;对于保险人而言,保险费应能保证一个合理的经济回报,使其在行业竞争中至少能维持营业利润。

一般情况下,保险人与投保人之间应当存在着一种"赔偿给付与缴纳相等"的原则,即纯保费总额等于未来赔偿或给付保险金总额。

纯保费是保险人用于支付预期损失的保费。而办理保险业务时还有用于保险业务的各项营业支出:营业税、代理手续费、企业管理费、工资及工资附加费、企业盈利、防灾补助等,这部分构成附加保费。两者总和构成毛保费,保险费的构成为纯保费和附加保费两者相加。

在保险定价中,纯保费的估算过程与事件的不确定性紧密相连,但在寿险与非寿险领域中,不确定性的含义又有一定的差别。在非寿险领域,不确定性主要体现在实物标的发生事故的不确定性上,且风险时限较短,因而非寿险定价一直将损失发生频率、损失发生的规模以及对损失的控制作为其研究重心。而在寿险领域,不确定性主要体现在人的生命或身体机能发生风险事故的不确定性上,且风险时限较长,因而利率和死亡率的测算是研究寿险成本的两个基本问题。

2. 保险费率的构成。保险费率简称费率,是保险人按照单位保险金额向投保人收取保费

的标准。它是保险费与保险金额的比例,又被称为保险价格,通常以每百元或每千元的保险金额来表示。不同的保险类别,其费率通常是不一样的。在人寿保险中,费率通常按每 1 000 元保额来计算;在财产保险中,费率通常按每 100 元保额来计算。费率与保费之间存在如下的关系:保险费=保险金额×保险费率。

3. 保费订立的基本原理。① 收支相等原则。理论上保险期内纯保费收入与支出保险金相等。② 大数定律。

（二）确定保险费率应遵循的主要原则

1. 适当性原则。费率的制定需要考虑能够补偿因损失发生保险人需要承担的各种费用。如果费率定得过高,将增加投保人的负担,也使保险人在竞争中处于不利地位;如果过低,则又将使保险人的收支不平衡。

2. 公平合理性原则。费率的制定必须服从于政府的法规。因为保险被认为是基于公共利益基础之上的一种活动。投保人所缴纳的保险费与保险人对保险事故所承担的责任,应当彼此相当、公正。在实践中,保险人会根据基本费率,对不同的保险标的的风险因素予以增减,以计算出个别保险费来。

3. 稳定灵活性原则。费率订立以后,在短期内不宜经常变动。因为不稳定的费率,将使投保人难以确定保费的预算,使投保过程变得复杂,由此可能导致保险人业务量的减少。为了做到费率的相对稳定,保险人必须平均过去多年的损失及费用经验,预计未来多年的发展趋势。而稳定是相对而言的,因为现实情况在不断地发生变化。

4. 损失预防的鼓励性原则。预防损失、排除风险虽然不是保险业的固有任务,但近代保险业对此已经十分重视。因此,在保费的构造中,通常有鼓励投保人或被保险人从事保护保险标的及减免损失活动的因素。例如,在财险中可以因未发生保险事故而降低续保费率,而且许多国家的保险法规定,投保人或被保险人为防止或减少保险标的的损失所支付的必要的、合理的费用,由保险人承担。

5. 合理性原则。费率的合理与否,需要经过实施一段时期,根据历年的平均数据计算出来。一般而言,测定费率是否合理,只需将一段时期（通常是 5 年）的平均实际损失率与该类风险的标准损失率——预期损失率进行比较,从而计算出原定费率应作何等程度的调整。费率的计算公式为:

$$M=\frac{A}{E}, \quad M-1=\text{调整率}$$

上述公式中,M 为修正费率;A 为实际损失率;E 为预期损失率。

举例来说,预期损失率为 50%,实际损失率为 68%,依照上述公式计算,应调整 36%,即:

$$M=\frac{68\%}{50\%}\times100\%=136\%, \quad (136\%-1)\times100\%=36\%$$

（三）保险费率厘定的一般方法

1. 分类法。依据某些重要的标准,对风险进行分类,并据此将被保险人分成若干类别,把不同的保险标的根据风险性质归入相应群体,分别确定厘定费率的方法。费率的厘定方法有纯保费费率法和损失比率法。比如,按照被保险人的职业类别设定不同的费率,高风险职业费率高,低风险职业费率低。

2. 观察法。观察法又称个别法或判断法,它就某一被保风险,单独厘定出费率,在厘定费率的过程中保险人主要依据自己的判断。比如对一企业的财产风险进行费率评估,要根据此企业的经营环境、地理位置及周边环境进行单独评估。

3. 增减法。增减法是指在同一分类中,对投保人给以变动的费率。① 表定法。该法以每一危险单位为计算依据,在基本费率的基础之上,参考标的物的显著危险因素来确定费率。② 经验法。该法又称为预期经验法,它是根据被保险人过去的损失记录,对按分类法计算的费率加以增减,但当年的保费额并不受当年经验的影响,而是以过去数年的平均损失来修订未来年份的保险费率。③ 追溯法。该法是依据保险期间的损失为基础来调整费率的。

（四）财产保险费率的厘定

损失率是指保险财产价值遭受损失的比率。它是计算纯费率的关键。它的计算公式为:

$$保险额损失率 = \frac{保险赔款总额}{总保险金额}$$

$$损失率 = \frac{保险赔偿额}{保险金额}$$

例如,已知保险标的的件数为 16 000 件,全部保险标的的保险金额为 100 000 000 元,发生保险事故的次数为 32 次,受灾保险标的的件数为 40 件,受灾保险标的保险金额为 320 000元,保险人支付的保险赔偿金额为 120 000 元。计算保额损失率:

$$保险事故发生的频率 = \frac{32}{16\ 000} \times 100\% = 0.2\%$$

$$保险事故的损失率 = \frac{40}{32} = 1.25$$

$$保险标的损毁程度 = \frac{120\ 000}{320\ 000} = 0.375$$

受灾保险标的的平均保险金额与全部保险标的的平均保险金额的比率为:

$$\frac{320\ 000 \div 40}{100\ 000\ 000 \div 16\ 000} = 1.28$$

所以,保额损失率为:$2\% \times 1.25 \times 0.375 \times 1.28 \times 100\% = 1.2\%$。

实际上,也可以用保险赔款金额除以保险金额直接求得保额损失率:

$$保额损失率 = \frac{120\ 000}{100\ 000\ 000} \times 100\% = 0.12\%$$

赔偿多少反映损失状况,保险金额反映财产价值,损失率即说明了保险财产价值受到了多大损失。需要指出的是,损失率是计算保险纯费率的基础,但损失率不能以一次或某一时期保险事故中的赔款来确定。若这样的话,由此制定的保险费率就只能反映保险损失赔偿的偶然性,而不具有客观规律性。在实务中,保险人一般选业务相对稳定的一些年份,分别计算每年的保额损失率,然后求其均值,得到平均保额损失率,再加上一定程度的安全加成就可以作为纯费率了。

纯费率加附加费率构成毛费率,但这种毛费率只是财险中某一大类险种的毛费率,它没有特别考虑分项业务的需要,因此实践中,还必须根据级差费率对分项业务的费率进行调整。级

差费率是指在同类风险范围内,保险人用于核算不同风险程度和损失率的差别费率。

（五）寿险产品的定价

寿险产品的定价是一个复杂的过程,它是由精算师按照充足、适当、无不公平的歧视等原则,依据以下三个主要因素来进行的:

1. 死亡率。为确定需要多少来支付索赔,保险公司必须能够精确估计发生索赔的次数和时间。因此,在对寿险产品进行定价时,保险公司需要预测出一组被保险人中每年将发生的死亡人数。寿险公司将相同年龄、相同性别和相同风险等级的被保险人划为同一保单组。确定死亡率的重要基础是生命表,寿险公司利用生命表可以看作是确定一组寿险保单价格的首要步骤。生命表将在之后细述。

2. 投资收益。保险公司在确定保单价格时应考虑的第二个因素是投资收益。显然,保费收入是用以支付寿险理赔资金的主要来源。因为保费的收取与赔偿给付在时间上存在差异性,这种时间差使保险企业在资本金和公积金之外,还有相当数量的资金在较长时间内处于相对闲置状态,因此保险人可以在此期间将其进行投资。

3. 费用。公司的运营成本是寿险产品定价必须考虑的第三个因素。运营成本包括销售的佣金成本、建立和维持总公司及分支机构的费用、雇员薪金、税收、股东分红等。为了补偿上述这些运营成本及获得预期利润,保险公司必须在净保费的基础上加收一笔保费,这一保费叫附加保费。

二、大数定律

大数定律(law of large numbers)是指样本容量越大,对样本损失的预测就越准确。

大数定律是用来说明大量的随机现象由于偶然性相互抵销所呈现的必然数量规律的一系列定理的统称。

大数定律应用于保险的意义是为保险费率的厘定和责任准备金的提取提供科学依据,进而明确保险风险控制的目标。它应用于保险最重要的结论之一是,在有足够多的标的物时,实际损失结果与预期损失结果的误差将很小。通俗地讲,这个定理就是,在试验不变的条件下,重复试验多次,随机事件的频率近似于它的概率。但是巨额保险却没有,这是因为巨额保险没有稳定的统计规律,是不可重复的随机事件。大量相互独立的随机事件近似服从正态分布。

保险经营利用大数定律,就是要把不确定的数量关系向确定的数量转化。而确定性的大小决定了误差的大小,即:确定性越大,则误差越小;确定性越小,则误差越大。那么,标的数要达到多大才能满足确定性的需要呢? 或者说,如何测定一定确定性要求下的"大数"呢?

在一定的要求之下,"大数"由下面的公式来测定:

$$N = \frac{S^2 p(1-p)}{E^2}$$

其中,N 是在一定条件下应具有的风险单位数;E 是(相对于预期损失次数而言的)实际损失变动次数与总数的比率,即表示所需要的精确度;S 是实际损失与艰苦损失相关的标准差的个数,它的值可以说明对所获得结果的信赖程度;p 是某一特定标的(风险单位)发生损失的概率。

在"大数"的估计中,S 和 E 两个要素很重要。在 E 一定的情况下,S 的值越大要求的风险

单位数越大；在 S 一定的情况下，E 的值越小，要求的风险单位数越大。而"大数"具有相对性，一个数是否够大，关键在于它是否适合一定的精度要求。

三、生命表

生命表是根据一定时期某一国家或地区的特定人群的有关生存、死亡的统计资料加以分析整理而形成的一种表格，它是人寿保险测定风险的工具，是寿险精算的数理基础，是厘定人寿保险纯费率的基本依据。

以死亡统计的对象为标准，生命表可分为国民生命表和经验生命表。国民生命表是根据全体国民或某一特定地区人口的死亡资料编制而成的。经验生命表是根据保险机构有关人寿保险、社会保险的死亡记录编制而成的。

第三节　保险产品的承保管理

保险经营活动的各个环节均以实现保险保障为目的，因此保险人在注重保险业务的特殊性、安全性、效益性的同时，力求经营的各环节连续通畅。

风险大量原则是保险经营的首要原则，但是在保险经营中除了满足数量上的要求外，还必须满足质量上的要求，如果将大量的不符合保险公司要求的风险也予以承保，就会使保险公司的赔付率增加，同样影响保险公司的利润和财务稳定。因此，科学的保险经营是实现风险大量和风险选择的有机统一。

一、保险承保

承保是指保险人接受投保人的申请并与之签订保险合同的全过程。从严格的意义上讲，一项保险业务从接洽、协商、投保、审核，到收取保险费、出具保险单都属于承保工作。承保是展业的继续，是保险合同双方在展业的基础上就保险条件进行实质性谈判的阶段。而承保工作的质量高低直接关系到保险合同能否顺利履行，关系到保险企业财务的稳定性好坏，它是衡量保险公司经营管理水平高低的一个重要标志。

保险公司的承保程序包括制定承保方案、获取和评价承保信息、审查核保、作出承保决定、单证管理、续保等步骤。另外，还要分析损失和保险费的经验数据，修订保险费率计划，研究保险责任范围和保单格式，设计新的保险品种，负责保险销售人员的教育和培训。

（一）承保选择

现代保险经营是建立在科学基础上的，这不仅表现在保险营销手段的现代化、保险费率厘定的科学化，还表现在承保管理的标准化和程序化。承保管理的标准化和程序化最主要表现在保险的核保上。保险核保的内容包括核保选择和核保控制两个方面。保险承保的基本目标是为保险公司安排一个安全的、营利的业务分布组合。为此保险人为避免逆选择、保证保险业务的品质，必须选择一组能够适当平衡的被保险人，也就是说低于平均损失的被保险人能够抵消高于平均损失的被保险人，以便使保险费收入足以抵付支出。所以，对每一份投保申请，保险公司都要通过承保选择，决定是否接受。承保选择包括对"人"的选择，即对投保人和被保险人的选择；又包括对"物"的选择，即对保险标的及其利益的选择。

1. 对投保人和被保险人的选择。投保人对保险标的的保险利益、投保人的品格和行为，都会直接影响到保险事故发生的可能性和损失程度。因此,保险公司在承保前有必要了解投保人的品格、资信和作风等。在财产和责任保险中,保险标的虽然不是自然人,是有形的财产和无形的利益和责任,但投保人对保险标的的管理、保存、处置是否得当,直接影响到风险的扩大和缩小,所以也就存在对投保人的选择。例如,汽车核保时保险公司对驾驶员的驾驶技术和以往的肇事记录等都要进行严格的审核。人身保险的保险标的是被保险人的寿命和身体,保险公司往往通过风险评估来防止逆选择的产生。

保险的特性容易让认为自己身体状况较差的人或面临风险较大的企业积极投保,身体状况健康的人或风险较小的企业,较不着急投保,这种倾向称为逆选择。从定义上表述,逆选择是指投保人所为与保险人相反的选择,亦即投保人选择危险较大者购买保险或申请续保,而情况良好者则不欲购买保险或续保。保险人与被保险人对于危险的选择观点不同,保险人选质优或无显著不良危险之标的给予承保,而被保险人则选择对本身有利的情况,例如选择危险程度极高之物品购买保险,此即逆选择。

2. 对保险标的及其利益的选择。保险标的是保险公司承保风险责任的对象,其自身性质和状态与风险大小以及风险发生所造成的损失程度直接有关。因此,保险公司在承保业务时必须将保险标的细加分类、合理选择。选择的重点应集中在保险标的本身所发生损失的可能性大小上。例如,火灾保险对保险标的的选择是保险标的的坐落地点、建筑结构、防护和占用性质等;汽车保险对保险标的的选择是汽车的性能、使用年限等;人身保险对保险标的的选择是被保险人的年龄、身体健康状况、职业等。

(二)承保控制

承保控制是指保险人对投保风险作出合理的承保选择后,对承保标的的风险状况,运用保险技术手段,控制自身的责任和风险,以合适的承保条件予以承保。承保控制的对象主要有两种:第一,风险较大但保险人还是予以承保的标的,保险人为了避免承担较大的风险,必须通过控制来限制自己的保险责任。第二,随着保险合同关系的成立而可能诱发的两种新的风险因素,即道德风险和心理风险。

道德风险是指被保险人或受益人故意制造保险事故以牟取赔款,如人寿保险中投保人或受益人故意谋害被保险人;心理风险是投保人或被保险人在参加保险后产生的松懈心理,不再小心防范所面临的自然风险和社会风险,或在保险事故发生时,不积极采取施救措施,任凭损失扩大,如在汽车保险中驾驶员投保后不遵守交通规则或不谨慎驾驶。道德风险在法律上是一种犯罪行为,但心理风险并不触及法律,所以更容易发生。对于这两类风险,保险人除了在保险条款中明确规定被保险人的义务外,还要运用技术手段,采取相应措施予以控制。

1. 道德风险的控制。① 需要控制保险金额,避免高额保险。控制保险金额就意味着控制了赔偿和给付的最高限额。人身保险的保险金额在保险公司可接受的范围内,由投保人根据自己的保险需求和保费的承担能力来决定,很容易因高额人寿保险而产生道德风险,因此保险人一般不接受过高保险金额的保险业务;责任保险按投保人对事故所负的法律责任来履行其经济赔偿责任,虽然保单中没有保险金额,但保险人对每次事故的赔偿金额或给付金额以及保险期限内的累计赔偿金额或给付金额都有赔偿限额的规定;财产保险的保险金额按定值和不定值保险分别确定,不定值保险的保险金额由投保人自行选定,但原则上却客观反映了保险标的的投保时的实际价值,定值保险的保险金额由投保人和保险人双方通过协商,充分考虑市场因素和特约财产的品质,特别约定并在保单中载明。对于高保额的保险标的,因为保险标的的可能发生损失的金额巨大或因自身承保能力的限制,通常要控制保险金额,目的是使保险赔偿和给付金额限制在能够承受的范围内;对损失发生频率较大的保险标的,投保时保险人也要控制保险金额,以相对减少赔偿和给付金额。② 控制赔偿程度。根据保险补偿原则,损失补偿通常有三个限额:一是以保险金额为限;二是在保额的限度内以实际损失为限;三是以保险利益为限。财产保险和人身保险中的医疗费用保险必须严格遵守保险的补偿原则。对于不定值保险,保险公司在保险条款中明确规定,按财产发生的实际损失赔偿,不得超过保险金额。对于定值保险,发生全损时,不论受损标的的市价如何,均按双方约定的保额赔付;发生部分损失按损失部分赔付。对不足额保险,按保险金额与保险标的物的保险价值之间的比例赔偿。对于超额保险超过部分无效。对因被保险人的故意行为导致保险标的的损失的,保险人可免除赔付责任。对被保险人失职,保险人赔付后,应追究个人责任。

2. 心理风险的控制。① 控制保险责任。保险公司通过对风险的评估,确定保险责任范围,通过制定相应的保险条款,明确所承担的赔偿责任。在承保时,为了明确和控制保险责任范围,满足不同层次投保人的需求,保险人将保险责任分为基本责任、特约责任和除外责任,并通过制定相应的保险条款明确所承担的赔偿责任。对基本风险,一般适用基本条款,以基本费率予以承保,如:人寿保险的基本责任有死亡和生存,而火灾保险中基本责任有火灾、爆炸、雷击等;对特殊风险,往往借助于附加条款,在承保基本责任的基础上,加费承保或采用特约条款,按特别约定的承保条件承保,如火灾保险中特约责任承保的风险有地震、盗窃等;对有些不易控制的风险责任,按照自己的偿付能力确定自留责任限额,超过自留额部分的风险责任办理分保,以分散风险。如2011年3月11日,日本本州岛海岸外遭遇9.0级特大地震中,财产险保单的保障范围不包括核污染,同时对日本核设施的保险保障则不包括地震、地震后的火灾和海啸所导致的物质损害和责任。瑞士再保险认为,财产及意外险行业不太可能因福岛核电站事件蒙受直接重大损失。② 规定免赔额。对有些损失,保险公司往往规定一定的免赔额,对超过免赔额的部分保险公司才负赔偿责任。③ 规定共同保险。在对容易产生心理风险的保险险种或对损失发生概率较大的保险标的承保时,保险人常在保险条款中订入共同保险条款,让被保险人自己承担一定比例的保险损失,从而遏制被保险人心理风险的产生,如汽车保险、医疗费用保险等均有共同保险的规定。④ 续保优惠。对无赔款发生的投保人,续保时在保险费率上给予优惠。例如,汽车保险中,对保险车辆在1年保险期内没有发生赔款的,续保时可享受上年度保险费一定比例的优惠,对于连续几年没有发生赔款的,优惠的比例更大。⑤ 其他优惠。对配备先进防灾设施和防灾防损工作做得好的被保险人,在保险费率上也给予优惠。

二、保险防灾防损

保险防灾防损是指保险人、投保人与被保险人对所承保的保险标的采取措施,减少或消除风险发生的因素,防止或减少灾害事故所造成的损失,从而降低保险成本、增加经济效益的一种经济活动。

我国《保险法》第51条规定,被保险人应当遵守国家有关消防、安全、生产操作、劳动保护等方面的规定,维护保险标的的安全。投保人、被保险人未按照约定履行其对保险标的的安全应尽责任的,保险人有权要求增加保险费或者解除合同。保险防灾防损的措施主要有以下几点。

(一) 加强各防灾部门的联系与合作

保险人一方面要注意保持和加强与各专业防灾部门的联系,并积极派人参加各种专业防

灾部门的活动,如公安消防部门对危险建筑的防灾检查等;另一方面要充分利用保险企业的信息和技术优势,向社会提供各项防灾防损服务,如风险评估服务、事故调查服务等。

（二）进行防灾宣传和检查

保险人应运用各种宣传方式,向投保人和被保险人宣传防灾防损的重要性,提高安全意识。

宣传内容主要有保险与防灾的关系、消防条例和有关法律规定、防灾的基本知识等。

（三）及时处理不安全因素和事故隐患

通过防灾检查,发现不安全因素和事故隐患时,保险人要及时向被保险人提出整改意见,并在技术上予以指导和帮助。《保险法》第51条规定,保险人为维护保险标的的安全,经被保险人同意,可以采取安全预防措施。

（四）提取防灾费用,建立防灾基金

保险企业每年要从保险费收入中提取一定比例的费用作为防灾专用费用,建立防灾基金,主要用于应付突发性重大灾害的急用。通常,保险人在承保时会根据投保人采取的防灾措施情况而决定保险费率的高低,从而达到实施保险防灾管理的目的。

第四节　保险产品的研发与销售

保险公司获得长期利润的关键是向客户提供满意的服务,而成功的市场营销是向客户提供满意服务的前提。保险营销是保险公司为了满足市场存在的保险需求所进行的总体性活动,包括保险市场的调查与预测、保险市场营销环境分析、投保人行为研究、新险种开发、保险费率厘定、保险营销渠道选择、保险商品推销以及售后服务等。

一、保险险种的开发

险种开发是保险营销的核心。保险公司只有根据经济形势和客户需求的变化不断开发出新险种或者有针对性的险种组合,才能在激烈的市场竞争中保持优势地位。

（一）新险种的界定

新险种是指险种整体内容或其中的一部分有所创新或改革,能够给保险消费者带来新的利益和满足的保险产品。新险种必须具备两个特点:一是全新构思的险种,在使用功能或经济性能方面优于原来险种;二是具有新用途的险种。

（二）新险种开发步骤

新险种的开发过程中从信息反馈、资料收集的构思过程,到方案筛选、目标市场分析的操作过程,再到最后推向市场进行市场检验的过程,其中任何一个过程发生失误都将导致销售结果达不到预期。新险种开发的程序包括构思的形成、构思的筛选、市场分析、新险种的设计、新险种的报备和报批、新险种的试销及其营销策略以及新险种商品化六个步骤。

1. 构思的形成。收集新构思是新险种开发的第一步。据调查,新险种构思中的60%来自客户、竞争对手和情报资料,40%来自本公司的高层管理者和市场调研人员。因此客户的需求是新险种的构思源泉,追随竞争对手是新险种构思的重要途径,保险公司的调研是新险种构思

的主要来源。

2. 构思的筛选。筛选时既要防止对新险种构思的潜在价值估计不足造成失误,使保险公司失去开发的机会,又要防止误取无发展前途的险种而招致保险公司经营失败。保险公司对于新险种的构思筛选要通过销售团队的模拟客户需求演练进行。

3. 市场分析。市场分析主要是分析新险种的市场销售前景,即其销售量和成本利润,并预测和评估新险种的销售量、开发成本及销售利润等指标能否满足保险公司的目标。其重点是新险种的特点、目标市场和潜在购买力如何等。

4. 新险种的设计。新险种的设计包括保险单的设计、保险条款的设计和险种命名等。其中新险种命名是树立险种形象乃至企业形象的关键。人身保险新险种命名多采用寓意命名法,选择具有祝福含义的名称,如寿险中的康宁、松鹤、吉祥、福寿等。

5. 新险种的报备和报批。新险种设计出来以后,还要根据国家的相关法律法规,对不同的险种向保险监督管理委员会进行报备和报批。

6. 新险种的试销及其营销策略。新险种设计出来以后,可在一定范围的市场上进行试销,之后保险公司应根据市场反馈信息修改或重新制定营销策略。

7. 新险种商品化。当新险种正式作为商品推向市场时,要把握上市时机、上市地域、预期目标市场等因素。保险公司在推出新险种时必须考虑进入市场的时机,可以选择先期进入或平行进入,也可以后期进入等。保险公司在推出新险种时还必须把握主要的消费者群体,并将其营销活动集中于最佳的潜在消费者范围。

二、保险营销

保险营销是以保险市场为起点和终点的活动,其对象是目标市场的准保户,目的是满足目标市场准保户的保险需求。

(一) 保险营销的特点

保险营销的特点主要有:一是服务性。保险营销是一种服务活动,其营销对象是保险这一特殊商品。二是其专业性。保险学是一门范围非常广泛的交叉学科,涉及经济、法律、数学等诸多方面。此外,保险营销人员在营销过程中要与各行各业的人物进行广泛的接触,涉及许多专业知识和技能的运用。三是挑战性。尽管保险营销在发达国家的发展日臻成熟,但在我国还是一个较新的工作领域。我国的商业保险发展缓慢,国民的保险意识也较为淡薄,保险营销工作也极富挑战性。

(二) 保险营销的要素

1. 产品。保险虽然是一种无形的商品,却能满足客户保障和投资方面的需求。保险产品可细分为很多不同的种类。随着保险公司保险技术的不断提高、资本市场的不断发展及客户对保险需求的多样化,保险产品也向综合化和多样化方向发展。在保险营销过程中,保险产品和营销人员是无法分离的,客户会将营销人员的衣着形象、言谈举止和服务水准也视为产品的一部分。

2. 价格。保险产品的价格即保险费率。保险监管机构对人身保险主要险种的预定利率和生命表都有明确的规定,因此保险公司可运用的价格弹性并不大。其实保险营销更适合采用非价格竞争,即保险质量竞争、保险服务竞争。

3. 促销。保险商品是一种无形的非渴求商品,保险商品的这一特性决定了保险公司较少进行产品方面的广告,而只做品牌广告、形象宣传。当然,随着保险深度和保险密度的提高,保险消费人群的整体素质提升,产品广告业将成为促销的一个重要手段。公关活动和新闻报道也是保险公司促销的主要手段。

4. 分销渠道。分销渠道是指让客户方便购买保险、获得服务的地点和环境。在产品趋同、价格均同的市场上,分销渠道才是保险公司发挥竞争优势的战略目标。保险代理人和保险经纪人是无可替代的主要的保险营销渠道。随着保险业的发展和科技的进步,新型分销渠道不断涌现,如银行代理、邮政代理、电话直销、信函直销、网络营销等。

(三) 开展保险业务的主要方式

1. 保险代理人。保险代理人是指接受保险人的委托,根据代理合同在保险人授权的范围内代为办理保险业务,并向保险人收取代理手续费的单位和个人。保险代理人按其主营业务不同可分为专业代理人和兼业代理人。虽然专业代理人和兼业代理人均以接受保险人的委托来代理保险业务,但是兼业代理人通常与投保人联系较为密切,可以结合自身业务优势为保险人争取业务,但是其业务范围较窄,对保险业务熟悉不够,容易影响业务质量,且不利于保险公司的专业化管理。保险代理人按其所代理的保险业务的性质可分为寿险代理人和非寿险代理人,按其是否专门为一家保险公司代理保险业务又可分为独立代理人和专属代理人。

保险代理人可以是法人,也可以是自然人,其必须以被代理人,即授予代理权的保险人的名义进行民事法律行为;其必须在保险代理合同所规定的授权范围内从事保险代理活动;其从事保险代理业务的人员必须参加统一的代理人资格考试并获得保险代理人资格证书。

2. 保险经纪人。在保险市场上,由于保险技术的复杂性、保险条款和费率厘定的专业性,投保人更倾向于委托熟悉市场的保险经纪人为其提供专业化的保险计划,因此保险经纪人是保险市场上非常活跃的中介。保险经纪人是基于投保人的利益,为投保人与保险人订立保险合同提供中介服务,并依法收取佣金的有限责任公司。

在保险发达的国家,保险公司特别是产险公司广泛使用保险经纪人展业。保险经纪人作为投保人的代理人,代表的是投保人的利益,更能得到投保人的认同,更利于保险商品的推销和保险交易的成功。另外,运用保险经纪人展业,还有利于保险公司之间的公平竞争,建立良好的市场秩序。

3. 电话直销。电话直销就是保险公司通过专业的呼叫中心,针对目标客户进行销售,它具有保险公司主动销售、客户接触度低的特点。

4. 网络直销。网络直销是保险公司通过互联网开展电子商务,整个销售过程都在网上实现,即在线投保。网络营销具有保险公司被动销售、客户接触度低的特点。网络销售大大降低了展业成本,增加了新的销售机会,并有利于提高保险服务质量,但是却容易发生安全风险、法律风险等。

由于网络保险的整个操作过程都由客户掌控,对投保人的保险认知水平要求较高,再加上投保人和保险公司双方缺乏互动等,目前我国在网上营销的保险产品都是一些比较简单的产品,如汽车保险、人身意外伤害保险等。

5. 银行保险。银行保险是保险公司通过银行和邮政网点、基金组织以及其他金融机构,依靠传统销售渠道和现有客户资源进行保险商品销售。银行保险是不同金融产品、服

务的相互整合,互为补充,共同发展;银行保险作为一种新型的保险概念,在金融合作中,体现出银行与保险公司的强强联手,互联互动。这种方式首先兴起于法国。与传统的保险销售方式相比,它最大的特点是能够实现客户、银行和保险公司的"三赢"。当然,如果消费者不太明白银行产品与保险产品之间的异同,加之经营上的某种利益导向,就可能存在客户被误导的现象。

第五节　保险投资管理

保险资金运用是现代保险业得以生存和发展的重要支柱,它与资本市场具有天然的割舍不断的联系。保险业对资本市场的发展与完善具有不可替代的作用,资本市场的发展与完善反过来又促进保险业的发展,为保险业的发展提供平台。

随着金融全球化和一体化的发展,保险业的竞争日趋激烈,保险资金运用已经成为保险业发展的生命线。一般发达国家保险资金运用在呈现多元化的同时,更多地倾向于资本市场。

一、保险投资的含义

保险投资是指保险企业在组织经济补偿过程中,将积聚的各种保险资金加以运用,使资金增值保值的活动。保险企业可运用的保险资金是由资本金、各项准备金、承保盈余和其他可积聚的资金组成。运用暂时闲置的大量准备金是保险资金运动的重要一环。

保险投资有三大原则:安全性、收益性和流动性。另外,保险投资还要求对称性、替代性、分散性、转移性等约束条件。对称性要求保险公司在业务经营中注意资金来源和资金运用的对称性;替代性要求保险公司在制定策略时根据自身资金来源等情况对投资目标定位;分散性要求保险投资策略多元化、投资结构多样化,尽量选择相关系数小的资产进行搭配;转移性要求保险公司可以通过一定的形式将投资的风险转移给他方而降低自身的风险。

二、保险投资的形式

合理的投资形式,一方面可以保持保险企业财务稳定性和赔付的可靠性、及时性,另一方面可以避免资金的过分集中从而影响产业结构的合理性。我国《保险法》第106条规定,保险公司的资金运用必须稳健,遵循安全性原则。

保险公司的资金运用限于下列形式:银行存款;买卖债券、股票、证券投资基金份额等有价证券;投资不动产;国务院规定的其他资金运用形式。

1. 债权类投资主要包括债券和贷款。① 债券。债券主要包括国债、金融债和企业债券等。鉴于债券投资的较好安全性和流动性,债券投资是保险公司投资的主要项目。② 贷款。贷款指保险公司向需要资金的单位或个人提供融资。贷款主要有银行或信用机构担保的商业贷款、住房抵押贷款和保单质押贷款等。贷款一般都需要担保。保单质押贷款为典型。贷款是保险投资的早期形式之一,也是一种较好的投资方式。20 世纪 70 年代以前,贷款曾是寿险投资的最主要方式,但其规模受到多种因素制约,规模下降。

2. 股权类投资。股权类投资主要为股票(普通股股票)投资,另外还有优先股股票和可转换债券等。

投资股票的优点是可以享受股票的多项权利,实现较高的投资收益,同时股票的较强流动

性也为保险公司的紧急偿付提供了方便。但是其缺点是价格波动性大、风险大,因此为了保证保险投资资金的安全,各国对保险公司的股票投资均有严格的投资限制。

3. 实物资产投资。实物资产投资最主要的是不动产,也包括一些机械设备等。不动产投资是保险公司通过购买土地、建筑物或修建住宅、商业建筑等手段获取长期而稳定的租金收入。不动产投资期限较长,投资占用资金量大,投资的流动性较差,这从一定程度上影响和限制了保险公司对不动产的投资。寿险不动产投资出现较早,但是从 20 世纪 80 年代开始呈下降趋势。

案例分析 9 - 1　　　　　对保险公司投资不动产的规定

　　随着《保险资金投资不动产暂行办法》的出台,保险企业投资地产的首个争议案也浮出水面。中国人寿持有远洋地产 24.08% 股份并成为其第一大股东的"旧闻",在 2010 年 9 月 5 日保监会发布新规后成为热点。只因新规中对于保险资金投资不动产规定为"保险资金可以投资基础设施类不动产、非基础设施类不动产及不动产相关金融产品",并明确规定禁止"投资开发或者销售商业住宅"以及"直接从事房地产开发建设"等,中国人寿被推至风口浪尖上,市场认为中国人寿可能将按新规被迫减持甚至全部退出远洋地产。而中国人寿高管方面则表示,中国人寿不会减持远洋地产,将继续维持在远洋地产第一大股东的位置,因为不违反保监会 50% 及董事占半的限制,只派出 1 位董事(不形成相对控股关系),而他们对于远洋地产的投资是财务投资,不参与管理。

4. 买卖证券投资基金。保险公司买卖证券投资基金,应由总公司统一进行,分支机构不得买卖证券投资基金。保险公司持有的单一基金按成本价计算,不得超过保险公司可用购买证券投资基金资产的 20%。

当然,保险投资的工具除了这些,还包括同业拆借、黄金、外汇等。

由于每种资金的运用方式在性质、风险、收益性等方面各不相同,因此保险公司在资金运用时必须将投资项目、投资结构、投资比例合理地加以配置。

三、保险投资风险的管理

对保险业投资风险的管理包括两个方面:一是加强政府对保险业投资风险的监管;二是加强保险公司对保险投资风险的管理。

(一) 政府对保险业投资风险的监管

1. 对投资范围的限制。为了保证保险投资的安全,各国的保险监管机关一般都通过立法的形式,对保险投资范围进行严格的限制。如美国保险法中明确规定:财产和责任保险公司的投资范围主要是股票、债券、银行存款;人寿保险公司的投资范围为债券、股票、抵押贷款、不动产等。日本《保险法》规定:保险公司可以投资政府债券、公司债券、股票等 11 个领域,除此之外的领域不得投资。

2. 对投资比例的限制。由于各国金融投资工具不同,证券市场的发育程度不同,各国监管机构规定的最高比例也有差异。英国寿险投资运用的比例限制如下:英国政府公债为

18%,外国政府、本国地方政府债券为3%,政府贷款为7%,股票为48%,抵押贷款为22%,其他为2%。美国寿险投资运用的比例限制如下:上市公司股票为15%,非上市公司股票为5%,外国公司股票为5%,外国债券为5%,房地产为10%,抵押贷款为60%。日本寿险投资运用的比例限制如下:上市公司股票、非上市公司股票、外国公司股票及非抵押或非担保贷款都为30%,房地产为20%,抵押贷款为50%。

3. 对投资资产与负债的配比关系。对投资资产与负债的配比关系的限制是保险投资监管的一个重要方面。资产匹配的最基本要求是构造一种资产结构,保证在任何时候资产的现金流入与负债的现金流出相对应;如果这种对应不能实现,就会导致保单偿付发生困难或资产预定收益受到影响。

(二)保险公司对投资风险的管理

保险公司对投资风险的管理分为四个步骤,即投资策略、资产分配、投资组合管理和资产管理。

1. 制定合理的投资策略。合理的投资策略是保险公司投资的方针蓝图,它为保险公司投资制定了远期战略目标、近期战术策略以及投资的种种限制。保险投资策略强调资产与负债的配比关系,策略制定得合理与否直接影响到保险公司的资产组合结构的比例和规模,影响到保险投资的风险控制和收益。因此,保险公司建立科学的管理制度,使精算、投资和会计核算三个职能部门相互合作、相互制约。

2. 资产分配。在确定了整体投资策略和每种产品的投资策略之后,保险公司就要把其资产分配到合适的存在形式上,即选择恰当的投资方式。保险投资方式通常有银行存款、政府债券、公司债券、金融债券、股票、房地产、抵押贷款等。在资产分配中要考虑投资目标及目标的顺序、自身的经济实力、各险种的负债期限结构等。关键是确定各种投资方式、比例。

3. 投资组合管理。投资组合管理人审查资本市场上所提供的所有投资品种,选择比较合理的投资资产组合,使得投资资产与保险公司的负债在期限结构、利率结构、收益率方面相互匹配。投资组合的目的是通过投资组合降低投资项目的非系统性风险。

作为保险投资人员,运用证券投资组合可以分散风险,但是为了达到更好的分散风险的目的,尽量选择各种证券之间不相关或负相关,同时在不同时期要调节各种证券的持有量,力求使各种证券的持有比例与证券的风险成反比,以消除非系统性风险。

例如,对于利率风险可以运用一种叫利率免疫的管理技术,通过构造一个零利率风险的债券资产组合,规避市场利率波动对保险基金债券投资的影响。利率免疫技术有两种:一是现金配合;二是持续期限配合。

4. 资产管理。投资组合管理人决定了做何种投资后,具体买入债券、股票等任务就落在资产管理人或交易员身上。资产管理包括对购买和销售不同种类债券和不动产的分析和执行。只有严格按照保险投资管理的程序,加强科学管理,才能有效控制投资风险,提高投资收益。

另外,我国《保险法》第107条还规定,经国务院保险监督管理机构会同国务院证券监督管理机构批准,保险公司可以设立保险资产管理公司。保险资产管理公司从事证券投资活动,应当遵守《中华人民共和国证券法》等法律、行政法规的规定。保险资产管理公司的管理办法,由国务院保险监督管理机构会同国务院有关部门制定。目前我国保险资产管理公司共有10多家。

第六节 再 保 险

一、再保险的含义

再保险（reinsurance）也称分保，是指保险人在原保险合同的基础上，通过订立再保险合同的形式，将其所承保的部分风险和责任向其他保险人进行投保的行为。简单地说，再保险就是"保险的保险"。再保险业务中，习惯上把分出自己承保业务的保险人叫原保险人、直接保险公司，分出公司；接受分保业务的保险人叫再保险人，分入公司。原保险人风险转移，可以是一部分，叫部分再保险；也可以是全部，叫全部再保险。

和直接保险转嫁风险一样，再保险转嫁风险责任也要支付一定的保费，叫再保险费或分保费；同时，原保险人在承保业务和经营管理的过程中要花费一定的开支，因此原保险人要向再保险人收取一定的费用加以补偿，这种由分入公司支付给分出公司的费用报酬被称为分保手续费或分保佣金。

再保险可以发生在一国范围内，也可以发生在国家与国家之间。世界范围内的分保叫国际再保险。

二、再保险的作用

再保险的产生主要是基于保险人分散风险的需要。保险被誉为是"社会的稳定器"，再保险被誉为"保险经营的稳定器"。再保险的作用主要表现在以下几个方面。

（一）扩大业务规模，提高承保能力

对一家保险公司来说，无论其规模多大，技术力量多雄厚，保险人的能力也会受其资本金、准备金等财务状况限制，其自身的财务相对于承保风险是十分有限的。尤其是随着高科技的发展和应用，保险标的的保额都在几亿、几十亿以上，保险人因自身偿付能力的限制无法承保巨额的保险标的，协调保险人承保能力与财务能力之间矛盾的有效途径就是再保险。保险人通过再保险，将超过自身财力部分的业务分保出去，这样可以在不增加资金的前提下，扩大承保能力，使原本无力承保的风险也可承保。

（二）控制保险责任，保持财务的稳定性

保险业要实现稳健经营，要求承保的每一风险单位的风险责任比较均衡，不能差距过大。当保险人承保了某一标的物的风险后，运用适当的再保险方式，如成数再保险、溢额再保险等，通过对每个风险单位责任的控制，或对一次事故中的累积责任的控制，或对某保险险种的赔付率的控制，将自身承担的责任控制在合理的范围内，从而保证保险经营的持续稳定。

（三）均衡保险人的业务结构

实务中，保险标的的保险金额很难做到大数定律要求的金额均匀，且业务结构的不均衡，很容易影响保险公司的经营稳定。通过再保险，保险人可将同类业务中超过平均保险金额水平的业务分给其他保险人，使保险金额相对均匀，从而让大数法则发挥稳定公司财务的作用。

（四）互惠交换更加稳定保险公司的经营

互惠交换业务是保险公司之间的相互分保，是对风险进行调整的一种方式。通过互惠交换业务,将保险公司某一时点上的风险在空间上得以分散,同时又接受他人的风险分入。互惠交换不仅解决了因分出导致保险公司保费减少的问题,而且使财务稳定性大大提高。

(五) 被保险人可以获得更为可靠的保障

再保险分散了原保险人的责任,被保险人得到的赔偿实质上是由原保险人与再保险人共同分担,显然这种保障比原保险人单独承保更加安全可靠。同时,对于巨额保险业务的投保人来说,再保险使其投保程序大大简化,投保人只需向一家保险公司投保即可,节省人力物力,便于投保人对投保的管理。

(六) 增加保险公司的净资产,提高保险公司的偿付能力

这主要体现在两方面:一方面,是再保险可以使分出公司通过提取未到期赔付责任准备金、未决赔款准备金、分摊赔款和分摊保险经营费用而聚集大量资金,同时加以适当运用,增加收益;另一方面,分出公司在分保业务中还可以得到一定数量的分保佣金和盈余佣金,从而增强财务力量。再保险可以增加公司的资产,降低负债,从而提高偿付能力。

三、再保险的形式和种类

(一) 再保险的形式

再保险的形式是分出公司与分入公司建立再保险关系所采用的具体合同形式,包括临时再保险、合同再保险和预约再保险三种形式。

1. 临时再保险。临时再保险是最早采用的再保险形式,是在保险人有分保需要时,临时与再保险人协商,订立再保险合同,合同的有关条件也是临时议定的。对于临时分保的业务,分出公司和分入公司均可自由选择。因此,灵活性是临时分保的一大显著特点。另外,临时再保险还具有针对性。通常,它是以一张保险单或一个风险为基础逐笔办理分保。分保的风险责任、摊赔条件等都是具有很强的针对性的,便于再保险人了解、掌握业务的具体情况,正确作出分入与否的决策。而每一临时分保合同分给投保人关联企业的保险金额或者责任限额,不得超过直接保险业务保险金额或者责任限额的 20%。

2. 合同再保险。合同再保险又称固定再保险,是由原保险人和再保险人事先签订再保险合同,约定分保业务范围、条件、额度、费用等事项。

在合同期内,对于约定的业务,双方无须逐笔洽谈,也不能对分保业务进行选择,分出公司必须按照合同规定的条件向分入公司办理分保;而分入公司也必须接受分保,承担保险责任,不得拒绝。可见,合同再保险具有“强制性”。

一般来说,固定分保合同没有期限的规定,属于长期性合同。但订约双方都有终止合同的权利。由于合同再保险的长期性、连续性和自动性,对于约定分保的业务,原保险人无须逐笔办理再保险,从而简化了分保手续,提高了分保效率。它是国际市场上普遍采用的主要分保方法。

3. 预约再保险。预约再保险也称临时固定再保险,是一种介于临时再保险和合同再保险之间的再保险。它是指双方事先签订分保合同,原保险人对于合同规定范围内的业务可以自由选择是否分保,然而再保险人则没有选择的自由,凡合同规定范围内的业务,只要原保险人决定分出,再保险人就必须接受,无选择余地。

(二) 再保险的种类

按再保险关系双方责任与赔款分担方式的不同,再保险业务分为比例再保险和非比例再

保险两大类。

1. 比例再保险。比例再保险是以保险金额为基础来确定分出公司自留额和接受公司责任额的再保险方式,故有"金额再保险"之称。比例再保险中,分出公司的自留额和分入公司的责任额都表示为保险金额的一定比例,该比例是双方分配保费和分摊赔款时的依据。比例再保险方式具体分为成数再保险、溢额再保险。2010 年 7 月 1 日起施行的《再保险业务管理规定》规定,以比例再保险方式分出财产险直接保险业务时,每一危险单位分给同一家再保险接受人的比例,不得超过再保险分出人承保直接保险合同部分的保险金额或者责任限额的80%。① 成数再保险。成数再保险是最典型的也是最简便的比例再保险方式。它是原保险人将每一风险单位的保险金额,按照约定的比率分给再保险人。成数再保险方式的最大特征是"按比率"。例如,分出公司自留 30%,分出 70%,则称该合同为 70% 的成数再保险合同。为了使承担的责任有一定范围,每一份成数再保险合同都按每一危险单位或每张保单规定一个最高责任限额,分出公司和接受公司在这个最高责任限额中各自承担一定的份额。由于其操作方便简单,因此多用于新公司、新业务。② 溢额再保险。溢额再保险是指原保险人与再保险人在合同中约定自留额和最高分入限额,将每一风险单位的保险金额超过自留额的部分分给分入公司,并按实际形成的自留额与分出额的比率分配的保险费和分摊赔款的再保险方式。在溢额再保险合同下,若某一业务的保险金额在自留额之内时,就不需要办理分保,只有在保险金额超过自留额时,才将超过部分分给溢额再保险人。它是以保险金额为基础来确定再保险当事人双方的责任的。

2. 非比例再保险。非比例再保险是以赔款为基础确定再保险当事人双方责任的分保方式。当赔款超过一定额度或标准时,再保险人对超过部分的责任负责。非比例再保险合同有两个赔偿责任限额:一个是原保险人的自负责任额,也是其起赔点;另一个是再保险人承担的最高责任额。

非比例再保险主要有三种形式:险位超赔再保险、事故超赔再保险和赔付率超赔再保险。险位超赔再保险是以每一危险单位所发生的赔款为基础来确定原保险人自负责任额与再保险人分保责任的再保险方式;事故超赔再保险又称异常灾害再保险,是以一次事故中所发生的总赔款主基础来确定原保险人的自负责任额和再保险人的分保责任额;赔付率超赔再保险也称停止损失再保险,是以某一业务在一段时期(一般为 1 年)的赔付率为基础来确定原保险人的自负责任与再保险人的分保责任。

保险公司必须以个别风险单位的性质或各类业务的性质为基础,同时兼顾较低的再保险成本和保险经营的财务稳定性,科学地选择再保险方式。

四、再保险市场

(一) 再保险市场的特点

1. 再保险市场具有国际性。一般来说,地理界限对再保险的限制较小,再保险业务通过国际保险市场趋向国际化。世界上很多国家特别是发展中国家,在保险技术、承保能力方面,都需要依赖国际保险市场。

2. 再保险市场与保险市场紧密相连,相互依存。再保险市场是从保险市场发展而来的,它是直接保险人对其承保的巨大风险或特殊风险不能承受时,有必要进入再保险市场,寻求进一步转移风险的手段,因此保险市场是再保险市场的基础,再保险市场是保险市场的延伸。

3. 再保险市场积聚大量保险信息,对分散巨大风险有充分的保障。再保险市场集合了各方面的技术力量,对促进原保险人改进经营管理,在保险技术方面进行协助,都起到积极的作用。因此,再保险交易具有广泛的国际信息交流。

（二）再保险公司的组织形式

1. 兼营再保险业务的保险公司。兼营再保险业务的保险公司是最早的再保险组织形式。这种保险公司既经营直接业务,又分出和分入再保险业务,通过与保险同业来回交换业务形成互惠分保,从经营再保险业务的角度看属于兼营性质。

2. 专业再保险公司。专业再保险公司是在再保险需求不断扩大、保险业之间竞争加剧的情况下,从兼营再保险业务的保险公司独立出来的,专门接受原保险人分出的业务,同时也将接受的再保险业务的一部分转分给别的保险人,从中赚取分保手续费。专业再保险公司财力雄厚,经营能力强,特别是在分保技术方面显示出专业化的优越性。国际知名的再保险公司有1863年成立的瑞士再保险公司,1880年成立的慕尼黑再保险公司。中国再保险（集团）股份有限公司是我国唯一一家国有独资专业再保险公司。目前全球有约200家专业再保险公司,主要集中在欧、美、日。

3. 再保险集团。再保险集团是由某一地区或国家的数家保险公司为集中承保能力而联合建立的组织。在集团内部,成员公司既是分出公司,又是分入公司,每一成员公司将本身承保的直接保险业务全部或在扣除自留额后,通过集团在成员公司之间办理分保,各成员公司按约定比例接受,也可根据业务性质的不同,逐笔协商接受。大部分集团自己不承担风险,少数集团也有自留额,并对超过部分对外分保。

4. 劳合社承保人。以全球再保险保费收入计算,劳合社排在第六位。自2007年4月16日起,劳合社正式以再保险公司形式在中国运营,打破了劳合社全球唯一保险市场的形态。劳合社在世界70多个国家和地区拥有经营保险和再保险业务的执照。

五、再保险业务的经营管理

再保险公司的经营管理分为再保险业务的风险管理和行政管理。对分出公司来说,风险管理的主要任务是合理地确定自留额,科学地选择再保险方式,选择合适的再保险接受人作为分散风险的合作伙伴。对分入公司来说,就是合理地确定承保额,控制责任累积和安排转分保。

而行政管理的主要任务是建立财务、核算、会计、统计、资金运用等内部集约化运作机制,以实现公司的最佳经济效益。

（一）风险管理

对分出公司而言,承保某一保险标的风险后,要根据国家和公司的再保险政策和规定,为确保自身的偿付能力,及时安排再保险。其中自留额和再保险方式的确定以及合适的再保险人的选择是关键。自留额的确定既要考虑经济周期、保险公司的财务状况、业务数量、保险标的的本身的风险大小、风险结构、风险累积等技术性因素。对于再保险接受人,分出公司不仅要掌握和了解分保接受人在国际和国内保险市场的资信,还要掌握其经济状况、承保技术力量、偿付能力等信息,避免一旦损失发生时,分保接受人无力支付应摊赔款。

对分入公司而言,分入业务的经营管理比直接保险业务的经营管理更复杂,因为分入业务

有一定程度的被动性。分入业务的经营管理包括承保前对分保建议的审查和承保后的核算与考核,以及对已经接受的业务进行管理。分入业务管理的关键在于分入业务承保前的审查、承保额的确定、累积责任的控制和转分保办理。

（二）行政管理

再保险公司的行政管理有法律手段、行政手段和经济手段等。法律手段主要是通过制定各种法规,实施对再保险公司的监管;行政手段是对再保险公司的偿付能力、保险资金运用、费率条款和转分保等业务经常性的监督和检查;经济手段主要是规定保险税率和再保险外汇资金的管理。保险公司自身的管理主要是对财务、核算、会计、统计、准备金等方面的管理。对分出再保险业务,保险公司的再保险部门和会计财务部门要加强联系,严格内部管理制度,进行费用控制、账务结算、会计收付、汇率管理和赔款收集,分出公司有理由向再保险接受人扣存准备金。分入公司主要是及时催收账单和办理结算,严格审核保费和赔款报表,综合分析和考核业务经营的效益,加强对保费给付、赔款处理、未决赔款和未了责任,以及对分出公司准备金的扣存和返还等的管理。为了便于累积责任的管理,适当安排转分保以及了解赔款的有关事宜,分入接受人有权要求分出公司提供保费报表和赔款报表。

 **本章小结**

1. 保险经营是一种商品经营,但保险商品是一种特殊形态的商品。保险商品的使用价值表现在保险商品作为"社会稳定器"、"经济稳定器"及"社会管理器"的功能上,保险商品的价值从量上考察,是凝聚在保险商品的社会必要劳动时间,这一社会必要劳动时间会随保险公司经营条件和经营技术的改善而变动。

2. 保险业不仅有和其他经济活动相类似的一般规律,而且根据其自身特点,还存在一些保险特有的经营原则。保险公司的经营原则有一般原则和特殊原则。一般原则主要有经济核算原则,随行就市原则和薄利多销原则,这些是商品交易的一般原则。另外,保险公司有其特殊的经营原则,即风险大量原则、风险选择原则和风险分散原则。风险大量原则是保险人在可保风险的范围内,根据自己的承保能力,努力承保尽可能多的风险和标的,这是保险经营的首要原则,它要求保险公司积极拓展保险新领域;风险选择原则要求保险人充分认识、准确评价承保标的的风险种类与风险程度以及保险金额的恰当与否,决定是否承保;风险分散原则是由多个保险人或被保险人共同分担某一风险责任,使其承担的保险责任被控制在可承受的范围内,它的传统做法就是运用再保险手段来分散风险。

3. 保险费率简称费率,它是保险人按照单位保险金额向投保人收取保费的标准。保费厘定的原则有适当性、公平合理性、稳定灵活性、损失预防的鼓励性等。

4. 承保是指保险人接受投保人的申请并与之签订保险合同的全过程。从严格的意义上讲,一项保险业务从接洽、协商、投保、审核,到收取保险费、出具保险单都属于承保工作。承保是展业的继续,是保险合同双方在展业的基础上就保险条件进行实质性谈判的阶段。承保工作的质量高低直接关系到保险合同能否顺利履行,关系到保险企业财务的稳定性好坏,它是衡量保险公司经营管理水平高低的一个重要标志。

5. 保险资金运用是现代保险业得以生存和发展的重要支柱,它与资本市场具有天然的割舍不断的联系。保险业对资本市场的发展与完善具有不可替代的作用,资本市场的发展与完

善反过来又促进保险业的发展,为保险业的发展提供平台。保险投资是指保险企业在组织经济补偿过程中,将积聚的各种保险资金加以运用,使资金增值保值的活动。保险企业可运用的保险资金是由资本金、各项准备金、承保盈余和其他可积聚的资金组成。运用暂时闲置的大量准备金是保险资金运动的重要一环。

6. 再保险也称分保,是保险人在原保险合同的基础上,通过订立再保险合同的形式,将其所承保的部分风险和责任向其他保险人进行投保的行为。简单地说,再保险就是"保险的保险"。再保险业务中,习惯上把分出自己承保业务的保险人叫原保险人、直接保险公司;接受分保业务的保险人叫再保险人、分入公司。原保险人风险转移,可以是一部分,叫部分再保险;也可以是全部,叫全部再保险。

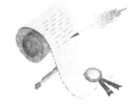 **复习思考题**

1. 保险公司的组织形式有哪些?

2. 简述保险股份有限公司的特点。

3. 简述保险费率的构成。

4. 简述保险费率的厘定办法。

5. 简述保险承保选择的内容。

6. 简述保险新产品开发的步骤。

7. 简述保险营销的要素。

8. 简述我国保险投资的主要方式。

9. 简述保险公司投资风险的监管内容。

10. 简述再保险的作用和主要形式。

11. 简述我国再保险的种类。

第十章 保险监管

本章导读

　　保险交易的公平与公正、保险市场的健康持续发展离不开合理有效的监督管理。本章首先指出保险监管是一种法律行为和政府的行政行为,接着论述了保险监管的目标与原则,详细介绍了保险监管的主要内容和方式。在介绍比较了美国、英国和日本的保险监管目标、内容、模式与特点之后,总结了我国保险监管的历程和现行的监管体系,指出了我国今后在保险监管上应借鉴学习、改进与完善的地方。

学习目标

1. 掌握保险监管的主要内容和目标。
2. 掌握保险监管的原则和方式。
3. 了解保险监管的方式。
4. 了解美国、英国和日本的保险监管模式与特点。
5. 了解我国保险监管体制的历史演变。

引　　言

　　为了更好地理解保险监管的理念、目的和内容,正确运用各种监管方法,提高监管效能,需要先掌握保险监管的内涵。

第一节　保险监管概述

一、保险监管概念

　　保险监管是国家保险监督管理部门为了规范保险活动,行使法律监督和行政管理手段,对保险公司、保险市场和保险经营活动等进行监督和管理。

二、保险监管的必要性

(一) 保险经营具有特殊性

保险的经营具有负债性、保障性和广泛性三大特点。负债性是指保险公司通过承保后收

取保险费而建立起来的保险基金,它是保险公司对被保险人的负债,而不是保险公司的资产。保障性是指通过保险的补偿和给付,保证社会生产和人民生活在遭受自然灾害和意外事故造成损失时能及时得到恢复和弥补。广泛性是指保险公司的承保对象涉及千家万户,覆盖社会经济生产生活各个领域,并且通过再保险活动和海外投资活动使其经营超出国界,成为世界性的经济活动。因此,需要对保险业严格地监督和管理。

(二) 保险市场发展需要

对保险业实行有效的监督和管理是培育、发展、规范保险市场的需要。保险市场有一个产生、发育、走向成熟的过程,它伴随着市场经济的发展而发展。保险业的经营是以大数法则为其数理基础的,保险这种商品的定价和设计过程有很强的科学性和专业性,这就要求保险公司在经营过程中坚持承保条件的规范性和保险费的公平合理性。

(三) 保险业对外开放的需要

合理的监管是发展本国的民族保险业,促使其与国际保险业顺利接轨的需要。世界贸易组织要求各国金融服务业扩大对外开放,实施国民待遇准则。保险业的区域化、国际化、一体化经营的发展趋势不可避免。外资保险公司进入本国保险市场对民族保险业的发展既是机遇也是挑战。与此同时,国内保险公司也必将更多更快地进入其他国家和地区开展保险业务,这要求其经营方式、核算标准等尽快与国际惯例接轨。因此,为使民族保险业在国内和国际两大保险市场竞争中生存和发展,强化国家对保险业的监督管理职能尤为必要。

三、保险监管的目标

(一) 保证保险人具有足够的偿付能力

偿付能力是保险企业经营管理的核心,也是国家对保险市场监督管理的核心内容。偿付能力是指保险企业对所承担的风险在发生超出正常年份的损失数额时,所具有的赔偿或给付能力。通过对偿付能力额度的直接管理,或对影响保险人偿付能力的因素如保险费率、准备金的提存、保险资金的运用等进行管理来完成。保证保险人具有足够的偿付能力是保险监管最重要的目标。

(二) 防止利用保险进行欺诈

利用保险进行欺诈可能来自三个方面:一是保险人方面的欺诈,各国保险法一般通过保险经营范围规定和保险条款的行政审批及备案制度来防范;二是投保人方面的欺诈,即道德风险,各国保险法通过规定保险利益原则、损失补偿原则和保险人的责任免除等加以防范;三是来自社会方面的欺诈,各国保险法和相关刑法中均对此有具体的处罚规定,以制止和打击此类违法犯罪行为。

(三) 维护保险市场上合理的价格和公平的保险条件

与其他行业不同,各国通常对保险商品的定价——保险费率的厘定,不仅不适用《反垄断法》,有的甚至还要求保险公司或保险同业协会,根据大多数保险企业的经营情况,制定出共同的保险费率标准和对应的责任范围条款,报政府主管机关批准或备案。这是为了保证保险人与投保人之间的公平交易,也是为了使保险人之间在同等保险费率条件下开展公平竞争。

(四) 确保保险中介的职业道德水平、经营保险业务的资格和能力

保险代理人、保险经纪人和保险公估人主要是凭其专门知识和专业技术,为保险人和投保

人提供中介服务的。因此,对其职业道德的要求、经营资格和能力的监督是政府对保险市场管理的目标之一。

(五) 推动保险市场稳定健康发展

中国保险业属于新兴行业,有一个由产生走向成熟的过程。保险监管肩负着推动行业全面协调可持续发展的重任及培育市场的使命。

四、保险监管的原则

(一) 国际保险监管原则

2002 年,国际保险监督协会在制定的有关监管规则基础上颁布了《保险监管核心原则》,该文件涉及一个监管系统有效运作的 10 个方面,共 17 条原则。核心原则可以作为所有区域监管者的基本指导原则,它的推行无疑有助于保险监管机构增强其监管能力。

1. 原则 1:关于保险监管者的组织结构。一个辖区的保险监管者必须有合理的组织,以完成其监管任务,包括:在发挥作用和行使权力时保持运作的独立性;行使其职能时具有足够的司法权力、法律保护和资金实力;采取清晰、透明、固定的监管程序;雇佣、培养足够的高级监管人员等。

2. 原则 2 和原则 3:关于批准营业和公司控制权变更。① 批准营业。保险监管者在核发执照时应当评估股东、董事和高级管理层的资质,以及商业计划的可行性,包括以往的财务报表、资金计划和预计的偿付能力。② 公司控制权的变更。保险监管者应当监督辖区内保险公司控制权的变更,设立明确的要求。例如,要求收购者提供收购说明及目的;设定收购适当性的评估条款,包括新股东、董事、高管的资质及商业计划书的可行性。

3. 原则 4:关于公司治理。监管者应有责任制定辖区内保险公司治理的各项标准,包括董事会的角色和责任、在其他辖区注册的公司要满足其所在辖区监管者的要求、明确本辖区标准与公司分支机构所在辖区标准之间的差别。

4. 原则 5:关于内部控制。保险监管者应该能够监督保险公司董事会及管理层采用的内控制度,在必要时要求其加强内控力度;要求董事会提高谨慎程度。例如,设定承保风险的标准,定性和定量的投资及流动标准。

5. 原则 6 至原则 10:关于谨慎性原则。① 资产。监管者对辖区内保险公司的资产应设定一定的标准,包括:资产类型分散化;对金融工具、某项资产及应收账款的各项限制性要求;财务报告中资产评估的基准;资产的保全;资产负债的匹配;流动性。② 负债。监管者对辖区内保险公司的负债应设定一定的标准,包括:负债种类,确定保单负债及相关的推定准备;在再保险条款下可以用来冲抵负债的金额。③ 资本充足率及偿付能力。对辖区内持有及申请执照的保险公司应明确规定其最低的资本金数量和准备金数额。④ 衍生工具及表外项目。保险监管者就保险公司使用但不列在财务报表上的各类金融工具应制定相应的规定,包括:衍生工具及其他表外项目在使用上的限制、衍生工具及其他表外项目的信息披露要求;建立完善的内控系统以控制衍生产品的头寸。⑤ 再保险。监管者对再保险合同进行监督,评估合同的可靠性及其合理性。要求保险公司在决定适当的风险分担比例时考察再保险公司的财务状况。监管者应当就再保险合同和再保险人作出相应的规定;根据再保险人的偿付能力及对其的监管程度,设定再保险人承担的风险规模的上限;考虑再保险公司所在地监管者的可靠程度。

6. 原则 11：关于市场行为。监管者应确保保险公司及中介人在开展业务时具有足够的知识、技能和诚信。

7. 原则 12 和原则 13：关于监控和现场检查。① 财务报告。监管者应及时获得辖区内公司的财务信息，建立有效的监控机制，设定辖区内所有公司报告的范围及报送频率，包括：财务报告、统计报告及其他信息；设定编制财务报告的会计准则；确定保险公司外部审计机构的资格要求；设定技术准备金、保单负债及其他负债在报告中的列示标准。② 现场检查。监管者应当能够对保险公司进行现场检查以监督其他业务情况，包括对账本、记录、档案及其他文件的检查。检查主要针对辖区内的保险公司，在其他辖区监管者允许的情况下，也可对其他辖区内的保险公司进行检查，或者要求获得其他辖区内保险公司的任何信息。

8. 原则 14：关于监督处罚。在确定保险公司存在问题时，监管者必须有权进行纠正，监管者应有采取制裁措施的行动范围，法律应赋予监管者一系列权力。例如，限制保险公司的业务活动，包括收回对该公司的业务批准；禁止或责令整改其有问题业务的权力；对辖区内保险公司进行制裁的选择权，包括对违反保险法规的保险公司采取吊销执照或责令整改等制裁措施。

9. 原则 15：关于跨区经营。随着保险公司经营的国际化程度迅速提高，他们在辖区外建立了大量的分支机构和子公司，跨越司法管辖区提供服务。监管者在新形势下应确保外资保险机构不能规避监管；所有国际保险集团及国际保险人必须受到有效监管；跨区经营保险机构的建立需要由两个辖区的保险监管者进行协商；提供跨区业务的外国保险公司也必须接受有效的监管。

10. 原则 16 和原则 17：关于协调、合作与保密。① 协调及合作。为了信息共享，保险监管者之间应建立并维持有效的沟通机制。在建立一个有效地监管框架时，监管者必须考虑能否与其他辖区或其他行业（如银行或证券）的监管者签订信息共享或协同工作的协议；信息保密性要求较高的监管者会有所限制；在没有对欺诈、洗钱及其他类似活动的调查权时，是否能够及时得到有关调查结果的通知；是否能够设定信息共享的种类和基础。② 保密。所有保险监管者对其在监管过程中获取的信息都应当保守秘密。监管者对从其他监管者获取的信息要遵守保密原则，其他监管者依法授权其公开的除外。

(二) 我国保险监管原则

2006 年，我国保险监管机构提出了对外开放中保险监管的新五项原则。

1. 以我为主，就是根据国民经济发展需要和保险业实际，牢牢把握对外开放的主动权，不断完善对外开放政策。

2. 安全可控，就是将对外开放的力度和我国保险市场的可承受程度结合起来，有步骤、有秩序地扩大对外开放，防范对外开放可能带来的风险，维护金融保险安全。

3. 优势互补，就是充分利用外资保险公司在资本、技术、管理等方面的优势，加强我国保险市场薄弱环节，促进区域协调发展。

4. 合作共赢，就是加强中外资保险公司的合作与交流，公平竞争，共同发展，形成促进保险业发展的合力。

5. 和谐发展，就是通过对外开放，实现国内市场和国际市场的有机融合，实现国内保险资源和国际保险资源的优化配置，实现中资保险公司和外资保险公司的协调发展。

五、保险监管的方式

各国保险监管部门都有检查保险机构业务状况的权利,一般根据自身的经济环境和法律环境的特点选择适合国情特点的保险监管方式。

(一)公示主义

公示方式又称公告管理方式,是政府对保险市场进行监管的各种方式中最为宽松的一种。政府对保险业的经营不作直接监督,只是规定保险人按照政府规定的格式和内容,将营业结果定期报送有关主管部门或机关,并予以公布。保险业的组织形式、保单格式的设计、资金运用方向和规模等,都由保险人自行决定和自我管理,政府不对其多加干预。保险人经营的好坏,由被保险人及一般大众进行评判。采用这种监管方式必须具备一定的条件,如:保险人具有相当的自律性,国民有较高的文化水平,社会各界对保险有相当的了解并能对保险业的经营有正确的判断。

(二)准则主义

准则主义又称规范监管方式或形式监管方式,是一种比较严格的监管方式。由国家通过颁布一系列涉及保险行业运作的法律法规,要求所有的保险人和保险中介人必须遵守,并在保险经营形式上进行监督。该方式适用于保险法规比较严密和健全的国家。这种监管方式注重保险经营形式上的合法性,较公示监管严格,但仍未触及保险业经营管理的实体。加上保险技术性强、涉及面复杂多变,所以仅以某些基本准则,实际上很难起到监管保险人经营的作用。

(三)批准主义

批准主义又称实体管理,国家通过立法,明确规定保险人的设立、经营、破产清算等各项监管制度,保险监管部门根据法律赋予的权力,对保险市场,尤其是保险人进行全面的监管。该监管方式赋予政府保险监管机构较高的权威,保证了监管的严肃性、强制性和一贯性,易于达到监管的有效性。它始创于瑞士,现已被世界上许多国家所采用。

第二节　保险监管的主要内容

无论是发达的欧美各经济体,还是新兴的保险市场,保险监管不断向国际化趋势发展,我国保险监管机构已逐步形成了以偿付能力监管、保险公司治理监管和市场行为监管为三大支柱的现代保险监管制度架构。其中,偿付能力监管日益成为保险监管的核心。

一、对偿付能力的监管

偿付能力是保险公司的灵魂,是指保险企业对所承担的风险在发生超出正常年份的损失数额时,所具有的赔偿或给付能力。没有充足的偿付能力就不能从根本上保证保险公司的健康发展,最终保证被保险人的利益。尤其是在放宽管制的大环境下,对保险公司偿付能力的监管是监管的核心。偿付能力监管主要分为两个层次:偿付能力额度监管和偿付能力常规监管。其中,偿付能力常规监管主要体现在对影响偿付能力的因素的规定,比如保险费率的厘定、保险资金的运用及保险准备金的提取等。

(一)偿付能力额度

偿付能力额度是衡量保险公司偿付能力的重要指标,等于保险人的认可资产与认可负债

之间的差额,一般不低于监管机构规定的最低标准。在发生巨额赔偿或给付的非正常年份,投资收益可能偏离预期的目标值,因费率的测算和准备金的提取基于经验值,会产生一定的偏差,这就要求保险公司的认可资产减去认可负债后的余额要保持在最低的偿付能力额度以上,以应对可能产生的偏差风险。

1. 最低偿付能力。最低偿付能力的规定,在一定程度上保证了保险公司承担实际风险的能力。我国 2009 年修订的《中华人民共和国保险法》第 101 条规定:"保险公司应当具有与其业务规模和风险程度相适应的最低偿付能力。保险公司的认可资产减去认可负债的差额不得低于国务院保险监督管理机构规定的数额;低于规定数额的,应当按照国务院保险监督管理机构的要求采取相应措施达到规定的数额。"

2. 偿付能力充足率即资本充足率,是指保险公司的实际资本与最低资本的比率。实际资本是指认可资产与认可负债的差额。最低资本是指保险公司为应对资产风险、承保风险等对偿付能力的不利影响,依据国家保险监管机构的规定而应当具有的资本数额。

(二)偿付能力常规监管

1. 对保险费率的监管。实行费率监管的主要原因除了保证偿付能力外,还有其自身独特的考虑。业界比较公认的费率厘定的一般原则是"足够、合理、公平":足够原则用来保证保单的偿付能力,防止公司之间发生以降低费率为主要手段的恶性竞争;合理原则是为了限制保险人收费过高而获得超额利润;公平原则是指费率差异一定要以损失分布差异为基础,对具有类似损失分布的被保险人应收取同一费率。

2. 保险资本运用监管。资本标准是保险公司偿付能力监管的基石。保险公司在开业之前必须满足某种最低资本和盈余要求。资本和盈余是应急基金,可以缓冲公司债务的增长或资产贬值,还可支付公司清算或破产的费用,从而最大限度地减少保单持有人和索赔者的损失。目前关于资本和盈余要求的主要模式有最低资本和盈余要求(又称偿付能力标准)、风险资本金要求。此外,还有欧盟国家广泛采用的梯级偿付能力边际方式。

扩展阅读 10 - 1　　　　风险资本与梯级偿付能力边际

风险资本是从风险角度要求的资本水平。寿险公司风险资本金水平的计算一般考虑四种风险:与资产相关的风险;与负债和责任相关的风险;与公司业务相关的利率风险;其他设定的经营风险和相关风险。财产责任保险机构则应考虑:资产风险;信用风险(如再保险和应收款风险);承保风险(如定价风险);设定的其他经营风险和相关风险。监管机构根据公司的风险资本金水平与所要求的标准值的差距决定监管行动。美国把风险资本金水平作为重要监管手段之一。

梯级偿付能力边际方式是在衡量资本充足率时,采取与年保险费收入或过去 3 年平均索赔额相关的法定资本金,两者中较高的那个值。该方式规定梯次指标对比要求及非人身险公司的总资产必须超过总负债。这是欧盟监管保险业的一大特色,英国在 1946 年最先引入。澳洲、新加坡也使用这一方式。

3. 准备金监管。准备金代表保险公司的未来财务责任。准备金加其他负债总额决定了保险公司持有的资产和盈余规模。因此,准备金的计算和提留对保险公司的偿付能力而言十

分重要。在实际操作中存在三种意义的准备金,其计算方法也各不相同。它们分别是:① 根据通用会计准则提留的准备金,供财务报表之用。② 提交给税务部门的是另外计算的准备金,用以计算课税。③ 按法定会计原则(SAP)提留的、供监管部门所用的精算准备金,用以检验保险公司的偿付能力。

财产和责任保险公司的准备金主体是未赚保费准备金和损失赔偿准备金,其计算主要建立在概率分布的理论基础之上。人寿保险公司准备金的计算需要考虑的因素则相对较多。

除了对资本和盈余一级准备金加以规定来保证保险公司的偿付能力以外,各国更从根本上对保险公司的资产质量进行监管,以防患于未然,这主要体现于对资金的来源、投向和使用的严格规定上。一般而言,各国对人寿保险公司的投资监管比对财产和责任保险公司的监管要严格得多,这主要因为多数寿险合同的期限都较长。在实际操作中,对投资的监管受到各国有关政府监管的理念、金融市场的发展状况、宏观经济形势和保险公司资产运用的历史情况等因素的影响。

二、对保险公司治理结构的监管

公司治理结构是一种协调股东和其他利益相关者关系的一种机制,它明确规定了公司参与者的责任和权力分布,并且清楚说明了决策公司事务时应遵循的规则和程序。主要包括公司治理监管和内部控制监管。

1. 公司治理监管。公司治理监管是指对股权和委托代理关系的明确和监督管理。强化保险公司的治理结构是对稳健的审慎监管的有效补充,可以促进保险公司与监管机构更好地合作。我国保险监管机构对保险公司治理的监管日益加强,在《保险公司管理规定》中有相关条文的明确规定。

2. 内部控制监管。内部控制监管是指对公司内部经营风险管控层面的监管。保险公司的内部控制一般包括组织机构控制、授权经营控制、财务会计控制、资金运用控制、业务流程控制、单证和印鉴管理控制、人事和劳动管理制度、计算机系统控制、稽核监督控制、信息反馈控制、其他重要业务和关键部位控制等。

三、保险人市场行为监管

(一) 市场准入的资格审定

通常,只有当有关当局发放许可证,拟设立的保险公司方可开展保险业务。为了获得许可,拟设立的保险公司必须满足一定的法律形式要求、财务要求和其他条件,如经营者的资格、管理技能、职业道德等。

扩展阅读 10 - 2   对保险从业人员的要求和监管

在保险监管上对各级各类保险从业人员均有资质和资格的要求。例如,对保险高级管理人员有学历、经历、知识结构、职业素质与能力及遵纪守法等项任职规定,并对这些人员的职业行为进行动态的严格监督。2011 年 12 月 14 日,中国保监会对外正式通报了 2011 年保险公司中介业务检查及处罚情况。在 2010、2011 年两年时间里,保监会在全国范围里对保险公司利用中介业务和中介渠道弄虚作假、虚增成本、非法套取资金等违法违规问题进行了专项整治,处罚各级高管人员 242 名。

（二）保险人对监管部门应履行的义务

一旦保险公司获得了经营业务的许可，它就被持久地纳入保险监管体系之中，并接受监管部门的持续监督。它必须对监管部门履行法定义务，如定期提交各种财务报表、接受监管人员的现场检查和非现场检查，并支付法定的监管费用等。

（三）对公司管理和市场行为的监管

该项监管目的在于保证公平合理的保险价格和市场交易行为，是对保险公司进行监管的重要环节。监管的主要渠道是接受公众投诉，从中可以调查判断保险公司的管理层有无利用其专业技能欺骗公众、损害股东和被保险人的利益以及公司的承保行为是否存在欺诈和不公平歧视等。

（四）对保险公司的整顿、接管与破产的监管

监管部门对有违规行为公司由轻到重进行逐步处理。最初发现公司具有不法行为，监管部门会责令其限期整改；如果到期未予改正，监管部门则可以停止公司的某些业务经营，重则还会对该保险公司实行接管。

（五）对保单格式的监管

通常，保险公司有其事先准备好的保单。在保单内印有事先订立的条款，这些保险条款规定了保险人和被保险人双方的权利和义务关系。保险条款中，包括了保险标的、保险责任范围、除外责任、赔偿处理、争议处理及其他事项。对于经营同一险种的保险人，应实行同一条款的原则。

保单格式的事先批准确实从实际上使被投保人的利益得到了保证，但随着整个保险市场的日趋成熟，严格的批准程序会降低市场运作效率，使某些险种失去时效性。然而这样做也并不能弥补购买者的信息劣势，因为该过程建立在一个假设基础之上：即使提供给消费者关于各种产品的足够信息，他们还是不能根据这些信息来进行正确的选择，所以应该有人根据他们的"最大利益"来事先为他们确定好某种选择，而并不是保险人披露更多信息的过程。针对来自方方面面的批评，包括美国在内的许多国家已经开始考虑进行监管方式的某种改变。

四、其他相关的监管内容

（一）对保险中介人的监管

保险中介人是安排促成保险交易的法人或自然人，是一个完整的保险市场不可缺少的组成部分。因此，对中介人尤其是代理人和经纪人的监管就成为保护消费者利益的一个重要环节。

几乎所有国家的保险法规均对代理人和经纪人的行为作出了明确规定，如：① 歪曲事实，或称误导，指代理人进行不实陈述，误导被保险人购买不利保单。② 回扣或回佣，指代理人或经纪人为诱使消费者购买保险而和其一起分享佣金。③ 欺诈或隐瞒。④ 侵占保险人或被保险人的资金等。⑤ 诋毁同业。通过制定并执行对中介的监管法规，可以保护投保人的利益，维持保险市场的有序发展，保证保险中介市场的公平运行。

（二）对再保险公司的监管

由于再保险业务的全球性扩展，确定对再保险人监管的国际公认原则是必要的。为此，国

际保险监督官协会 2002 年 10 月颁布了关于再保险人监管最低要求的原则,目的是通过这些原则确保参与再保险市场竞争的新公司或快速扩张业务的现有再保险实体的安全性,不仅直接保险人需要评估与其交易的再保险人的安全性,而且直接保险人的监管机构也需要取得有关再保险人的信息。

美国的州保险局监管所有的再保险公司,后者在偿付能力方面受到的监控和原保险公司一样,它们要向州监管人员提交月报和年报,接受政府和独立金融检查机构检查,缴纳许可费,而且必须遵守保险公司法和公司监管的有关法规。相比较而言,在美的外国再保险公司较少受到美国当局的直接监管。

德国是通过对原保险公司实行监控来间接监管再保险公司。在德国,只承保再保险业务的专业再保险公司是不需要获得单独或特别许可的,其经营只受到有限的直接监管。当然,对再保险也有一定的要求,如提交“内部报告”,接受监管当局的现场检查。这种管理方式在德国被证明是行之有效的,因为自再保险公司成立以来,德国还没有一家再保险人遭到清偿,而德国是世界上最大的再保险中心之一。与此相同,欧盟单一保险市场因为强调最为基本的监管要求,因此监管主要集中在原保险公司的偿付能力监管方面,对再保险没有具体的规定。

我国虽有了一个再保险监管的初步框架,但由于中国再保险市场还有待成熟,市场化程度较低,而再保险业务本身的技术含量和复杂程度都很高,国际性也很强,因此中国的再保险市场与国际水准的差距较大。相应地,中国的再保险监管与再保险监管国际规则还存在一定差距。

(三) 对跨国保险活动的监管

世界经济的一体化进程和金融业的对外开放使得各国对跨国保险活动的监管日显必要。在是否需要监管,是独立监管还是联合监管,以及对监管的宽严度的把握和是否需要区分与对国内保险公司的监管的差异性,还有监管的效果在什么时间和空间内衡量与评估更为合适等,凡此种种构成了一国保险监督管理部门监管跨国保险活动要面对和解决的主要问题。国际保险监管协会曾对跨国监管提出了以下一些基本原则:所有保险机构都必须服从有效监管;不同监管机构之间应进行密切配合和合作;对保险机构分类分级进行监管;若要跨国设立保险经营实体须同时征得所涉各国保险监管部门的同意。这些原则的实施可避免许可歧视,促进有效监管,并节省双方监管成本。

第三节 保险监管模式的国际比较

一、美国保险监管制度

(一) 美国保险监管制度概况

美国对保险业实行联邦政府和州政府双重监管制度。1851 年,美国新罕布什尔州成立第一个州保险监管机构。1871 年,各州自愿成立美国保险监督官协会(NAIC),作为非政府的全国性顾问机构,协调各州监管机构对跨州经营保险业务监管,统一保险公司财务报告标准。1945 年,联邦政府才通过《麦卡伦-弗格森法案》(McCarran-Ferguson Act),以法律形式确立了以各州为主导的全国性保险监管制度,赋予各州立法机构制定保险政策法规和监督管理工作的权力与责任。总体上看,美国实施了各州独立进行监管、自愿参与跨州协调的保险监管制度。

(二) 监管内容

联邦政府主要进行宏观经济政策的调控、直接的行政监管、保险计划的制订等;而各州设立的保险监管部门——保险监管局主要侧重于对保险公司的偿付能力和资产与负债比例等业务的监管,以及维护投保人的公平、平等的待遇。

(三) 监管模式

1. 立法监管。联邦政府和州政府拥有各自独立的保险立法权和管理权。联邦保险局负责联邦洪水保险、联邦农作物保险、联邦犯罪保险等特定义务。美国各州有自己的保险法,各州保险局在州管辖范围内行使保险监管权,以保险公司偿付能力和投保人利益为主要监管内容,但各州保险法对承保过程的各环节都有严格的规定,充分体现了美国保险监管的广泛性和严格性。

由于各州均有立法权调整州内的保险业,因此,为减少各州保险监管法规政策与准则的差异以及加强各州政府监管的协调性,全美保险监督官协会(NAIC)主要职责是讨论保险立法及相关问题并拟定出全国保险监管模型法案供各州作为立法参考。经过保险监督官协会100多年的努力,各州法律已趋于一致。1999年11月通过的《金融服务现代化法》改变和扩充了全国保险监督官协会的职责,使其成为联邦一级的保险监督机构。

2. 司法监管。通过州法院在保险合同双方发生纠纷后,进行判定得以实现,主要体现在法院具有保险合同条款的解释权。另外,州法院被赋予其他一些权力,如审定州保险法规的合宪性和检查州保险监督部门行为的合法性等。

3. 行政监管。州保险的行政最高监督权由州保险监督官执行。其中,有的监督官是通过选举产生的,有的则由州长直接任命并由州立法机构批准通过。另外,各州另设保险监督副官若干名,以协助监督官执行工作。保险监督官的权力主要集中于核发保险公司的营业执照,监督保险公司的财务状况和资金运用状况,管制保险险种的费率,给予保险公司或保险中介人警告、罚款、吊销营业执照的处分等方面。当然,以各州保险监督官为成员的全国保险监督官协会,在各州保险监督官执行监管的过程中,也起了重要的指导作用。

(四) 存在问题

1. 各州独立的监管制度缺乏联邦层面的监管联动性,不利于对全国系统性风险进行防范和管理。加之各州监管对信用评级机构过度依赖,使得联邦政府缺乏有效应对系统性金融风险的手段。由信贷问题引发的全球性金融危机,凸显了金融混业经营和衍生产品快速发展不断加速风险传递,对金融监管效力提出了巨大挑战。

2. 由于各州保险监管政策和法规不一致,在参与国际规则的商讨和制定中难以达成共识,不利于在国家间博弈时争取更有利的政策。如:金融危机的大范围蔓延使各国监管者更加重视地区间的协调与合作,各国保险监管者开始探讨创建统一的保险公司偿付能力监管标准。然而在参与讨论时,美国缺乏一个联邦政府层面的权威机构代表国家利益发表观点、签订国际协议。

3. 对市场有效竞争和主体发展存在一定消极影响。如监管政策和法规差异容易诱发保险公司进行监管套利,即:选择监管环境较为宽松的地区开展业务;各州独立的监管许可造成

合规成本过高,一定程度上阻碍了保险公司进行跨州乃至全国拓展业务,不利于其他州和国外保险机构进入本地市场,难以形成良性市场竞争格局。

（五）美国保险监管改革的经验借鉴

1. 加强对被保险人利益的保护,提高保险信息透明度。美国金融监管体系改革初衷之一就是要加强消费者权益保护,成立消费者金融保护署的目的也在于此。保监会一直关注并不断加强对被保险人利益的保护,坚持把被保险人利益作为监管工作的出发点和落脚点。随着金融市场的发展,保险产品日益复杂化、多样化,在信息不对称或消费者不具备有效解读信息能力的情况下,监管机构所担负保护消费者权益的责任更加重大。新的保险法律突出强调了对投保人和被保险人利益的保护,但在有效信息披露、提高市场透明度等方面还需细化完善。目前,我国尚未从法律上确定保险市场主体进行有效信息披露的义务和信息披露的具体要求,保险信息透明度作为保护被保险人利益的一个重要手段,其作用和意义应得到充分认识。

2. 加强金融监管协作,稳步推进与现代保险体系相匹配的保险监管体制建设。我国并不存在美国保险监管制度缺乏统筹协调的问题,但是面对金融综合经营、全球化竞争的趋势,银行、证券向保险业渗透融合步伐加快,国外大型金融机构进入国内市场的数量不断增加,金融市场风险日益复杂,保险监管部门面临的挑战不断增加。构筑一个开放有序、竞争发展的现代保险体系,必须要处理好与其他金融行业以及国际保险业之间的关系：应积极探索建立跨金融行业的监管协调联系机制,加强与银行、证券等监管部门之间、地区之间乃至国与国之间的监管协作,加大信息共享力度,推动监管标准的衔接和互认;密切关注金融控股集团发展动态,加强对大型保险集团监管,加强对系统性风险的识别、监测和应对;在制度保障的基础上,形成分工协作、联动高效的现代保险监管体系。

3. 审慎推动金融创新,关注虚拟经济与实体经济发展的协调性和联动性。金融衍生产品恶性膨胀和金融创新的步伐远远超前于金融监管是 2008 年金融危机的主要原因。金融创新对推动金融行业发展十分重要,但其较为复杂、风险隐蔽性强,且对现有金融秩序、制度和规范会造成一定的冲击,必须在技术保障和监管到位的前提下稳步审慎推进。在当前金融风暴的冲击尚未完全消散、经济发展形势依然严峻的背景下,防范风险、稳健发展仍然是第一位的。我国保险业在引入创新理念、产品和服务时,需要反复论证、规范试点、监管配套,才能更好地适应和服务于实体经济的发展。

二、英国保险监管制度

（一）英国保险监管体制概况

英国保险监管体制随着国内经济以及欧洲和全球经济发展变化而变化。1998 年以前,英国实行由贸工部根据议会立法全面监管与保险行业自律机构自我管理相结合的管理体制。随着欧盟经济一体化和经济全球化的发展,银行、证券和保险业之间界限开始变得模糊,金融融合成为新的历史潮流。为适应这一变化,英国于 2000 年通过新法案《2000 年金融服务及市场法案》设立了金融服务监管局(FSA),对金融业实行统一的监管。金融服务局下设保险监管部,专门负责日常保险监管工作,主要侧重于改善行业经营状况,维护消费者权益。同时也规定,如 FSA 错误的监管行为给被监管对象造成经济损失后,必须依法进行赔偿。这种规定,规范了 FSA 的监管权,保护了保险公司的合法经营权,有力地防止了 FSA 滥用监管权力、干预保险公司的自主经营。

英国保险业以高度的行业自律为特色。保险业自律组织负责各自不同的管理范围。行业自律的主要机构有：劳合社理事会、英国经纪人委员会、保险推事局、保险人协会、寿险组织协会和个体保险仲裁服务公司等。英国行业自律管理是在政府宏观管理的要求下产生的，对保险宏观监管起辅助作用。

（二）英国保险监管的主要内容

1. 推行保险契约自由化。英国对保险公司的保险条款和费率均不予审批，但对违反法律和社会标准的保险条款有权要求公司予以纠正。在放开对条款费率管理的同时，金融服务局加强了对保险投诉的管理和处理。

2. 充分披露保险公司信息。英国政府每年都向社会公开保险公司报送的保险监管报表，凡是需要了解保险公司信息的单位和个人都可以自行查阅。

3. 强化偿付能力监管。监管机构通过分析保险人提交的业务报表和年度报告，对公司的偿付能力作出评价。没有满足偿付能力额度法定要求的，监管机构就会向社会进行公告，而这种公告对保险公司产生的负面影响将是致命的。

4. 营造宽松的投资环境。英国政府通过司法实务确认保险投资方式的多元性，允许保险公司根据自身的特点选择投资方式，有效组合不同的投资方式。

三、日本保险监管制度

（一）日本保险监管制度概述

日本属于集中单一的监管体制。日本的保险立法主要是《保险业法》，包括对保险业的监督法规和有关经营者的组织及行为的规定。日本在 1996 年新的《保险业法》颁布前实行行政式监管制度，表现为事前规制和市场行为监管，从开业审批、业务范围、经营种类及具体条款方面严格管制。1996 年，新的《保险业法》颁布后，保险监管的重心转向对保险人偿付能力的监管，更加注重维护投资人利益。1998 年以前日本保险业的监管部门是大藏省。大藏省内设银行局，银行局下设保险部，保险部是保险业的具体监管部门。大藏省内设有保险审议会和汽车损害赔偿责任审议会。20 世纪 90 年代以后，日本金融危机加剧，金融机构倒闭频繁。为了消除泡沫经济的消极影响，摆脱金融危机，日本政府进行了一系列金融改革，建立起跨行业的金融监管机制。1998 年 6 月，日本成立了金融监督厅，接管了过去由大藏省对银行、保险和证券的监管工作。金融监督厅下设保险监管课，具体负责对保险业的监督管理。

（二）日本保险监管政策

1. 严格的市场准入制。日本堪称世界上保险监管最严的国家，其保险业长期遵循着严格的市场准入约束。1996 年以前，外国保险公司很难进入日本保险市场，外国保险公司所占的市场份额仅为 3％。同时，日本监管机构对已进入保险市场的外国保险公司的业务范围、经营种类及条款规章也加以严格限制。虽然 1996 年日本的改革促使保险市场由相对封闭转向相对开放，但由于长期受到严格监管的影响，外国保险公司在日本本土开展保险业务仍然比较困难。

2. 放松费率监管。1998 年以前，保险公司只能使用日本费率算定委员会订立的费率标准。1998 年以后，保险公司在费率算定委员会提供的纯费率基础上，可以依据公司的经验数

据和管理水平拟定附加费率。

3. 实行以偿付能力为中心的监管。1996年,日本的新《保险业法》实施前,日本监管机构采取保驾护航式的监管方式,对有问题的保险公司进行暗中协调,并强制要求其他保险公司接管,所以没有出现保险公司破产事件,偿付能力也未引起足够重视。20世纪90年代后期,日本泡沫经济的崩溃导致保险公司接连倒闭,保险公司的偿付能力逐渐引起有关当局的重视。新《保险业法》实施后,日本仿效美国对保险公司实行以偿付能力为中心的监管,引入早期改善措施,促进有问题的保险公司及时解决问题。

4. 实行信息披露制度。新《保险业法》实施以前,日本保险监管机构出于稳定保险市场的目的,往往不公开保险公司的内部信息,以防止负面信息扩散引起市场混乱,同时限制保险公司过分宣传各种保险产品性质和差异。由于这种信息披露制度损害了消费者的知情权,与日本的金融自由化改革相抵触,《保险业法》实施后要求保险公司应将自己从事的业务内容、财务状况等编制成经济信息资料,并公之于众。

第四节　中国保险监管体制

一、中国保险监管体制的变革历程

(一) 直接领导监管阶段(1949—1965年)

新中国成立初期,中国人民银行和财政部分别对保险业行使领导和管理职能。在计划经济体制下,保险业监管职能更多被涵盖在领导职能之中。根据政务院批准的《中国人民银行试行组织条例》规定,保险业归中国人民银行领导和主管。1952年6月,在苏联模式影响下,保险业划归财政部领导,成为国家财政体系中的独立核算单位。1959年,保险业重新划归中国人民银行领导,中国人民保险公司行政上隶属于中国人民银行国外局下属保险处。1965年3月,中国人民银行恢复中国人民保险公司建制,保险处升格为局级机构。

(二) 保险监管调整恢复阶段(1966—1995年)

1979年4月,国务院批准《中国人民银行分行行长会议纪要》,作出"逐步恢复国内保险业务"的重大决策。1983年,根据中国人民银行专职行使中央银行和金融监管职能要求,中国人民保险公司分设成为国务院直属局级经济实体,中国人民银行对保险业由直接领导职能向监管职能逐步转型。1985年3月3日,国务院颁布《保险企业管理暂行条例》,明确规定国家保险管理机关为中国人民银行,财政部负责监督保险业的财务会计制度,国家计委行使制定国家保险业发展规划职能,初步实现政企分开。监管内容上,以拟定保险事业方针政策、指导监督保险企业业务活动为核心,以市场准入、审定基本保险条款和保险费率为重点,对市场行为和偿付能力实施严格监管。1993年,中共中央、国务院分别下发《关于建设社会主义市场经济体制若干问题的决定》《关于金融体制改革的决定》,要求加强金融监管并实施分业经营。根据文件精神,1994年5月,中国人民银行在非银行金融机构管理司单独设立保险处,负责保险业等非银行金融机构监管。20世纪80年代至90年代初期,在以政府主导的垄断经营为主、寡头竞争的市场格局下,保险监管实质上以严格市场审批作为主要内容,国家法律层面也并未对"保险"明确界定,现代保险监管体系尚未形成。

（三）市场行为监管阶段（1995—1998年）

1995年7月，中国人民银行设立专门行使保险监管职能的保险司。同年10月1日，新中国第一部《中华人民共和国保险法》正式颁行。一批股份制保险公司、外资保险分公司和中外合资保险公司相继成立，保险产品和销售方式不断创新，保险业进入高速增长时期。但由于市场主体尚不成熟，市场竞争中出现大量违法违规行为，如非法设立机构、擅自开办新业务、擅自降低费率或抬高手续费等，导致保险市场秩序比较混乱。为维护保险市场公平有序的竞争环境，切实贯彻实施好《保险法》，保护被保险人合法权益，中国人民银行于1996年、1997年、1998年先后发布了《保险管理暂行规定》、《保险代理人管理规定（试行）》、《保险经纪人暂行规定（试行）》等一系列配套部门规章，对保险市场行为进行规范，开展包括航意险、机动车辆保险、保险中介市场、寿险误导、资金运用在内的专项清理整顿工作，综合运用审批保险机构设立变更、审批条款费率、规范保险机构和中介机构市场行为、监督检查保险业务经营活动等市场行为监管手段，加强保险监管。同时，制定《保险业监管指标》，设立较为简单的保险偿付能力监管规则，初步探索建立保险风险检测指标体系，颁布《中国人寿保险业经验生命表（1990—1993）》，建立人身保险准备金评估报告制度等，尝试运用风险指标监管调控保险市场。

（四）保险分业监管阶段（1998—2005年）

1993年，为贯彻中共十四届三中全会决定，适应建立社会主义市场经济体制的需要，更好发挥金融宏观调控经济和优化资源配置的作用，促进国民经济持续、快速、健康发展，国务院作出深化金融体制改革的决定，要求抓紧拟定《中华人民共和国银行法》、《中国人民银行法》、《票据法》、《保险法》等法律草案，提交全国人大审议；同时明确提出对保险业、证券业、信托业和银行业实行分业经营。随着金融分业经营改革目标的确立，以及保险业自身较快发展，1998年11月18日，中国保险监督管理委员会（以下简称"保监会"）正式成立，保险业进入分业监管新时期。保险业监管主体也由一般性政府行政机构监管，改由兼具专业性、技术性和法律性的独立机构承担。保监会设立之初的主要职责为拟定有关商业保险的政策法规和行业发展规划；依法对保险企业的经营活动进行监督管理和业务指导，维护保险市场秩序；依法查处保险企业违法违规行为，保护被保险人的利益；培育和发展保险市场，推进保险业改革，完善保险市场体系，促进保险企业公平竞争；建立保险业风险评价和预警系统，防范化解保险业风险，促进保险企业稳健经营和业务的健康发展。保监会的成立，标志着我国保险监管迈入专业化、规范化的新阶段，有利于建立适应社会主义市场经济发展的保险监管体系，有利于加强保险监管和防范化解保险经营风险，有利于促进保险业持续健康协调发展。

扩展阅读10-3　　　　　中国保险监督管理委员会

1998年11月18日成立的中国保险监督管理委员会是国务院直属事业单位。根据国务院授权履行行政管理职能，依照法律、法规统一监督管理全国保险市场，维护保险业合法稳健运行。此前由中国人民银行行使的保险监管职责自此移交给这一专门的保险监管机构。首任主席马永伟，现任主席项俊波。

保监会成立后，依据1995年《保险法》和《公司法》等法律规范，于2000年制定出台《保险公司管理规定》，明确提出"市场行为监管和偿付能力监管并重"的监管目标；同时借鉴国际保险监管先进经验，引入"实际偿付能力"、"法定最低偿付能力"概念，规定当保险公司实际偿付能力额度低于法定最低偿付能力额度时，须根据不同情况确定处罚原则，并尝试从审计监管角度衡量评估偿付能力风险。2002 年 10 月 28 日，第九届全国人民代表大会常务委员会第三十次会议通过《关于修改〈中华人民共和国保险法〉的决定》，保险偿付能力监管被提到更加重要的地位：一是保险监管机构须对保险公司最低偿付能力实施监控，建立健全偿付能力监管指标体系，完善保险责任准备金提取和结转办法；二是强化偿付能力监管手段，赋予保险监管机构查询保险公司在金融机构存款的权力；三是保险公司须聘用保险监管机构批准的精算专业人员，建立精算报告制度，且不得提供虚假财务和业务报告等；四是对保险资金运用的禁止性规定作适当调整，除禁止设立证券经营机构和非保险企业外，在法律规定范围内，经国务院批准，允许利用其他投资方式。

（五）以偿付能力监管为核心的保险监管新阶段（2005 年至今）

2001 年 10 月，时任中国保监会副主席的吴小平在"中国的保险监管与精算实务国际学术研讨会"上明确提出，"随着保险公司自律能力增强和市场秩序好转，中国保险监管将由目前的市场行为监管和偿付能力监管并重，逐步向国际上通行的以偿付能力为核心监管过渡"。2002 年，时任中国保监会主席的马永伟在全国保险工作会议上明确要求，"为适应保险市场扩大开放和保险业加快发展的需要，保险监管将转变思路和方式，突出监管重点，在继续坚持市场行为监管和偿付能力监管并重的前提下，逐步向以偿付能力监管为核心过渡"。2005 年 10 月，中国保监会主席吴定富在国际保险监督官协会（IAIS）2005 年年会上正式宣布，"要参照国际保险监督官协会的三支柱监管框架，即偿付能力监管、公司治理监管和市场行为监管，建设具有中国特色的保险监管体系。努力构筑以公司内控和治理结构监管为基础，以偿付能力监管为核心，以现场检查为重要手段，以资金运用监管为关键环节，以保险保障基金为屏障的防范保险业风险的'五道防线'，促进中国保险业稳定、持续、协调、健康发展"。至此，我国保险监管完成了"从无到有"，"从审批到监管"，"从市场行为监管到偿付能力监管"的复杂制度变迁。此后，2008 年 7 月 1 日公布了《保险公司偿付能力管理规定》和 2009 年 10 月 1 日颁布了新《保险法》，对保险偿付能力监管进行了更为全面系统的诠释，以偿付能力监管为核心的保险监管体系逐步确立完善。

二、我国现行监管体系

"十一五"期间，保险业构建了现代保险监管体系，开启了科学依法有效监管的新里程。保险监管立足国情和行业实际，在消化吸收国际经验的基础上进行再创新，在监管框架、法律法规、制度规则等方面基本建立了既符合我国实际又与国际标准趋同的监管体系。

（一）借鉴国际保险监管核心原则，建立了"三支柱"保险监管框架

在 2003 年开始试行偿付能力监管的基础上，不断完善标准、强化约束力，偿付能力监管逐步成为加强监管、防范风险的重要手段。以 2006 年发布的《关于规范保险公司治理结构的指导意见》为标志，公司治理监管从无到有，监管的操作性和指导性逐步增强。随着稽查委员会、行政处罚委员会的建立以及现场检查操作规程的出台，市场行为监管的组织体系、制度标准和操作流程不断完善。

（二）遵循审慎监管的基本原则，构筑了防范风险的长效机制

建立完善保险保障基金制度，形成市场化的风险救助机制，逐步确立了以公司治理和内控为基础、以偿付能力监管为核心、以现场检查为重要手段、以资金运用监管为关键环节、以保险保障基金为屏障的风险防范"五道防线"。

（三）针对行业发展和监管面临的新情况，建立了比较系统的保险监管制度体系

推动完成《保险法》第二次修订，为保险监管提供了法律依据和制度基础。在一些监管空白领域制定了新制度，对一些现行制度进行了修订完善，共制定和修订部门规章33项、规范性文件277个，形成了以《保险法》为核心、以行政法规和部门规章为主体、以规范性文件为补充，基本覆盖保险经营和保险监管主要领域的制度体系。

（四）着眼于提高监管效率，建设了全覆盖、标准化的数据体系和信息系统

保险监管统计数据实现集中化管理，开发了保险机构、高管人员、产品管理、现场稽查等门类比较齐全的现场和非现场监管信息系统，信息化技术手段在监管中得到广泛应用。

（五）根据监管任务需要，建立了比较完备的监管组织体系

三、我国现行保险监管模式

"十一五"期间，通过在丰富的监管实践中勇于探索，保险监管形成了符合实际和行之有效的监管模式，以保护被保险人利益为目标，注重运用科学方法，注重统筹兼顾，增强监管的前瞻性和有效性。一是坚持机构监管和功能监管相结合。既从纵向上强化对保险机构的整体监管，又从横向上加强对公司治理、偿付能力和资金运用等专业监管，形成了相互配合、相互协调的监管机制。二是坚持微观审慎和宏观审慎监管相结合。国际金融危机爆发后，在注重防范单一保险机构风险的同时，强化宏观审慎监管，加强保险市场运行情况分析，研究宏观经济和金融市场变化对保险业的影响，高度关注具有系统重要性保险机构的风险状况，防范系统性风险。三是坚持现场检查和非现场监管相结合。在加大现场检查力度的基础上，注重发挥非现场监管的作用，通过分类监管、内控评价、财务状况分析等方式，对市场的苗头性问题和风险隐患做到早发现、早防范，增强监管的预见性和针对性。四是坚持专业监管和外部监督相结合。健全行业自律组织，加强公司内控建设，提高保险经营透明度，调动各方面力量，形成政府监管、行业自律、企业内控和社会监督"四位一体"的监管格局。

本章小结

1. 保险在多数国家属于特许经营行业，虽然宽严有别，但各国都对保险业进行着富有自身特色的监管。我国保险监管的必要性主要基于保险经营的特殊性、市场发展的需要和对外开放的需要。

2. 保险监管的目标首要是保证保险人具备充足的偿付能力，其次是防止欺诈之类的道德风险，保证保险交易价格和交易条件的合理与公平，促进保险市场的健康持续发展。当前和今后一段时期，中国保险监管的重要目标还有促进保险经营机构法人治理结构的完善，促使保险人市场行为的规范与理性，保证保险的可得性，满足人们的保障需求等。

3. 我国的保险监管原则应参考遵循国际保险监管上的 17 项核心原则,同时结合我国的具体情况。要有正确先进的监管理念,要从队伍、指标、环境条件等方面整体完善监管体系。内外控相结合,监督与服务、管理与发展相统一。

4. 保险监管的主要内容有偿付能力监管,资本金监管、准备金监管,费率、条款等市场行为监管,准入与退出的监管,内控合规监管,对保险高级管理人员的监管,对中介的监管和对再保险的监管,对跨国保险业务的监管等。

5. 不同的国家监管模式不同。美国对保险业实行全面而严格的管理,而英国对保险业的监管上更注意发挥自律的作用。我国今后要根据自身的特点并借鉴国际上成功的经验来建立完善自己的监管体制。

6. 我国应建立完善行政监管、行业自律、社会监督、内控制度等四位一体的监管体系。

复习思考题

1. 名词解释:保险监管、偿付能力、风险资本、准入与退出。

2. 试述保险监管的必要性。

3. 试述保险监管的目标。

4. 试述我国保险监管的原则。

5. 美国、英国和日本的保险监管各有哪些特点?形成这些特点的背景是什么?

第十一章 财产保险

本章导读

　　财产保险是一种较早产生的保险种类,它是社会化的风险分担机制,也是人类社会控制和抵御灾害事故、化解其损失的重要手段。本章重点讲述了财产保险的概念与特点、保险标的、保险价值与保险金额、基本的承保与理赔方式,并对火灾保险、运输保险、责任保险、信用保证保险,以及工程保险和农业保险等主要财产保险业务类别作了基本介绍。

学习目标

1. 掌握财产保险的概念、特征和基本的承保理赔方式。
2. 了解火灾保险的概念、特点及分类。
3. 了解运输保险的主要类型。
4. 了解责任保险的概念、特征、承保基础、赔偿范围及主要险种。
5. 区分信用保险与保证保险,了解两类业务的主要种类。
6. 了解工程保险的特点与分类。
7. 了解农业保险的特点与分类。

引　言

　　财产保险起源于 14 世纪中期意大利的海上保险,16 世纪以后,买卖保险契约的行为已相当普遍。随着海上贸易中心的转移,17 世纪,英国伦敦成为世界最主要的海上保险市场。1666 年 9 月 2 日,伦敦发生历史上最严重的火灾,第二年,有人开始承保房屋的火灾风险。19 世纪中期,英国出现了早期的责任保险。进入 20 世纪以后,现代财产保险的几大门类,财产损失保险、责任保险和信用保证保险全部形成。

第一节　财产保险概述

一、财产保险的概念

　　财产保险又称产物保险或损害保险,可以从狭义和广义两个角度来理解。狭义的财产保

险是指以有形物质财产为保险标的的保险;广义的财产保险是指以物质财产和有关利益及损害赔偿责任为保险标的的保险,包括责任保险、信用保证保险等。

二、财产保险的保险标的

从财产保险的概念中我们知道,财产保险的保险标的是物质财产及有关利益。按照财产保险标的的性质和存在形式,可以分为有形与无形两类财产。

(一) 有形财产

有形财产是指投保时客观存在的各种物质财产。财产保险最早承保的保险标的是海上的船舶和货物,之后是房屋、机器设备、原材料等处于相对静止状态的动产和不动产,以及内陆运输的货物、各种运输工具、农作物、牲畜、在建工程等。目前,物质财产仍然是财产保险重要的保险标的,从家庭财产到企业财产,从普通财产到飞机、人造卫星等高科技产品,其涉及的范围相当广泛。

(二) 无形财产

无形财产也称非物质财产,它们在投保时不是以物质财产形式存在,而是表现为投保人的预期收益、责任、权利和义务等。该类财产无论以何种方式表现,其实质是被保险人的经济利益。它们一旦受损,即表现为被保险人经济利益的减少或丧失。该类财产主要有三类:

1. 预期收益。它是由物质财产产生的,或依附于物质财产而存在的各种货币收入,如工厂的利润、房屋的租金、汽车的营运收入。预期收益与物质财产有密切的关系,当物质财产未受损时,会给被保险人带来收益;而物质财产一旦受损,则会造成预期收益的减少或丧失。

2. 权利和义务。其表现为被保险人在经济合同中享有的权利和应承担的义务。权利在不受损害的情况下,会给权利人带来经济利益;若义务不能履行,义务方则要向对方承担经济赔偿责任。

3. 损害赔偿责任。它是指应由被保险人依法承担的民事损害赔偿责任。该类标的有时称为"消极"财产,因为损害赔偿责任一旦发生,被保险人必须对他人承担经济赔偿责任,相当于被保险人现有利益的丧失。

以上根据标的的性质和存在形式,我们把财产保险标的从整体上作了划分。但值得注意的是,在保险实务中具体到每一个险种,保险人并非对以上列举的所有标的都承保,而是在每一张保险单上规定有具体的保险标的的范围。保险人在承保时,一般把标的分为三类:第一类是可保财产,投保人将可保财产向保险人投保,保险人一般不拒绝承保;第二类为特约承保财产,该类标的必须经保险合同双方当事人约定才能承保;第三类是不保财产,即保险人不予承保的财产。

三、财产保险的特征

(一) 保险承保风险的多样性

财产保险所承保的风险是多种多样的,不仅包括各种自然灾害、意外事故,而且包括各种民事法律风险和商业信用风险等。由于承保风险的多样性和复杂性,保险事故也就具有不同的形态,包括暴风、暴雨、泥石流、洪水等自然灾害,也包括爆炸、碰撞、盗窃、违约等意外事故。

（二）保险标的的价值必须可以衡量

在财产保险中，被保险人所能得到的最高经济补偿额度是保险标的的价值。因而，财产保险的保险标的的价值必须能够用货币进行衡量。无法用货币衡量价值的财产或利益不能作为财产保险的保险标的，如空气、矿藏、水源、土地等。

（三）保险利益具有特殊性

在财产保险中，财产损失保险是最基本的一类业务。就财产损失保险而言，与人身保险相比，其保险利益的特殊性体现在以下三个方面：

1. 就保险利益的产生而言，财产保险的保险利益产生于人与物之间的关系，即投保人与保险标的之间的关系。

2. 就保险利益的量的限定而言，在财产保险中，保险利益有量的规定性，不仅要考虑投保人对标的有没有保险利益，还要考虑保险利益的额度大小。投保人对保险标的的保险利益仅限于保险标的的实际价值，因此保险金额须以财产的实际价值为限，保险金额超过财产的实际价值部分将因投保人无保险利益而无效。

3. 就保险利益的时效而言，新《保险法》第 12 条规定，财产保险的被保险人在保险事故发生时，对保险标的应当具有保险利益。在财产保险中，保险利益是维持保险合同效力、保险人支付赔款的条件。一旦被保险人对保险标的丧失保险利益，即使发生保险事故，保险人也不负赔偿责任。

（四）保险金额确定具有客观依据

财产保险的保险金额确定一般参照保险标的的实际价值，或者根据投保人的实际需要，参照最大可能损失、最大可预期损失确定其所购买的财产保险的保险金额。确定保险金额的依据即为保险价值。保险人和投保人在保险价值限度以内，按照投保人对该保险标的存在的保险利益程度来确定保险金额，作为保险人承担赔偿责任的最高限额。由于财产保险的保险标的本身具有保险价值，因此，财产保险的保险金额的确定具有客观依据。

（五）保险期限的短期性

大部分财产保险的保险期限较短。通常，普通财产保险的保险期限为 1 年或者 1 年以内。还有一些险种的保险期限是以某种行为的发生与终止来表示，比如海上运输货物保险的保险期限确定依据是"仓至仓条款"，即：保险人对被保险货物所承担责任的期限是从货物运离保险单所载明起运港发货人的仓库时开始，一直到货物运抵保险单所载明的目的港收货人的仓库时为止。由于期限短，保险实务中要求投保人投保时须一次性交清保险费，且保险费不计利息；其形成的保险基金不能作为保险人中长期投资的资金来源；财产保险只具有保障性，不具有储蓄性，保险单没有现金价值。

（六）保险合同的补偿性

财产保险是补偿性保险，保险标的的损失可以用货币来衡量，保险事故发生后，保险人对被保险人的赔偿要遵循损失补偿原则。即在保险金额限度内，按保险单约定的赔偿方式，损失多少，赔偿多少，被保险人不能获得超过实际损失的额外利益。因此，在财产保险合同中，尽管可能出现超额保险、不足额保险，也可能出现重复保险的现象，但是保险人在赔付过程中都会按照损失补偿原则进行处理。

四、财产保险的保险价值与保险金额

（一）保险价值

保险价值是保险标的在某一特定时期内可以用货币估算的经济价值。保险价值是财产保险的特有概念，它是确定保险金额与计算赔偿的依据。人身保险的保险标的是人的寿命和身体，具有不可估价性，因此，人身保险没有保险价值的概念，保险金额由合同双方当事人约定。那么以什么标准来确定保险价值？财产保险标的价值有客观的判断标准，这个标准就是市场价值（实际价值）。在保险实务中，经保险合同当事人双方约定，保险价值也可以按照保险标的的原始账面价值、重置价值等方式确定。

（二）保险金额

保险金额是指保险人在保险合同中承担赔偿或者给付保险金额的最高限额。财产保险的保险金额是根据保险标的的保险价值来确定的，一般作为保险人承担对受损标的赔偿的最高限额，以及施救费用的最高赔偿额度，也是保险人计算保险费的依据。除合同另有约定外，保险金额不是保险人认定的财产价值，也不是保险事故发生时赔偿金额的等额，而仅是保险人承担赔偿责任的最高限额。

五、财产保险的四种基本承保方式

（一）定值保险

定值保险是投保时确定保险价值的承保方式。投保人和保险人签订保险合同时除根据保险价值确定保险金额外，还要约定保险价值并在合同中载明。保险标的发生保险事故时，不论当时该保险标的的市场价是多少，保险人均按保险单上约定的保险金额计算赔偿。如果是全部损失，按保险金额赔偿；如果是部分损失，则按保险标的的损失程度计算赔偿金额。

（二）不定值保险

不定值保险是与定值保险相对应的一种承保方式，投保人和保险人签订保险合同时不在合同中载明保险价值，只是以保险金额作为赔偿的最高限额。当保险标的发生保险事故造成损失时，再来估计其保险价值作为赔款计算的依据。当保险金额等于或大于保险价值时，按实际损失金额赔偿；当保险金额小于保险价值时，其不足的部分视为被保险人自保，保险人按受损标的的保险金额与保险价值的比例计算赔款。财产保险绝大部分险种都以不定值保险方式承保。

（三）重置价值保险

重置价值保险是投保人与保险人双方约定按保险标的的重置、重建价值确定保险金额的一种特殊承保方式。有些保险标的（如房屋、建筑物），由于使用期限较长，如果按扣除折旧以后的实际价值投保的话，那么当保险标的受损后，被保险人从保险人那里获得的赔偿就不充分，不能使被保险人重置、重建保险标的的以恢复生产经营。因此，为适应被保险人获得保险保障的需要，保险人对某些标的可以按超过实际价值的重置、重建价值承保。重置价值保险实质上是一种超额保险，只不过这种保险是经过保险合同双方当事人约定的、保险人认可的超额保险。

（四）第一危险责任保险

该承保方式是指经保险人同意，投保人就可以以保险标的实际价值的部分投保，确定保险

金额。保险金额一经确定,只要损失金额在保险金额范围内,即被视为足额保险,保险人就应按保险标的的实际损失赔偿。这种方式实质上是一种不足额保险,只不过是保险人认可的不足额保险,保险人对保险金额范围内损失全额赔偿,而不按保险金额与保险价值的比例进行分摊。这种承保方式之所以称为第一危险责任保险,是因为它把保险价值分为两个部分:保险金额范围内的部分是第一危险责任部分,该范围内损失由保险人负责赔偿;超出保险金额范围的保险价值部分称为"第二危险",视为未投保部分,保险人不负赔偿责任。

六、财产保险的基本赔偿方式

(一)比例赔偿方式

这种赔偿方式的特点是按保险标的的保险金额与保险价值的比例计算赔偿金额。如果保险金额低于保险价值,则被保险人的损失金额不能全部得到赔偿。而且,在损失金额一定的情况下,保险金额与保险价值的比例越小,被保险人所得到的赔偿金额越少;保险金额与保险价值的比例越大,被保险人所得到的赔偿金额越多。其计算公式为:

$$赔偿金额 = 损失金额 \times \frac{保险金额}{保险价值}（保险金额大于保险价值时取 1）$$

(二)第一危险赔偿方式

这种赔偿方式的特点是在保险金额范围内,赔偿金额等于损失金额。即被保险人在保险金额范围内的损失,能够全部从保险人处获得赔偿。其计算公式为:

$$赔偿金额 = 损失金额（不得大于保险金额）$$

(三)限额赔偿方式

这种赔偿方式的特点是保险标的的损失达到或达不到一定限额时,保险人才承担赔偿责任。

1. 免赔限度赔偿方式。它事先规定一个免赔限度(免赔额或免赔率),只有损失超过免赔限度时,保险人才承担赔偿责任。以免赔率为例,又分为相对免赔率和绝对免赔率。

相对免赔率是指保险标的的损失率超过保险单上规定的免赔率时,保险人按实际损失不作扣除的赔偿。其计算公式为:

$$赔偿金额 = 保险金额 \times 损失率 \quad （损失率 > 免赔率）$$

相对免赔率主要用于减少因零星的小额赔款而必须办理的理赔手续,以节省费用。

绝对免赔率是指当保险标的的损失率超过保险单上规定的免赔率时,保险人仅就超过免赔率的那部分进行赔偿。其计算公式为:

$$赔偿金额 = 保险金额 \times （损失率 - 免赔率） \quad （损失率 > 免赔率）$$

2. 固定责任赔偿方式。它主要用于农作物保险,当被保险人的实际收获量达不到保险单上确定的限额时,由保险人赔偿其差额部分的损失。其计算公式为:

$$赔偿金额 = 限额 - 实际收获价值$$

第二节 火 灾 保 险

一、火灾保险的概念和特点

火灾保险简称火险,是以各种动产、不动产,如房屋、厂房、机器设备、家具装潢等作为保险标的的一种保险。

火灾保险是一种传统的保险业务,与其他保险业务相比,它有自身的一些特点。

1. 保险标的处于相对静止状态。火灾保险的保险标的主要是各种固定资产和流动资产,这些标的处于固定静止的状态。所以,处于流动状态的货物、运输工具以及生长期的农作物都不能投保此类保险。

2. 承保风险广泛。从承保风险来看,早期的火灾保险只承保单一的火灾风险,并且只承保火灾风险所造成的直接损失,后来逐步扩展到与火灾相关的爆炸、闪电及雷击。进入现代社会以后,火灾保险的承保风险又扩展到包括火灾在内的各种自然灾害和意外事故。保险人既可以以附加保单的形式承保地震、地陷、洪水、飓风、雪崩、泥石流等风险,也可以承保盗窃、机器损坏等风险;不仅可以承保直接损失,还可以承保间接损失,如营业中断损失、租金损失等。

3. 一般采用标准火灾保单。从保单形式来看,早期各个保险人均使用自己的保单。自美国马萨诸塞州和纽约州分别于1873年和1876年通过法律要求使用标准保单,并推出了标准火险保单(SFP)以后,美国的其他州和其他国家也纷纷效仿,以减少损失理赔的麻烦和法院解释的困难。目前的火灾保险通常都使用标准保单形式承保。

二、火灾保险的适用范围

从保险业务来源角度看,火灾保险是适用范围最广泛的一种保险业务,各种企业、事业、社会团体及国家机关单位均可以投保团体火灾保险;所有的城乡居民家庭和个人均可投保家庭财产保险。

就保险标的范围而言,火灾保险的可保财产包括:房屋及其他建筑物和附属装修设备;各种机器设备,工具、仪器及生产用具;管理用具及低值易耗品、原材料、半成品、在产品、产成品或库存商品和特种储备商品;各种生活消费资料等。对于某些市场价格变化大、保险金额难以确定、风险较特别的财产物资,如古玩、艺术品等,则需要经过特别约定的程序才能承保。

三、火灾保险的分类

(一) 企业财产保险

企业财产保险是以投保人存放在固定地点的财产物质为保险对象的保险业务,它是我国财产保险业务中的主要险种之一。凡是由投保人所有或代替他人保管或与他人共有而由投保人负责的财产,都可以列入投保财产范围以内。企业财产保险主要分为基本险、综合险和一切险等。

1. 基本险。财产保险基本险是团体火灾保险的主要险种之一。根据我国财产保险基本险条款,该险种承担的保险责任包括火灾、雷击、爆炸、飞行物体和空中运行物体的坠落以及合理的施救费用等。

2. 综合险。财产保险综合险也是团体火灾保险业务的主要险种之一,它在适用范围、保险对象、保险金额的确定和保险赔偿处理等内容上,与财产保险基本险相同,不同的是在保险责任上较基本险有所扩展。

根据我国财产保险综合险条款规定,保险人的保险责任在涵盖基本险保险责任以外,还包括暴雨、洪水、台风、暴风、龙卷风、雪灾、雹灾、冰凌、泥石流、崖崩、突发性滑坡、地面突然塌陷、飞行物体及其他空中运行物体坠落,以及被保险人拥有所有权的自用供水、供电、供气设备因保险事故遭受损坏,引起停水、停电、停气以致造成保险标的的直接损失。

3. 一切险。财产保险一切险保障责任范围很大,其保障除除外责任以外的一切自然灾害和一切意外事故引起的损失。与其他财产保险业务相比,普通财产保险的承保风险是列明的,而财产保险一切险则相反,其风险没有列明,保险公司承担的是保险单条款中除外责任以外的一切风险。这也是一切险名称的由来。

（二）机器损坏保险

机器损坏保险承保各种各样的机器设备因人为的、意外的或物理性原因造成的物质损失,它是从企业财产保险演变而来的一种独立业务。机器损坏保险既可以作为专门险种承保,也可以作为财产保险的附加险来承保。

（三）家庭财产保险

家庭财产保险是以家具、房屋、家电等作为保险标的,面向城乡居民家庭或个人的火灾保险。家庭财产保险的承保率从一个侧面反映了财产保险的普及程度与当地的发展水平。家庭财产保险的特点在于投保人是以家庭或个人为单位,业务分散,额小量大,风险结构以火灾、盗窃等风险为主。

扩展阅读 11-1　　　　　　火灾保险的起源

火灾保险起源于 1118 年冰岛设立的 Hrepps 社,该社对火灾及家畜死亡损失负赔偿责任。17 世纪初,德国盛行互助性质的火灾救灾协会制度,1676 年,第一家公营保险公司——汉堡火灾保险局由几个协会合并宣告成立。但真正意义上的火灾保险是在伦敦大火之后发展起来的。1666 年 9 月 2 日,伦敦城被大火整整烧了 5 天,市内 448 亩的地域中 373 亩成为瓦砾,占伦敦面积的 83.26%,13 200 户住宅被毁,财产损失 1 200 多万英镑,20 多万人流离失所,无家可归。灾后的幸存者非常渴望能有一种可靠的保障,来对火灾所造成的损失提供补偿。因此,火灾保险对人们来说已显得十分重要。在这种状况下,聪明的牙医巴蓬 1667 年独资设立营业处,办理住宅火险。1680 年,他同另外 3 人集资 4 万英镑,成立火灾保险营业所,1705 年更名为菲尼克斯,即凤凰火灾保险公司。在巴蓬的主顾中,相当部分是伦敦大火后重建家园的人们。巴蓬的火灾保险公司根据房屋租金计算保险费,并且规定木结构的房屋比砖瓦结构房屋保费增加一倍。这种依房屋危险情况分类保险的方法是现代火险差别费率的起源,火灾保险成为现代保险,在时间上与海上保险差不多。1710 年,波凡创立了伦敦保险人公司,后改称太阳保险公司,接受不动产以外的动产保险,营业范围遍及全国。18 世纪

（续上）

末到 19 世纪中期,英、法、德等国相继完成了工业革命,机器生产代替了原来的手工操作,物质财富大量集中,使人们对火灾保险的需求也更为迫切。这一时期火灾保险发展异常迅速,火灾保险公司的形式以股份公司为主。进入 19 世纪,在欧洲和美洲,火灾保险公司大量出现,承保能力有很大提高。1871 年,芝加哥一场大火造成 1.5 亿美元的损失,其中保险公司赔付 1 亿美元。可见,当时火灾保险的承保面之广。随着人们需要的不断增加,火灾保险所承保的风险也日益扩展,承保责任由单一的火灾扩展到地震、洪水、风暴等非火灾危险,保险标的也从房屋扩大到各种固定资产和流动资产。19 世纪后期,随着资本主义的对外扩张,火灾保险传到了发展中国家和地区。

资料来源:http://zhidao.baidu.com/question/86797419.html.

第三节　运　输　保　险

一、机动车辆保险

（一）机动车辆保险的概念

机动车辆保险是以机动车辆本身及其第三者责任等为保险标的的一种运输工具保险。其保险客户,主要是拥有各种机动交通工具的法人团体和个人;其保险标的,主要是各种类型的汽车,但也包括电车、电瓶车等专用车辆及摩托车等。机动车辆是指汽车、电车、电瓶车、摩托车、拖拉机、各种专用机械车、特种车。

机动车辆保险产生于 19 世纪末。世界上最早签发的机动车辆保险单,是 1895 年由英国"法律意外保险公司"签发的、保险费为 10～100 英镑的汽车第三者责任保险单,但汽车火险可以在增加保险费的条件下加保。机动车辆保险的真正发展是在第二次世界大战后,一方面汽车的普及使道路事故危险构成一种普遍性的社会危险,另一方面许多国家将包括汽车在内的各种机动车辆第三者责任列入强制保险的范围。因此,机动车辆保险在全球均是具有普遍意义的保险业务。

（二）机动车辆保险的特征

1. 保险标的的出险率较高。机动车是陆地上的主要交通工具。由于其经常处于运动状态,总是载着人或货物不断地从一个地方开往另一个地方,很容易发生碰撞及意外事故,造成人身伤亡或财产损失。由于车辆数量的迅速增加,一些国家交通设施及管理水平跟不上车辆的发展速度,再加上驾驶人的疏忽、过失等人为原因,交通事故发生频繁,出险率较高。

2. 业务量大,投保率高。由于汽车出险率较高,汽车的所有者需要以保险方式转嫁风险。各国政府在不断改善交通设施、严格制定交通规章的同时,为了保障受害人的利益,对第三者责任保险实施强制保险。

保险人为适应投保人转嫁风险的不同需要,为被保险人提供了更全面的保障,在开展车辆损失险和第三者责任险的基础上,推出了一系列附加险,使机动车辆保险成为财产保险中业务

量较大、投保率较高的一个险种。

3. 扩大保险利益。机动车辆保险中,针对汽车的所有者与使用者不同的特点,保险条款一般规定:不仅被保险人本人驾驶车辆时发生保险事故保险人要承担赔偿责任,凡是被保险人允许的驾驶人使用车辆时,也视为其对保险标的具有保险利益,如果发生保险单上约定的事故,保险人同样要承担事故造成的损失。

4. 绝对免赔与无赔款优待。为了促使被保险人注意维护、养护车辆,使其保持安全行驶技术状态,并督促驾驶人注意安全行车,以减少交通事故,保险合同上一般规定:驾驶人在交通事故中所负责任,车辆损失险和第三者责任险在符合赔偿规定的金额内实行绝对免赔;保险车辆在保险期限内无赔款,续保时可以按保险费的一定比例享受无赔款优待。

(三) 机动车辆保险的险种概况

1. 机动车交通事故责任强制保险。我国的《机动车交通事故责任强制保险条例》第3条规定:"本条例所称机动车交通事故责任强制保险,是指由保险公司对被保险机动车发生道路交通事故造成本车人员、被保险人以外的受害人的人身伤亡、财产损失,在责任限额内予以赔偿的强制性责任保险。"依据此条的规定:① 该强制性保险只承保机动车上的人员、被保险人之外的第三人所遭受的损害。② 第三人所遭受的损害包括人身损害和财产损失,不包括精神损害。③ 该强制性保险有一定的责任限额,保险人只在该限额内承担支付保险金的责任。

2. 机动车辆保险基本险。2007年4月1日以前的基本险由车辆损失险和第三者责任险两部分构成,此后中国保监会将全车盗抢险也列为可以单独购买的险种。① 车辆损失险。主要对被保险车辆因碰撞原因和非碰撞原因引起的损失负责。② 第三者责任险。它是以被保险人依法对第三人应承担的民事赔偿责任为标的的一种保险,主要承保被保险人或其允许的合格驾驶员在使用保险车辆过程中,发生意外事故,致使第三人遭受人身伤亡或财产的直接损毁,依法应由被保险人支付的赔偿金额。③ 全车盗抢险。承保机动车辆全车盗窃、被抢劫或被抢夺,经县以上公安部门立案,自立案之日起满两个月未查明下落的损失。此外,还承保保险车辆在被抢劫、抢夺、盗窃期间受到损坏或车上零件或附属设备丢失,需要修复或重置的费用。

3. 机动车辆保险附加险

为满足被保险人对与汽车有关的其他风险的保障要求,保险人常提供多种附加险供投保人选择。附加险不能单独投保,必须在车辆损失险和第三者责任险的基础上进行选择投保。① 车辆损失险的附加险有玻璃单独破碎险、车辆停驶损失险、自燃损失险、新增设备损失险等。② 第三者责任险的常见附加险有车上乘员责任险、无过失责任险和车上货物掉落责任险等。③ 不计免赔特约险,即为100%赔付,仅负责赔偿在车辆损失险和第三者责任险中应由被保险人自己承担的免赔金额。

扩展阅读 11 - 2　　　　　　　　国外车险面面观

随着我国私人购车比例不断增加,汽车保险这一概念逐渐进入百姓视野。在我国,涉及最多的汽车保险种类主要有第三者责任险、车损险、防盗险。而考察发达国家的汽车保险业,五花八门的险种、千差万别的保费,令人眼花缭乱。

（续上）

（一）美国：“无罪”者要因“有罪”人上保险

美国的保险公司提供的汽车保险项目繁多，但通常包括四大项：责任保险、碰撞保险、意外保险和保对方无险或保额过低的保险。

前三种保险还比较容易理解，第四种则比较有趣。它是指事故责任虽不在自己，但有过失的对方身体受伤，且要么没有保险，要么保险额很低，无法支付部分或全部的治疗费用，所以无责任方必须替他支付。美国有不少穷人不买汽车保险，于是有些州制定法律，遇到这种情况就由无过失但有保险的一方支付治疗费用。好在此项保险费用很低，一般在10～20美元。

美国还有一种租车保险，每日为10～20美元，不同的州或地区费率略有不同。一般而言，如果已为自己的车买了全额保险，就可以不买租车保险。如果自己的车只买了责任保险的话，就须为租来的车买碰撞保险和意外保险，否则一旦出事，将会赔偿很大一笔钱。

与我国目前的汽车保险不同，美国汽车保险的保费还会与车主个人情况有直接关系。

首先车主年龄太小或太老的保费都比较高，30～45岁之间的驾驶人保费则较低；其次有5年以上驾驶经验的人，保费要比驾驶经验少的人便宜得多；再次没有交通违规记录的人，保费自然要比有违规记录的人低很多。此外，婚姻状况也是一个较为重要的因素。

（二）德国：柏林的保险比波恩的“值钱”

德国是汽车的王国，如今平均每百人中就有62人拥有汽车。长期以来，德国围绕汽车管理建立了一套相当完善的体系，汽车保险就是其中重要的一环。

德国的汽车保险主要有“责任险”和“事故险”两大类。除此之外，还包括对自己汽车的乘客因撞车事故造成伤、残及死亡等进行经济赔偿的“乘客意外险”，以及为投保人在发生交通纠纷情况下诉诸法律打官司提供经费支持的“汽车法律保险”等。当然，这些保险项目都是自愿投保的。

德国汽车保险费计算也与美国相似，保费多少与汽车的品牌、种类、新旧程度和注册的地区等因素有关。汽车注册地区的汽车保有量、交通管理情况、治安情况、失窃可能性的大小，甚至修理费用的高低都决定了汽车保险费的高低。柏林是德国的首都，人口众多，汽车密度高，交通管理比较复杂，汽车失窃和被破坏现象时有发生，于是同一辆汽车如果在柏林注册，其保险费就比在波恩注册整整高出一个档位。致使一些在柏林和波恩都有住所的人宁愿在波恩注册自己的汽车。

（三）英国：别忘了强调“良民”记录

英国汽车保险业历史非常悠久，第一张汽车保险单便诞生于此。同时，英国汽车保险业也非常发达。据英国承保人协会统计，1998年在普通保险业务中，汽车保险业务首次超过财产保险业务，保险费达到了81亿英镑，汽车保险费占每个家庭支出的9％，足见其重要地位。

（续上）

在英国,驾驶员的经历对于保费高低非常重要。一般说来,对于在 5 年之内有违章记录的驾驶员,比如被交通管理部门判处为"危险驾驶"的驾驶员,其保险费率要高出没有违章记录者的 20% 左右。如果连续没有违章记录,则保费会给予很大优惠。如英国康希尔保险公司(Cornhill)规定,投保人在续保时,在第一年期满无事故索赔,保险费率优惠 30%;连续第二年期满无事故索赔,保险费率优惠 40%;连续第三年期满,优惠 50%;连续第四年,可优惠 60%;连续第五年,优惠可高达 65%。许多连年没有违章记录的人保费也就到 200 英镑,所以去买保险时千万别忘了对保险公司声明你在英国开车有多长时间没出事故了。

除上述三国之外,其他地方也还有许多不同的险种。例如,欧盟最近出台了一项新规定,要求凡涉及汽车和自行车相撞的交通事故,不论汽车驾驶者是否有过失,都应赔偿骑自行车者的全部损失,并由此要提高 10% 的汽车保险费。日本自 1998 年以来实行保费自由化,各保险公司可自行制定汽车保险费率计算方案。各公司为竞争市场,相继推出风险细分型和储备型等多种保险形式。韩国也从 1994 年开始实行保费自由化,各保险公司纷纷开发各自的保险产品,出现了包括高保障型保险产品和长期储蓄型保险产品等在内的多种产品。

综合起来,各主要发达国家汽车保险种类和保费的具体计算方法虽不尽相同,但也有规律可循,比如许多国家都实行汽车保险自由费率,保费计算既"随车"也"随人",而且还"随地",除了第三方责任险为强制保险,其他多为自愿投保等。这些经营之道都很值得尚处在发展时期的我国汽车保险业参考借鉴。

资料来源:http://auto.163. com/04/0821/16/0UARF2BF000816EU. html。

二、飞机保险

(一) 飞机保险的概念

飞机保险是以飞机及其有关利益、责任为保险标的的一种运输保险。飞机保险既包括财产保险,如以飞机及设备为保险标的的飞机及零备件保险;又包括责任保险,如承保承运人对旅客及第三者的法定责任保险;还包括人身意外伤害保险,如机组人员人身意外伤害保险、航空人身意外伤害保险等。

(二) 飞机保险险种概况

1. 机身保险,即飞机损失或损坏险,是指飞机在飞行、滑行或停航中,无论任何原因造成的飞机及其附件的损失或损坏,以及由此造成的拆卸、重装、运输、清除残骸等费用,保险公司均负责赔偿。该保险中"机身"的概念包括机壳以及其他使飞机飞行的零部件和发动机。

2. 旅客(行李、货物、邮件)法定责任保险和第三者责任保险。旅客、行李、货物、邮件法定责任保险和第三者责任保险承保被保险人在日常经营管理活动中,由于意外、疏忽、过失等原因造成的,依法应由被保险人承担的人身伤害和财产损失赔偿责任。

3. 附加险。① 飞机战争和劫持险。主要承保由于战争、劫持、敌对行为、武装冲突、罢工、民变、暴动、飞机被扣留、没收或第三者恶意破坏造成的被保险飞机及部件的灭失以及由此

引起的被保险人对第三者或旅客应负的法律责任。② 飞机承运货物责任险。飞机承运货物责任险亦称承运人航空运输货物责任保险或空运货物赔偿责任保险,它是承保航运方在受托运送的货物遭受损失时依法应负的赔偿责任的一种责任保险。凡装载于保险飞机上已经办妥托运手续的货物,自交运时起至目的地交付收货人或办妥转运手续时止,发生的损失依法或契约规定由承运人负责时,由保险公司负责赔偿。

三、船舶保险

（一）船舶保险的概念

船舶保险是以船舶为保险标的,当合同约定的保险事故发生导致船舶本身损失、与船舶有关利益的损失以及出现了应由船主承担的经济赔偿责任时,保险人进行赔偿的保险。船舶保险包括远洋船舶保险和沿海内河船舶保险。

（二）船舶保险险种概要

1. 远洋船舶保险。远洋船舶保险是以航行于国际航线的船舶为保险标的的船舶保险,承保被保险船舶本身的损失,与船舶有关的无形利益、费用和责任。具有所承担的风险相对集中、保险标的的船舶的价值金额比较大、承保范围广泛和保险单不能随船舶的转让而转让等特点。远洋船舶保险一般分为全损险和一切险。① 全损险。全损险承保被保险船舶因遭受保险范围内的风险而导致的全部损失,包括实际全损和推定全损。② 一切险。一切险承保全损险所承保原因造成被保险船舶的全损和部分损失,以及碰撞责任、共同海损分摊、救助费用和施救费用。

2. 沿海内河船舶保险。沿海内河船舶保险是以航行于沿海内河的船舶为保险标的的一种运输工具保险,一般包括全损险和一切险,其保险责任与远洋船舶保险十分相似。

四、货物运输保险

（一）货物运输保险的概念

货物运输保险是以装载于各种运输工具中的货物为保险标的的一种保险。由于货物分为内贸货物和外贸货物,因此货物运输保险也相应地有国内货物运输保险和涉外货物运输保险两大类。

（二）货物运输保险的特点

1. 承保风险的广泛性。货物运输保险承保的风险,既有财产和利益上的风险,又有责任方面的风险;既有海上风险,又有陆上风险;既有自然灾害和意外事故引起的客观风险,又有违约等主观风险。

2. 保险标的的流动性。货物运输保险承保的货物常处于运动状态,不受固定地点的限制。

3. 被保险人的多变性。货物运输保险单可以随保险单的转让而转让,只需要原被保险人在保险单上背书,不需要征得保险人的同意。这是由国际贸易的特点决定的,便于货物的流通。货物所有者的不断变换,就使得货物运输保险中的被保险人不断变化。这是货物运输保险的一个重要特点。

4. 承保价值的定值性。货运险通常采用定值保险办法,这是由货物的流动性所决定的。

因为货物越接近目的地,它的价值越高。为避免货物在不同地点可能出现的价格差异,其保险金额一般由保险双方按事先约定的保险价值来确定。当发生损失时,不再考虑出险时货物价格如何,而根据约定价值按货物受损程度计算赔款。

5. 承保期限的两重性。货运险的承保期限,一般不受时间限制,而是以一次航(车)程为准。货运险的期限同时应按"仓至仓"条款规定办理,并受该条款约束。

6. 业务范围的国际性。海洋运输货物保险涉及国际贸易经营活动,其经济关系、法律关系具有明显的国际性。在保险实务中适用的法律内容,例如司法管辖、国际仲裁和诉讼等方面,也具有广泛的国际性。

(三)货物运输保险险种概要

1. 国内货物运输保险的主要险别。① 国内水路、陆路运输货物保险:承保国内水路、陆路运输的货物,基本保险责任以各种运输工具的风险来考虑。陆路运输货物保险又分铁路和公路运输货物保险。② 国内航空运输货物保险:承保航空运输的货物,其保障范围除自然灾害和意外事故外,还综合承保雨淋、破碎、渗漏、偷盗或提货不着等风险。

2. 涉外货物运输保险的主要险别。① 海上运输货物保险。承保海轮涉外运输的货物,保险责任以海上运输工具有可能出现的各种危险对货物造成的损失为主。这类保险又分为以下几种:海上运输货物保险、海洋运输冷藏货物保险、海洋运输散装桐油保险。② 陆上运输货物保险。承保涉外陆上运输的货物,限于以火车、汽车作为运输工具。这类保险分为以下几种:陆上运输货物保险、陆上运输冷藏货物保险、陆上运输货物战争险。③ 航空运输货物保险。承保涉外航空运输的货物,在运输过程中因自然灾害或意外事故造成的货物损失。这种保险的险别分为航空运输险和航空运输一切险两种。④ 邮包险。承保通过邮局递运的涉外货物,在邮途中因自然灾害或意外事故造成的货物损失。不论邮包实际上用哪种运输工具运送,保险公司对海运、陆运、空运的邮包都负责,即使邮包用上述三种运输工具联运的,也予负责。这种保险的险别分为邮包险和邮包一切险两种。

案例分析 11 - 1　　　　涉外货物运输保险的理赔

1995 年 12 月,原告(东莞新亚油脂有限公司)从马来西亚进口一套棕榈油生产线设备,由"ARKTIS SKY"船承运,从马来西亚巴生港运到中国东莞新沙港。原告向被告(某保险公司)投保了海洋运输货物一切险,保险金额为 2 750 416 美元,保险单规定采用中国人民保险公司 1981 年海洋运输货物保险条款。1996 年 1 月 2 日,货物到港后发现短少 3 件。据船长出具的海事报告称,船舶曾遇到九级以上大风,导致装载在甲板上的部分货物灭失。

据货物的订舱单记载,所有货物能无害且合法地装于甲板,船长有权选择装运位置,风险和费用由货运方承担。承运人签发的提单也记载:船东对装载于甲板上的货物所产生的损坏和灭失不承担风险和费用。原告向广州海事法院提起诉讼,被告答辩认为,原告投保的是一切险,未加保舱面货物险。根据保险条款和中国人民银行对该条款的解释,一切险不包括舱面货物险。

广州海事法院认为:本案货物灭失的原因是货物装载于甲板上,船舶航行期

（续上）

间遭遇恶劣海况，大浪淹过甲板所致。原告投保的险别为一切险，根据国家保险主管机关中国人民银行1997年5月21日作出的《关于〈海洋运输货物保险"一切险"条款解释的请示〉的复函》，一切险承保的范围是平安险、水渍险及被保险货物在运输途中由于外来原因所致的全部或部分损失，外来原因仅指偷窃、提货不着、淡水雨淋、短重、混杂、沾污、渗漏、碰损、破损、串味、受潮受热、钩损、包装破裂、锈蚀。根据该解释，舱面货物险不包括在一切险之内，因装载于舱面的特有风险造成货物的灭失或损坏，不属于一切险的责任范围。驳回原告的诉讼请求。

资料来源：曾鸣：《财产保险及案例分析》，清华大学出版社2006年版。

第四节　责　任　保　险

一、责任保险的概念

责任保险是指以被保险人依法应负的民事损害赔偿责任为保险标的的一类保险。它属于广义财产保险范畴，适用于广义财产保险的一般经营理论，但又具有自己的独特内容和经营特点，从而是一类可以自成体系的保险业务。

首先，责任保险与一般财产保险具有共同的性质，即都属于赔偿性保险。

其次，责任保险承保的风险是被保险人的民事法律风险。

再次，责任保险以被保险人在保险期内可能造成他人的利益损失为承保基础。

责任保险最早出现在19世纪中期的英国。1880年，英国颁布的雇主责任法规定，雇主经营业务中因过错致使雇员受到伤害时需付法律赔偿责任，当年就有专门的雇主责任保险公司成立。此后，雇主责任保险在英国、美国等西方国家获得迅速发展。进入20世纪后，由于制造业、交通运输业等取得高速发展，随之产生许多新的风险，如飞机失事、火车相撞、产品缺陷等意外事故。特别是在20世纪50年代后，责任保险在世界各国都获得迅速发展。

二、责任保险的特征

责任保险与一般财产保险相比较，其共同点是均以大数法则为数理基础、经营原则一致、经营方式相近且均是对被保险人经济利益的损失进行补偿。但责任保险还有它自己的特征。

（一）责任保险产生与发展基础的特征

责任保险产生与发展的基础不仅是各种民事法律风险的客观存在和社会生产力达到了一定的阶段，而且是由于人类社会的进步带来了法律制度的不断完善，其中法制的健全与完善是责任保险产生与发展的最为直接的基础。人们在社会中的行为如果触犯了法律给他人带来财产损失或人身伤害，就应该承担相应的责任。所以投保人需要通过投保责任保险来规避此类风险。

（二）责任保险补偿对象的特征

尽管责任保险中承保人的赔款是支付给被保险人，但这种赔款实质上是对被保险人之外

的受害方即第三者的补偿,从而是直接保障被保险人利益、间接保障受害人利益的一种双重保障机制。

（三）责任保险承保标的的特征

责任保险承保的是民事法律风险,是没有实体的标的。保险人在承保责任保险时,通常对每一种责任保险业务规定若干等级的赔偿限额,由被保险人自己选择,被保险人选定的赔偿限额便是保险人承担赔偿责任的最高限额,超过限额的经济赔偿责任只能由被保险人自行承担。

（四）责任保险承保方式的特征

责任保险的承保方式具有多样化的特征。

1. 独立承保。在独立承保的方式下,保险人签发专门的责任保险单,它与特定的物没有保险意义上的直接联系,而是完全独立操作的保险业务。

2. 附加承保。在附加承保方式下,保险人签发责任保险单的前提是被保险人必须参加了一般的财产保险,即一般财产保险是主险,责任保险则是没有独立地位的附加险。

3. 组合承保。在组合承保方式下,责任保险的内容既不必签订单独的责任保险合同,也无须签发附加或特约条款,只需要参加该财产保险便使相应的责任风险得到了保险保障。

（五）责任保险赔偿处理中的特征

1. 责任保险的赔案,以被保险人对第三方的损害并依法应承担经济赔偿责任为前提条件,必然要涉及受害的第三者。

2. 责任保险赔案的处理还要以法院的判决或执法部门的裁决为依据,从而需要更全面地运用法律制度。

3. 责任保险中因是保险人代替致害人承担对受害人的赔偿责任,被保险人对各种责任事故处理的态度往往关系到保险人的利益,从而使保险人具有参与处理责任事故的权力。

4. 责任保险赔款最后并非归被保险人所有,而是实质上付给了受害方。

三、责任保险的主要内容

（一）适用对象

责任保险的适用对象包括:各种公众场所的所有者、经营管理者;各种产品的生产者、销售者和维修者等;各种运输工具的所有者、经营管理者或驾驶员;各种需要雇佣员工的单位;各种提供职业技术服务的单位或个人;城乡居民家庭或个人;等等。此外,建设工程的所有者、承包者等也对相关责任事故风险具有保险利益;非公众活动场所也存在着公众责任风险。

（二）承保基础

在保险实务中,有两种确定责任的方法:期内发生式和期内索赔式。

1. 期内发生式。该承保方式是保险人仅对在保险期内发生的责任事故引起的索赔负责,而不论受害人是否在保险有效期内提出索赔。其优点在于,保险人支付的赔款与其保险期内实际承担的风险责任相对应。其缺点是保险人在该保险单项下承担的赔偿责任往往要经过很长时间才能确定,而且因为货币贬值等因素,受害方最终索赔的金额可能大大超过职业责任保险事故发生当时的水平或标准。在这种情况下,保险人通常规定赔偿责任限额,同时明确一个责任延后截止日期。

2. 期内索赔式。以索赔为基础的承保方式,是保险人仅对在保险期内受害人向被保险人提出的有效索赔负赔偿责任,而不论导致该索赔案的事故是否发生在保险有效期内。采用上述方式承保,可使保险人能够确切地把握该保险单项下应支付的赔款,即使赔款数额在当年不能准确确定,至少可以使保险人了解全部索赔的情况,对自己应承担的风险责任或可能支付的赔款数额作出较切合实际的估计。同时,为了控制保险人承担的风险责任无限地前置,各国保险人在经营实践中,又通常规定责任追溯期作为限制性条款。追溯期,即保险合同当事人在保险合同中约定的从保险责任起始日向前追溯的一段时间,保险人对此期间发生且在保险期限内首次提出索赔的保险事故承担保险责任。投保人连续投保,追溯期可以连续计算,但最长不得超过3年。追溯期的起始日不应超过首张保险单的保险期间起始日。追溯期由保险合同双方约定,并在保险合同中载明。

从一些国家经营责任保险业务的惯例来看,采用以索赔为基础的承保方式的责任保险业务较多,采用以事故发生为基础的承保方式的责任保险业务较少。

(三)赔偿对象

责任保险的直接赔偿对象是被保险人,间接赔偿对象是第三者,即受害人。当保险事故发生后,受害人有权向被保险人索赔,被保险人有权向保险人索赔。保险人既可以直接对受害人支付赔款,也可以在被保险人赔偿受害人后将赔款支付给被保险人。

(四)赔偿范围

责任保险的赔偿范围一般包括两方面:第一,保险人负责赔偿被保险人对第三者造成的人身伤害与财产损失依法应负的赔偿责任。第二,因赔偿纠纷引起的诉讼、律师费用及其他事先经保险人同意支付的费用。

(五)赔偿限额

从责任保险的发展实践来看,赔偿限额作为保险人承担赔偿责任的最高限额,通常有三种限额类型。

1. 每次责任事故或同一原因引起的一系列责任事故的赔偿限额。它又可以分为财产损失赔偿限额和人身伤害赔偿限额。

2. 保险期内累计的赔偿限额。它也可以分为累计的财产损失赔偿限额和人身伤害赔偿限额。

3. 在某些情况下,保险人也将财产损失和人身伤害两个赔偿限额合成一个限额,或者只规定每次事故和同一原因引起的一系列责任事故的赔偿限额而不规定累计赔偿限额。

四、责任保险的分类

责任保险包括的范围十分广泛,主要险种是公众责任保险、产品责任保险、雇主责任保险和职业责任保险等几大类。

(一)公众责任保险

1. 公众责任保险的概念。公众责任保险又称普通责任保险或综合责任保险,是指被保险人在各种固定场所或地点进行生产、经营或其他活动时,因意外事故造成他人的人身伤亡或财产损失,依法应由被保险人承担的经济赔偿责任。它是以被保险人的公众责任为承保对象,是责任保险中独立的、适用范围最为广泛的保险类别。

2. 公众责任保险的种类。我国开办的公众责任保险主要包括以下几类,而每一类又包括若干保险险种,它们共同构成公众责任保险的业务体系:① 场所责任保险。它承保固定场所因存在着结构上的缺陷或管理不善,或被保险人在被保险场所进行生产经营活动时因疏忽发生意外事故,造成他人人身伤害或财产损失且依法应由被保险人承担的经济赔偿责任。场所责任保险是公众责任保险中业务量最大的险种。固定场所,如宾馆、展览馆、电梯、车库、机场、公众体育场所、娱乐活动场所等。② 承包人责任保险。它承保承包人的损害赔偿责任,主要适用于承包各种建筑工程、安装工程、修理工程施工任务的承包人。适用的行业有:建筑工程行业、装卸作业及修理行业。③ 承运人责任保险。它承保承担各种客、货运输任务的部门或个人在运输过程中可能发生的损害赔偿责任,主要包括旅客责任保险、货物运输责任保险等险种。④ 个人责任保险。它承保城乡居民家庭或个人的法律风险,包括住宅责任保险、运动责任保险等。⑤ 综合共同责任保险。该保险承保被保险人在任何地点因非故意行为或活动所造成的他人人身伤害或财产损失依法应负的经济赔偿责任。该险种除承担一般公众责任外,还承担包括合同责任、产品责任、业主及工程承包人责任、完工责任及个人伤害责任等风险。

案例分析 11 - 2   男孩餐厅游乐园摔伤责任分析

某食品开发有限公司将其下属的营业餐厅向保险公司投保了公众责任险,在投保单和随附的清单中并未列明具体的营业场所风险状况。其间,公司旗下已投保的某餐厅内增设了儿童游乐园,并向保险公司说明这一情况。保险期限内,小男孩肖某(4 岁)随其舅妈到该餐厅就餐过程中,在餐厅内的儿童游乐园玩耍,不慎从高处跌下摔伤。肖某共在医院住院治疗 30 天,用去医疗费 12 384.31元。随后,肖某的监护人向该餐厅隶属的食品公司提出索赔,要求赔偿肖某的医疗费、护理费、营养费、交通费、精神损失费、住院伙食补助费等合计 20 074 元。保险公司是否有责任赔偿,该赔多少,为什么?

分析:由于已在保险公司投保了公众责任险,食品开发有限公司在诉讼案发生后,要求保险公司提前介入。法院在审理后认为,对于肖某的受伤事故,食品公司的餐厅应当负一定的责任,肖某的监护人在事发时正在现场,因其未尽到监护责任,对肖某的受伤也应负一定的责任。

最后,在法院的主持下,双方进行协商,达成了赔偿协议,并由法院民事调解书加以确认,具体内容如下:赔偿款额总计为 15 000 元,赔偿比例按 6:4 计算,由食品开发有限公司下属某餐厅承担 9 000 元,余款 6 000 元由受害方自行承担,保险公司承担赔款 9 000 元。

资料来源:付菊:《财产保险》,中国人民大学出版社 2011 年版。

(二) 产品责任保险

1. 产品责任保险的概念。产品责任保险是指承保产品制造者、销售者、维修者等因产品缺陷致使用户或消费者在使用过程中发生意外事故,事故造成的人身伤亡或财产损失依法由其承担经济赔偿责任的保险。

　　所谓产品责任,是指产品在使用过程中因其缺陷而造成用户、消费者或公众的人身伤亡或财产损失时,依法应当由产品供给方(包括制造者、销售者、修理者等)承担的民事损害赔偿责任。产品的制造者包括:产品生产者、加工者、装配者;产品修理者指被损坏产品或陈旧产品或有缺陷的产品的修理者;产品销售者包括批发商、零售商、出口商、进口商等各种商业机构,如批发站、商店、进出口公司等。此外,承运人如果在运输过程中损坏了产品并因此导致产品责任事故时,亦应当承担起相应的产品责任。

　　2. 产品责任保险的责任范围。① 被保险人生产、销售、分配或修理的产品发生事故,造成用户、消费者或其他任何人的人身伤害或财产损失,依法应由被保险人承担的损害赔偿责任,保险人在保险单规定的赔偿限额内予以赔偿。② 被保险人为产品责任事故支付的法律费用及其他经保险人事先同意支付的合理费用,保险人也负赔偿责任。

　　3. 除外责任。① 被保险人承担的违约责任,除非经过特别约定。② 被保险人根据劳工法或雇佣合同对其雇员及有关人员应承担的损害赔偿责任。这种责任应由劳工保险或雇主责任保险承保。③ 被保险人所有或照管或控制的财产损失。这种损失应由财产保险承保。④ 产品或商品仍在制造或销售场所,其所有权尚未转移至用户或消费者之前的责任事故损失。这种损失应由公众责任保险承保。⑤ 被保险人故意违法生产、销售的产品发生的事故责任损失。⑥ 被保险产品或商品本身的损失及被保险人因收回有缺陷产品造成的费用及损失。这种损失应由产品保证保险承保。⑦ 不按照被保险产品说明书要求安装使用或在非正常状态下使用造成的责任事故损失。

　　(三) 雇主责任保险

　　1. 雇主责任保险的概念。雇主责任是指国家通过立法,规定雇主对其雇员在受雇期间从事业务活动时因发生意外或因职业病造成人身伤残或死亡时应承担的经济赔偿责任。构成雇主责任的前提条件是雇主与雇员之间存在直接的雇佣合同关系。雇主责任为绝对责任,即:雇主对雇员在工作期间的人身伤害,不论雇主有无过失,都应承担赔偿责任。

　　雇主责任保险,是以被保险人即雇主的雇员在受雇期间从事业务时因遭受意外导致伤、残、死亡或患有与职业有关的职业性疾病而依法或根据雇佣合同应由被保险人承担的经济赔偿责任为承保风险的一种责任保险。

　　保险人所承担的责任风险将被保险人的故意行为列为除外责任,主要承保被保险人的过失行为所致的损害赔偿,或者将无过失风险一起纳入保险责任范围。

　　以下情况通常被视为雇主的过失或疏忽责任:雇主提供危险的工作地点、机器工具或工作程序;雇主提供的是不称职的管理人员;雇主本人直接的疏忽或过失行为,如对有害工种未提供相应的合格的劳动保护用品等即为过失。凡属于这些情形且不存在故意意图的均属于雇主的过失责任,由此而造成的雇员人身伤害,雇主应负经济赔偿责任。

　　2. 雇主责任保险与人身意外伤害保险的区别。两者承保的虽然都是自然人的身体和生命,但有着本质的不同。① 性质不同。雇主责任保险所承担的是雇主的民事损害赔偿责任或法律赔偿责任。它是一种无形的利益标的,属于责任保险范畴;而人身意外伤害保险承保的是被保险人自己的身体和生命,是一种有形的实体标的,它属于人身保险的范畴。② 保险责任不同。雇主责任保险仅负责赔偿雇员在工作时及工作场所内所遭受的意外伤害;人身意外伤害保险则对被保险人不论是否在工作期间及工作场所内所遭受的伤害均予负责。③ 责任范围不同。雇主责任保险负责赔偿雇员因职业性疾病而引起的伤、残或死亡及医疗费用;而人身

意外伤害保险不负此项责任。④ 承保条件不同。雇主责任保险需要以民法和雇主责任法或雇主与雇员之间的雇佣合同作为承保条件;而在人身意外伤害保险中,只要是自然人均可向保险人投保。⑤ 保障效果不同。雇主责任保险的被保险人是雇主,但在客观上却是直接保障雇员(第三者)的权益的,保险人与被保险人的雇员之间并不存在保险关系;而人身意外伤害保险的保险对象是被保险人,直接保障的也是被保险人,保险人与被保险人之间是直接的保险合同关系。⑥ 计费与赔偿的依据不同。雇主责任保险的保险费与赔款均以被保险人的雇员的若干个月工资收入作为计算基础;而人身意外伤害保险则是按照保险双方约定的保险金额(最高赔偿标准)来计算保险费和赔款的。

扩展阅读 11－3　　　　　雇主责任如何判定

与雇佣关系有关的伤害赔偿,其索赔定案虽然在具体的判断标准上受制于法官以及理赔人员的尺度,但总是围绕"发生于工作地点"和"因工作而起"两点进行。雇主的责任范围还有不断扩大的倾向。相比之下,"责任"的概念被淡化,强调的是"相关"的概念。法官似乎更加相信雇主和雇员的这种雇佣关系对雇员的影响可以是各方面的,乃至作为引起事故发生的关键因素看待,以至于原本来源于个人习惯和疏忽造成的伤害,或者是一般性存在的危险引起的伤害,只要是发生在工作时间、工作地点——换句话说,"与工作有关"——就可能被认定为雇主责任。以此看来,雇主责任险的概念越来越倾向于是一种与工作"相关"的"意外"险,这使得在劳动保险高度普及的国家,雇主险的投保比例与赔付率都非常高。

资料来源:孙祁祥:《保险学》,北京大学出版社 2009 年版。

(四) 职业责任保险

1. 职业责任保险的概念。是指以各种专业技术人员在从事职业技术工作时因疏忽或过失造成合同对方或他人的人身伤害或财产损失所导致的经济赔偿责任为承保风险的责任保险。职业责任保险所承保的职业责任风险,是指从事各种专业技术工作的单位或个人因工作上的失误导致的损害赔偿责任风险,它是职业责任保险存在和发展的基础。

2. 职业责任保险的主要险种。① 医疗职业责任保险。医疗职业责任保险也叫医生失职保险,它承保医务人员或其前任由于医疗责任事故而致病人死亡或伤残、病情加剧、痛苦增加等,受害者或其家属要求赔偿且依法应当由医疗方负责的经济赔偿责任。医疗职业责任保险以医院为投保对象,普遍采用以索赔为基础的承保方式。② 律师责任保险。律师责任保险承保被保险人或其前任作为一个律师在职业服务中发生的一切疏忽行为、错误或遗漏过失行为所导致的法律赔偿责任,包括一切侮辱、诽谤以及赔偿被保险人在工作中发生的或造成的对第三者的人身伤害或财产损失。③ 会计师责任保险。会计师责任保险承保因被保险人或其前任,因违反会计业务上应尽的责任及义务,而造成他人遭受损失,依法应负的经济赔偿责任,但不包括身体伤害、死亡及实质财产的损毁。④ 建筑、工程技术人员责任保险。建筑、工程技术人员责任保险承保因建筑师、工程技术人员的过失而造成合同对方或他人的财产损失与人身伤害,并由此导致经济赔偿责任的职业技术风险。建筑、安装以及其他工种技术人员、检验员、工程管理人员等均可以投保该险种。

此外,还有美容师责任保险,保险经纪人和保险代理人责任保险,情报处理者责任保险等多种职业责任保险业务,它们在发达的保险市场上同样很受欢迎。

第五节　信用保证保险

一、信用保险

(一)信用保险的概念

信用保险是指权利人向保险人投保债务人的信用风险的一种保险,是一项企业用于风险管理的保险产品。其主要功能是保障企业应收账款的安全。其原理是把债务人的保证责任转移给保险人,当债务人不能履行其义务时,由保险人承担赔偿责任。

通常情况下,信用保险会在投保企业的欠款遭到延付的情况下,按照事先与企业约定好的赔付比例赔款给企业。引发这种拖延欠款的行为可能是政治风险(包括债务人所在国发生汇兑限制、征收、战争及暴乱等)或者商业风险(包括拖欠、拒收货物、无力偿付债务、破产等)。

(二)信用保险的分类

1. 国内信用保险。国内信用保险一般承保批发业务,不承保零售业务;承保 3～6 个月的短期商业信用风险,不承保长期商业信用风险。其险种主要有赊销信用保险、贷款信用保险和个人贷款信用保险。① 赊销信用保险。赊销信用保险是为国内商业贸易的延期付款或分期付款行为提供信用担保的一种信用保险业务。在这种业务中,投保人是制造商或供应商,保险人承保的是买方(即义务人)的信用风险,目的在于保证被保险人(即权利人)能按期收回赊销货款,保障商业贸易的顺利进行。② 贷款信用保险。贷款信用保险是保险人对银行或其他金融机构与企业之间的借贷合同进行担保并承保其信用风险的保险。在国外,贷款信用保险是比较常见的信用保险业务,它是银行转嫁贷款中的信用风险的必要手段。③ 个人贷款信用保险。金融机构对自然人进行贷款时,以债务人的还款信用为保险标的的保险即为个人贷款信用保险。由于个人的情况千差万别,且居住分散、风险不一,保险人要开办这种业务,必须对贷款人贷款的用途、经营情况、日常信誉、私有财产物资等作全面的调查了解,必要时还要求贷款人提供反担保,否则,不能轻率承保。

2. 出口信用保险。承保出口商在经营出口业务的过程中因进口商的商业风险或进口国的政治风险而遭受损失的一种信用保险。出口信用保险是各国政府为提高本国产品的国际竞争力,推动本国的出口贸易,保障出口商的收汇安全和银行的信贷安全,促进经济发展,以国家财政为后盾,为企业在出口贸易、对外投资和对外工程承包等经济活动中提供风险保障的一项政策性支持措施,属于非营利性的保险业务,是政府对市场经济的一种间接调控手段和补充,是世界贸易组织(WTO)补贴和反补贴协议原则上允许的支持出口的政策手段。

国内信用保险一般属于商业性业务,而出口信用保险则属于政策性保险业务。

二、保证保险

(一)保证保险的概念

保证保险是被保证人(债务人)根据权利人(债权人)的要求,请求保险人担保自己信用的保险。

（二）保证保险与信用保险的区别

1. 保证保险是通过出立保证书来承保的，该保证书同财产保险单有着本质区别，其内容通常很简单，只规定担保事宜；而信用保险是通过保险单来承保的，其保险单同其他财产险保险单并无大的差别，同样规定责任范围、责任免除、保险金额（责任限额）、保险费、损失赔偿、被保险人的权利和义务等条款。

2. 保证保险是义务人应权利人的要求投保自己的信用风险，义务人是被保证人，由保险公司出立保证书担保，保险公司实际上是保证人，保险公司为了减少风险往往要求义务人提供反担保（即由其他人或单位向保险公司保证义务人履行义务），这样，除保险公司外，保证保险中还涉及义务人、反担保人和权利人三方；信用保险的被保险人是权利人，承保的是被保证人（义务人）的信用风险，除保险人外，保险合同中只涉及权利人和义务人两方。

3. 在保证保险中，义务人缴纳保费是为了获得向权利人保证履行义务的凭证。保险人出立保证书，但履约的全部义务还是由义务人自己承担，并没有发生风险转移。保险人收取的保费是凭其信用资格而得到的一种担保费，风险仍由义务人承担，只有在义务人没有能力承担的情况下才由保险人代为履行义务。因此，对保险人来说，经营保证保险的风险是相当小的；在信用保险中，被保险人缴纳保费是为了把可能因义务人不履行义务而使自己受到的损失风险转嫁给保险人，保险人承担着实实在在的风险。

（三）保证保险的分类

1. 合同保证保险。合同保证保险又称契约保证保险，是指因被保证人不履行合同义务而造成权利人经济损失时，由保险人代被保证人进行赔偿的一种保证保险。合同保证保险主要用于建筑工程的承包合同。根据建筑工程的不同阶段划分，合同保证保险可以分为供应保证保险、投标保证保险、履约保证保险、预付款保证保险及维修保证保险。一般来说，投保人既可以按阶段投保上述险种，又可一次性投保综合性的合同保证保险。

2. 产品质量保证保险。产品质量保证保险又称产品保证保险，是指因被保险人制造或销售丧失或不能达到合同规定效能的产品给使用者造成经济损失时，由保险人对有缺陷的产品本身以及由此引起的有关损失和费用承担赔偿责任的一种保证保险。产品质量保证保险与产品责任保险都与产品有关，但却是两个不同的险种。两者的区别主要表现在：① 标的不同。产品质量保证保险的保险标的是产品质量违约责任；产品责任保险的保险标的是产品责任。② 性质不同。产品质量保证保险是保险人针对产品质量违约责任提供的带有担保性质的保证保险；产品责任保险是保险人针对产品责任提供的替代责任方承担因产品事故造成对受害方经济赔偿责任的责任保险。③ 责任范围不同。产品质量保证保险承保投保人因其制造或销售的产品质量有缺陷而产生的对产品本身的赔偿责任，也就是承保因产品质量问题所应负的修理、更换产品的赔偿责任；产品责任保险承保的是因产品质量问题导致用户财产损失或人身伤亡依法应负的经济赔偿责任，产品本身的损失则不予赔偿。

3. 忠诚保证保险。忠诚保证保险又称雇员忠诚保险，是指因雇员的不法行为，如盗窃、贪污、伪造单据和挪用款项等，而使雇主遭受经济损失时由保险人承担赔偿责任的一种保证保险。它以雇员的品德为承保对象，雇主是权利人，雇员是被保证人，雇主既可以投保所有雇员，也可以只投保指定的雇员。根据承保方式的不同，忠诚保证保险可以分为指名保证、职位保证和总括保证。

第六节　其他财产保险

一、工程保险

（一）工程保险的概念

工程保险是对建筑工程、安装工程及各种机器设备因自然灾害和意外事故造成物质财产损失和第三者责任进行赔偿的保险。进入 20 世纪以后,许多科技工程项目得到了迅速发展,又逐渐形成了科技工程保险。

（二）工程保险的特点

1. 承保风险广泛、影响因素复杂。工程保险是一种综合保障保险,许多险种冠以"一切险"的名字,它既对施工期间工程本身、施工机具或工地设备、物料所遭受的损失予以赔偿;也对因施工而给第三者造成的物质损失或人身伤亡承担赔偿责任;有时还包括对后果损失风险的保障。由此可见,其保障范围十分广泛。同时,影响工程保险的因素也非常复杂,除了自然灾害与意外事故以外,工程保险的风险很大程度上还受到一些人为因素包括工程承包人的施工经验、技术及管理水平、施工方式、技术设计特性、道德水平等方面的影响。另外,工程本身处于建设阶段,有关的防灾防损设施可能还没有完备,使得在建工程本身对风险的抵御能力较差,面临的损失几率也远比一般财产险大。

2. 涉及较多的利害关系人。在工程保险中,由于同一个工程项目涉及多个具有经济利害关系的人,如工程所有人、工程承包人、各种技术顾问及其他有关利益方(如贷款银行等),均对该工程项目承担不同程度的风险,所以,凡对于工程保险标的具有保险利益者,均具备对该工程项目进行投保的投保人资格,并且均能成为该工程保险中的被保险人,受保险合同及交叉责任条款的规范和制约。

3. 保险期限特殊。工程保险的保险责任期限,不完全按年计算,而是根据预定的工程施工期天数来确定的,自工程动工之日起或建筑安装项目的材料、设备卸至工地时开始,至工程竣工验收或实际投入使用时止,属于工期保险。在建设施工期间,尤其以各种设备安装完成以后的调试运行期的风险最为巨大。

4. 科技含量高。现代工程项目的科学技术含量很高,专业性极强,而且可能涉及多种专业学科或尖端科学技术,如兴建核电站、大规模的水利工程和现代化工厂等。因此,从承保的角度分析,工程保险对于保险的承保技术、承保手段和承保能力比其他财产保险提出了更高的要求。

（三）工程保险的分类

1. 建筑工程一切险简称"建工险",主要承保各项土木工程建筑在整个建筑期间,由于自然灾害和意外事故造成被保险工程项目的物质损失、列明费用损失以及被保险人对第三者人身伤害或财产损失引起的经济赔偿责任。因此,建筑工程一切险是一种包括财产损失保险和责任保险在内的综合性保险。

2. 安装工程一切险简称"安工险",专门承保新建、扩建或改造的工矿企业的机器设备或钢结构建筑物在整个安装、调试期间由于责任免除以外的一切风险造成保险财产的物质

损失、列明费用损失及安装期间造成的第三者财产损失或人身伤亡引起的经济赔偿责任的保险。

3. 科技工程保险。以各种重大科技工程或科技产业为保险标的的综合性财产保险,它随着现代高科技的发展与应用而逐渐发展起来。主要包括海洋石油开发保险、航天工程保险、核能工程保险及船舶工程保险等。

扩展阅读 11-4　　　　奥运工程保险走创新路　　国内首个金属屋面渗漏险诞生

奥运工程遭遇"投保"瓶颈

2006 年 6 月 1 日,经过一个月的艰苦努力,奥运项目——老山自行车馆金属屋面安装工程整体保险方案终于正式承保,原本一项简单的建筑安装工程保险因为其中的"金属屋面渗漏保险"项目而变得不平凡。

面对金属屋面渗漏保险这一崭新的保险项目,各家财产保险公司总部的核保人员露出了愁容。通过分析,各个首席核保师都不约而同地给出了如下意见:

首先,金属屋面安装本身在国内就属于高精尖的工程领域,国内几乎没有相关经验,而相应的金属屋面安装保险就更是闻所未闻,国内保险公司也完全没有任何承保经验,条款设计和具体操作均面临极大困难;其次,金属屋面工程包括金属屋面系统、采光屋面系统、气动排烟窗系统、屋面排水天沟及雨水斗和檐口,不仅工作量大、工期紧且又有交叉作业情况,风险状况非常复杂,给风险分析和评估工作造成了较大难度;最后,本次工程的施工采取的双向正交桁架体系高空对接方法,对施工人员、机器设备、技术条件提出了极为严格的要求,稍有不慎就将造成严重后果,致使保险公司的承保信心严重不足。

鉴于上述情况,老山自行车馆工程方抱着试试看的心理与中体保险经纪有限公司取得了联系。面对即将开工却没有保险保障的奥运工程项目,作为体育领域内唯一一家专业的保险经纪机构,立刻组织公司内建筑安装工程保险专业团队组成攻坚小组,在对国内外相关工程的保险资料进行全面搜集,重点研究客户方面提供的公司资质、施工方案后,制定了初步承保方案。经多次拜访客户和各大保险公司,与各方协商,最终形成了一个独创性特点的保险方案。

国内首个金属屋面渗漏险诞生

中体保险经纪有限公司在总结国外相关经验的基础上,结合我国现行的保险法规、监管制度、客户需求和保险公司实际承受能力,将国外的渗漏险条款进行了本地化处理,并增加了适应工程需要的附加内容,创造出满足各方要求的国内第一个金属屋面渗漏险条款。此后,工作人员又进行了大量的资料研究工作,从而对本项工程的风险发生频率、损失程度和各项风险的重要性拥有了系统性的科学认识。随后,将风险分析成果总结为风险评估报告,并在此基础上制定了基准费率,为保险公司的承保工作提供了极大便利。另外,在工期和保证期之外,单独约定渗漏险的保险期限截止日期为 2008 年 12 月 31 日,从而避免了多项繁琐手续,使整体保险操作一次完成。

（续上）

> 　　在基本保险方案得到客户和各家公司认可的基础上,公司与客户一起与各大保险公司就工程施工的各项细节问题进行了专项探讨,彻底消除了承保公司的顾虑,使得该项保险顺利承保。在前后不到1个月的时间内,这一国内首创的金属屋面渗漏保险操作完毕。
>
> 　　资料来源：http://sports.sina.com.cn/s/2006-06-19/1053894484s.shtml。

二、农业保险

（一）农业保险的概念

农业保险是国家为农业生产者从事种植业和养殖业活动提供风险保障的一类保险。农业保险不同于一般财产保险,它的赔付率高,商业保险公司多半不愿承保。目前,我国农业保险主要以政策性农业保险为主。

（二）农业保险的特点

1. 地域性。农业生产及农业灾害的地域性,决定了农业保险在开展过程中也具有较强的地域性,即：农业保险在保险种类、期限、责任、费率等基本元素方面表现出同一区域的相似性和不同区域的差异性。

2. 季节性。农业生产及农业灾害的季节性也决定了农业保险在开展过程中具有较强的季节性,即：农业保险展业过程中应遵守农时,认真把握农业生产的自然规律,尤其是农业生产的季节性变化这个鲜明的特点。

3. 政策性。农业保险是一项增加农业投入、壮大农业产业、增加农业抗风险能力的惠民工程,因而其政策性特点尤其明显。一方面,目前开展的农业保险不以营利为主要目标,其目的是为农业提供有力保障,国家每年还必须给了一定的拨款来支持农业保险的开展。另一方面,农业保险以"政府推动、市场运作"的模式来运行,即：如果缺乏必要的法律、经济及行政上的支持和推动,农业保险将难以为继,也就更难有效地达到保护农业的目的。

4. 连续性。因为农业生产不可能以一次性生产满足人类对农产品的连续性需求,从而必须连续地进行农业生产活动。同时,在动植物的生命周期中,尽管形态多样,结构不同,但是始终保持着生命活动的连续性。因此,农业保险在展业过程中,任何时候都需要考虑到农业生产的连续性。

（三）农业保险的分类

1. 种植业保险。① 生长期农作物保险。以其播种至收割期间为保险责任期限。② 收获期农作物保险。以农作物收割后,处于晾晒、脱粒、烘烤等初级加工阶段为保险责任期限的一种短期保险。③ 森林保险。以林场中的林木生长期间因自然灾害和意外事故、病虫害造成林木价值或生产费用损失为承保责任的保险。④ 经济林、园林苗圃保险。其保险赔偿责任是自然灾害、意外事故和病虫害所造成的损失。

2. 养殖业保险。① 牲畜保险。以役用、乳用、肉用、种用的大牲畜为承保对象。② 家畜、家禽保险。以商品性生产的家畜家禽为保险标的。③ 水产养殖保险。承保养殖过程中,因疫病、中毒、盗窃和自然灾害造成的水产品收获损失或养殖成本损失。④ 其他养殖保险。对养

殖鹿、貂、狐、蜂及养蚕等提供的保障。

 **本章小结**

1. 财产保险是指以物质财产和有关利益及损害赔偿为保险标的的保险。财产保险的特点是承保风险的多样性、保险标的的价值可以量化、保险利益的特殊性、保险金额确定有客观依据、保险期间短期性以及保险合同具有补偿性。财产保险的基本承保方式有定值保险、不定值保险、重置价值保险和第一危险责任保险等四种,其基本的赔偿方式有比例赔偿、第一危险赔偿和限额赔偿三种方式。

2. 火灾保险是以各种动产、不动产,如房屋、厂房、机器设备、家具装潢等作为保险标的的一种保险。我国开办的火灾保险主要有企业财产保险、机器损坏保险、家庭财产保险等。

3. 运输保险主要包括机动车辆保险、飞机保险、船舶保险和货物运输保险。

4. 责任保险是指以被保险人依法应负的民事损害赔偿责任为保险标的的一类保险,它属于广义财产保险范畴,适用于广义财产保险的一般经营理论,但又具有自己的独特内容和经营特点。责任保险主要包括公众责任保险、产品责任保险、雇主责任保险和职业责任保险等几大类。

5. 信用保险是指权利人向保险人投保债务人的信用风险的一种保险,是一项企业用于风险管理的保险产品。其主要功能是保障企业应收账款的安全。信用保险可以分为国内信用保险、出口信用保险和投资保险。

6. 保证保险是被保证人(债务人)根据权利人(债权人)的要求,请求保险人担保自己信用的保险。保证保险分为合同保证保险、产品质量保证保险和忠诚保证保险。

7. 工程保险是对建筑工程、安装工程及各种机器设备因自然灾害和意外事故造成物质财产损失和第三者责任进行赔偿的保险。工程保险主要包括建筑工程一切险、安装工程一切险、科技工程保险。

8. 农业保险是指专为农业生产者在从事种植业和养殖业生产过程中,对遭受自然灾害和意外事故所造成的经济损失提供保障的一种保险。目前我国农业保险主要以政策性农业保险为主,包括种植业保险和养殖业保险。

 **复习思考题**

1. 简述财产保险的概念和特点、基本承保与理赔方式。

2. 理解企业财产保险主要条款的内容。

3. 货物运输保险为什么要按照定值的方式承保?

4. 分析机动车辆保险在当今社会的作用。

5. 责任保险产生与发展的基础是什么?联系社会现实,说说责任保险的重要性。

6. 什么是信用保险?什么是保证保险?它们各自被运用于哪些领域?

7. 与其他财产保险相比,工程保险的突出特点是什么?

8. 农业保险为什么经常出现亏损?试分析政府在促进农业保险发展上应发挥的作用。

第十二章 人身保险

 **本章导读**

　　人身保险是商业保险的重要组成部分。人身保险由于保险标的是人的寿命和身体,具有特殊性。人寿保险是人身保险的主要组成部分,它以人的寿命为保险标的,主要分为两大类:传统人寿保险和新型人寿保险。意外伤害保险对其概念的理解是非常重要的。健康保险是以被保险人的身体为保险标的。一般而言,凡是不属于人寿保险和意外伤害保险的人身保险都属于健康保险。

　　新的保险产品是保险人为适应市场和经济发展的需要增强市场竞争力的产物。

 **学习目标**

1. 了解人身保险的特点。
2. 熟悉传统人寿保险和新型人寿保险,掌握两全保险和分红保险的特征。
3. 掌握对意外伤害的界定。
4. 了解健康保险的分类,掌握健康保险的特点。

引　　言

　　人们在生产生活中,会因为生育、年老、疾病、意外伤残和死亡等事件而产生经济上的需求。人身保险可以帮助人们合理规划人生,提高保障水平。

第一节　人身保险概述

一、人身保险的概念和特点

(一)人身保险的概念

　　人身保险是以人的寿命和身体为保险标的,以被保险人的生、老、死、病、伤、残为保险事件的保险。当被保险人的生命或身体不幸遭受意外事故、意外灾难或因疾病、年老而致丧失工作能力、伤残、死亡或年老退休时,根据保险合同的约定,保险人对被保险人或受益人给付保险金或年金,以解决其因病、残、老、死所造成的经济困难。

（二）人身保险的特点

由于人身保险的保险标的是人的寿命和身体，具有特殊性。因此，人身保险与其他保险相比有其自身独有的特征。

1. 保险金额定额给付。在财产保险方面，大多数财产可参考其当时市价或重置价值、折旧来确定保险金额，而在人身保险方面，生命价值就难有客观标准。保险公司在审核人身保险的保险金额时，大致上是根据投保人自报的金额，并参照投保人的经济情况、工作地位、生活标准、缴付保险费的能力和需要等因素来加以确定。

与财产保险的补偿赔付方式不同，人身保险通常采用定额给付方式。作为定额保险的人身保险，当保险事故发生时，保险人按照保险合同约定的保险金额给付。在健康保险和意外伤害保险中有一部分是补偿性的，但补偿金额不能够超过保险金额。另外，人身保险的给付不实行比例分摊，不实行代为求偿等损失补偿原则，也表明人身保险的保险金给付为约定的定额给付。

2. 保险期限具有长期性。人身保险的有效期往往可以持续几年甚至几十年，这能够降低保险公司的管理费用，增加保险公司长期运作的资金，又能保障被保险人和受益人的利益。人身保险期限之所以较长，一是因为人们对人身保险保障的需求具有长期性，二是人身保险所需要的保险金额较高，一般要在长期内以分期缴付保险费方式才能取得。

有些人身保险险种期限较短，如旅客意外伤害保险和高空滑车保险。

3. 人身保险具有储蓄性。人身保险在为被保险人提供安全保障的同时，而且还兼有储蓄性质。人身的死亡风险随被保险人年龄的增长而逐年增高。作为长期的人身保险，其纯保险费一般分为两个部分：一是风险保险费，指根据每年风险保险金计算出来的自然保险费；二是储蓄保险费，指投保人存放在保险人处的储蓄存款。正因为大多数人身保险含有储蓄性质，所以投保人或被保险人享有用保单向保险人借款、退保和选择保险金给付方式等权利。而财产保险的被保险人一般没有这些权利。

4. 人身保险风险的分散性。人身保险的保险事故发生比较分散，一般不会发生大量标的同时发生保险事故的情况，其发生基本上完全按照人的生命规律等自然规律。因此，在同一时间段内，人身保险的保险事故分散于不同的保险家庭及地区。除非遭受巨大的意外的自然灾害，如火山爆发、地震、海啸等，才可能导致大量保险标的同时遭受损失。

5. 人身保险采用均衡保费。在人身保险中，特别是死亡保险，保险事故的发生与被保险人的年龄大小紧密相关。人的生命规律是年龄越大，死亡率越高。按照保险的公平合理原则，保险事故发生率越高，保险费也就随之增加。但是，人的收入水平却不是随着年龄的增长而一直上升，到达一定年龄后，多数人的收入会减少。显然，如果保险费随保险事故发生概率而提高，投保人就承担不起保险费，也就达不到保险保障的要求。因此，人身保险采用均衡费率。

二、人身保险的分类

人身保险的险种种类很多，从不同角度有不同的分类。

（一）人身保险按照保障范围分类，可以分为人寿保险、健康保险和人身意外伤害保险

1. 人寿保险。人寿保险简称寿险，是一种以人的生命为保险标的，被保险人在保险责任

期内生存或死亡,由保险人根据契约规定给付保险金的一种人身保险。

2. 健康保险。健康保险是以人的身体为保险标的,以被保险人在保险期限内因患病、生育所致医疗费用的支出和工作能力丧失、收入减少及疾病、生育致残或死亡为保险事故的人身保险。

3. 人身意外伤害保险。人身意外伤害保险是以被保险人因遭受意外事故造成死亡或残疾为保险事故的人身保险。

(二)人身保险按照被保险人是否参与保险人利益分配,可以分为分红保险和不分红保险

1. 分红保险。分红保险是指保险公司将其实际经营成果优于定价假设的盈余,按照一定比例向保单持有人进行分配的人寿保险。

2. 不分红保险。不分红保险是指被保险人不分享保险人的盈利。该种保险投保人的投保目的在于获得保险保障,因此费率一般较低。

(三)人身保险按照保险期限分类,可以分为长期保险、1年期保险和短期保险

1. 长期保险。长期保险是指保险期限超过1年的人身保险。人寿保险大多是长期保险业务。

2. 1年期保险。1年期保险是指保险期限为1年的人身保险。人身意外伤害保险大多数是1年期保险。

3. 短期保险。短期保险是指保险期限在1年以内的人身保险。

(四)人身保险按照投保动机分类,分为自愿保险和强制保险

1. 自愿保险。自愿保险是投保人和保险人在公平自愿的基础上,通过签订保险合同确立保险关系。商业保险一般属于自愿保险。

2. 强制保险。强制保险是根据法律规定自动生效,无论投保人是否愿意投保,都依法成立的保险关系。社会保险属于强制保险。

(五)人身保险按照投保方式分类,分为个人保险和团体保险

1. 个人保险。个人保险是指被保险人只有一个人的人身保险。

2. 团体保险。团体保险是指以团体为保险对象,以集体名义投保并由保险人签发1份保险合同,保险人按合同规定向其团体中的成员提供保险保障的保险。

(六)人身保险按照承保技术分类,可以分为普通人身保险和简易人身保险

1. 普通人身保险。普通人身保险是以通常的技术方法承保的人身保险。

2. 简易人身保险。简易人身保险具有保险金额少、保险费低、缴费期限短、不需体检等特点。简易人身保险主要针对特定人群的需要。

三、人身保险的基本条款

(一)不可争条款

不可争条款又称不可抗辩条款,是指在被保险人生存期间,自保险合同订立时起满2年后,除非投保人停止缴纳续期保险费,保险人将不得以投保人在投保时违反如实告知义务,误告、漏告、隐瞒某些事实为理由,而主张合同无效或拒绝给付保险金。

（二）年龄误告条款

投保人在投保时误告被保险人的年龄,致使投保人支付的保险费少于或多于应付保险费的,保险人有权更正并要求投保人补缴保险费或向投保人退还多缴保险费,或者根据投保时被保险人的真实年龄调整保险金额。如果发现投保时被保险人的真实年龄已经超过可以承保的年龄限度,保险人可以解除保险合同,并将已收取的保险费扣除手续费后,无息退还投保人。

（三）宽限期条款

宽限期条款是指如果保险合同约定分期支付保险费,但投保人支付首期保险费后未按时缴付分期保险费的,法律或合同规定给予投保人一定的宽限时间。在此期间,即使未缴纳保险费,仍能保持保险合同效力;但若超过宽限期,保险合同失效。

宽限期条款防止投保人因疏忽、外出、经济变化等原因,不能及时缴纳保险费而造成保险合同效力的停止。有利于投保人避免保单失效而失去保险保障,也有利于保险人避免因保单失效而带来业务的丧失。

（四）保险合同效力中止和复效条款

保险合同效力中止是指保险合同在有效期间内,由于缺乏某些必要条件而使合同暂时失去效力,称为合同中止;一旦在法定或约定的时间内所需条件得到满足,合同可以恢复原来的效力,称为合同复效。

（五）自杀条款

为了更好地保障投保人、被保险人、受益人的合法权益,保险人也出于维护自己的利益,在很多人寿保险合同中都将自杀列入保险条款,但规定在保险合同生效较长的期限后被保险人发生自杀行为,保险人才承担给付保险金责任,通常是 2 年,以防止被保险人预谋保险金而签订保险合同。

（六）不丧失现金价值条款

保单所有人享有保单现金价值的权利,不因保险合同效力的变化而丧失。保险合同解约或终止时,保单的现金价值仍然存在。保单所有人有权选择有利于自己的方式处理保单所具有的现金价值。保险公司往往将现金价值的数额列在保单上,说明计算方法和采用的利率,使保单所有人可以随时掌握保单的现金价值。

（七）保单贷款条款

长期性人身保险合同,投保人在缴纳保险费一定年限后,投保人可以在保险单的现金价值数额内,以具有现金价值的保险单作为质押,向其投保的保险人或第三者申请贷款。当借款本息等于或超过保单的现金价值时,保单所有人应在保险人发出通知后的一定期限内还清贷款,否则保单失效。当被保险人在贷款期间发生保险事故,受益人领取保险金时,须从中扣除尚未还清的借款本息。

（八）自动垫缴保费条款

该条款规定,投保人在缴纳保险费一定年限后,因故未能在宽限期内缴付保险费,而此时保单已具有现金价值,同时该现金价值足够缴付所欠缴的保费时,除非投保人有反对声明,保险人应自动垫缴其所欠的保费,使保单继续有效。

（九）受益人条款

该条款是在人身保险合同中关于受益人的指定、资格、顺序、变更及受益人权利等内容的具体规定。

第二节 人寿保险

一、人寿保险的概念

人寿保险简称寿险,以人的寿命作为保险标的,以人的生存或死亡作为保险事故,在保险期间内发生保险事故给付保险金的一种人身保险形式。起初的人寿保险主要是为死亡提供保障,即死亡保险。随着社会的进步和经济的发展,人们的寿命越来越长。由于生存和长寿需要生活费用,为此逐步出现了生存保险,以及把死亡保险与生命保险相结合的两全保险,后来又出现了年金保险、分红保险、投资连接保险和万能保险等。

二、传统人寿保险

（一）死亡保险

死亡保险是以被保险人的死亡为保险事故的人寿保险。死亡保险只对被保险人在保险期限内死亡承担保险责任,如果保险期满时被保险人仍然生存,则保险人不给付。

按照保险期限,死亡保险分为定期寿险和终身寿险。

1. 定期寿险。定期寿险是指在保险合同有明确的保险期限,当被保险人在保险期限内死亡时,保险人向受益人给付保险金的一种人寿保险。定期寿险是人寿保险业务中产生最早也是最简单易行的险种。其适用对象是:一是在短期内急需得到保障的人,如出差和旅游;二是需要大额保障而经济能力有限的人,如贫困家庭的主要收入来源者;三是在借贷合同中作为信用保证。

定期寿险的特点是:一是纯保障性。被保险人在保险期限内死亡,保险人给付保险金。如果被保险人在保险届满时仍旧生存,保险人不给付任何保险金。二是保障他人利益。由于定期寿险是以被保险人在保险期限内死亡为给付条件的,保险金只能是由受益人获得。三是保险费率低。定期寿险保障的责任范围较小,根据权利和义务相匹配的原则,保险费率也低。

2. 终身寿险。终身寿险是以被保险人的终身为保险期间,通常被认为是定期寿险的特殊情形。它提供被保险人终身的死亡保障。只要保险合同维持效力,不论被保险人在什么时间死亡,保险人都需要向受益人给付保险金。投保人投保终身寿险的目的是为了被保险人死亡后,受益人可以得到一笔收入。

此种保险单具有现金价值,保单所有人可以享有保单上的现金价值。保单所有人可以中途退保领取退保金,也可以在保单的现金价值范围内贷款。因此,终身寿险的保险费率也比较高。

（二）生存保险

生存保险是以被保险人在保险期间内生存为保险金给付条件的保险。生存保险与死亡保险完全不同:生存保险以被保险人在保险期间生存为保险金给付条件,而死亡保险与之相反;

与死亡保险不同,生存保险的保险目的是为一定期间后资金需求设计的,如养老、子女教育等。

生存保险分为普通生存保险和年金保险。

1. 普通生存保险。普通生存保险是以被保险人在保险期满或达到某一年龄时仍然生存为给付条件,并一次性给付保险金的保险。只要被保险人生存至约定年龄,保险人就给付保险金。如果被保险人在约定年龄之前死亡,则保险人不给付保险金。

由于这一险种对期内死亡者有失公平,所以被接受的人群极少,很少有人愿意投保。它在寿险实务中也从来没有单独出售过,保险人经常将普通生存保险与其他险种结合衍生新的险种出售。

2. 年金保险。年金保险是指保险金的给付采取年金形式的生存保险。年金是一系列固定金额、固定期限的货币收支。

根据不同的标准,年金保险可以划分不同的种类。

(1) 按照年金保险给付的频率分类,可以分为按年给付年金、按季给付年金和按月给付年金。顾名思义,按年给付年金是指每年给付一次年金。同理,按季给付年金是指每季度给付一次年金,按月给付年金是指每月给付一次年金。

(2) 按照年金的购买方式分类,可以分为趸缴年金和期缴年金。趸缴年金是投保人在购买年金保险时一次性地缴清保险费。期缴年金是年金购买者分期交付保险费的年金保险。

(3) 按照年金保险给付日不同分类,可以分为期初给付年金和期末给付年金。期初给付年金是保险人在每个给付周期之初给付年金,如年初、季初、月初。同理,期末给付年金是保险人在每个给付周期之末给付年金。

(4) 按年金保险给付期限分类,可以分为定期年金和终身年金。定期年金是指保险人在约定的期限内给付年金,约定期满给付终止的保险。如果被保险人在约定期限内死亡,则自被保险人死亡时终止给付保险金。终身年金是指保险人在被保险人生存期间定期给付年金。也就是说,保险人给付年金直到被保险人死亡。

(三) 两全保险

两全保险是指无论被保险人在保险期内死亡还是生存到保险期满,保险人均给付保险金的保险。两全保险是将定期死亡保险和生存保险两种保险形式结合起来,所以两全保险具有保障和储蓄的双重性质。当被保险人在保险合同规定的年限内死亡或者生存,保险人均按照保险合同给付保险金。其特点有:

1. 保险责任全面。两全保险既可保障被保险人生存的生活需要,又可以解决被保险人死亡给家庭带来的经济困难。它是生存保险和死亡保险的结合。

2. 储蓄性强。无论被保险人生存或者是死亡,被保险人或受益人均可得到保险人给付的保险金,使两全保险具有储蓄性质。同时,两全保险的储蓄性也使保险单具有现金价值,从而可以为保险单所有人带来收益,还可以作为抵押品进行个人借贷。

3. 保险费率较高。由于保险责任大而且保险金的给付是必然的,因此保险费率较高。在两全保险中,保险人不仅对被保险人的生存负责,而且对被保险人的死亡给付保险金,给付是确定的,因此保险费率就相对高了。

两全保险的保险期限可以设定一定年限,如 10 年、15 年、20 年等,也可以约定一定被保险人达到某一特定年龄,如 60 岁、65 岁等。

三、新型人寿保险

新型人寿保险又称非传统寿险,是保险人为适应市场和经济发展的需要增强市场的竞争力而开发出现的新型保险产品。它结合了投资和保障的双重功能,是寿险公司控制通货膨胀风险和利率风险的有效手段。

（一）新型人寿保险的特征

1. 保险人仅承担被保险人的死亡风险,对投资收益一般不承担风险。投资新型寿险产品的预定利率随市场利率的变化而变化,因此不是固定的。保险人不保证一定的收益,这就意味着保单所有人的投资收益也是无法预知的,投资此类理财产品是存在风险的。有时保险人错误的投资决策,甚至会造成保单的现金价值为零。

2. 投资功能增强。投保人选择新型寿险产品,不仅仅是一种保障手段,而是把它作为一种投资方式。新型寿险产品是保险人将资金运作所得收益返还投保人,减少物价上涨、通货膨胀等因素的影响,保护被保险人的利益。销售新型寿险产品的保险公司均有大量的专业投资人士和投资顾问替投保人进行投资,保险公司为投保人设立专门独立管理账户,资金以投资单位来计算。保险公司一般把资金投资于股票,满足人们对资金增值的偏好;保险公司也可把资金投资于均衡的有价证券组合,实现资产组合的优势,降低投资风险,实现稳定收益。

3. 运作透明。在传统寿险产品中,投保人不明了所支付的保费是如何分摊到各种收费中;而在新型寿险产品中,保费分配的各项用途都会向投保人说明。保险公司每月至少向投保人公布一次投资单位价格;投保人每年也会收到年度报告,详细说明保单的各个项目、分立账户的投资收益、现金价值以及账户的财务状况及投资组合等情况;投保人可以随时查询账户资产、投资表现等相关信息。

（二）新型人寿保险的种类

1. 万能寿险。万能寿险是一种缴费灵活、保险金额可调整的保险。万能寿险比较适合那些风险承受能力低、保费支出低、资金运用灵活,且期望有固定保险保障和稳定利息收益的基础上得到一定投资回报的人。万能保险的保费缴纳方式很灵活,保险金额可以调整,而且保险人的经营费用十分透明。该产品的结构为定期寿险加上一个个人账户,投保人可以约定定期或不定期、定额或不定额缴纳保费。投保人在缴纳首期保费后可选择在任何时候缴纳任何数量的保费,只要保单的现金价值足以支付保单的相关费用。投保人还可以在具有可保性的前提下,提高或降低保险金额。

万能寿险的死亡给付通常有两种方式:A 计划和 B 计划。A 计划是死亡保险金不变,始终等于保单保险金额的万能保险;B 计划是死亡保险金不断变化,其保险金等于保单保额和现金价值之和。投保人可以根据需要选择 A 计划还是 B 计划。

A 计划:

$$死亡保险金 = 保险金额$$
$$净危险额 = 死亡保险金 - 现金价值$$

B 计划:

$$死亡保险金 = 保险金额 + 现金价值$$
$$净危险额 = 保险金额$$

2. 分红寿险。分红寿险是指保险公司将实际经营成果优于定价假设的盈余部分,按一定比例向投保人进行分配的人寿保险。该保险以保险保障为主,投资收益为辅。当保险公司经营不善时,投保人所得分红可能会很少或是没有。但投保人可以得到最低的保证利率,形成固定的保障收益。

分红保险的红利主要来自三个方面,分别是费差益、死差益和利差益。其中,费差益指保险公司实际费用率小于预定费用率产生的盈余,死差益指实际死亡率小于预定死亡率产生的盈余,利差益指实际投资回报率大于预定利率产生的盈余。虽然其保障部分的资金预定利率为 2%~2.5%,但允许保险公司每年向投保者派发可浮动的"红利",包括现金分红、保额分红等形式,因此从分红险的投资渠道来看,保险公司的投资收益水平通常也会"水涨船高",一定程度上起到抵御通货膨胀的作用,并按照保险监管部门的规定,保险公司至少应将分红险在每一个会计年度末可分配盈余部分的不低于 70% 分配给分红保单持有人,而未分配盈余则用于平滑年度红利,使之每年分红水平保持相对稳定,避免出现大起大落,有些保险公司还在保险合同终止(减保、退保、发生理赔)时,把未分配盈余不低于 70% 的部分以"终了红利"的形式兑现给客户。

案例分析 12-1　　分红险需看清分红方式:影响到投保人的相关利益

随着保监会调结构的要求以及行业会计新规的施行,分红险越来越成为市面上的"垄断型"险种。今年以来,各家保险公司推出的新产品几乎清一色都是分红型保险。但是分红险的分红方式却不为人所注意,而分红方式直接影响到投保人的相关利益。

保险专家介绍,目前市场上分红险的分红方式大致可分为两类:一类是现金分红,又称美式分红。这类分红方式是以所缴保费为基础进行分红,领取方式包括现金领取、累计生息、抵缴保费等。其中,累计生息是将红利按照保险公司设定的利率复利递增,但并不增加保额,如果投保人需要支取现金时,可向保险公司申领。目前各家保险公司的分红险产品以现金分红居多,如中国人寿、平安人寿、泰康人寿的分红险产品都采用现金分红的方式发放红利。而另一类分红方式称为保额分红,又称英式分红。这类分红方式是按照保额的额度进行分红,每年的红利不是以现金支取的方式发给客户,而是将当期红利添加进保额,类似基金的红利再投资。由于这一特点,保额分红的分红险一度被形象地称为"会长大的保险"。目前,市场上以保额分红作为分红形式的有新华人寿、太平人寿、恒安标准人寿等一些寿险公司。

相比而言,现金分红的灵活性更高,所分红利可留可取,可以及早兑现。保额分红由于将每年红利购买了保额,因而保险的保障性变得更强,但所有收益只有在被保险人发生保险事故、保险期满或退保时才能拿到。

保险专家还介绍,不管是哪种分红方式,各类分红险产品的红利都源自利差益、死差益和费差益所产生的可分配盈余,而三者中又属利差益贡献最大。

资料来源:《京华时报》2010 年 7 月 27 日。

3. 投资连接寿险。投资连接保险是一种融保险与投资于一身的险种,早在 20 世纪 70 年代的英国即已产生,现已成为欧美国家人寿保险的主流险种之一。它除了具有保险的功能外,最显著的特点就是投资功能强。保险公司将客户交付的保险费分成保障和投资两个部分。其中,投资部分的回报率是不固定的。如果保险公司投资收益比较好,客户的资金将获得较高回报;反之,如果保险公司投资不理想,客户也将承担一定的风险。因此,该种产品适合有较大风险承受能力,且追求较高投资收益和资产增长效果的人。

投资连接保险可汇集客户的投资资金,通过专业投资人才的投资运作,获取规模效益和较高的回报,最后使客户受益;其可变保费的缴付方式可满足客户在不同经济状况下的不同需求。但现阶段中国的投资渠道尚比较狭窄,使得保险公司以致个人难以获得理想的投资回报。

投资连接保险除了同传统寿险一样给予保户生命保障外,还可以让客户直接参与由保险公司管理的投资活动,将保单的价值与保险公司的投资业绩联系起来。大部分缴费用来购买由保险公司设立的投资账户单位,由投资专家负责账户内资金的调动和投资决策,将保险客户的资金投入在各种投资工具上。投资账户中的资产价值将随着保险公司实际投资收益情况发生变动,所以客户在享受专家理财好处的同时,一般也将面临一定的投资风险。

(三) 分红险、万能险与投资连接保险的几点区别

1. 分设账户的区别。分红险的保障和分红账户是混合的;而万能产品设有保障账户和一个单独的投资账户,其投资账户有保底的功能(目前保底利率为 1.75%～2.5%);投资连接险也是保障账户和投资账户分离,并设置有几个不同的投资账户,可能享有较高回报的同时也需承担一定的风险,其投资账户形态通常有激进型和保守型两种以上的形态可供选择。

2. 投资渠道及投资比例的区别。按照目前我国保监会的规定,分红险的投资渠道主要为:大额银行长期协议存款;国债;AA 级以上信誉企业债券;国家金融债券;同行业拆借;证券一级市场、证券二级市场;直接或间接投资国家基础设施建设等。投资连接和万能保险设立的投资账户,除了可以做债券等投资外,其投资股票二级市场的比例前者可以为 100%;后者不能超过 80%。

3. 利润来源的区别。分红保险的红利主要来自三个方面,分别是费差益、死差益和利差益,也就是业界常说的"三差分红"。此外,还有退保差益等微弱因素的影响;而投连险和万能险的利润来源则来自投资账户的投资收益。

4. 投资风险性的区别。以预期收益率来看,从分红险、万能险到投资连接险,三者的预期收益率是逐步升高的,所以风险性相应的也是越来越大。投资连接险的投资收益与风险由保单持有人承担,所以风险性较高;万能险的投资收益与风险由保险公司与客户共同承担,风险性相对较小;分红险的投资渠道收益相对稳定,风险最小。

5. 缴费灵活度不同。万能险与投连险具有交费灵活、保额可调整的特点。如:万能寿险,它在支付了初期最低保费之后,只要保单投资账户足够支付保单费用,客户甚至可以暂停保费支付。而分红险交费时间及金额固定,一旦承保,保障的保额不可调整。

6. 保障功能的区别。分红险一般采用衡定费率、保证自动连续续保,最长可以保障终身,在发生保险责任理赔后,保险合同即行终止;而投资连接险和万能险在保障方面采用自然费率(年龄越大,缴费越多),超过 45 岁以后其保障费率会很高,并且不能保证连续自动续保,对于所附加的保险责任一般不能保障终身,当发生保险责任理赔后,对应该项的保险责任即行终止,同时投资账户金额将等额减少。

7. 适宜人群。分红保险表现形式通常为"保障＋分红",适合于风险承受能力低、有稳健长期理财需求,并且希望获得长期连续保障为主的投保人;万能寿险适合于需求弹性较大、风险承受能力较低、对保险希望以投资理财为主、保障为辅的投保人;投资连接保险则适合于经济收入水平较高、希望以投资为主、保障为辅,并追求资金高收益同时又具有较高风险承受能力的激进型投保人。

第三节　意外伤害保险

一、意外伤害保险的含义

意外伤害保险是指以被保险人身体或劳动能力为保险标的的保险,在保险期间内被保险人遭受非本意的、外来的、突然的意外事故,以至于被保险人死亡、身体残废、暂时或永远丧失劳动能力时,由保险人给付保险金的保险。

（一）意外伤害的含义

1. 伤害。伤害亦称损伤,是指被保险人的身体受到侵害的客观事实,由致害物、侵害对象、侵害事实三个要素构成。

2. 意外。意外是就被保险人的主观状态而言：① 被保险人事先没有预见到伤害的发生,可理解为伤害的发生是被保险事先所不能预见或无法预见的,或者伤害的发生是被保险人事先能够预见到的,但由于被保险人的疏忽而没有预见到。② 伤害的发生违背被保险人的主观意愿。

3. 意外伤害的构成。意外伤害的构成包括意外和伤害两个必要条件。

（二）意外伤害保险的三层含义

1. 必须有客观的意外事故发生,且事故原因是意外的、偶然的、不可预见的,即为被保险人非本意、人身意外的、不可预见的、突发性的被保险人身体意外的原因导致事故的发生。

2. 被保险人必须因客观事故造成人身死亡或残废的结果。

3. 意外事故的发生和被保险人遭受人身伤亡的结果,两者之间有着内在的、必然的联系,即：意外事故发生时被保险人遭受伤害以致死亡或残疾的近因,而被保险人遭受伤害是意外事故的结果。

意外死亡给付和意外伤残给付是意外伤害保险的基本责任,其派生责任包括医疗给付、误工给付、丧葬费给付和遗族生活费给付等。

二、意外伤害保险的特点

（一）保险事故

意外伤害保险所指的死亡是由非故意的、外来的、突然的意外伤害所造成的。而一般的人寿保险中的死亡可以是生命机能的自然停止,也可以是其他疾病引起或是外来伤害的结果。

（二）保险金的给付

保险事故发生时,死亡保险金按约定保险金额给付,残废保险多按保险金额的一定百分比给付。

（三）保险费的计算

意外伤害保险费的计算不是根据死亡率、利率来计算的。意外伤害保险的纯保险费是根据保险金额损失率计算的,这种方法认为被保险人遭受意外伤害的概率取决于其职业、工种或从事的活动,在其他条件都相同时,被保险人的职业、工种、所从事活动的危险程度越高,应交的保险费就越多。所以意外伤害保险的承保条件较宽,对被保险人也不用进行体检。

（四）保险期限

意外伤害保险的保险期间较短,并与责任期限存在不一致性。意外伤害保险的保险期间一般都超过 1 年,有些极短期的意外伤害保险的保险期限只有几天。但是责任期限并不随保险期限的结束而终止。

（五）责任准备金

意外伤害保险的责任准备金主要指年末到期责任准备金按当年保险费收入的一定百分比,没有任何储金的性质。

（六）赔偿方式

在意外伤害保险中,采用定额赔偿方式,而不管被保险人的实际损失是多少。一般在意外伤害保险中分别列明死亡保险金额和伤残保险金额。当被保险人因意外伤害而死亡时,保险人支付死亡保险金的全部,保险合同终止;当被保险人因意外伤害而伤残时,根据伤残程度按比例赔付伤残保险金,但赔付总数以伤残保险金额为限;当被保险人在保险期间屡次遭受意外伤害时,保险人对每次意外伤害造成的损失按合同给付保险金,但给付总数不超过保险金额。

三、意外伤害的可保风险

（一）不可保意外伤害

不可保意外伤害,也可理解为意外伤害保险的除外责任,即从保险原理上讲,保险人不应该承保的意外伤害;如果承保,则违反法律的规定或违反社会公共利益。不可保意外伤害一般包括:

1. 被保险人在犯罪活动中所受的意外伤害。

2. 被保险人在寻衅殴斗中所受的意外伤害。

3. 被保险人在酒醉、吸食(或注射)毒品(如海洛因、鸦片、大麻、吗啡等麻醉剂、兴奋剂、致幻剂)后发生的意外伤害。

4. 由于被保险人的自杀行为造成的伤害。

对于不可保意外伤害,在意外伤害保险条款中应明确列为除外责任。

（二）特约保意外伤害

特约保意外伤害,即从保险原理上讲,虽非不能承保,但保险人考虑到保险责任不易区分或限于承保能力,一般不予承保,只有经过投保人与保险人特别约定,有时还要另外加收保险费后才予承保的意外伤害。特约保意外伤害包括:

1. 战争使被保险人遭受的意外伤害。

2. 被保险人在从事登山、跳伞、滑雪、赛车、拳击、江河漂流、摔跤等剧烈的体育活动或比赛中遭受意外伤害。

3. 核辐射造成的意外伤害。

4. 医疗事故造成的意外伤害（如医生误诊、药剂师发错药品、检查时造成的损伤、手术切错部位等）。

（三）一般可保意外伤害

一般可保意外伤害，即在一般情况下可承保的意外伤害。除不可保意外伤害、特约保意外伤害以外，均属一般可保意外伤害。

四、意外伤害保险的分类

（一）按实施方式分类

1. 自愿性的意外伤害保险。自愿性的意外伤害保险是指投保人根据自己的意愿和需求投保的意外伤害保险。如中小学生的平安险、投宿旅客意外伤害保险。这些险种均采取自愿投保形式，由学校或旅店代收保费。

案例分析 12 - 2　　　　**已得到肇事者赔偿，还可以得到保险赔偿吗？**

现实中，人身保险的投保人在索赔中经常面临这样的问题：负事故全部责任的肇事者足额支付了医疗费后，保险公司就以不能重复赔偿等为由拒绝理赔，造成了受害者虽然投了保事实上无法从保险公司获得"保险"的情况。

江苏省盱眙县的李先生就遭遇了这样的尴尬，他为儿子购买了人身保险，但儿子遭遇车祸后，保险公司却拒绝赔偿，就因为肇事者已经赔过了。保险公司的拒赔是否合法？已得到肇事者赔偿，还可以得到保险赔偿吗？

案情回放：肇事者赔偿后，保险拒赔

2008 年 8 月份，江苏省盱眙县 12 岁的小学生李华华在所在学校的组织下与某保险股份有限公司淮安中心支公司（以下简称某保险淮安中心公司）签订了《学生、幼儿保险合同》，缴纳保险费 40 元，保险期间自 2008 年 9 月 1 日零时起至 2009 年 8 月 31 日 24 时止。保险合同对被保险人因意外伤害事故住院治疗等进行了约定：学生、幼儿意外伤害保险金额 1 万元，附加意外伤害医疗保险金额 2 000 元，附加住院医疗保险金额 3 万元。保险合同还约定附加住院医疗保险的保险责任为：在保险期间，被保险人支付的合理且必要的医疗费用，保险人在扣除 100 元免赔额后，在保险金额内按以下规定分级累进，比例给付医疗保险金：100 元以上到 1 000 元的部分 50%；1 000 元以上到 5 000 元的部分 60%；5 000 元以上到 1 万元的部分 70%；1 万元以上到 3 万元的部分 80%；3 万元以上的部分 90%。

2008 年 9 月 9 日 13 时许，李华华行走至盱眙县盱洪路八仙台路段时，被祁山平驾驶的苏 HAE511 轿车撞伤。盱眙县公安局交通巡逻警察大队第 080977 号事故认定书认定：祁山平负事故的全部责任，李华华无责任。经盱眙县人民医院诊断，李华华右胫腓骨骨折、右骨硬膜外血肿、右骨骨折，住院花去医疗费 35 834.69 元。肇事者祁山平承担了赔偿责任。

（续上）

李华华父亲李先生依据《学生、幼儿保险合同》，代李华华向某保险淮安中心公司索赔，但保险公司拒赔了。

一审焦点：医疗费是否适用损失填补原则

无奈之下，李先生代理李华华于2009年4月16日诉讼至盱眙县人民法院，请求法院判决某保险淮安中心公司依照保险约定赔偿李华华住院医疗费用27 601.22元，并承担本案的诉讼费用。

盱眙县人民法院于2009年5月5日公开开庭进行了审理。某保险淮安中心公司辩称：李华华的损失已得到交通事故侵权人祁山平的赔偿，医疗费从本质上说仍然是一种财产，应当适用财产保险规定的损失填补原则，李华华无权要求某保险淮安中心公司再赔偿。

一审法院审理后认为：李华华与某保险淮安中心公司签订的《学生、幼儿保险合同》系双方自愿订立，是双方真实的意思表示，且不违反法律规范，故该合同合法有效。

本案中，李华华与某保险淮安中心公司签订了《学生、幼儿保险合同》属于人身保险合同。《中华人民共和国保险法》（以下简称《保险法》）2009年2月28日第十一届全国人民代表大会常务委员会第七次会议修订第46条规定：被保险人因第三者的行为而发生死亡、伤残或者疾病等保险事故的，保险人向被保险人或者受益人给付保险金后，不享有向第三者追偿的权利，但被保险人或者受益人仍有权向第三者请求赔偿。本案中的李华华既有权向肇事者祁山平主张侵权赔偿，也有权依据《学生、幼儿保险合同》向保险人即某保险淮安中心公司主张保险赔偿。某保险淮安中心公司辩解李华华诉讼请求的意外伤害医疗保险金及住院医疗保险金属于补偿性质，应该适用财产保险规定的损失填补原则的依据不足，不予采纳。李华华住院实际支付医疗费用为35 834.69元，根据合同约定的赔付计算方法，保险公司应赔偿李华华27 601.22元保险赔偿金。

据此，盱眙县人民法院于2009年5月6日做出判决：某保险淮安中心公司赔偿李华华保险赔偿金27 601.69元，于本判决生效后20日内履行完毕。

终审判决：保险人应当向投保人理赔

一审判决后，某保险淮安中心公司不服，于2009年7月23日向淮安市中级人民法院上诉认为，李华华发生交通事故后已得到第三者侵权人的足额赔偿，如法院再判决某保险淮安中心公司赔偿，李华华将得到双倍的利益，这对保险行业是不公平的。综上所述，请求二审公正裁决。

李华华辩称：根据《保险法》的规定，李华华既有权向交通肇事者主张侵权赔偿，亦有权依据保险合同向保险人主张权利，请求二审维持原判。

淮安市中级人民法院审理后认为：某保险淮安中心公司与李华华签订的《学生、幼儿保险合同》有效。该合同中约定学生、幼儿意外伤害保险金额1万元，附加意外伤害医疗保险金额2 000元，附加住院医疗保险金额3万元。李华华在保险期内发生意外伤害，根据合同相对性原理，保险人应当向投保人李华华理赔。

（续上）

至于某保险淮安中心公司主张李华华已得到肇事司机祁山平的赔偿,该赔偿是基于道路交通事故进行赔偿的,与本案属不同的法律关系。故某保险淮安中心公司主张其不应理赔的理由不能成立。

淮安市中级人民法院认为,一审判决认定事实清楚,适用法律正确,应予以维持。依照《中华人民共和国民事诉讼法》第 153 条第 1 款第（一）项的规定,维持原判。

资料来源:《中国保险报》2010 年 3 月 30 日。

2. 强制性的意外伤害保险。强制性的意外伤害保险是政府强制规定有关人员必须参加投保的一种意外伤害保险。它是根据国家保险法令的效力构成的被保险人与保险人的权利和义务。

（二）按承保风险分类

1. 普通意外伤害保险。普通意外伤害保险是指被保险人在保险合同有效期内,因遭受意外伤害而致死亡或残疾时,由保险人给付保险金的意外伤害保险。保险人承担的风险为一般的意外伤害。

2. 特定意外伤害保险。特定意外伤害保险是保险人承担的风险是因特别原因或特别时间、特别地点发生造成的意外伤害。通常需要投保人和保险人特别约定。

（三）按保险责任分类

1. 意外伤害死亡残疾保险。此种保险只保障被保险人因意外伤害造成的死亡和残疾,满足被保险人对意外伤害的保险需求。在其保险责任中通常规定,被保险人遭受意外伤害后,在责任期限内死亡、残疾等按保险合同规定给付保险金。此种保险通常作为附加条款附加在其他主险之上。

2. 意外伤害医疗保险。意外伤害医疗保险是指在责任期限内被保险人遭受意外伤害,且该伤害在医院治疗由被保险人支付的治疗费用,保险人按照合同进行医疗保险金的支付。同时,此种保险还对被保险人住院治疗进行住院津贴给付。此种保险通常也作为附加险。

3. 综合意外伤害保险。综合意外伤害保险是意外伤害死亡残疾保险和意外伤害医疗保险的综合。在其保险责任中,既有被保险人因遭受意外伤害身故或疾病保险金给付责任,也有因该意外伤害致使被保险人在医院治疗所花费的医疗费用的医疗保险金给付责任。此种保险可以单独承保。

4. 意外伤害收入保障保险。意外伤害收入保障保险的保险责任通常规定,被保险人因遭受意外伤害,且在责任期限内死亡和残疾的,保险人依照保险合同给付死亡保险金或残疾保险金;对于被保险人因遭受意外伤害造成身故或残疾达到一定程度时,保险人对被保险人或受益人按合同约定给付收入保障年金。此种保险可以单独承保。

（四）按投保对象分类

1. 个人意外伤害保险。一般的个人意外伤害保险大多属于自愿保险,保险期限较短,对保险对象少有资格限制,凡身体健康、能正常劳动者均可作为保险对象。

2. 团体意外伤害保险。保险期限短、保费低而保障高,在雇主需为员工承担一定事故责

任的场合,投保该种保险对雇主更有利。

五、意外伤害保险单部分保险条款示例

××人寿保险股份有限公司旅行意外伤害保险条款

【保险责任】

在本合同有效期内,本公司负下列保险责任:

1. 意外身故保险金。在保险期间内被保险人旅行中遭受意外伤害事故,并自遭受意外伤害之日起180日内因该意外伤害导致身故,本公司按保险单所列明保险金额给付意外身故保险金,对该被保险人的保险责任终止。

2. 意外残疾保险金。在保险期间内被保险人旅行中遭受意外伤害事故,并自遭受意外伤害之日起180日内因该意外伤害造成本合同所附"人身保险残疾程度与保险金给付比例表"所列残疾程度之一者,本公司按该表所列残疾程度与保险金给付的相应比例乘以保险单所列明的保险金额给付"意外残疾保险金"。如治疗仍未结束的,按事故发生之日起第180日的身体情况进行残疾鉴定,并据此给付意外残疾保险金。

被保险人因同一意外伤害事故造成本合同所附"人身保险残疾程度与保险金给付比例表"所列残疾程度两项以上者(含两项),本公司给付按本条第2项第1款约定的标准计算出的各项意外残疾保险金之和。但不同残疾项属于同一手或同一足时,仅给付一项意外残疾保险金;若残疾项目所属残疾等级不同时,给付较严重项目所对应的意外残疾保险金。

该次意外伤害事故导致的残疾合并前次残疾可领较严重项目意外残疾保险金者,按较严重项目标准给付,但前次已给付的残疾保险金(投保前已患或因责任免除事项所致"人身保险残疾程度与保险金给付比例表"所列的残疾视为已给付该项残疾保险金)应予以扣除。

同一被保险人的意外身故及意外残疾保险金累计给付以保险单所载明的保险金额为限。

【撤销投保申请】

在本合同生效以前,投保人可向本公司请求撤销投保申请。撤销投保申请到达本公司时,本公司已签发保单的,本公司在扣除手续费后,向投保人无息退还保险费。在本合同生效后,中途不得退保。

【保险事故通知】

在本合同有效期内,被保险人发生保险责任范围内的保险事故,投保人、被保险人或受益人应在保险事故发生之日起5日内通知本公司,否则被保险人或受益人应负担由于通知迟缓致使本公司增加的查勘、调查费用,但因不可抗力延误的除外。

【宣告死亡处理】

在本合同保险期间内,被保险人旅行中因遭遇意外伤害失踪,投保人或受益人或被保险人的继承人应依法向人民法院申请宣告被保险人死亡,经人民法院对被保险人宣告死亡后,本公司依据人民法院判决宣告之日确定被保险人的死亡日期,并按意外身故给付意外身故保险金。

若被保险人生还,保险金领受人应于知道或应该知道被保险人生还之日起30日内将领取的意外身故保险金退还本公司。

【保险金的申请】

1. 被保险人发生保险责任范围内的身故,其受益人凭保险单、受益人的身份证件、事故发生所在地区的公安部门或卫生部门县级以上(含县级)医院(出境旅行为境外相关机构)出具的被保险人身故证明书以及有关死亡处理或遗体遣返费用的凭证和交费收据等本公司认为需要的证明文件向本公司申请领取保险金。

2. 被保险人发生保险责任范围内的身体残疾,被保险人凭保险单、被保险人的身份证件和本公司指定或认可的医疗机构出具的被保险人身体残疾程度鉴定书和交费收据向本公司申请领取意外残疾保险金。

【责任免除】

下列任一情形是造成被保险人身故或身体残疾的原因或原因之一时,本公司不负给付保险金责任:

1. 投保人或受益人对被保险人的故意杀害、伤害。

2. 被保险人故意犯罪或拒捕、自杀或故意自伤。

3. 被保险人斗殴、醉酒、服用、吸食或注射毒品。

4. 被保险人受酒精、毒品、管制药物的影响而出现的意外。

5. 被保险人酒后驾驶、无照驾驶及驾驶无有效行驶证的机动交通工具。

6. 被保险人流产、分娩,但因遭受意外伤害所致不在此限。

7. 被保险人接受整容手术、服用药物过敏或接受其他医疗出现事故。

8. 被保险人未遵医嘱,私自服用、涂用、注射药物。

9. 被保险人参加潜水、滑水、滑雪、跳伞、蹦极、攀岩运动、探险活动、驾驶滑翔机、摔跤、柔道、拳击、武术比赛、特技表演和机动车船竞赛、表演等高风险运动或活动。投保人与本公司有特别约定的除外。

10. 非法搭乘交通工具或搭乘违法违规运营的交通工具。

11. 凡出入、身处、驾驶、服务、上落于任何航空装置或航空运输工具,但不包括由商业航空公司在规定的搭客航线上行驶的飞机。

12. 被保险人患精神病或精神分裂、先天性疾病(包括先天性畸形)、遗传性疾病、获得性免疫缺陷综合征(艾滋病)或感染获得性免疫缺陷综合征病毒(HIV 呈阳性)期间。

13. 战争、军事行动、暴乱或武装叛乱。

14. 核爆炸、核辐射或核污染。

15. 在(但不限于)建筑工地、矿场、油田或石油及化学工业现场等地进行职业活动时。

16. 发生在本保险合同保险单所列明的保险期间以外的保险事故。

【受益人的指定与变更】

第一,投保人或被保险人投保本保险时可以指定或变更"意外身故保险金"受益人。指定、变更受益人须经被保险人书面同意,变更受益人需向本公司提出书面申请,经本公司同意,并在保险单上批注后方能生效。被保险人身故后,本公司不接受变更意外身故保险金受益人的申请。

第二,被保险人身故后,遇有下列情形之一的,身故保险金作为被保险人的遗产,由本公司向被保险人的继承人履行给付保险金的义务:

1. 没有指定受益人的。

2. 受益人先于被保险人身故,没有其他受益人的。

3. 受益人依法丧失受益权或者放弃受益权,没有其他受益人的。

第三,"意外残疾保险金"的受益人为被保险人本人,本公司不受理其他指定和变更。

【名词释义】

"未成年人"：指投保本保险时不满 18 周岁的人,但不包括年满 16 周岁且以自己的收入为主要生活来源的人。

"旅行"：指被保险人以观光、游览、探亲或商务洽谈等为目的必须离开原居住地的行为。

"意外伤害"：指外来的、突然的、非本意的、非疾病的使被保险人身体受到伤害的客观事件,并以此客观事件为直接且单独原因导致被保险人身体蒙受伤害或身故。

"违法违规运营的交通工具"：是指没有依法办理有关审批手续,违反国家或地方的有关法律、法规、管理规章、制度进行运营的交通工具。

"潜水"：指借助或不借助辅助呼吸器材在江、河、湖、海、水库、运河等水域进行的水下运动。

"攀岩运动"：指攀登悬崖、楼宇外墙、人造悬崖、冰崖、冰山等运动。

"武术比赛"：指两人或者两人以上对抗性柔道、空手道、跆拳道、散打、拳击等各种拳术及各种使用器械的对抗性比赛。

"探险活动"：指明知在某种特定的自然条件下有失去生命或者使身体受到伤害的危险,而仍然故意使自己置身其中的行为。如江河漂流、徒步穿越沙漠或者人迹罕见的原始森林等活动。

第四节　健　康　保　险

一、健康保险的概念

健康保险是以被保险人的身体为保险标的,使被保险人在疾病或意外事故所致伤害时发生的费用或损失获得补偿的一种保险。它是人身保险的一种,其保险责任是被保险人的医疗费用支出,护理费用支出,收入损失和因疾病、生育造成的事故或残疾等。一般来讲,凡不属于人寿保险和意外伤害保险的人身保险,均可归属到健康保险范畴。

随着我国经济社会的快速发展,出现了多层次、多项目医疗保健需求。商业健康保险应该坚持以市场为导向,开发出新的不同种类的保险以适应市场的需求。

二、健康保险的特点

(一) 保险期限通常为短期

由于健康保险具有补偿性质,绝大多数健康保险尤其是医疗费用保险常为 1 年期为限的短期合同。区别于长期性的人寿保险,保险人没有权利终止保险合同。但保险期限结束后,投保人可以选择续保;保险人也有续保或不续保的权利,也可以变更保险费率或合同的其他条款。

(二) 精算技术复杂

健康保险产品的定价主要考虑疾病率、伤残率和疾病(伤残)持续时间。健康保险费率的计算以保险金额损失率为基础,年末未到期责任准备金一般按当年保费收入的一定比例提存。

此外,等待期、免责期、免赔额、共付比例和给付方式、给付限额也会影响最终的费率。

（三）经营风险的特殊性

健康保险经营的是伤病发生的风险,其影响因素远较人寿保险复杂,逆选择和道德风险都更严重。此外,健康保险的风险还来源于医疗服务提供者,医疗服务的数量和价格在很大程度上由他们决定,作为支付方的保险公司很难加以控制。

（四）成本分摊

由于健康保险有风险大、不易控制和难以预测的特性,因此,在健康保险中,保险人对所承担的疾病医疗保险金的给付责任往往带有很多限制或制约性条款。

（五）合同条款的特殊性

健康保险无须指定受益人,且被保险人和受益人常为同一个人。

健康保险合同中,除适用一般寿险的不可抗辩条款、宽限期条款、不丧失价值条款等外,还采用一些特有的条款,如既存状况条款、转换条款、协调给付条款、体检条款、免赔额条款、等待期条款等。

（六）具有代为求偿权

因健康保险的保险金支付具有补偿性质,适用于补偿原则。在健康保险中,被保险人的医疗费用支出后,如果已经从第三方得到全部或部分补偿,保险人可以不补偿或仅仅补偿第三方补偿后的差额部分。若事故责任应由第三方承担,而保险人已赔偿被保险人时,则保险人拥有代为求偿权。

三、健康保险的种类

（一）医疗费用保险

医疗费用保险简称医疗保险,是指以约定的医疗费用为给付保险金条件的保险,保障的是被保险人因疾病或意外伤害需要治疗时支出的医疗费用的补偿,它是健康保险的主要内容之一。

医疗费用是病人为了治病而发生的各种费用,它不仅包括医生的医疗费和手术费,还包括药费、住院费、护理费、检查费及医院设备等的费用。各种不同的健康保险所保障的费用一般是其中的一项或若干项的组合。医疗费用一般规定一个最高保险金额,保险人在此限额内支付被保险人所发生的费用,超出部分由被保险人自己承担。

1. 普通医疗保险。普通医疗保险给被保险人提供治疗疾病的一般医疗费用,主要包括门诊费、医药费和检查费等。此种保险的保险费成本较低,但由于医疗费用和检查费用支出控制有一定难度。因此,合同中有免赔额和比例给付的规定。当疾病的医疗费用累计超过保险金额时,保险人不再赔偿。

2. 住院医疗保险。如果被保险人因疾病住院治疗时,其费用就相当可观。所以将住院的费用作为单独的保险进行承保,可以解决被保险人因住院而产生的高额费用。住院保险的费用由住院的床位费、医疗费、手术费、药费等组成。住院期的长短直接影响其费用支出。因此,通常对此类保险规定一定的住院期限,超出部分保险人不予赔付。

3. 综合医疗保险。综合医疗保险是保险人为被保险人提供的一种全面的医疗费用,其费用包含了普通医疗保险和住院医疗保险的费用范围。所以,此类保险的保险费比较高,但通常免赔额较低,也有适当的比例给付规定。

4. 手术保险重大疾病保险。

(二)收入保障保险

收入保障保险指以因意外伤害、疾病导致收入中断或减少为给付保险金条件的保险,具体是指当被保险人由于疾病或意外伤害导致残疾,丧失劳动能力不能工作以致失去收入或减少收入时,由保险人在一定期限内分期给付保险金的一种健康保险。收入保障保险一般可分为两种:一种是补偿因伤害而致残废的收入损失,另一种是补偿因疾病造成的残废而致的收入损失。

1. 给付方式。收入保障保险的给付一般是按月或按周进行补偿,每月或每周可提供金额相一致的收入补偿。

残疾收入保险金应与被保险人伤残前的收入水平有一定的联系。在确定最高限额时,保险公司需要考虑投保人的下述收入:税前的正常劳动收入、非劳动收入、残疾期间的其他收入来源以及目前适用的所得税率。

收入保障保险除了在被保险人全残时给付保险金外,还可以提供其他利益,包括残余或部分伤残保险金给付、未来增加保额给付、生活费用调整给付、残疾免缴保费条款,以及移植手术保险给付、非失能性伤害给付、意外死亡给付。这些补充利益作为特殊条款通过缴纳附加保费的方式获得。

2. 给付期限。给付期限为收入保障保单支付保险金最长的时间,可以是短期或长期的,因此有短期失能及长期失能两种形态。短期补偿是为了补偿在身体恢复前不能工作的收入损失,而长期补偿则规定较长的给付期限,这种一般是补偿全部残废而不能恢复工作的被保险人的收入。

3. 免责期间又称等待期间或推迟期,是指在残疾失能开始后无保险金可领取的一段时间,即残废后的前一段时间,类似于医疗费用保险中的免责期或自负额,在这期间不给予任何补偿。

(三)长期护理保险

长期护理保险是为因年老、疾病或伤残而需要长期照顾的被保险人提供护理服务费用补偿的健康保险。

长期护理保险的保险范围分为医护人员看护、中级看护、照顾式看护和家中看护四个等级,但早期的长期护理保险产品不包括家中看护。

典型长期看护保单要求被保险人不能完成下述五项活动之两项即可:吃;沐浴;穿衣;如厕;移动。除此之外,患有老年痴呆等认知能力障碍的人通常需要长期护理,但他们却能执行某些日常活动,为解决这一矛盾,目前所有长期护理保险已将老年痴呆和阿基米德病及其他精神疾患包括在内。

长期护理保险保险金的给付期限有 1 年、数年和终身等几种不同的选择,同时也规定有20 天、30 天、60 天、90 天、100 天或者说 80 天等多种免责期。免责期越长,保费越低。

长期护理保险的保费通常为平准式,也有每年或每一期间固定上调保费者,其年缴保费因投保年龄、等待期间、保险金额和其他条件的不同而有很大区别。一般都有豁免保费保障,即保险人开始履行保险金给付责任的 60 天、90 天或 180 天起免缴保费。

四、健康保险的作用

(一) 对个人和家庭的作用

疾病风险对于个人和家庭是客观存在的,大多数人在自己或家人身患重病或遭遇严重身体伤害时,都无法独立承担全部医疗费用,也可能会因为疾病导致暂时或永久失能,减少或失去经济收入能力而面临严重经济困难。防止因疾病造成贫困的风险,健康保险就是转移这种风险最常用的方法。

(二) 对企业和单位的作用

健康保险作为员工福利体系中的重要组成部分,其在维护企业和单位的正常生产,抵御疾病造成的减员给生产带来的影响中发挥日益重要的作用。特别是对于运用商业医疗保险来管控疾病风险的企业和单位,可以把不可控制的疾病风险转变为固定的保费支出,不仅便于成本核算,而且减轻了企业的负担。此外,为企业重要员工提供健康保险对于增强企业凝聚力,留住人才,促进企业持续稳定发展具有重要意义。

(三) 对国家和社会的作用

健康保险在不同医疗保障制度模式的国家中所起的作用是不同的。在以国家税收模式和社会医疗保险模式中,商业健康保险起到的是重要的补充作用。在以商业性健康保险作为国家的健康保险模式中,商业健康保险发挥的是主要作用。在我国,商业健康保险和社会医疗保险同为社会保障体系的重要组成部分,为全社会成员提供健康保障。

五、健康保险的常用条款

(一) 个人健康保险的常用条款

1. 续保条款。续保是保险合同约定的期限已到期,保险人和投保人就原合同进行协商确定是否继续承保或不承保以及有条件承保的过程。一般情况下,保险人在制定保险条款时将续保与否的条件写进了保险条款之中,即续保条款。个人健康保险续保条款描述了两个方面的内容:一是保险人有权拒绝续保或者有权解除健康保险单的环境因素或条件;二是保险人增加健康保险单的保险费的权利。

2. 宽限期条款。个人健康保险的宽限期条款是指缴付首期保险费以后允许保单所有人有一个宽限期(如 30 天、60 天)缴付逾期保险费,并不计收利息。在宽限期内,保险合同仍然有效,如果发生健康保险事故,保险人仍需承担合同约定的保险责任,但保险人可以从应支付的保险金中扣除逾期保险费及利息。超过宽限期,仍未缴纳保险费,保险合同即告失效。规定宽限期条款的目的是避免保险合同非故意失效,保全保险人的业务。

3. 复效条款。复效条款是指投保人在由于未缴纳保险费停效以后一段时间通常为 2 年内,有权申请并与保险人达成复效协议,保险人恢复保险单效力的一种条款。投保人要使得保险人恢复合同效力,一般须符合以下条件:投保人必须提出复效申请,并提出使保险人感到满意的可保性证据;必须补缴拖欠的保险费及利息;必须归还保险单所质押贷款;不曾退保或把保险单换为定期寿险。健康保险单的复效是对合同法律效力的恢复,不改变合同的各项权利和义务。

4. 等待期或观察期或事先存在条件条款。等待期或观察期条款是健康保险单签发后一段时期后,即保险人对被保险人提供健康保险保障一段时间后,保险人才对被保险人事先存在的条件履行保险赔付责任。保险合同生效到履行赔付责任这段时间为等待期或观察期。事先存在的条件在个人健康保险中通常被定义为发生的伤残,或者第一次出现的疾病,或者保单签约前且并未在保险单中给予披露的事件等,如果保险人对被保险人已经披露的条件(如实告知的情况)不予排除(免责处理),那么这个条件将得到保险人的保障。健康保险设置等待期或观察期的目的是防止被保险人可能发生的逆选择。

5. 不可抗辩条款。不可抗辩条款又称不可争议条款。其含义是指从保单生效之日起满 2 年后,保险人不能以投保人或被保险人在投保时的故意隐瞒、过失、遗漏或不实说明为由来否定合同的有效性。不可抗辩条款是为了保护受益人、被保险人的权益而作出的规定。如果被保险人已经死亡,受益人很难对保险人提出的争议进行解释。如果没有不可抗辩条款的规定,受益人很难得到保险人给付的保险金。当然,对不可抗辩条款的适用性也规定了一些例外情况,即保单满 2 年后,保险人仍可拒付保险金的情况。

6. 索赔条款。个人健康保险中的索赔条款,是对保险人和被保险人分别对赔付支出的时间限制和对保险人通知损失与提出索赔时间限制的规定。例如,被保险人的损失发生后,必须在规定的时间内,如 30 天,用书面的形式向承保保险公司报告损失的发生和索赔要求;在规定的时间限制内,如 60 天,向保险公司提供损失证明(如疾病诊断证明,医疗费用清单)等。保险公司在收到损失证明后,必须在规定的时间内,对被保险人赔付损失。

(二)团体健康保险的常用条款

1. 转化条款。转化条款是指当团体中的被保险人不再成为这个团体的成员或被保险人时,保险人将给予这个或这些被保险人一定的权利,购买个人医疗费用保险而不要求被保险人的可保性证明。该条款主要在医疗费用型保险中使用。保险人在运用这一条款时,即团体的被保险人将团体健康保险转化为个人健康保险时,给予被保险人的权利是有限的,当被保险人得到的个人医疗费用保险,加上在团体医疗费用保险中得到的保险保障之和过多时,保险人可以拒签个人医疗费用保险。

2. 等待期或观察期或事先存在条件条款。团体健康保险的等待期或事先存在条件条款的定义与个人健康保险的等待期或事先存在条件条款的定义是相同的,目的是防止被保险人的逆选择或道德风险。但在对事先存在的条件的规定上两者不完全相同。有的国家规定团体健康保险中事先存在条件,是指被保险人的健康保险生效前 3 个月内接受医生治疗的条件。

3. 调整保险金条款。调整保险金条款是指被保险人当受到不止一个团体健康保险单保障时,通过调整被保险人获得的保险金,使得被保险人获得的保险金不超过其实际发生损失的有关规定。这个条款多在医疗费用保险中应用。具体的调整保险金的方法在不同的国家和不同的医疗费用保险中有所不同。

 **本章小结**

1. 人身保险是商业保险的重要组成部分。人身保险由于保险标的是人的生命和身体,具有特殊性。因此,人身保险具有自己的特点。另外,从不同的角度可以对人身保险有不同的分类,如:按照保障范围分类,可以分为人寿保险、健康保险和人身意外伤害保险;按照被保险人

是否参与保险人利益分配,分为分红保险和不分红保险。人身保险合同有不可抗辩条款、宽限期条款、受益人条款等9项条款组成人身保险合同的基本条款。

2. 人寿保险是人身保险的主要组成部分,它以人的生命为保险标的。主要分为两大类:传统人寿保险和新型人寿保险。传统人寿保险主要有死亡保险、生存保险、两全保险;新型人寿保险主要有万能人寿保险、分红保险和投资连接保险。

3. 意外伤害保险是指以被保险人身体或劳动能力为保险标的的保险,在保险期间内被保险人遭受非本意的、外来的、突然的意外事故,以至于被保险人死亡、身体残废、暂时或永远丧失劳动能力时,由保险人给付保险金的保险。意外伤害保险的含义理解是非常重要的。意外伤害保险按照不同的标准可以有不同的划分,如按投保方式,可分为个人意外伤害保险和团体意外伤害保险。

4. 健康保险是以被保险人的身体为保险标的,使被保险人在疾病或意外事故所致伤害时发生的费用或损失获得补偿的一种保险。一般而言,凡是不属于人寿保险和意外伤害保险的人身保险都属于健康保险。

复习思考题

1. 简述人身保险的特点。
2. 谈谈你对新型人寿保险的认识。
3. 对比分析分红保险、万能保险和投资连接保险三者的区别。
4. 简述意外伤害保险的特点和分类。
5. 简述健康保险的概念、特点、种类和主要条款。

第十三章 政策性保险

 **本章导读**

与纯粹的商业保险或社会保险相比，有一些保险业务因危险性质特殊，风险发生后，会造成巨灾损失，既不便并入社会保险体系，也无法完全按照商业保险方式来经营。因而，政策性保险靠国家有关政策具体支持才能获得长足发展的保险[①]，如农业保险、出口信用保险等，我们把这一类保险业务统称为政策性保险。政策性保险经营的内容是一种非人身保险业务，在具体的经营实践中通常与财产保险和责任保险构成不同层次的交叉关系。在各国的保险体系中，政策性保险的业务并不是太大，但却是各国保险体系的必要组成部分。它的存在与发展，对国家有关产业政策的实施及特定产业的发展起着重要的促进作用。

鉴于政策性保险的特殊性质及其有别于一般商业保险和社会保险业务的经营方式，本教材不按以往有关保险学书籍的传统将其归入相关财产保险范畴，而是专门设章阐述政策保险的内涵、特点并介绍农业保险、出口信用保险、存款保险等业务及部分国家的做法，以便为建立中国自己的政策性保险体系服务。

 **学习目标**

1. 了解政策性保险的概念和特点。
2. 了解政策性保险的主要种类。
3. 掌握农业保险的特点、种类、承保和理赔。
4. 了解大灾保险在我国的进展情况。
5. 了解出口信用保险、存款保险的保险责任及理赔特点。

引　言

为扶持弱势产业发展，贯彻国家产业政策，对一些风险较为特殊或者较大的行业或企业，国家通过补贴保费、弥补亏损或减免税收等倾斜性保险方式予以保障和支持。这种政策性保

---

① 在美国，政策性保险大体有两大类：一是社会保障计划（social security program），包括：老年、遗属、残疾、医疗保险（old-age, survivors, disability and health insurance, OASDHI），失业保险（unemployment insurance），工人补偿（workers compensation）；二是联邦财产保险计划（federal property insurance programs），包括联邦洪水保险（federal flood insurance），联邦犯罪保险（federal crime insurance）和联邦农作物保险（federal crop insurance）等。

险成为商业保险的很好补充。为了更好地经办政策性保险业务,应该了解政策性保险的内涵。

第一节　政策性保险总述

一、政策性保险的概念

政策性保险是指国家在一定时期为了实现特定政策目标,促进某些产业的发展,运用财政补贴和政策支持等手段,对该领域内的活动及保障给予保护或支持的一种不以营利为目的的保险制度。

理解政策性保险的概念要注意以下几点:第一,政策性保险是服务于特定的政策目标,受政府干预的保险业务。它的设立跟随国家政策目标的变化而变化,因此具有时效性。第二,政策性保险受国家财政和政策支持。第三,政策性保险不以营利为目的。政策性保险是国家扶植某些产业领域的一种特殊手段,其根本目的在于实现特定政策目标,而非营利。

二、政策性保险的基本特征

(一) 政策性保险介于商业保险与社会保险之间,政策性是其性质的突出体现

政策性保险通常不受各国商业保险法的具体规范和制约,也不受社会保险法规政策约束,而是由专门制定的政策法规来规范的。另外,国家将何种保险业务作为政策性保险业务,或在何时将其列为政策性保险业务,并给予国家财政补贴和政策支持,都是在商业保险和社会保险制度安排之外另行安排的,这种安排突出地表现在相关政策对政策性保险经营内容、方式、费率、承保金额和赔偿方式等的统一规范上,保险双方缺乏自主权。例如,农业是某一国家某一时期要重点发展的产业,那么该国就将农业保险纳入政策性保险,给予财政、政策支持和鼓励。而在其他国家,农业并非其发展的重要产业,因此也就不必将农业保险列为政策性保险。

(二) 政策性保险的目的并非营利,而是为实现特定的政策目标服务

政策性保险的基本出发点在于为实现特定的政策目标服务。政策性保险所经营的业务大多是风险极大或风险特殊的业务,这些保险业务在面临巨大风险的同时利润也很低,甚至可能发生亏损。因此,一般商业保险公司不愿开办或无力开办这类业务。国家为了促进相关产业的发展,通常会对其风险保障机制加以特殊考虑,即国家开办这类业务,并提供财政支持和优惠政策。政策性保险追求的是为产业发展政策配套服务的宏观效益,只要国家的相关产业政策得到落实和发展,政策性保险即使亏损,国家也会通过直接或间接途径开办。

(三) 政策性保险业务的经营特色

1. 政策性保险业务经营主体的特色。经办政策性保险的主体一般是国家或由国家指定的保险机构。既可以在政府职能部门中设置专门机构,或由政府出资单独成立专门的保险公司,也可以成立由政府控股的保险公司,还可以委托商业保险公司经营此类业务。

2. 政策性保险实施方式的特色。在保险的三大类别中,社会保险的强制性程度最高,商业保险(除机动车辆第三者责任保险等个别险种外)强调等价交换、自愿成交,政策性保险则采取对承保方强制而让投保方自愿的经营方式。即政策性保险的经营主体必须受政府管制,不能拒绝保险客户的政策性保险投保要求。但是,政策性保险也有一种对投保方强制而对承保

方放开的例外,如:某些国家在推行农业生产贷款政策时,通常强制接受农业优惠贷款的农户投保农业保险,并以此作为发放农业贷款的前提条件。

3. 政策性保险确定承保金额的特色。社会保险的保障待遇是按照公平性原则由国家社会保险法统一规定的,提供的是基本保障,其经办主体和保障对象对此均无自主权。商业保险承保金额的确定奉行"不投不保、少投少保、多投多保"的原则,完全由保险公司和投保客户自主协商确定。而政策性保险的承保金额通常根据投保标的价值的一定比例来确定,不能足额承保。如:出口信用保险的保险金额通常以投保标的价值的80%为最高限额,农业保险则采用保成本或保乘数的方法来确定保险金额,以便让投保人自己承担一部分风险责任,促使其重视风险管理。

4. 政策保险在保险风险与保险费率方面的特色。政策性保险根据相关的政策法规规定统一的承保责任范围,保险业务经营主体与投保人均无选择的权利,如:一些国家的农作物政策保险只承保雹灾,投保人就只能投保雹灾,承保人也不可能扩展承担其他风险。保险责任范围的统一又为保险费率的统一提供了条件,因此,政策性保险通常采取单一费率制,保险双方在费率选择上缺乏弹性,不存在商业保险中讨价还价的现象。此外,政策性保险对保险时效、赔偿方式及赔款支付等也有相应统一的规定。

三、政策性保险的主要种类

(一)农业保险

将农业保险列入政策性保险有以下原因:第一,农业作为第一产业是国民经济的基础,但农业生产的投资收益率大大低于第二产业、第三产业,因此农业生产的发展客观上需要政府提供有力的政策支持以确保其收益。第二,农业生产受季节性影响较大,其面临的自然灾害更为频繁,因此风险极大。另外,农业保险的经营难度也很大,保险业务收益大大低于其他保险业务,在农业生产者需要风险保障而商业保险不愿提供的情况下,只有政府来办理农业保险业务才能提供强有力的风险保障。在中国,农业保险又是解决"三农"问题的重要组成部分。

(二)出口信用保险

在对外贸易中,出口商主要面临的风险有商业风险和政治风险。除了商业风险会造成损失,政治风险发生概率不仅较大,且不受保险人和被保险人甚至出口国的控制。因此,该保险业务面临的风险极大且收益较低,从而商业保险公司不会主动办理出口信用保险业务。但若没有相应的风险保障,就会影响出口方的积极性,进而制约一个国家或地区的对外贸易的发展。各国政府为了发展对外贸易,就应为出口商提供必要的风险保障,从而把出口信用保险列为政策性保险,并为之提供财政和政策支持。

(三)存款保险

存款保险制度是一种金融保障制度,它能够保护存款人利益,维护银行信用,稳定金融秩序。

(四)巨灾保险

巨灾风险发生频率虽很低,一旦发生,其影响范围之广、损失程度之大,一般超出人们的预期,由此累计造成的损失往往超过了某一承受主体的实际承受能力,有政府参与的巨灾保险体系可以有效应对这一类风险。

（五）其他公益性险种

为了实现某些政策目标,许多国家可以根据自身实际情况将某些保险业务列为政策性保险。例如,核电站保险尤其是核泄漏等责任保险,在许多国家也是在国家政策扶持下甚至是在国家财政充当再保险人的条件下开办的一种业务。

此外,还有校园保险、机动车交通事故责任强制保险、工伤保险等都属于公益性险种。

第二节　农业保险

一、农业保险的概念

农业保险是政府有关部门为农业生产者在从事种植业和养殖业生产过程中,对遭受自然灾害和意外事故所造成的经济损失提供补贴和保障的一种保险。

农业保险为农业生产所面临的风险提供保障,其风险主要有以下方面:第一,在风险结构方面,农业风险可以分为自然风险和社会风险。农业保险以自然风险为主要承保责任。第二,在农业风险发生的时间上,越是临近收获期,其风险就越大。第三,农业风险具有不可避免性和可防御性。第四,农业风险具有组合性。如:农作物最怕水灾、干旱、冷热风灾、低高温灾等;畜牧业生产最怕传染病、寄生虫病等;水产养殖业最怕洪水流失、病害和中毒。

二、农业保险的特征

农业生产受自然条件影响大、面临的风险大和造成的损失大等特点,决定了农业保险区别于其他保险的特征。

（一）季节性

各种动植物都有自身的生长周期,只有深入了解动植物的生理特征才能准确把握其生长周期,从而在农业保险的各环节中正确地评估农业风险,确定承保期限,以加强对农业管理的监督。

（二）地域性

由于每个地区地形、气候、土壤等自然条件的差异,以及各地区社会、经济、技术水平的不同,农业保险要根据各地区的实际情况确定承保对象、承保范围等保险要素,因此具有明显的地域性特征。

（三）农业保险风险大,赔付率高

农业生产受自然因素影响大,由自然灾害引发的损失极大且发生率高,加之其自身抵御风险的能力薄弱,因此导致的赔付率也高。如洪水、旱涝等自然灾害对农作物波及面积广,且致损严重。

（四）农业保险的经营费用高

开办农业保险业务除了需要雄厚的经济实力外,还需具备懂得农业生产技术背景的专业人才,在理赔中需要借助专门技术(如遥感技术等),致使保险经营成本无形中扩大,经营费用高。例如,农业保险标的种类繁多,生命规律各异,抵御自然灾害和意外事故的能力各不相同,

因而难以制定统一的费率标准和赔偿标准,需要专业人才和专门技术,增加了农业保险经营难度。

（五）农业保险具有正外部性

农业保险属于私人物品,具有排他性和消费上的竞争性。这体现在,当农业生产遭受合同约定的风险损失,农民所购买的农业保险可以从保险公司获得一定补偿。但农业风险主要是自然风险,如旱涝、冰雹等,这类风险不受个人控制且会导致大面积的灾害损失,农业保险客观上保障了社会稳定和社会秩序。因此,农业保险具有正外部性,具有公共产品的某些属性。

三、农业保险的种类

（一）种植业保险

种植业保险指以植物生产为保险标的,以生产过程中可能遭遇的某些风险为承保责任的一类保险业务的统称。种植业保险包括农作物保险和林木保险。

1. 农作物保险。这是指以水稻、小麦、玉米、大豆、高粱等粮食作物和棉花、烟叶等经济作物为承保对象,以各种作物在生长期间因自然灾害或意外事故使收获量价值或生产费用遭受损失为承保责任的保险。

按农作物的生长时期的不同,农作物保险又可以分为生长期农作物保险和收获期农作物保险。生长期农作物保险,是指以各种农作物在生长期间因自然灾害造成收获量价值或生产费用损失为承保责任的保险。收获期农作物保险,是指粮食作物或经济作物收割（采摘）后的初级农产品为保险对象的保险,其承保责任是农作物收获后处于晾晒、脱粒、烘烤阶段中的损失风险,如麦场火灾保险、茶叶加工保险等。收获期农作物保险是一种短期保险,保险期限一般从农作物收获后开始,到完成初加工离场入库前结束。

2. 林木保险。这是以各种木材林和经济林为保险标的,以林场中的林木生长期间因自然灾害和意外事故、病虫害造成林木价值或生产费用损失为保险责任。

按林木生产用途及其性质不同,林木保险又可分为森林保险和经济林、园林苗圃保险。森林保险承保的风险主要是火灾,包括人为火灾和雷击起火等。经济林、园林苗圃保险的承保对象除了生长中的各类经济林种之外,还包括这些林种提供的具有经济价值的果实、根叶、汁水等产品,以及可供观赏、美化环境的商品及名贵树木、树苗,如盆景。

（二）养殖业保险

养殖业保险是指以各种处于养殖过程中的动物为保险标的,以养殖过程中可能遭遇的某些风险为承保责任的保险。养殖业保险又分为牲畜保险、家畜家禽保险、水产养殖保险及其他养殖保险等。

1. 牲畜保险。牲畜保险以役用、乳用、肉用、种用的大牲畜为承保对象,保险人承保在饲养使役期间因意外灾害或牲畜疾病造成的死亡、伤残,以及因流行疾病强制屠宰、掩埋而造成的经济损失的一种保险,如乳牛保险、养马保险等。保险机构通常会对牲畜的健康情况、饲养管理状况等进行调查,牲畜保险的保险金额以牲畜的种类和经济价值为基础,采用定额承保和估价承保两种方式确定。

2. 家畜、家禽保险。家畜、家禽保险是指以猪、羊、兔等中小家畜和鸡、鸭、鹅等家禽为保

险标的,承保在饲养期间的因自然灾害、意外事故或疾病等原因造成死亡损失的保险。家禽家畜保险对零星死亡现象一般规定免赔率或免赔只数,主要有养鸡保险、养鸭保险等。

3. 水产养殖保险。水产养殖保险是指以淡水、海水人工养殖的鱼类、虾类、蟹类等各种水产品为保险对象,承保养殖过程中因疫病、中毒、盗窃和自然灾害造成的水产品收获损失或养殖成本损失。水产养殖保险一般只承保淡水精养水产品,主要有养虾保险、养蟹保险等。

4. 其他养殖保险。其他养殖保险是指以养殖鹿、貂、狐等经济动物和养蜂、养蚕等为保险标的,承保在养殖期间的死亡损失的保险。

四、农业保险的基本内容

(一)农业保险的保险责任范围

农业保险的责任范围包括单一责任保险、混合责任保险和一切责任保险。

1. 单一责任保险。单一责任保险是指保险人仅对某一种风险所造成的经济损失给予补偿的保险,如火灾保险、雹灾保险就只分别承保火灾、雹灾等单项风险责任。单一责任保险在农业保险开办初期是一种常见的农业保险方式。

2. 混合责任保险。混合责任保险又被称为综合责任保险,它承保的多种风险责任,如烤烟种植保险一般就承保多种自然灾害造成的损失。

3. 一切责任保险。一切责任保险是指对农业生产过程中一切可能发生的风险都提供保障,但在具体保险经营实践中,农业保险的承保人较少采用这种责任承保方式。

(二)农业保险的保险金额

农业保险总的要求是实行低保额制,以便保险人控制风险并防止欺诈行为的发生。具体操作中,农业保险主要按以下方式确定保险金额:

1. 平均成本法。保险人按照各地的同类标的在生长期、收获期、养殖期内投入的平均成本作为计算保险金额的依据,以此确定的保险金额即为保险人承担责任的最高赔偿限额。当保险标的发生全部损失的情况时,保险人应按事先确定的保险金额全额赔偿;若发生部分损失,保险人则应赔偿保险金额与被保险人收益之间的差额。该方法一般适用于生长期的农作物、森林保险和水产保险等。

2. 平均产量法。保险人按照各地同类标的的平均产量与预期售价,或市场价值的乘积来确定保险金额。生长期的农作物可以用农作物的预期收益量作为保险标的的价值,按照一定乘数确定保险金额;林木保险的保险金额可按照单位面积林木蓄积量确定;水产养殖保险则可按照水产养殖产量的一定乘数确定保险金额。乘数保额一般为标的实际价值的五成至八成。

3. 定额投保法。保险人根据保险标的的不同性质分档次规定保险金额,根据被保险人投保时选定的档次给予定额赔付,不扣除残值。

(三)农业保险的保险费率

农业保险费率除了考虑承保风险发生的可能性及其损害大小外,还要考虑到保险金额和投保人的交费承受能力,所以采用低费率。一般来说,综合责任险承担的风险要比单项责任险大,因此综合责任险的费率要高于单项责任险的费率。

第三节　出口信用保险

一、出口信用保险概述

出口信用保险(export credit insurance)又称国外信用保险,是信用保险中的一种,与之相对应的是国内信用保险。出口信用保险是以出口贸易或海外投资活动中的外国买方信用或借款人的信用为保险标的的信用保险。它是由保险人与投保人(为国外买方提供信用的出口商或银行)签订的一种保险协议。理解出口信用保险的概念时,要注意以下几点:第一,出口信用保险的目标在于推动本国的出口贸易,而非以保险经营本身的营利为目的,因此带有十分强的政策性质。第二,出口信用保险所承保的标的并不是具体的外贸出口活动,而是被保险人(提供信用的出口商或银行)因国外买方不履行合同义务,如不能按期付款就会给被保险人造成的损失。第三,与一般商业保险相区别,出口信用保险既承保商业风险也承保政治风险,因此比一般商业保险担受着更大的风险。出口信用保险作为推动本国出口贸易、保障出口企业收汇安全的一种政策性保险业务在出口贸易与海外投资中发挥着重大作用。

二、出口信用保险的产生和发展

出口信用保险诞生于 19 世纪末的欧洲,最早起源于英国、德国等国家的国内信用保险业务。例如,英国于 1919 年建立了出口信用制度,成立了第一家官方支持的出口信贷担保机构——英国出口信用担保局(ECGD)。第一次世界大战以后,为了适应国际贸易发展的需要,欧美一些国家中的少数私营保险公司联合组成的公司开始办理出口信用保险。20 世纪 30 年代,由于受到资本主义经济危机的影响,许多西方国家为了重振出口贸易,相继建立起了由政府直接经营或由政府授权的官方或半官方性质的出口信用保险机构或担保机构经办出口信用保险业务,为本国的出口、海外投资和提供政策支持,保障出口商的收汇安全。

第二次世界大战后,世界各国政府普遍把扩大出口和资本输出作为本国经济发展的主要战略,而对作为支持出口和海外投资的出口信用保险也一直持官方支持的态度,将其作为国家政策性金融工具大力扶持。1950 年,日本政府在通产省设立贸易保险课,经营出口信用保险业务。20 世纪 60 年代以后,众多发展中国家纷纷建立自己的出口信用保险机构。

我国的出口信用保险制度产生于 1988 年,当时国家为了促进贸易出口,在原中国人民保险公司设立出口信用保险部,专门负责出口信用保险的推广和管理。1994 年,中国进出口银行成立,其业务中也包括了出口信用保险业务。2001 年,在中国加入 WTO 的大背景下,国务院批准成立专门的国家信用保险机构——中国出口信用保险公司,由中国人民保险公司和中国进出口银行各自代办的信用保险业务合并而成。

三、出口信用保险的特点

出口信用保险自诞生之日起,就存在着区别于其他保险种类的明显特点。出口信用保险不同于一般的商业保险,它主要有以下特点:

(一)政策性强,政府参与程度高

出口信用保险的非营利性和风险高的特性决定了它是由政府支持和参与的一项政策性很

强的险种,具有明确的政策性。开办这项业务的目的不是营利,而是为一个国家的出口和对外投资提供保障和便利,并通过扩大出口带动经济发展和就业。因此,出口信用保险属政策性业务,具有很强的政策导向性。它的开展与国家的外贸、外交政策结合紧密。政府对出口信用保险的支持和参与主要体现在以下方面:第一,政府财政大力支持。从技术层面看,出口信用保险所承担的风险集中度高,风险程度大,受国际政治、经济变化等因素的影响剧烈,因此,不具备市场化运作的营利条件,必须有政府的财政支持;从政策层面看,由于这项业务需体现政府的外贸政策导向,也只有政府的主导作用才能确保政策导向的准确体现,因此,各国政府均通过贷款、设立赔款准备金、贴现票据和再保险等不同方式,向出口信用保险注入大量的资金。第二,规范经营管理。各国政府一般均对出口信贷与出口信用保险进行明确的法律规范,如办理出口信用保险的宗旨、经营目标和方针政策、财务核算方法、经办机构设置及其归属等,均会有相应的法律法规作为依据;同时,或由政府外贸职能部门或专设政策性机构来具体经办出口信用保险业务。第三,提供各项优惠政策。为了扶持出口信用保险业务的开展,几乎所有国家政府都为此提供优惠政策,如免征一切税赋、赋予保险人较大的资金运用自主权限等。第四,参与重大经营决策。许多国家政府专门设立有有关政府部门,如外交、工业、贸易、中央银行、财政等官员参加的部际委员会(或咨询委员会、顾问委员会),委员会定期召开会议,批准出口信用保险的承保方针、地区政策和进行重大经营项目的决策;有的国家的出口信用保险机构还需向国会提交年度财务报告并通过议会审批。

(二)不以营利为主要经营目标

出口信用保险的直接目的在于为促进本国出口贸易服务,因此其首要任务就是促进本国出口贸易发展,为出口商提供安全收汇保障。另外,出口信用保险为出口商获得银行融资提供了便利条件,凭借出口信用保险单可获得银行的优惠贷款。出口信用保险机构在为出口商提供健全资信服务方面也起着重要作用。但是,不以营利为目的并不意味着出口信用保险机构不讲究经济效益,相反,出口信用活动中的高风险性要求出口信用保险机构强化风险控制、管理,力求以最小的成本换取最大的收益。

(三)风险高,控制难度大

出口信用保险承保的是出口商的收汇风险,而造成出口商不能安全收汇的风险主要是商业风险和进口国的政治风险。商业风险主要包括货物运出后买方违约拒绝收货或付款、买方无力偿还货款或买方破产、买方收到货物后拖欠货款。政治风险发生概率不仅较大,且不受保险人和被保险人甚至出口国的控制,它主要包括:汇兑限制风险;延迟支付风险;买方所在国实行进口管制,买方许可证被撤销;战争和内乱风险。此外,造成买方违约的原因还涉及国家之间经济、政治、法律、贸易习俗等,较为复杂。因此,出口信用保险业务出险概率大,很难控制。

四、出口信用保险的种类

经过 100 多年的发展,出口信用保险已成为覆盖面广、品种齐全、运作灵活的保险险种,形成出口贸易提供全面风险保障服务的保险系列。根据信用期限长短、保险责任起讫时间、银行融资方式、承保方式、保险合同标的及保障风险等,保险人设计了不同的险种,主要可分为以下几种。

（一）短期出口信用保险和中长期出口信用保险

根据卖方向买方提供信用期限长短的不同，出口信用保险可以分为短期出口信用保险和中长期出口信用保险。

短期出口信用保险是承保支付货款信用期限不超过 180 天的出口贸易的保险，是出口信用保险中使用面最广、承保量最大的保险业务，一般适用于大批量、连续性出口的初级产品和消费性工业制成品投保。在实践中，短期出口信用保险通常要求被保险人必须在本国注册，并按全部营业额投保，且须及时向保险人申报出口情况等。此外，经出口公司与保险人协商，该种保单亦可将承保期限延长至 365 天。

中长期出口信用保险是承保支付货款信用期限在 1 年以上的出口贸易的保险。中期出口信用保险承保的信用期限介于 180 天到 3 年之间，长期出口信用保险承保的信用期限在 3 年以上。中长期出口信用保险一般适用于大型资本性货物，如飞机、船舶、成套设备等的出口，也可以承保海外工程承包和技术服务项目的费用结算的收汇风险。

（二）出运前出口信用保险和出运后出口信用保险

根据保险责任起讫时间不同，出口信用保险可以分为出运前出口信用保险和出运后出口信用保险。

出运前出口信用保险主要承保在出口贸易合同签字后，出口商在支付了产品设计、制造、运输及其他费用后，由于国外买方的政治风险和商业风险所造成损失的风险。其保险责任始于贸易合同生效日，止于货物出运日。

出运后出口信用保险主要承保在商品出运后，由于国外买方的政治风险和商业风险所导致的出口商的货款不能及时收回的风险。其保险责任始于货物运出日，止于保险合同终止日。

（三）买方出口信贷保险和卖方出口信贷保险

根据贸易活动项下使用的银行融资方式不同，出口信用保险可以分为买方出口信贷保险和卖方出口信贷保险。

买方出口信贷保险适用于买方使用银行贷款项下的出口合同。它承保的是在买方使用银行贷款的情况下，卖方向买方出口资本性货物时，由于买方所在国的政治风险和商业风险所导致的损失的风险。

卖方出口信贷保险适用于卖方使用银行贷款项下的出口合同。它承保的是在卖方使用银行贷款的情况下，卖方向买方出口资本品或半资本品时，由于买方所在国的政治风险和商业风险而使卖方遭受损失的风险。

（四）综合保单出口信用保险、特别保单出口信用保险和选择保单出口信用保险

根据承保方式的不同，出口信用保险可以分为综合保单出口信用保险、特别保单出口信用保险和选择保单出口信用保险。

综合保单出口信用保险一般适用于大宗货物多批次、全方位的出口合同。它所承保的是出口商在一定期间出口全部货物后，由于买方所在国的政治风险和商业风险而使卖方遭受损失的风险。

特别保单出口信用保险适用于逐笔交易的资本性货物的出口合同。它是保险人对某一资本性货物进口国的政治风险和商业风险的承保。

选择保单出口信用保险是保险人有选择地规定承保风险范围的出口信用保险。例如,只承保买方国某种或某几种政治风险,或者某种或某几种商业风险,出口商根据自己的需要进行投保选择。

（五）服务保单出口信用保险、银行担保出口信用保险、保函支持出口信用保险和贸易展览会出口信用保险

根据出口合同的标的不同,出口信用保险可分为服务保单出口信用保险、银行担保出口信用保险、保函支持出口信用保险、贸易展览会出口信用保险。

服务保单出口信用保险是保险人对出口商在向国外客户提供服务后,由于客户所在国的政治风险和商业风险所导致的贷款不能按时收回的损失进行承保的保险。

银行担保出口信用保险是保险人对银行在向出口商提供贷款后,由于买方国的政治风险和商业风险所导致的贷款不能按时收回的损失进行承保的保险。

保函支持出口信用保险是在国际经济活动中,特别是项目招标、国际租赁、工程承包中,出口信用保险担保机构应投标人（或承租人、承包人）的申请,向开立保函的银行出具反担保,以承保保函项下招标人（或招租人、发包人）的任何不公平索赔所造成的损失的保险。

贸易展览会出口信用保险是对本国出口商参加国外贸易展览会时,由于国外政治风险和商业风险所致损失进行承保的保险。

（六）只保商业风险的出口信用保险、只保政治风险的出口信用保险、既保商业风险又保政治风险的出口信用保险及保障汇率风险责任的出口信用保险

这是从信用保险保障责任宽窄角度进行的一些险种设计与分类。

五、出口信用保险的经营原则

出口信用保险作为保险的一个种类,既要遵循保险的一般经营原则,也要符合其自身业务的特点。因此,除了最大诚信原则、可保利益原则等适于任何险种的经营原则外,出口信用保险依其特点还要遵循以下原则。

（一）买方信用限额申请原则

买方信用限额申请原则是指出口商根据保险条款的规定,为其对外特定国外买方的信用销售向出口信用保险公司申请买方信用限额。买方信用限额具有以下特点:第一,买方信用限额是保险人向出口商支付赔款的最高限额。如果出口商因国外买方违约而向出口信用保险机构提出索赔要求,保险机构支付赔款的上限不超过此买方信用限额。第二,买方信用限额可循环使用。出口商为某一国外买方申请的买方信用限额经保险人批复,可以循环使用。该信用限额不受时间、出口性质的限制,除非保险人书面通知被保险人更改或终止此信用限额。需要指出的是,在买方信用限额中,有一个由被保险人自行掌握的信用限额,这个限额是在出口商投保出口信用保险时由保险人核定的。保险人批复被保险人自行掌握的信用限额的依据是被保险人的经营历史、经营规模、盈利水平和经营作风等。在该信用额度内,如果发生买方违约等保险合同项下的损失,保险人将负责赔付。

（二）买方风险控制原则

买方风险控制原则是出口信用保险人控制损失的原则。在短期出口信用保险业务中,出口商（卖方）的收汇风险大小主要取决于进口商（买方）信用的高低。买方风险主要有道德风险

(如故意拒收货物或拒付货款或拖延付款等)和资金不济的财务类风险。这一风险控制原则的关键是确定风险控制的重点,对那些进口量大或风险高的买方要格外注意。

（三）赔款等待期原则

该原则是出口信用保险定损核赔所应遵循的主要原则。其主要内容是:在被保险提出索赔申请,并按照保险条款的规定提交有关损失已经发生的证明文件后,除条款规定买方被宣告破产或丧失偿付能力即可定损核赔外,对于其他原因所引起的损失,保险人并不立即定损核赔,而是等待一段时间再作处理。各国出口信用保险机构对赔款等待期的规定不同,一般为4～6个月。出口信用保险之所以设置赔款等待期是因为:第一,承保标的的风险已经发生,但出口商还有收回货款的可能性。第二,使出口商有动力协助保险人追讨债务人的欠款,从而减少损失。第三,各国法律对拖欠违约的解释有差异。

第四节 存 款 保 险

存款保险制度是保护存款人利益和提升社会公众信心、建立健全金融安全网、维护金融体系长期稳定的一项重要制度。在本轮全球金融危机中,包括美国、欧洲等许多国家和地区的显性存款保险制度,在抵御风险、维护市场稳定和担当处置危机的操作平台等方面,都发挥了积极作用。作为一项低成本的金融稳定机制,对中小地方金融机构的危机处置、保护存款人和投资者的利益、维护社会公众对整个银行体系的信心,十分有效。

一、存款保险制度的概念

存款保险是指由符合条件的各类存款性金融机构集中起来建立一个保险机构,各存款机构作为投保人按一定存款比例向其缴纳保险费,建立存款保险准备金,当成员机构发生经营危机或面临破产倒闭时,存款保险机构向其提供财务救助或者直接向存款人支付部分或全部存款的一种保险业务。存款保险制度是一种金融保障制度,它能够保护存款人利益、维护银行信用、稳定金融秩序。

二、存款保险制度的发展

存款保险制度始于20世纪30年代,起源于美国。当时在资本主义经济危机的背景下,美国国会为了挽救在经济危机的冲击下已濒临崩溃的银行体系,在1933年通过《格拉斯-斯蒂格尔法》,并于1934年成立联邦存款保险公司(FDIC)作为一家为银行存款保险的政府机构并开始实行存款保险,以避免挤兑,保障银行体系的稳定。1934年1月1日正式实施的美国联邦存款保险制度是运作历史最长、影响最大的存款保险制度。20世纪50年代以来,随着经济形势和金融制度、金融创新等的不断变化和发展,美国存款保险制度不断完善,尤其是在金融监管检查和金融风险控制和预警方面,FDIC作了大量成效显著的探索,取得了很好的成效,从而确立了FDIC在美国金融监管中的"三巨头"之一的地位,存款保险制度成为美国金融体系及金融管理的重要组成部分。美国经济学家、货币主义的领袖人物弗里德曼(Friedman M.)对美国存款保险制度给予了高度评价:"对银行存款建立联邦存款保险制度是1933年以来美国货币领域最重要的一件大事。"20世纪60年代中期以来,随着金融业日益自由化、国际化的发展,金融风险明显上升,绝大多数西方发达国家相继在本国金融体系中引入存款保险制度,

部分发展中国家和地区也进行了这方面的有益尝试。

在我国,存款保险制度从 1993 年被正式提出,经历了长期的论证、方案设计和条款拟定,有望在不久的将来被推行。

三、存款保险的特征

(一) 存款保险的政策性

无论是官方的、民间的,还是合办的存款保险都不同于商业保险公司的业务,其经营的目的不在于营利,而在于通过存款保护建立一种保障机制,提高存款人对银行业的信心。为了保护存款人利益、维护银行信用、稳定金融秩序,政府会对存款保险给予国家财政和政策支持,因此存款保险具有明显的政策性保险特征。

(二) 存款保险主体间关系的有偿性和互助性

存款保险主体之间关系的有偿性体现在只有在投保银行按规定缴纳保险费后才能得到保险人的资金援助,倒闭时存款人才能得到赔偿;其互助性体现在存款保险是众多的投保银行互助共济实现的,如果只有少数银行投保,则保险基金规模小,难以承担银行破产时对存款人给予赔偿的责任。

(三) 存款保险时期的有限性

存款保险只对在保险有效期间倒闭的银行给予赔偿,而未参加存款保险,或已终止保险关系的银行的存款一般不受保护。

(四) 存款保险结果的损益性

存款保险是保险机构向存款人提供的一种经济保障,一旦投保银行倒闭,存款人要向保险人索赔,其结果可能与向该投保银行收取的保险费差距很大。因此,存款保险公司必须通过科学的精算法则较为准确地计算出合理的保障率,使得存款保险公司有能力担负存款赔付的责任。

四、存款保险的分类

目前,国际上通行的理论是把存款保险分为隐性存款保险(implicit deposit insurance)和显性存款保险(explicit deposit insurance)两种。

(一) 隐性的存款保险制度

隐性的存款保险制度是指国家没有对存款保险做出制度安排,但在银行倒闭时,政府会采取某种形式保护存款人的利益,因而形成了公众对存款保护的预期。这种制度多见于发展中国家或者国有银行占主导的银行体系中。

隐性存款保险制度有以下弊端:① 由国家为倒闭银行买单,给国家财政带来沉重的负担,在金融危机时期,国家财政是不堪重负的。② 对金融机构的过分援助,会加大货币投放,容易引发通货膨胀,易与中央银行的货币政策目标发生冲突。③ 政府隐性而模糊的担保存在着很大的道德风险,由于政府没有明示担保的范围和程度,往往会激励金融机构过度冒险。④ 隐性存款保险制度也给银行业开放埋下了隐患,不利于国内银行和外资银行的公平竞争。⑤ 现行隐性存款保险制度下对破产金融机构的个人储蓄存款优先偿付,没有体现对债权人的

公平原则,并且由于缺乏固定的偿付机构,偿付周期过长,偿付资金难以落实。

更为严重的是,在金融危机环境下,由于没有明确的安全保障,一旦发生个别银行的财务危机,储户出于安全考虑,极易引发挤兑危机,进而引发全面的金融风潮。因此,存款保险制度的建立带有强烈的金融危机导向特征,各国一般都是在面临严重的金融危机时,将本国的隐性存款保险制度升级为显性的存款保险制度,作为金融危机一揽子处置方案的组成部分。

（二）显性的存款保险制度

显性的存款保险制度是指国家以法律的形式对存款保险的保险范围和类型、计算存款者赔偿的方法、资本金筹措方式和其他一些相关的事宜都有明确的规则。

显性存款保险制度的优势在于:① 明确银行倒闭时存款人的赔付额度,稳定存款人的信心。② 建立专业化机构,以明确的方式迅速、有效地处置有问题银行,节约处置成本。③ 事先进行基金积累,以用于赔付存款人和处置银行。④ 增强银行体系的市场约束,明确银行倒闭时各方责任。

目前,为了更好地抵御金融风险、完善存款保险制度,越来越多的发展中国家开始建立显性存款保险制度。

五、存款保险的主要内容

（一）存款保险机构的组织形式

存款保险机构主要有三种组织形式:政府独资建立的存款保险制度,如美国、英国、加拿大;政府和金融机构共同出资建立的存款保险制度,如日本、比利时、荷兰;政府支持下的银行同业联合建立的存款保险制度,如德国。

1. 政府独资建立的存款保险制度——美国存款保险制度。为恢复存款人对银行系统的信任,美国在大危机后的 1934 年,根据《1933 年银行法》建立了联邦存款保险公司。联邦存款保险公司由理事会负责管理。美国法律要求国民银行、联邦储备体系会员银行必须参加存款保险,不是联邦储备体系成员的州立银行和其他金融机构可自愿参加保险。目前,新成立的银行都必须投保。实际上,美国几乎所有的银行都参加了保险。联邦存款保险公司对每个账户的保险金额最高为 10 万美元。

联邦存款保险公司的资本来源于向投保银行收取的保险费。1999 年以前,保费按固定比例收取,现改按差别比例收取。收取比例确定的依据是,先按资本充足情况将投保银行分为上、中、下三组,再按监管情况分为 A、B、C 三组,然后分别确定不同档次的保费收取比例。保费收取比例最高为 27/10 000,最低为 0。同时法律授权联邦存款保险公司在紧急情况下,有权向美国财政部借款 300 亿美元。

2008 年金融危机过后,美国联邦存款保险公司在得到美联储和财政部许可的情况下,可以向有偿付能力的公司发放贷款或提供担保,将存款保险制度覆盖范围拓展到非存款类金融领域,进一步提升了存款保险制度在系统性风险处置制度中的作用。

2. 政府和金融机构共同出资建立的存款保险制度——日本存款保险制度。日本存款保险制度设立于 1971 年。根据《存款保险法》,日本存款保险公司（Deposit Insurance Corporation of Japan,DICJ）紧接着于 1971 年 7 月 1 日正式成立,其最高决策机构是运营委员会,它由存款保险机构的理事长、理事以及具有专业金融知识和经验的人士（7 名以内）组成。

委员长由理事长兼任,委员由政府首相任命,该委员会主要负责存款保险机构所有重要事项的决策,其中包括修改机构的章程、业务程序、原则,决定保险金和预付款的支付等有关机构业务运营的重要事项。

日本存款保险公司的初始资本金为4.5亿日元,其中,日本政府、日本央行和私人金融机构各出资1/3。保险费是按照各金融机构前一个营业年度末的存款额与保险费率的乘积来计算的。其他收入指保险基金投资于国债及其他有价证券或存入银行所获得的收益。

日本存款保险机构的保险对象以民间金融机构为主,包括都市银行、地方银行、信托银行、长期信用银行、外汇银行(东京银行)、相互银行、信用银行、信用组合及劳动金库等1 000多家金融机构及其海外分支机构,而外国银行在日本的分支机构则排除在外。投保方式采取强制式。参加保险的存款种类有储蓄存款、定期零存整取存款、分期交存存款等,但不包括外币存款、政府金融机构存款及民间金融机构存款。

日本存款保险机构只对以下两种保险事故支付保险金。第一种是参加保险的金融机构被取消营业许可,宣告破产及解散。此种情况下,存款保险机构立即支付保险金。第二种是参加存款保险的金融机构对存款人停止支付存款。此种情况下,存款保险机构是否立即支付保险金,得由运营委员会根据具体情况在1个月内作出决定。

此后,日本政府又于1996年7月出资50亿日元从房屋贷款管理公司(Housing Loan Administration Corporation,HLAC)购买了其转出的不良房屋抵押贷款。现在,日本政府的资本金占日本存款保险公司全部资本金的95%。

3. 政府支持下的银行同业联合建立的存款保险制度——德国存款保险制度。早在20世纪30年代,德国信用合作业就建立了救助及担保基金,以扶持陷于困境的成员信用合作社,目的在于应付因经济危机而导致的银行破产倒闭事件。私人商业银行业全国协会则在1966年建立了跨区域性的救急基金,德国储蓄银行及票据清算协会在1969年才建立储蓄银行扶持基金。信用合作部门及储蓄银行部门的保险机制,一开始就着眼于对于机构的保险,即间接地对存款者保护;而私人商业银行业保险基金则是对储蓄账户、工资账户和退休金账户在一定额度内(曾为1万德国马克)的存款的保护,后来又对自然人的在一定额度内(约1万欧元)的活期存款给予保护。

1974年,德国银行业出现了清偿力不足事件,特别是赫尔斯塔特银行的被迫关闭,引起了社会对金融机构的信任危机,私人商业银行业的存款保障条款也引起了较多的关注和评论,唤起了银行业协会及立法者采取相应的措施完善其存款保障。除了确立限制外汇期货业务风险的基本原则,成立流动性调剂银行股份有限公司以救济暂时处于支付危机的金融机构,1976年,德国《金融法》的修订,私人商业银行业决定并建立了全方位的存款者保护措施,并对所有非银行的活期、定期、储蓄存款给予保障,为此,商业银行自愿参与的存款保障新条例也诞生了。经过多年的运作,德国银行业存款保障体系的稳健性已得到检验。

德国的存款保险主要由储蓄银行业的存款保险、合作金融业的存款保险、私人商业银行业的存款保险三大体系构成。其特征是:建设存款保险制度是金融机构的自觉行动;以协会为载体是三大存款保险机制的共性;存款保险成为稳定银行体系的基础;存款保险享受税收优惠政策;对存款者给予高保障。

(二)存款保险的三种投保方式

1. 强制投保方式。这是指政府依法规定金融机构必须向存款机构投保的形式,以英国、

日本及加拿大等国为代表。其优点有：① 集中较多的银行参与投保使存款保险机构有充足的资金应对风险。② 使所有存款人都可获得一定金额的保护，更能保护公众的利益。其缺点在于：① 剥夺了银行自由选择是否投保的权利。② 存款人不能自由选择投保数量。

日本的存款保险基金对所有在日本注册的银行及其海外分支机构的日元存款都给予保险，排除外国银行在日本的分支机构，即按"属人"原则确定投保人资格。日本实行的是强制投保方式，即要求所有保险对象都必须投保。

2. 自愿投保方式。以法国和德国为代表，即使采取自愿投保方式，存款类金融机构为了保持自身信誉和竞争力也都基本参与投保。采取自愿的投保方式时，参与的情况可能不稳定，会产生存款机构的逆向选择问题，即：竞争力弱或经营不善的金融机构有很强的参与意愿，而竞争力强、经营稳健的金融机构则不愿参与，这将不利于存款保险制度职能的发挥。

德国将其境内营运的所有商业银行（包括外国银行在德国的分支机构）以及德国银行境外分支机构均列为保护对象，即实行的是"属地"兼"属人"的原则。但具有投保人资格的金融机构可以自由选择是否参加存款保险。

3. 自愿与强制相结合的投保方式。以美国为代表，《格拉斯–斯蒂格尔法案》规定，对于联邦注册、州注册且为联邦会员的商业银行，在联邦注册的相互银行和储蓄贷款社必须参加FDIC 的存款保险，对其他金融机构则采取自愿方式。

（三）存款保险的保险对象

西方实行存款保险制度的国家多遵循空间地域原则确定参保对象。按此原则，参保者既包括本国的全部银行，也包括外国银行在本国的分支机构。若发生风险后的赔付责任在两国监管机构充分协商的基础上，由所在国一方为主。

（四）存款保险的费率

参加存款保险的银行需按其所吸收存款的一定比例向保险机构支付保险费。收取保费的目的并不是为了给存款保险机构带来效益，而是在一定程度上对投保银行起到约束作用。具体比例视各国具体情况而定。各国普遍采用单一存款保险费率制度，但由于各国经济差异，具体比例有所不同。

第五节　巨　灾　保　险

一、巨灾风险

（一）巨灾风险的含义及特点

巨灾风险是由地震、台风、洪水和恐怖活动等不可抗力造成的，一旦发生会引起大量保险标的受损并可能对人类社会财富和生命安全造成非常巨大损失的特殊风险。它的特点有：难以预料性；不可避免性；发生频率逐年增高；准公共产品性质；损失的严重性。

（二）巨灾风险的分类

从发生的原因不同可把巨灾风险分为自然灾害和人为灾难风险两大类。

1. 自然灾害风险。"自然灾害"是指由自然力造成的灾害事件。这种事件通常会造成整个受灾区生命和财产的损害。灾害造成的损失程度会因为自然力的强度、受灾地区的建筑方

式和防灾措施的功效等人为因素的不同而分为不同的等级。自然灾害的具体形式包括洪涝、风暴、地震、旱灾、霜冻、雹灾和雪崩等。

2. 人为灾难风险。这里将与人类活动相关的重大损失事件归类为"人为"或"技术性"灾难。一般而言,灾难指在非常有限的范围内某一大型标的物受到影响,而该标的物只为少量保单所保障。人为灾难可细分为以下类别:重大火灾和爆炸、航空航天灾难、船运灾难、铁路运输灾难、采矿事故、建筑、桥梁坍塌及其他(包括恐怖活动),但不包括战争、内战和类似战争事件。

二、巨灾保险及巨灾保险制度

(一) 巨灾保险的含义

巨灾保险是指对因发生地震、飓风、海啸、洪水等自然灾害,可能造成巨大财产损失和严重人员伤亡的风险,通过巨灾保险制度,有效分散风险。

(二) 巨灾保险制度的含义

巨灾保险制度是指对由于突发性的、无法预料、无法避免且危害特别严重的如地震、飓风、海啸、洪水、冰雪等所引发的灾难性事故造成的财产损失和人身伤亡,给予切实保障的风险分散制度。巨灾保险制度是通过立法对巨灾保险作出的制度性安排。当前专项巨灾保险即单一的洪水保险、地震保险、飓风保险、农业巨灾保险是主流趋势,不过未来的发展趋势是综合性的巨灾保险制度。

(三) 巨灾保险制度的作用

第一,巨灾保险制度能在时间跨度和空间纬度上分散巨灾风险造成的巨额损失。巨灾风险的特点之一是巨灾发生的低频率性,即发生巨灾事件的年份总的来看还是比较少的。所以,保险公司可以在非巨灾年度聚合一定的保费收入和盈余,来弥补巨灾年度的损失,这样也就实现了时间跨度上巨灾风险的分散。同样,通过政府的强制性巨灾保险措施,可以实现巨灾风险在空间纬度上的分散,即受灾地区的损失由参与巨灾保险的地区一起承担。

第二,相比政府救济和社会捐助,巨灾保险制度具有更高的效率。如果建立了完善的巨灾保险制度,在巨灾事件发生之后,保险公司就可以快速启动应急机制,经过实际勘查、验损,作出快速赔付,从而保障灾民正常生产生活秩序的恢复。而政府救助需要一定的审批程序,存在很强的政策时滞;社会救助则需要一定的募集时间,同时存在很大的偶然性。

第三,巨灾保险制度能够有效减轻政府的财政负担,减轻灾民的负担。一个完善的巨灾风险应对体系应该由三部分构成:巨灾保险制度、政府的财政救济、社会的慈善捐助。西方发达国家巨灾保险制度承担的赔付额占总损失额的比例平均为 36%,而我国目前巨灾风险所造成的损失主要靠政府财政救济,保险赔付极少,同时我国政府救济资金、社会捐助资金和保险赔款三者之和也远远达不到世界巨灾保险赔付的平均水平,如:汶川大地震损失 8 451 亿元,政府抗震救灾资金支出约为 190 亿元,保险赔款 18.06 亿元,社会捐助 592.5 亿元,占总损失的9.5%。这一巨大差距表明,我国的巨灾损失很大程度上需要灾民自身承担,灾区群众面临着更大的恢复重建困难和因灾致贫、因灾返贫的风险。

第四,巨灾保险制度能发挥其风险控制的功能,克服政府救助的弊端。如果一国缺乏完善的巨灾保险制度,那么受灾民众中就会普遍存在依赖社会捐赠和政府救济款的心态。虽然灾

后救济融资是巨灾风险管理的一个重要因素,但是如果一国政府在灾害管理政策中,或者国民在心理上过分依赖灾后捐赠或政府救济手段,就必将导致减灾政策贯彻不力,导致易受灾区不合理的发展和人口聚集,大大增加了巨灾的损失概率和损失后果,最终会增加灾害的社会成本,不符合目前我国提倡的可持续发展的目标。这是政府巨灾救助行为从长远看最严重的负面影响。而巨灾保险制度可以通过一系列的措施降低巨灾风险发生的概率和损失强度,如不符合安全标准的建筑物不能承保;对于采取一定防灾减灾措施、房屋达到相应法定标准的参与者,在他们参加巨灾保险计划时,可以享受一定的优惠费率,作为对防灾减灾行为的奖励。

(四)巨灾保险的三种制度模式

1. 政府主导模式。由国家筹集资金并设立专门机构进行管理的模式,即政府主导模式。美国加州地震保险属于政府主导模式。为了应对地震带来的损失并为灾后重建提供资金支持,加州政府在其《保险法》中规定了住宅地震复原基金,并设立加州地震局提供地震保险,它是一个为公众提供住宅地震保险的私有公办机构。美国国家洪水计划也属于政府主导模式,美国联邦政府在国家洪水计划中以保险责任承担主体的身份参与洪水保险。洪水保险所有业务和品种都由政府提供,保险公司并不开展保险监务,也不参与保险业务的经营和管理,它在洪水保险中的职责主要是协助政府销售洪水保险报单,通过销售保单获得佣金收入,政府承担洪水保险的保险风险和承保责任。

2. 政府与市场结合模式。由政府和保险公司合作管理巨灾保险的模式,即政府与市场结合模式。日本的农业保险属于政府与市场结合市场模式,它的日常运作如投保、理赔等都是由民间非营利团体——共济组织来经营的,政府负责提供保费补贴和再保险等支持性措施。新西兰的地震保险属于政府与市场结合模式。新西兰地震委员会(EQC)是新西兰地震保险的主办机构,它是一个旨在帮助人们进行灾后重建的政府机构,它管理着一项自然巨灾基金,同时还拥有政府的担保,如果保险赔付超过基金数额,政府将出资补充不足的部分。日本的地震保险也属于政府与市场结合模式。日本专门成立日本地震再保险株式会社(JER)对保险公司承保的地震保险进行 100% 全额分保,然后再由 JER 对地震险保单进行处理:一部分自留,另一部分转分保回原保险公司,还有一部分转分保给政府。土耳其的地震保险属于政府与市场结合模式。土耳其政府颁布法律,在世界银行的资助下建立土耳其巨灾保险共同体(TCIP)为地震保险提供担保,但是它并不负责地震保险的日常事务,具体的市场运作则由各授权保险公司及其代理机构负责。另外,我国台湾的地震保险也属于政府与市场结合模式。我国台湾地区政府于 2002 年设立财团法人住宅地震保险基金(TREIF)来实施政策性的住宅地震基本保险,台湾建立的这个住宅地震保险共同体是由政府和保险公司的合作组成的。

3. 巨灾保险商业化运作模式,即市场模式。英国的洪水保险属于市场模式。在英国的洪水保险中,保险的提供方全部为保险公司,政府不提供。私营保险业自愿地将洪水风险纳入标准家庭及小企业财产保单的责任范围之内,业主可以自愿在市场上选择保险公司投保。英国政府不参与洪水保险的经营管理,也不承担保险风险,政府的主要职责在于投资防洪工程并建立有效的防洪体系。

通过以上比较可知,目前大部分国家的巨灾保险制度都是采用政府与市场结合的模式,采用政府主导模式的只有美国,而采用市场模式的只有英国。政府与市场结合的模式能够克服政府效率较低和市场失灵的缺陷,因而得到如此广泛的运用。所以,我国未来的巨灾保险制度也应该采用政府与市场结合的模式。

三、我国巨灾保险现状

我国目前实行的是由国家财政支持的中央政府主导型巨灾风险管理模式,主要采用的是一种以中央政府为主导、地方政府紧密配合、以国家财政救济和社会捐助为主的模式,并没有建立专门的巨灾保险体系。我国民政部救灾救济司主要负责应对巨灾风险以及紧急事件。当前,我国的巨灾保险供给主要由两部分组成:一是由商业保险单覆盖的自然灾害风险。目前,我国保险公司的商业企业财产险和家财险保单中,覆盖了除地震之外的几乎所有巨灾风险,其中雪灾风险也包括在内。在地震险方面,自 2001 年 9 月保监会有条件放开商业财产地震保险的承保以来,保险公司也逐步扩大了地震保险业务。自从 2004 年 12 月南亚海啸以后,政府开始致力于建立及时高效的地震、洪水等自然灾害信息系统和早期预警体系,并逐步完善防灾防损方面的法律法规。可以说,当前我国的商业财产保单对巨灾风险事故已经有一定程度的覆盖。二是在农村地区试行的覆盖一定自然灾害风险的政策性保险业务。例如,2007 年下半年在全国试点某项农业保险,由财政补贴保费、保险公司经营,覆盖台风、龙卷风、暴雨、雷击、地震、洪水(政府行蓄洪除外)、冰雹等 7 种自然灾害风险。2006 年年底,浙江省启动"政策性农房保险"试点计划,将台风、洪水、暴风暴雨等列入承保范围,基本实现了全省覆盖。随着对巨灾风险认识的不断深入,社会对建立成熟、完备的巨灾保险保障体系的需求也不断提高。目前,我国正在探索建立适合我国国情的巨灾保险体系,保险在巨灾风险管理中的作用逐渐被重视,但尚未发挥出应有的作用。保险公司经营巨灾保险完全是依据市场法则,单纯的商业经营。由于受到经营管理、产品技术设计开发以及偿付能力限制等因素的制约,巨灾保险呈现出产品少、保障面窄、保障程度低、发展尚不充分的现状。

 **本章小结**

1. 政策性保险是指国家在一定时期为了实现特定政策目标,促进某些产业的发展,运用财政补贴和政策支持等手段,对该领域内的风险保险给予保护或支持的一种不以营利为目的的保险制度。

2. 从各国政策性保险的发展情况来看,尽管不同的国家在不同时间有着不同的政策保险安排,但常见的政策保险仍然不外乎是农业保险、出口信用保险、存款保险、巨灾保险等,这些保险涉及的领域关系到国民经济的基础和金融安全,从而关系到全局的保险业务领域。

3. 农业保险是各国政策性保险的重要组成部分,它对农业生产的稳定发展具有十分重要的作用。农业保险的经营有着自己特色和独特的内容,其业务可以概括为种植业保险和养殖业保险两大类,主要有农作物保险、林木保险、牲畜保险、家畜家禽保险、水产养殖保险、其他养殖保险等。

4. 出口信用保险是以出口贸易或海外投资活动中的外国买方信用危险或借款人的信用为承保责任一种的政策性保险,其目的在于扩大出口。由于出口贸易中易遭遇进口国与进口商的国家危险与买方危险,各国政府对出口信用保险的参与程度都很高。

5. 存款保险是指由符合条件的各类存款性金融机构集中起来建立一个保险机构,各存款机构作为投保人按一定存款比例向其缴纳保险费,建立存款保险准备金,当成员机构发生经营危机或面临破产倒闭时,存款保险机构向其提供财务救助或直接向存款人支付部分或全部存

款的一种保险业务。存款保险制度是一种金融保障制度,它能够保护存款人利益,维护银行信用,稳定金融秩序。

6. 巨灾保险制度则是通过立法对巨灾保险作出的制度性安排。当前专项巨灾保险即单一的洪水保险、地震保险、飓风保险、农业巨灾保险是主流趋势,不过未来的发展趋势是综合性的巨灾保险制度。目前国际上巨灾保险制度主要有三种模式:政府主导模式、政府与市场结合模式和市场模式。

 **复习思考题**

1. 政策性保险有哪些特色?
2. 农业保险有哪些内容?
3. 如何建立中国农业保险体系?
4. 什么是出口信用保险?它有何特点?
5. 什么是存款保险制度?有哪些种类?
6. 什么是巨灾保险制度?有何作用?
7. 试述政策性保险存在原因及常见种类。

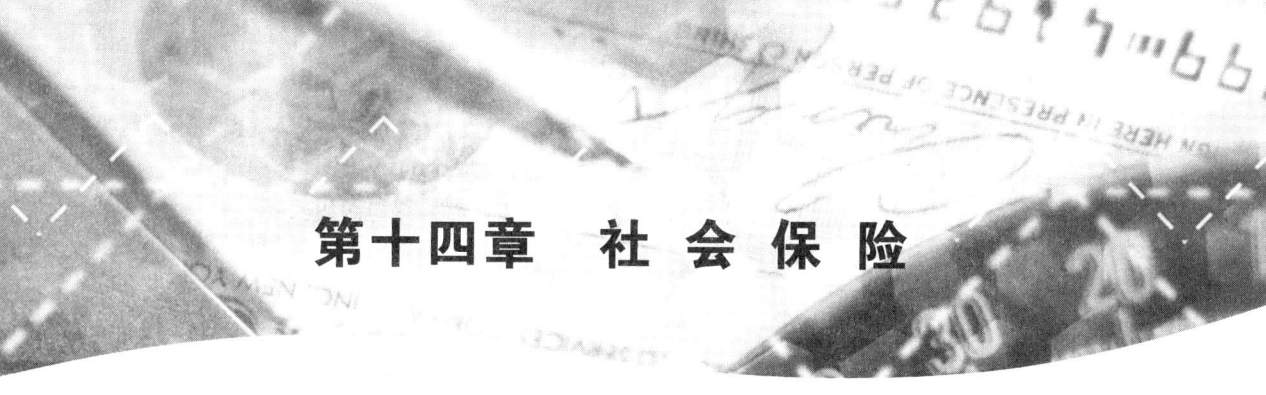

第十四章 社 会 保 险

本章导读

　　本章将介绍一种特殊性质与形式的保险——社会保险。社会保险与商业保险虽有共性，但差异巨大。通常，社会保险是一个国家社会保障体系中的重要组成部分，发挥着基本保障甚至主导作用，对社会安全、经济稳定有重要影响。本章主要介绍了社会保险的概念与特征、社会保险与商业保险的区别、社会保险的产生与发展、社会保险的运行以及社会保险的主要类型。

学习目标

1. 掌握社会保险的概念、特征，以及与商业保险的区别。
2. 了解社会保险的功能。
3. 了解社会保险基金的运行及社会保险管理的内容。
4. 了解社会保险各主要项目的概念、给付条件及给付内容。

引　　言

　　作为一项社会制度，社会保险是现代社会保障体系的重要组成部分。学习了解社会保险，了解不同性质保险之间的差别，能更好地推动各项保险事业的发展。

第一节　社会保险的概念及特征

一、社会保险的概念

　　社会保险是指政府通过立法确定并强制实施，运用保险方式，对劳动者因遭遇年老、疾病、工伤、死亡、生育、失业等特定社会、经济风险而暂时或永久丧失收入来源时提供基本生活保障的社会经济保障制度。一般而言，社会保险主要包括养老保险、医疗保险、失业保险、生育保险、工伤保险等项目，有的国家还包括遗属保险、残障保险。

二、社会保险的特征

（一）强制性

社会保险是由国家通过立法形式而强制实施的一种保障制度。所谓强制，是指凡属于法

律规定范围的成员都必须无条件地参加社会保险并按规定履行缴费义务。社会保险的缴费标准和待遇项目、保险金的给付标准等均由国家或地方政府的法律法规统一规定,劳动者个人作为被保险人一方对于是否参加社会保险及参加的项目和待遇标准均无权选择与更改。正是社会保险这一特点,才能确保社会保险基金有可靠的来源。社会保险的强制性是区别于商业保险自愿性的重要标志之一。

(二) 基本保障性

与社会救助、自愿性商业保险相比较,社会保险的给付标准以满足劳动者的基本生活需要为原则。社会保险对所属成员具有普遍保障责任,不论其年龄、就业年限、收入水平和健康状况如何,一旦丧失劳动能力或失业,政府和企业作为保险人一方即依法提供收入损失补偿,以保障其基本生活需要。社会保险所提供的保障水平只能以一定时期劳动者的基本生活需要为基准,既不保证原有生活水平不变,更不会满足遇险劳动者的全部生活要求。关于基本生活保障水平的确定,不能太过绝对。一般认为,最低的收入保障应该能使大多数人在遇到风险的时候,可以结合自身的其他收入以及金融资产维持合理的生活水准。假使基本保障的最低标准足以达到比较舒适的生活水准,则人们宁愿放弃追求更高生活水平的意愿,以换得无工作状态下的安逸,那么将无人再愿意劳动,剩余价值的生产也将就此中断。

(三) 社会公平性

作为一种"社会稳定器"的社会政策,社会保险更为强调社会公平的政策目标。也就是说,社会保险在参保资格条件、给付的待遇水平等方面遵循社会公平原则,具有一定的收入再分配效应,缴费与获得社会保险待遇之间并不构成严格的精算平衡关系。当然,20世纪80年代以来,国际社会保险改革的举措之一,就是增加社会保险的缴费与获得的社会保险待遇之间的关联。与此形成对照的是,商业保险在参保条件、给付标准方面遵循个体精算公平原则,缴费与保险赔偿或给付的承诺之间满足严格的精算平衡关系。

(四) 非营利性

社会保险不以营利为主要的和最终的目的,它追求社会效益重于经济效益。社会保险虽然在具体运行上并不排除精确的计量手段,同时也强调保险基金运营的保值和增值,但是不能以经济效益的好坏决定社会保险项目的取舍和保障水平的高低。社会保险是国家和社会基本政策的直接体现,旨在保证生活、安定社会、促进经济发展、增进社会福利。

三、社会保险与商业保险的比较

社会保险与商业保险都是随着社会的发展而出现的,但社会保险的诞生要远远晚于商业保险。同样作为社会保护机制的一种,两者既有共性,也存在许多差异。

(一) 共性

1. 社会保险与商业保险都基于相同的风险集中与分散的技术机制。商业保险分散风险、分摊损失的技术机制可以这样描述:众多面临相同风险的投保人以签订保险合同的方式,将风险转移给保险人;保险人集中了大量同质风险单位,以大数法则和概率统计为数理基础,利用保险精算的技术和方法,预测集中的风险单位集合未来的损失概率和损失程度,进而确定各个投保人应缴纳的保险费,并利用投保人缴纳的保险费建立保险基金;当保险合同约定的保险事故发生时,利用积累的保险基金对遭遇损失的被保险人进行经济赔偿或给付,从而将少数被

保险人的损失在所有参加保险的投保人中进行分摊,实现了风险的集中与分散。社会保险同样采用了商业保险的这种风险集中与分散的技术机制,通过将法律规定范围内的社会成员强制性纳入社会保险计划,同样以大数法则和概率统计为数理基础,利用社会保险精算的技术和方法,确定一个合理的缴费率和积累基金的规模,将参保人的缴费集中起来,建立社会保险基金,并以此对遭遇特定风险的参保人进行经济补偿或给付,为其提供基本的生活保障。因此,商业保险的风险集中与风险分散的技术机制,是近代社会保险产生的一个重要的技术基础。

2. 社会保险和商业人身保险处置的风险类别极其相似,提供的经济保障有很大部分是相互重叠的。社会保险主要是对遭遇诸如年老、疾病、死亡、伤残、生育和失业等风险的劳动者或全体社会成员提供基本生活保障,其保障项目一般包括养老保险、医疗保险、失业保险、工伤保险、生育保险等,有的国家的社会保险项目还将遗属保险、残障保险单独列出来。商业人身保险处置的风险类别也主要集中在年老、疾病、死亡、伤残和生育等风险,相应地提供的险种有生存保险、死亡保险、生死两全险、健康保险、意外伤害保险及各种责任保险。

3. 社会保险和商业保险都对被保险人的损失进行经济补偿或经济给付。商业保险的本质是一种经济补偿制度,对被保险人的损失提供经济补偿或经济给付是其基本的职能。当保险合同约定的保险事故发生时,保险人要对被保险人履行赔偿或给付保险金的义务。社会保险同样要对法定范围内、遭遇特定风险的被保险人支付社会保险金,为其提供基本生活保障,达到稳定社会秩序、促进社会进步的社会政策目标。

4. 社会保险和商业保险都需要确定一个合理、充足的缴费率,由此建立保险基金或社会保险基金,实现经济补偿或给付的职能。在商业保险中,保险人利用保险精算技术,确定一个合理、充足的保险费率及应提取的责任准备金的规模,建立保险基金。保险基金是保险人履行赔偿或给付保险金责任的物质基础。社会保险同样要求确定一个合理、充足的缴费率,通过政府财政补贴、雇主和雇员缴费来筹集资金,形成规模不一的社会保险基金,满足各项社会保险给付的需要。社会保险的收支平衡是社会保险长期稳定运行的前提条件。

(二) 差异

1. 实施目的不同。社会保险是一项社会保障政策,重在保障劳动者的基本生活水平,不以营利为目的,其实施过程带有鲜明的政策倾向,具有明显的收入再分配的效应,是为了稳定社会秩序,促进经济稳定和社会进步。商业保险是一种商业行为,保险公司是自负盈亏的经济实体,以营利为最终目的。

2. 实施手段不同。世界各国的社会保险均由政府以立法的形式,采取强制手段确保实施,并建立专门的法律维护公民参加社会保险和享受社会保险待遇的合法权益。我国的相关法律有《中华人民共和国社会保险法》、《中华人民共和国劳动法》等。商业保险经济关系的确立,是保险双方当事人在法律地位平等的基础上,经过自愿的要约与承诺,达成一致意见并订立保险合同而确立的,体现的是平等主体之间的民事法律关系。虽然有些险种,比如机动车辆第三者责任险,国家法律要求车主必须投保,但投保人可以自主选择保险人。

3. 权利和义务关系不同。社会保险具有明显的收入再分配的作用,收入从高收入阶层转移至低收入阶层、从在职劳动者转移至退休劳动者,劳动者的贡献大小、缴纳保险费的多少与社会保险待遇之间没有严格的对等关系。强调社会公平是社会保险的根本属性。在商业保险中,保险经济关系是由保险双方当事人以签订保险合同的方式确定的,保险合同双方当事人的权利和义务关系是对等的。从保险费率确定的机理来看,投保人缴纳保险费的多少,与其转嫁

给保险人的风险程度是严格地成正比的。就人寿保险而言,投保人缴纳的保险费越多,其获得的保险保障就越高。换句话说,商业保险强调的是个体平等。

4. 保险资金的来源不同。社会保险资金主要来自四方面:国家财政补贴、雇主缴费、雇员缴费及积累基金的投资收益。商业保险资金主要来自投保人的缴费,此外还包括公司的开业资本金和提取的公积金等。

5. 保障对象与保障水平不同。社会保险的保障对象由政府制定相应的法律法规来规定,所有规定范围内的社会成员都将成为社会保险的保障对象。在西方发达的工业化国家,社会保险几乎覆盖全体国民;而在大多数发展中国家,社会保险的覆盖面有限,一般仅覆盖全体国民的30%左右,主要集中在正规部门就业的劳动者。其保障程度,则服从于一国的社会政策目标,一般仅提供基本生活保障。商业保险对投保人没有明确限制,只要投保人愿意并有缴费能力,保险人愿意承保并有承保能力,保险经济关系即可成立。其保障程度主要取决于投保人缴费能力的大小和保险公司承保能力的大小,投保人缴费越多,获得的保险保障就越高。

6. 管理体制不同。社会保险是由各级政府及其所属的社会保险管理机构管理,无论是保险金的筹集和给付,还是劳动能力丧失程度的鉴定等,都由社会保障部门和工会管理,发生劳动争议时,用社会保险法和劳动法加以调整。商业保险的经营主体是保险公司,保险公司自主经营、自负盈亏,保险合同双方严格履行保险合同,产生纠纷时,由民商法加以调整。

综上所述,社会保险与商业保险的差异总结如表14-1所示。

表14-1 　　　　　　　　　　社会保险与商业保险的差异总结

	社 会 保 险	商 业 保 险
保险性质	强制性	自愿性
保险目的	不以营利为目的,重在保障民生,稳定社会	以营利为目的
保障水平	最低生活保障	多投多保,少投少保
权利和义务	待遇与贡献不完全对等	以合同规定为准,保额与保费等价相关
法律依据	属于社会法范畴	属于民商法范畴
核保与否	不需要核保,对投保人基本无限制	需要核保,有较多限制
保费来源	个人、企业、国家财政	完全由个人出资
保费和给付	综合考虑年龄、工种、社会经济等各种因素	以合同规定为准,与保费等价挂钩
基金运用	短期社保基金以流动性为主 长期社保基金以安全性为主	在安全性、流动性和收益性之间寻求最佳平衡点

扩展阅读14-1 　　　　　　　社会救济与社会福利

社会救济是指国家和社会对生活在贫困线以下的低收入者或者遭受灾害的生活困难者提供无偿物质帮助的一种社会保障制度。主要包括自然灾害救济、失业救济、孤寡病残救济和城乡困难户救济等。

（续上）

> 狭义的社会福利是指对生活能力较弱的儿童、老人、母子家庭、残疾人、慢性精神病人等的社会照顾和社会服务。社会福利所包括的内容十分广泛，不仅包括生活、教育、医疗方面的福利待遇，而且包括交通、文娱、体育、欣赏等方面的待遇。社会福利是一种服务政策和服务措施，也是一种职责。
>
> 资料来源：根据相关网络文章整理。

第二节　社会保险的产生与发展

一、社会保险的产生

标志社会保险诞生的第一部法律是 1883 年德国颁布的《疾病社会保险法》。社会保险诞生于德国并非偶然，它是社会化大生产和社会财富极大增加的必然产物。工人运动和社会主义启蒙思想是社会保险诞生的催产素，而德国政治斗争的激化则是社会保险诞生于德国的关键因素。

19 世纪，欧洲工业进入了飞速发展的时代。德国虽然起步较晚，但崛起迅速。1870 年，德意志联邦的工业产量已超过法国，成为欧洲大陆最大的工业化国家。工业革命使德国的社会财富迅速增加，再加上普法战争的影响，德国的资本主义得到空前的发展，并开始向垄断资本主义过渡。资本主义迅速发展的同时伴随着更为激烈的阶级斗争。社会化大生产使大量的小生产者成为除劳动力外几乎一无所有的雇佣劳动者。机器的运用使得工人暴露在失业、疾病、工伤事故和死亡的威胁下，艰难存活。法国革命胜利后，欧洲各国的工人运动高涨。而德国工人的劳动条件相比于英、法等国要差得多，并且资本主义发展时间不长，因此在启蒙思想的引导下，工人运动最为激烈。1848 年，马克思和恩格斯发表的《共产党宣言》促进了德国的工人运动。1869 年，德国社会民主党作为工人阶级的代表正式登上德国的政治舞台，这使得刚刚完成统一的德国的政治局势显得更加错综复杂。面对工人运动和政治利益团体，首相俾斯麦在新、旧势力之间犹豫徘徊。但随着无产阶级力量的壮大、阶级矛盾的深化、工人斗争的激烈，任何压制工人运动的法案和措施都显得势单力薄。为了确保自己的地位，俾斯麦被迫采用"软"政策来缓和阶级矛盾。1883 年 5 月 31 日，《疾病社会保险法》通过；1884 年 6 月 27 日，《工伤事故保险法》通过；1889 年 5 月 24 日，《老年和残疾社会保险法》通过，标志着现代社会保险体系的初步形成。

继德国之后，西欧和北欧各资本主义国家也先后建立了不同项目的社会保险制度。如：奥地利 1887 年建立工伤保险，1888 年建立疾病保险，1906 年建立老年保险，1920 年建立失业保险。英国 1908 年建立老年保险，1911 年建立疾病保险。瑞典 1913 年建立老年保险，1916 年建立工伤保险。由上可以看出，进入 20 世纪后，特别是第一次世界大战后和 1929 年世界经济危机后，社会保险成为解决贫困失业问题、缓和社会矛盾、维护社会安定秩序的重要手段。

二、社会保险的发展

社会保险在世界范围内的发展，是在第二次世界大战之后。"二战"后，社会保险作为缓和

阶级矛盾、维持社会稳定、促进经济恢复的手段被广泛应用于世界各国,成为效仿与推广较好的一项制度。"二战"前,世界上实行社会保险的国家不足 60 个,但进入 20 世纪 80 年代后,已有 140 多个国家和地区在不同程度上实行了社会保险。今天社会保险在形式上、内容上都更加规范化、多样化,在维护和促进社会经济生活和谐发展的道路上也越来越重要了。其中,以英国、美国和智利的社会保险制度最为典型。

(一) 英国福利国家的建立

1942 年,英国牛津大学教授、经济学家贝弗里奇向议会提出了一份《社会保险及有关服务》的报告,即英国社会保障史上著名的"贝弗里奇报告"。该报告主张对全体公民实行失业、残疾、养老、生育、寡居、死亡等项目的社会保险,认为社会保障应当体现"普遍和全面"的原则,满足所有公民不同社会保障的需要。1945 年,英国工党上台执政,采纳了贝弗里奇的报告,先后通过了一系列社会保障立法,如《社会保险法》、《国民健康法》、《国民工伤保险法》等。这些立法都于 1948 年 7 月开始实施,其中《国民健康法》使英国成为世界上第一个实行全民医疗保健的国家。经过战后的重建,英国很快成为"全民皆养老,全民皆医疗"的国家。1948 年,英国首相宣布建成了第一个"从摇篮到坟墓"都有保障的"福利国家"。随后,德国、法国、荷兰、比利时、卢森堡、意大利、丹麦和瑞典等国竞相宣布建成"福利国家"。

(二) 美国的社会保险

美国的社会保险起步较晚,启动于 20 世纪 30 年代。1935 年,美国开始实施社会安全法、老年遗属生活保险等。1935 年,美国国会通过了《社会保障法案》(The Social Security Act),这是美国历史上第一部完整的社会保障法律,"社会保障"一词也正是来源其中。美国社会保障体系的全称是"社会保障与福利"(social security and welfare),具体包括四个项目:老年、遗属和残疾保险(old-Age,survivors,and disability insurance,或 OASDI)、医疗保险(medicare)、补充保障收入(supplemental security income)和贫困家庭暂时援助(temporary assistance to needy families)。其中,老年、遗属和残疾保险(OASDI)与医疗保险属于社会保险范畴。与英国等欧洲福利国家不同的是,崇尚自由市场经济的美国认为政府不应过多干预社会保险,主张通过商业保险实现自由保障。因此,美国社会保险的项目及保障范围比英国等欧洲大陆国家要少得多。除了联邦 OASDI 计划以外,美国的医疗保险主要采用商业医疗保险模式,通过市场机制来配置医疗卫生资源,实现营利的目的。政府只开办针对某些特殊人群的医疗保险,如军人医疗保险、贫困人口的医疗救助计划(medicaid)和老龄人医疗照顾(medicare)计划,其他大量人群都要依靠其雇主或自己投保商业医疗保险来解决医疗保障问题。截至 2010 年 3 月,美国是世界上唯一没有实现全民医疗保险制度的发达国家。不过,随着 2010 年 3 月 23 日美国总统奥巴马签署医疗保险改革法案,美国民主党人努力多年的全面医改目标终于向前迈出了实质性的一步。

> **扩展阅读 14 - 2   美国的社会养老保险计划**
>
> 　　美国的社会养老保险计划全名叫"老年、遗属、残疾保险(OASDI)计划"。OASDI 计划是养老保险(OAI)、遗属保险(SI)和残疾保险(DI)三个计划的统一体,它的保险范围涵盖了 OASDI 计划的参加者本人及其家属或遗属。也就是

（续上）

说，OASDI 计划提供了包括参加者本人及其家属或遗属在内的一系列"捆绑式"福利，如养老保险福利、寡妇或鳏夫保险福利、配偶或离异者保险福利、子女保险福利、父母保险福利、残疾保险福利等。

OASDI 是一个强制性的社会养老保险计划，由联邦政府以税收形式在全美范围内筹资，凡能获取工资收入者，都必须参加 OASDI 计划，并依法缴纳工薪税。OASDI 计划涉及的人群包括企业雇员，政府公务员，现役军人，农牧场工人，非营利性宗教、慈善和教育组织人士，自由职业者，家政服务员，国外就业者等。

美国社会保障管理局（SSA）负责管理 OASDI 计划。美国现行法定退休年龄为 65～67 岁。只有达到正常退休年龄的人才能领取全额养老保险金和其他一系列捆绑式福利保险金。提前退休年龄不得低于 62 岁，提前退休人员不能获得全额保险金。最大退休年龄为 70 岁。延迟退休人员可获得超额养老保险金。

资料来源：《新民晚报》2011 年 8 月 11 日，B38 版。

（三）智利的社会保险

20 世纪 70 年代，军人集团推翻了阿连德政府，实行了军事专制统治。1980 年，智利军政权颁布了新的《养老保险法》，改变社会保险计划，实行个人资本积累账户和私营公司经营养老保险基金的新的养老金制度。智利模式的出现在养老保险领域是一场根本性的变革，它完全摒弃了传统社会保障的模式，实行了保险费完全由雇员缴纳，基金由私营机构竞争管理等有悖于社会保险一贯做法的政策。在它出现之初，没有人认为这是一种理智的选择，但时至今日，它不仅坚持下来了（1981—2005 年间养老保险基金投资回报率平均 10%），且已为 6 个拉美国家——阿根廷、玻利维亚、哥伦比亚、墨西哥、秘鲁和乌拉圭所采用（它们各自作了一些适当调整）。世界银行专家评价，智利所推行的储备金计划是一种新的、富有生机的保障方式，有助于克服传统社会保险计划的许多弊端，代表了新时期的发展方向。

第三节　社会保险的运行

一、社会保险的功能

（一）维护社会稳定，弥补市场缺陷

社会保险在诞生之初，其本质就是作为缓解阶级矛盾的工具，以为社会底层工人提供收入保障、改善生存环境为条件，来换取社会和政局的稳定发展。随着经济的发展，社会保险发展到今天，其维护社会稳定的作用越来越凸显，成为一国社会保障制度与体系的基本构成。当人们缺乏对现在和未来需求以及欲望的满足感时，就容易产生焦虑、恐惧、着急等心理方面的不舒适，尤其当人们感到未来收入的连续性具有不确定性时，就会感到经济无保障，感到生存受到威胁。而这种不安情绪，往往会导致社会的不安定因素。社会保险正是借助国家法律的力量，强制大多数人缴费，从而使某些劳动者在经济无保障时获得资助，以消除这种不安。同时，社会保险也是对风险的集合再分配，它促使保障资源由低风险区域流向高风险区域，维持整个

社会的风险均衡,解决保险市场失灵。因此,社会保险常被称作社会的"减震器"与"安全网"。

(二)提高劳动生产率,协调社会经济关系,促进经济发展

社会保险将保险待遇水平确定为满足基本生活保障,其目的在于推动而不是抑制个人激励性、主动性和节俭性方面所应具有的性质。人们获得经济保障通常都是从离开工作后开始的,并且获得给付的权力、给付的多少都和职工工作时的表现紧密相关。有差别的、有限的社会保险给付有利于促进节俭,鼓励劳动者端正工作态度、提高劳动效率。

社会保险也可以被看作是一种再分配政策。社会保险的各个项目,无论缴费主体是谁,无论采取哪种积累方式,最终都将形成一定数额的社会保险基金,并且在准备金制度下,保险基金的大部分都是可以被用于投资的。并且社会保险基金的责任期限长、资金金额巨大、政策导向性强,可以满足社会经济发展对资金的需要。

此外,从经济学角度来分析,社会保险也能够对消费、储蓄和投资产生预期影响,从而调节社会经济关系、影响经济的发展。例如,失业保险给付对经济波动的敏感性很高。在经济的低迷时期,保险基金可以被更广泛地用于投资拉动企业的产出;而保险金的给付则可以支持和维持个人收入及消费,从而促进经济的复苏。

(三)促进劳动力的再生产与合理流动

社会保险是保障劳动力再生产顺利进行的重要手段。人类社会的再生产,不仅包括物质资料再生产,而且也包括劳动力本身的再生产。现代经济的发展,一方面要求物质资料生产经常在扩大的规模上实现再生产,另一方面也要求劳动力保持扩大规模的再生产。劳动者因疾病、伤残、失业等而失去正常的劳动收入,会使劳动力再生产过程处于不正常的状态。劳动者参加了社会保险,在发生病、伤、生育、失业等情况时,就能得到及时的治疗和必要的物质帮助,从而使劳动者恢复健康,恢复劳动能力,并对劳动者的家庭提供稳定的经济保障,这样就可以有效地促进劳动力再生产的正常进行。同时,科学技术的进步必将带动产业结构的变化,产业结构的变化会要求劳动力就业结构作相应调整。如果在分散的企业保险的情况下,职工离开原来的工作企业到新企业就业,需考虑中断保险时间、改变保险条件而带来的损失,职工难以流动;而实行统一的社会保险制度,就有利于不同地区、不同企业之间劳动者的流动,从而促进产业结构的调整、支持经济发展。

(四)有利于改善就业结构,加速产业结构的调整和发展

实施社会保险的国家,一方面要求企业主对职工承担一定的保险责任。另一方面社会保险机构也从基金上给予企业以支持。在经济危机时期,向雇主支付职业调整费和职业发展费,对雇主在职工技术培训和教育方面给予帮助,如承担部分培训费用、开设职业课程、向雇主提供为提高和发展职工劳动技能所需要的服务项目、提供与职业培训有关的技能和经验,以及提供职业培训人员的国际交往条件等。这些措施既提高了劳动者的素质,改善了就业结构,扩大了就业机会,也促进了企业的发展。

二、社会保险基金

社会保险基金是根据一定的负担原则和在经济精算基础上依法筹集的用于社会保险政策目标的基金项目总称。社会保险基金是社会保险制度的物质基础。社会保险基金的筹集、管理和运营是社会保险制度的重要内容。

（一）社会保险基金的筹集模式

社会保险基金的筹集模式是指通过特定的方式确定合理的保险费率,筹集资金以实现一定期限内收支平衡和制度稳定运行的技术机制。目前,社会保险基金筹资模式主要有以下三种。

1. 现收现付制。现收现付制度是以支定收,以实现年度内收支大体平衡的财务制度。其优点是:① 多采用固定费率的征收机制,保险费率较低,计算简单,易于操作。② 费率调整灵活,有助于实施保险金随物价和收入波动而调整的指数调节机制。③ 当期的收入用于当期的支出,没有积累,不涉及基金的保值增值问题,运行管理比较简单。其缺点在于:① 相对于基金制,现收现付制对经济发展有一些负面影响,比如工薪税率不断提高;提前退休导致劳动力供给不足;养老金过度膨胀导致固定资产投资率下降;收入再分配劫贫济富;隐性债务规模快速增长等。② 在社会人口老龄化的趋势下,现收现付的筹资模式会加重在职劳动者的经济负担,使得社会保险的运行变得举步维艰。

2. 完全积累制。完全积累制是指在对影响费率的相关因素进行综合考虑和长期测算后,确定一个可以保证在相当长的时期内收支平衡的费率,并将所收的保险费全部形成社会保险基金的一种财务制度。其优点是:① 有利于实现人口老龄化背景下劳动者的经济保障。② 强调劳动者的自我积累保障,激励机制强,透明度高。③ 有利于增加储蓄和资金积累,促进资本市场的发展,进而对经济发展具有重要推动作用。其缺点是:① 因为保险金中相当大的一部分将被用于积累,所以费率较高,加重低收入人群的经济负担。② 累计的保险基金面临保值增值的问题,对基金的管理和运用要求很高。基金容易受到社会、经济和货币因素的影响,投资风险大,若管理不善,可能严重影响社会保险基金的给付能力。③ 社会保险基金容易受到政府行为的干预,需要有完善的立法来保障其运行和实施。

3. 部分积累制。部分积累制是现收现付制度和完全积累制度的混合物。有几种形式:一是在现收现付制度上提高费率,并增加部分用于积累;二是引入个人账户,将原制度中所收保费的一部分积累于个人账户中,并保留部分社会统筹相互调剂的机制。部分积累制将激励机制与统筹互济有机地结合起来,能有效应付人口老龄化对社会保险财务机制的严峻挑战。目前,我国的社会养老保险、社会医疗保险采用的就是这种模式。

（二）社会保险基金的征收方式

保险金的征收方式主要有两种:保险税和保险费。两种方式在理论与实践上都具有很大的差别。采取哪种征收方式主要取决于国家对社会保险的财务制度的选择。

1. 社会保险税。社会保险税是一种直接税,它是根据受益原则征收、由特定收入的纳税人缴纳、用于社会保险支出的一项税种。社会保险税从投保人的劳动收入中强制扣除,其主要部分来源于企业工资总额和职工毛工资收入,因而可视为劳动者人工成本的一种直接扣除。以社会保险税的形式筹集社会保险基金,其优势表现为:第一,具有稳定的收入来源,能有效控制偷税现象,克服企业社会保险费用负担的不均衡性。第二,有助于实行专款专用,防止社会保险基金的挪用。第三,有助于实现社会保险费用由企业、个人和国家三方合理负担,将社会保险基金纳入正常的国民收入再分配轨道,从而使这一再分配机制有利于促进经济发展。目前,世界上有80多个国家开征了社会保险税,社会保险税是发达国家最重要的税收来源之一。

2. 社会保险费。社会保险费是指企业（雇主）和劳动者个人以缴费的形式来筹集社会保险基金。社会保险基金由政府指定的保险基金专管机构负责管理和运作，政府财政部门不参与社会保险基金的管理和运营，但对社会保险的收支进行监督，社会保险基金不足支付时，由财政专款补助。征收社会保险费最大的优点在于它的多样化、灵活性和账户资产的所有权。对于完全累积和部分累积的财务制度，采取征费制比较合适。德国是征费制代表，其社会保险资金主要来自雇员和雇主缴纳的社会保险费，不足部分由联邦财政补贴。德国的养老保险、失业保险和医疗保险资金统一由医疗保险机构征收，然后按征收的数额划拨给各保险机构，由各保险机构自行拨付保险金。

长期以来，关于我国社会保险基金的筹集方式的选择上，一直存在社会保险费与社会保险税之争，支持开征社会保险税的呼声一直比较高。

（三）社会保险基金管理模式

社会保险基金管理模式一般划分为信托基金管理模式、基金会管理模式、商业经营性基金管理模式。

1. 信托基金管理模式。它是将社会保险基金委托给某一专门机构（如财政部）管理，并负责基金投资运营的基金管理模式。美国和日本是这种模式的代表。信托基金管理模式与国家财政密切关联，基金主要用于购买国债，风险由财政部承担。

2. 基金会管理模式。通过基金会形式组织管理社会保险基金。如新加坡的中央公积金局，作为一个高度集中统一的基金会组织，既负责社会保险基金的日常支付，又负责实施基金管理和投资运营。新加坡的中央公积金制度是以个人账户为基础，强制储蓄、集中管理的独特模式。国家通过中央公积金局依法实施基金管理，同时作为公积金投资的信托人，遵循公积金法和信托法进行投资。

3. 商业经营性基金管理模式。它是由政府规划并授权的基金管理公司组织实施社会保险的基金管理模式。主要是在以智利为代表的一些拉美国家推行。基金管理公司按照商业竞争性原则组织实施基金管理和投资运营，政府对基金管理公司的资格进行认定，并监督基金管理公司的投资运营状况。

（四）社会保险基金的投资

1. 投资原则。社会保险基金和其他金融资产一样，在投资时需要遵循三性原则，即安全性、流动性和营利性。不同保险项目的社会保险基金对"三性"原则的侧重不同。一般来说，对于短期的社会保险基金，首先要满足其流动性的需要，接着才是安全性和收益性；而对于长期的社会保险基金，安全性是第一位的，其次是收益性，最后才是流动性。

2. 社会保险基金的投资范围。由于社会保险基金的安全是社会保障制度有效运行的基础，关于社会保险资金的投资范围，各个国家和地区一般都会采取法律法规的形式予以限定。社会保险基金的投资范围一般包括政府公债、金融资产、各类贷款和不动产。其中国债和政府公债是最常用的投资工具。比如，美国的社会保障信托基金主要投资于联邦政府生息债券，包括特别公共债券、由美国国家担保本金和利息的债券、某些联邦支持的机构的债券。

按照我国的规定，社会保险积累基金除按规定预留必要的支出费用外，社保基金的投资范围包括银行存款、国债、证券投资基金、股票、信用等级在投资级以上的企业债、金融债等有价证券。

三、社会保险管理

（一）社会保险管理的含义与内容

社会保险管理是通过特定的组织机构和制度安排，对社会保险的各个计划和项目进行组织管理、监督实施，以实现社会保险政策目标的管理系统总称。主要内容包括：第一，行政管理。主要包括管理机构的设置、对社会保险法律法规实施情况的检查与监督、受理有关社会保险方面的申诉。第二，业务管理。主要包括社会保险档案管理、财务管理、社会保险待遇给付的资格鉴定与审批。第三，基金管理。主要包括社会保险基金的筹集、营运，管理模式与管理途径。

（二）社会保险管理的模式

1. 集中管理模式。社会保险的集中管理模式是把养老、医疗、失业与工伤以及其他社会保险项目全部统一在一个管理体系内，建立统一的社会保险管理机构，集中对社会保险各项险种的基金营运、监督等实施统一管理的模式。如英国的卫生社会保障部、新加坡的中央公积金局。

2. 分散管理模式。分散管理模式的特征是不同社会保险项目由不同政府部门管理，各自建立起一套社会保险执行机构、资金营运机构及监督机构，各个保险项目相互独立，呈现出较大的自主性。例如，德国社会保险管理体系是分散管理模式的典型，并获得了很大成效。德国社会保险机构的设置，实行以行业组织管理与地区管理相结合，保险机构由劳资双方共同参与、自治管理，政府一般不直接管理社会保险，只是设立专门的机构对社会保险进行监督，并根据各类保险项目的财务状况进行必要的财务平衡，确保社会保险制度的稳定运行。

3. 集中与分散相结合的管理模式。集散结合的管理模式是指将社会保险共性较强的项目集中起来，实行统一管理，而将特殊性较强的若干项目单列，由相关部门进行分散管理。较为普遍的形式是将养老保险、医疗保险、遗属保险等集中起来，由某一专门部门管理，而将失业保险、工伤保险交由劳动部管理。如美国、加拿大、日本等都采用这一模式。

第四节　社会保险的主要类型

一、养老保险

养老保险是政府通过法律形式的制度安排，使劳动者在老年丧失劳动能力退出劳动力队伍后能得到基本生活的保障。养老保险是社会保险体系的核心，它影响面大、社会性强，为各国政府所特别重视。

（一）养老保险模式

1. 普遍保障模式。国家为全体国民，甚至在本国侨居一定年限的外国居民提供均一水平的养老金，以保障其最低生活水平的养老保险计划。养老金与个人退休前收入无关，资金主要靠国家财政补贴。北欧国家、英国及澳大利亚、新西兰等国均采用此种养老保障模式。

2. 收入关联模式。这是指通过社会保险机制为工薪劳动者建立的退休收入保险计划。它强调纳费与收入、退休待遇相关联，并建立在严格的保险运行机制基础之上。收入关联

的养老保险模式是世界上大多数国家实行的老年社会保险模式。美国、日本是这一模式的代表。

3. 多层次养老保险模式。这是国家根据不同的经济保障目标,综合运用各种养老保险形式而形成的老年经济保障制度。虽然多种保障形式的结合事实上是不少工业化国家已有的制度安排,如北欧诸国在普遍保障基础上建立的收入关联的保险模式,但较为典型的多层次养老保险模式是指瑞士等国在 20 世纪 80 年代中期形成的三个层次保障模式:第一个层次,由国家建立的强制国民年金保险制度,提供最基本的老年经济保障;第二个层次,建立法定的企业补充养老保险计划;第三个层次,建立个人储蓄性养老保险,旨在提供较高收入保障。并且,各个层次的保障程度及其协调都纳入国家的总体经济保障计划。

4. 强制储蓄养老保险模式。通过建立个人退休账户的方式积累养老保险基金,当劳动者达到法定退休年龄时,将个人账户积累的基金、利息及其他投资收入,一次性或逐月发还本人作为养老保险金。这种模式主要是在 20 多个亚非国家和一些拉美国家推行。强制储蓄养老保险模式以新加坡中央公积金制度和智利商业化管理的个人账户最为典型。

（二）养老保险的给付条件

1. 法定退休年龄。只有达到法定退休年龄者,方可按一定的计算公式获得相应水平的养老金,提前退休者可按一定比例发给减额养老金。一些国家鼓励延期退休,则规定有相应的增额养老金。

2. 工龄或缴费年限。不少国家规定须满足 10～15 年的最低缴费期限。这一标准近年来有所提高,如日本提高到 25 年,英国提高到 20 年。

3. 被保险人必须完全退休。

4. 被保险人必须是永久居民,或本国公民,或在国内居住满一定期限。以上条件并非要求全部满足,不同类型养老保险模式的国家其侧重点不尽相同。

（三）养老保险的给付标准

养老保险的给付标准通常取决于不同的养老保险模式与保障目标。例如,在普遍保障的养老保险制度下,保险金的给付范围包括全体国民,给付标准在于提供均一的低水平养老金,而与领取者的实际收入无关。例如,目前英国 65 岁以上的退休者每周均可以得到 114 英镑的基础养老金。在收入关联的养老保险制度下,保险金给付范围和程度直接取决于保险覆盖面、劳动者收入水平、缴费期限等诸多因素,一般呈现与收入状况的密切关联程度。比如,法国大多数劳动者在退休后可以得到相当于退休前薪金 80% 的退休金。而社会统筹与个人账户相结合的养老保险制度下,保险金给付程度则取决于社会平均工资的某一比例及个人退休账户积累额的大小。此外,养老保险给付水平还直接取决于具体保障目标及社会政策目标,取决于其他经济保障形式的发展程度。

扩展阅读 14 - 3 　　　　　**我国的养老保险制度**

目前,我国的养老保险体系基本上由四部分构成:企业职工基本养老保险制度,机关公务员、事业单位人员退休养老保险制度,新型农村社会养老保险制度及城镇居民养老保险制度。

（续上）

1. 企业职工基本养老保险制度。自20世纪80年代，我国开始了养老保险社会统筹试点，逐步探索建立由国家、企业和个人共同承担的资金筹集方式，并确定了社会统筹和个人账户相结合的基本模式。1997年7月，国务院颁布了《关于建立统一的企业职工基本养老保险制度的决定》。2005年，国务院颁布了《关于完善企业职工基本养老保险制度的决定》，进一步将无雇工个体工商户、非全日制从业人员和其他灵活就业人员纳入覆盖范围。现行政策规定：用人单位缴纳基本养老保险费的比例，一般不超过企业工资总额的20%；职工按照本人缴费工资的8%缴费，记入个人账户。新的养老金计发办法为：

基本养老金＝基础养老金＋个人账户养老金

基础养老金＝（当地上年度在岗职工月平均工资＋本人指数化月平均缴费工资）÷
2×1%×缴费年数

本人指数化月平均缴费工资＝当地上年度职工平均工资×职工平均工资指数

个人账户养老金额标准＝个人账户储蓄额÷计发月数

2. 机关公务员、事业单位人员养老保险制度。我国事业单位工作人员、公务员以及参照《公务员法》管理的工作人员实行的是退休养老制度，费用由单位或国家负担，个人不缴费，养老金标准以本人工资为基数，按工龄长短计发。目前，事业单位养老保险制度改革正在推行，并已于2009年起在山西、浙江、广东、上海、重庆等五个省市开展先期试点工作。

3. 新型农村社会养老保险制度。2009年，国务院发布《关于开展新型农村社会养老保险试点的指导意见》，并在全国选取10%的县进行试点。根据指导意见，新型农村社会养老保险实行个人缴费、集体补助和政府补贴相结合的筹资方式。强调政府补贴是新型农村社会养老保险与老的农村社会养老保险最重要的区别。

4. 城镇居民社会养老保险。2011年6月，国务院发布《关于开展城镇居民社会养老保险试点的指导意见》，决定自2011年7月1日启动城镇居民养老保险试点工作。根据指导意见，年满16周岁（不含在校学生）、不符合职工基本养老保险参保条件的城镇非从业居民，可以在户籍地自愿参加城镇居民养老保险；城镇居民养老保险试点实施范围、缴费标准、财政补贴、基础养老金标准与新型农村社会养老保险试点基本一致。

资料来源：根据相关网络文章整理。

二、医疗保险

医疗保险是国家负责建立的、为解决全体公民或所有社会劳动者因为疾病和非因工负伤、丧失劳动能力后的治疗和生活问题给予物质帮助的一种社会保险制度。

（一）医疗保险的主要模式

1. 国家卫生服务模式。国家卫生服务模式又称国家医疗保险模式，是由政府通过税收筹资，以财政拨款的方式将资金拨付给公立医院，医院直接向国民提供免费或低价收费的医疗服

务。国家医疗保险模式突出强调了中央政府的集权管理,由国家和各级地方政府来组织医疗服务和分配医疗资源。英国和加拿大都是国家医疗保险模式的典型代表。

2. 社会医疗保险模式。社会医疗保险模式下的医疗保险基金主要由雇主和雇员缴纳,政府酌情补贴,然后按照社会统筹和互助共济的原则对劳动者接受的医疗服务进行补偿。目前,世界上有上百个国家都采用这种模式,其中德国是这种模式的代表。

3. 商业医疗保险模式。以市场机制来配置医疗卫生资源,以营利为目的,自愿实施,能满足投保方多层次的医疗需求。美国是采用商业医疗保险模式的代表,其政府只开办针对某些特殊人群的医疗保险,如军人医疗保险、贫困人口的医疗救助计划和老人医疗照顾计划,其他大量人群都要依靠其雇主或自己投保商业医疗保险来解决医疗保障问题。

4. 医疗储蓄模式。如新加坡的中央公积金制度,包括了医疗储蓄账户,强调劳动者的自我积累保障,缺乏互助共济。在医疗储蓄模式下,医疗储蓄个人账户积累的资金的所有权为个人所拥有,有利于从患者的角度来控制医疗费用;医疗储蓄模式避免了现收现付制下一代人为上一代人支付医疗费所造成的代际冲突,这在人口老龄化趋势不断加强的现实环境中更有意义;医疗储蓄模式强调个人责任,减轻了政府的医疗费用负担。

（二）医疗保险的给付条件

医疗服务是每个公民的基本需要。在医疗保险范围之内的人员只要按规定缴纳了保险费,或者在国家的税收体系中履行了纳税义务,就有资格享受一定的医疗保险待遇。因此,对医疗保险来说,重要的并不是资格条件,而是一个国家立法所规定的实施范围。在大多数发达国家,享受医疗服务已经成为人的一项基本权利,与这种理念相对应,其医疗保险的实施范围已达到了人口的90%以上。而发展中国家则一般更强调权利和义务的对应,只有履行了纳税或缴费义务,才能享受医疗保险待遇。

医疗保险的实施范围是一个国家社会发展的重要指标之一。从历史的角度看,大多数国家医疗保险的实施都是从小到大逐渐扩展起来的,通常都是从靠工资为生、收入较低的生产工人开始,然后逐步扩大到其他特定的社会群体,最后达到全体国民。这种发展进程与各个国家实行的医疗保险类型以及经济和文化背景具有内在联系。

（三）医疗保险的给付

1. 疾病津贴。疾病津贴是对被保险人的现金补助,主要用于补偿劳动者伤病期间的收入损失。补偿标准一般与被保险人患病前的工资水平挂钩。例如,瑞典为原收入的90%;德国前6周支付原收入的100%,7周后为80%。

2. 医疗服务。提供医疗服务或对医疗费用进行补偿是医疗保险给付的主要形式,包括门诊、检查、医治、用药、整容、住院等在内的各种医疗服务的提供是医疗保险的主要内容。国家用于医疗保险的费用,绝大部分包含在医疗服务里面,不仅包括病患者的诊断、医治、护理服务的现金和实物支出,而且包括建立公立医院、购置医疗器械的投资,以及医生的工资和医院日常办公开支。

3. 被抚养家属补助。是指向患病被保险人抚养的亲属给付必要数额的现金补助,其总的原则是低于疾病津贴。

4. 对被抚养者的医疗服务。许多实施医疗保险的国家,除了向劳动者提供减免费用的医疗服务外,一般都还向其抚养的家属提供医疗服务。

扩展阅读 14 - 4　　　　　我国的医疗保险制度

我国基本医疗保险体系由职工基本医疗保险、城镇居民基本医疗保险和新型农村合作医疗三项制度组成，最终目标是实现全民医保。

1. 城镇职工基本医疗保险。从 20 世纪 80 年代开始，我国进行了一系列医疗保险的改革与试点。在此基础上，1998 年 12 月 14 日，国务院下发了《关于建立城镇职工基本医疗保险制度的决定》。制度规定：城镇所有用人单位及其雇员必须参加，基本医疗保险费用由用人单位和职工双方共同负担，单位缴费占职工工资总额的 6% 左右，个人缴费占本人工资的 2% 左右。个人缴费全部记入个人账户，用人单位缴费的 30% 左右划入个人账户，其余部分用于建立统筹基金。个人账户主要用于小病或门诊费用，统筹基金主要用于大病或住院费用。

2. 新型农村合作医疗制度。2002 年 10 月 29 日，中共中央、国务院发布了《关于进一步加强农村卫生工作的决定》。决定明确指出，要"逐步建立以大病统筹为主的新型农村合作医疗制度"，到 2010 年，使农民人人都能享受初级卫生保健。新农合实行个人缴费、集体扶持和政府资助相结合的筹资机制，并且资金来源以政府投入为主，农民自愿缴费参保。

3. 城镇居民基本医疗保险制度。2007 年 7 月 10 日，国务院发布了《关于开展城镇居民基本医疗保险试点的指导意见》，决定从 2007 年起开展城镇居民基本医疗保险试点，2010 年，在全国全面推开，逐步覆盖全体城镇非从业居民。该指导意见规定，不属于城镇职工基本医疗保险制度覆盖范围的中小学阶段的学生（包括职业高中、中专、技校学生）、少年儿童和其他非从业城镇居民都可以自愿参加城镇居民基本医疗保险。城镇居民基本医疗保险实行个人缴费和政府补贴相结合的制度，以家庭缴费为主，国家对个人缴费和单位补助资金制定税收鼓励政策。2008 年，进一步将接受普通高等学历教育的全日制本、专科生，全日制研究生纳入保障范围。

资料来源：根据相关网络文章整理。

三、生育保险

生育保险是指国家对生育子女期间暂时丧失劳动能力的职业妇女给予一定的经济和物质补偿，保障其生活、工作和健康权利的一种社会保险制度。

（一）生育保险的给付条件

世界各国享受生育保险的条件大体可以分为三类：

1. 女职工个人需缴纳一定期限和一定金额的生育保险费，才能享受生育保险待遇。由于女性一生中生育的次数有限、时间有限，因此大多数国家要求在分娩之前 10 个月投保就可以。

2. 由企业按照一定比例缴纳生育保险费，建立生育保险基金，并按照企业的实际需要与一定的标准，给付生育津贴。

3. 不规定具体的条件，只要符合国家公民资格和财产调查手续的妇女，都可以享受生育

保险待遇。

（二）生育保险待遇

1. 产假。1952年,第三十五届国际劳工大会通过的《生育保护公约》(修正本3号)规定,产假不应少于84天,并且产前产后都应有假期。目前产假最长的国家是芬兰、德国,分别为33周、32周。

2. 生育津贴。职业妇女生育期间不能参加劳动,没有劳动收入,生育津贴就是为了补偿生育期间工资收入的损失而设立的,即所谓带薪产假。1952年,《生育保护公约》(修订本)规定产假期间津贴标准为原工资的2/3,但由于各国经济发展水平的差距和人口政策的不同,津贴水平差距很大。

3. 医疗服务。许多国家为职业妇女免费提供医疗保健服务,通常包括孕妇健康检查、一般医师治疗、住院及必要的药物供应、专科医师治疗、生育照顾、病人运送及家庭护理服务。

扩展阅读 14-5　　　　　我国的生育保险制度

（一）参保范围与缴费规定

职工应当参加生育保险,由用人单位按照国家规定缴纳生育保险费,职工不缴纳生育保险费。生育保险根据"以支定收、收支基本平衡"的原则筹集资金,由用人单位按照其工资总额的一定比例向社会保险经办机构缴纳生育保险费,建立生育保险基金。生育保险费的提取比例由当地人民政府根据计划内生育人数和生育津贴、生育医疗费等项费用确定,并可根据费用支出情况适时调整,但最高不得超过工资总额的1%。

（二）保险待遇

生育保险待遇包括生育医疗费用和生育津贴和产假。

1) 生育医疗费用包括下列各项:

(1) 生育的医疗费用,指女职工在妊娠期、分娩期、产褥期内,因生育所发生的检查费、接生费、手术费、住院费、药费等;

(2) 计划生育的医疗费用,指职工因实行计划生育需要,流产术、引产术、绝育及复通手术所发生的医疗费用;

(3) 法律、法规规定的其他项目费用。

2) 生育津贴。生育津贴是国家法律、法规规定对职业妇女因生育而离开工作岗位期间,给予的生活费用。女职工在按照国家规定享受产假、计划生育手术休假等法律、法规规定的情形时,可以享受生育津贴。

3) 产假。目前我国的产假是90天,其中产前为15天,产后为75天;难产增加产假15天;若为多胞胎生育,每多生育一个婴儿增加产假15天;不满4个月流产的,根据医务部门的证明给予15~30天的产假,满4个月以上流产的,产假为42天;对晚婚晚育的职工给予延长产假的待遇,一般为15天,产假最长可延长到180天。

资料来源：根据http://www.mohrss.gov.cn/index.html的资料整理。

四、工伤保险

工伤保险又称职业伤害保险，是对劳动者在生产经营活动中遭受的意外伤害或者职业病，从而造成死亡、暂时或者永久丧失劳动能力时，给予劳动者及其抚养亲属法定的医疗救治以及必要的经济补偿的一种社会保险制度。

（一）工伤保险的原则

1. 采取无责任补偿原则。无责任补偿原则又称无过失补偿原则，在各种损害事故中只要不是受害人自己故意行为所致，受害者就应得到伤害赔偿。它与一般的民事损害赔偿采取的过错原则有所不同，只要雇员在受雇期间受到职业伤害，不论雇主是否存在过失，都应承担损害赔偿责任。

2. 个人不缴费原则。工伤事故属于职业性伤害，是在生产劳动过程中，职工为社会和企业创造物质财富而付出的代价。因而，工伤保险待遇具有明显的"劳动力修复和再生产投入"的性质。属于企业生产成本的特殊组成部分。因此，个人不必缴费，而由企业缴费。

3. 严格区分因工与非因工原则。一般来说，劳动者的伤亡可以分为因工和非因工两类。前者是指由于执行公务、为社会或所在单位工作而受到的职业伤害所致，后者则与职业无关。因此，对工伤事故实行社会保险制度，而对非因工伤事件则只能采取其他方式进行保障。

4. 工伤保险与工伤预防、职业康复相结合的原则。建立工伤保险制度与工伤预防、职业康复相结合的机制，切实保障企业和劳动者合法权益，是现代工伤保险制度的显著标志之一。工伤保险与其他社会保险项目一样，除了被动式的生活保障功能外，还具有主动式的、积极的功能。主要表现在对负伤、残疾和因工死亡职工提供必要的医疗、生活补贴之外，还应加强安全生产，预防事故的发生，减少职业危害，及时抢救治疗，进行有效的职业康复等。

（二）工伤保险制度的类型

目前，世界上实行工伤保险的国家大体可以分为三种：雇主责任保险制度、工伤社会保险保险制度和混合型。

1. 雇主责任保险制度。实行雇主责任保险制度的国家，又可分为三种：① 没有明文规定雇主有义务参加雇主责任保险的国家。一般来说，国家立法只作一些简单原则规定，出了工伤事故，雇主自行支付赔偿。如果有争议，由法院裁决。如阿根廷、印度、巴基斯坦、斯里兰卡等。② 规定对某些危险性较大的职业，雇主必须向商业保险公司投保的国家。如马来西亚、乌拉圭等。③ 明文规定所有雇主必须缴纳雇主责任保险费的国家。如美国、澳大利亚、新加坡等。

2. 工伤社会保险制度。实行工伤社会保险制度的国家，也可分为三种：① 工伤保险独立于其他社会保险制度之外，在管理和基金方面有相对独立性，如比利时、意大利、德国、日本等。② 工伤保险独立于其他社会保险制度之外，但同时又受到同一机构的行政管理，如奥地利、法国等。③ 工伤保险包括在整个社会保险制度之中，如阿尔及利亚、巴拿马、英国等。我国工伤保险就属于这种类型。

3. 混合型。实行混合型的国家中最典型的就是美国，其工伤保险不是由社会保障总署负责，而是由各个州政府的劳工部门组织实施，每个州各不相同，有实行工伤社会保险制度的，也有实行雇主责任保险制度的，但法律规定雇主必须缴纳工伤保险费。

（三）工伤保险的主要内容

1. 工伤鉴定。工伤事故发生后，需要由专门的机构进行伤害程度鉴定。在多数国家，工伤鉴定由鉴定委员会、医务或法律小组或单独的鉴定局等机构承担。工伤鉴定是工伤保险中技术性最强、要求最严格的一环。

2. 给付条件。凡由于工作或从事与工作有关的活动而造成的伤残、死亡或患职业病，只要排除劳动者本人的故意、犯罪等行为，工伤保险就应当给付。

3. 给付内容。工伤保险给付内容广泛，待遇标准高。① 工伤治疗，包括医疗服务、膳食补助、转院治疗，补偿标准高于基本医疗保险。② 工伤治疗期间的津贴，有些国家可以达到原工资收入的 100％。③ 伤残年金，根据伤残的等级发放，最高为原工资收入的 100％，高残需要照顾的，增加护理津贴。④ 死亡给付，包括丧葬费、遗属年金。⑤ 一次性伤残、死亡赔偿。⑥ 职业康复，包括医疗康复和职业康复，帮助伤残人员恢复健康和工作能力。

扩展阅读 14 - 6　　　　我国工伤保险制度的新变化

我国现行的工伤保险制度是 2003 年 4 月 16 日国务院颁布的《工伤保险条例》，相比 1996 年原劳动部颁布的《企业职工工伤保险试行办法》，《工伤保险条例》有了以下变化：

1. 扩大了覆盖范围。所有企业、有雇工的个体工商户、存在劳动关系（包括事实劳动关系）的各种用工形式、各种用工期限的劳动者都被纳入承保范围。

2. 放宽了工伤认定范围。将工伤范围扩大到上下班途中的交通事故、从事与工作有关的预备性或者收尾性工作受到的事故伤害。

3. 优化劳动能力鉴定机构与程序。改原先的三级机构设置为省、市两级鉴定，同时增加了鉴定专家的回避制度。

4. 在保持原待遇标准基本不变的情况下，增加了待遇的定期调整机制，明确了未参保单位职工工伤的认定与待遇支付办法。

5. 基金支出项目更合理。工伤保险基金支出项目中删除了管理费、宣传费、科研费等支出。

资料来源：张旭升、刘桂梅等：《社会保险》，复旦大学出版社 2010 年版。

五、失业保险

失业保险是国家通过建立社会统筹基金因失业而暂时失去工资收入的社会成员提供物质帮助，以保障失业社会成员的基本生活，维持劳动力的再生产，为失业社会成员重新就业创造条件的保险制度。

（一）失业保险的给付条件

1. 失业者必须处于法定劳动年龄。对于未达到法定劳动年龄参加劳动的童工，属非法用工，也就无所谓失业问题；而达到法定退休年龄的劳动者，应作退休处理，不存在失业的问题。

2. 失业者必须有就业或缴费记录。根据权利和义务对等的原则，从未工作过或没有达到最低缴费期限的人，一般没有资格享受失业保险。而少数发达国家则只规定最低居住期限，条件相对宽松。

3. 失业者必须是非自愿性失业。非自愿失业是由于本人无法控制的各种社会、经济等客观原因所导致的失业。而自愿性失业的责任全在失业者本人，因此绝大多数国家都将自愿失业排除出失业保险的范畴。此外，由于失业者个人品行不端、严重过失而被企业开除的；出于经济或政治原因，直接参加反对企业主、反对政府的罢工、游行而失去工作的除外不保。

4. 失业者有就业的能力与愿望。非自愿性失业者申请失业保险金还必须具备以下条件：一是要到相应的就业机构进行登记，并表示愿意听从就业机构的工作安排，并且在领取失业津贴期间应按期向就业机构报告；必须接受职业培训和就业机构提供的"适当职业"。对于"适当职业"，国际劳工组织第 44 号公约提出的参照标准有以下几项：专业、工作地点、报酬和其他条件、无劳资纠纷以及申请人的状况等。

（二）失业保险的给付内容

1. 失业津贴。国际劳工组织曾对失业津贴的给付提出了三条基本的标准：一是以失业者的原工资作为制定依据；二是失业津贴宜界定在失业者原工资的 50％ 以上；三是失业津贴可规定一个上限。目前大多数国家的失业津贴在失业者原工资的 50％～75％，支付期限一般 26 周。

2. 失业救助。失业津贴支付期满后仍没有就业的领取失业救助。

3. 附加失业津贴。附加津贴只发给那些在就业期间抚养的直系亲属，包括父母、配偶和未成年子女（对学生可延长到 25 岁），津贴额一般按被抚养人数确定。

> **扩展阅读 14－7　　　　我国的失业保险制度**
>
> 我国现行的失业保险制度是 1999 年 1 月 20 日国务院颁布的《失业保险条例》，根据《失业保险条例》的规定，失业保险的实施范围为城镇企业、事业单位的职工。企业事业单位按照本单位工资总额的 2％ 缴纳失业保险费，职工按本人工资的 1％ 缴纳保险费。
>
> 领取失业保险金的条件为：一是失业前用人单位和本人已经缴纳失业保险费满 1 年；二是非因本人意愿中断就业的；三是已经进行失业登记，并有求职要求。
>
> 失业保险待遇标准按照低于当地最低工资标准，高于城市居民最低生活保障水平，由各省、自治区、直辖市人民政府确定。领取期限根据投保时间长短确定，最短 12 个月，最长不超过 24 个月。
>
> 除上述待遇之外，新《社会保险法》第 48 条还规定，失业人员在领取失业保险金期间，参加职工基本医疗保险，享有基本医疗保险待遇。失业人员应当缴纳的基本医疗保险费从失业保险基金中支付，个人不缴纳基本医疗保险费。
>
> 资料来源：根据 http://www.mohrss.gov.cn/index.html 的资料整理。

 **本章小结**

1. 社会保险是指政府通过立法确定并强制实施，运用保险方式，对劳动者因遭遇年老、疾

病、工伤、死亡、生育、失业等特定社会、经济风险而暂时或永久丧失收入来源时,提供基本生活保障的社会经济保障制度。强制性、基本保障性、社会公平性、非营利性是社会保险的基本特征。

2. 社会保险的功能主要有:维护社会稳定;协调社会经济关系,促进经济发展;促进劳动力的再生产与合理流动;改善就业结构,加速产业结构的调整和发展。

3. 社会保险基金是根据一定的负担原则和在经济精算估计基础上依法筹集的用于社会保险政策目标的基金项目总称。社会保险基金的筹集、管理和运营是社会保险制度的重要内容。

4. 社会保险管理主要包括行政管理、业务管理、基金管理。

5. 社会保险的主要类型包括养老保险、医疗保险、生育保险、工伤保险和失业保险。

 复习思考题

1. 社会保险的概念与特征是什么?

2. 试比较社会保险与商业保险的异同。

3. 有人认为,社会保险越完善,商业保险发展的空间越小。你如何看待这个问题?

4. 社会保险产生的原因是什么? 当今有哪几种主要的社会保险制度?

5. 查找有关我国开征社会保险税与社会保险费的争论,谈谈自己的看法。

6. 社会养老保险的模式有几种? 给付的条件有哪些?

7. 我国社会医疗保险属于哪种模式? 它与普通医疗保险有何区别?

8. 工伤保险为什么要采取无责任补偿原则? 而且个人不需缴费?

9. 失业保险的给付条件有哪些? 为什么要这样规定?

参 考 文 献

［1］王海燕.保险学［M］.北京:机械工业出版社,2010.

［2］钱乘旦,许洁明.英国通史［M］.上海:上海社会科学院出版社,2002.

［3］巴力,韩德峰.保险总论［M］.郑州:河南人民出版社,1997.

［4］吴定富.《中华人民共和国保险法》释义［M］.北京:中国财政经济出版社,2009.

［5］孙祁祥.保险学［M］.4版.北京:北京大学出版社,2009.

［6］陈欣.保险法［M］.北京:北京大学出版社,2009.

［7］侯文若,孔泾源.社会保险［M］.北京:中国人民大学出版社,2004.

［8］魏巧琴.保险公司经营管理［M］.上海:上海财经大学出版社,2007.

［9］陈继儒,肖梅花.保险学［M］.上海:立信会计出版社,2002.

［10］许谨良.保险学［M］.上海:上海财经大学出版社,2003.

［11］张洪涛,郑功成.保险学［M］.北京:中国人民大学出版社,2000.

［12］黄占辉,王汉亮.健康保险学［M］.北京:北京大学出版社,2006.

［13］江生忠.中国保险业发展报告(2004年)［M］.北京:中国财政经济出版社,2005.

［14］乔林,王绪谨.财产保险［M］.北京:中国人民大学出版社,2008.

［15］刘玮.欧盟保险市场一体化研究［M］.北京:中国金融出版社,2004.

教学课件索取单

敬爱的老师：

感谢您使用我们出版社的教材。为了方便教学，教材配有相关教学课件。如果您需要，请您填写下面表格中的相关信息，并以电子邮件的形式发到我社，我们在核对您的信息后，即免费向您提供教学课件。

我们的联系方式：

地址：上海市中山西路 2230 号 1 号楼 1505 室　　　　邮编：200235

　　　立信会计出版社　　　　　　　　　　　　　　　电话：(021)64411191

电子邮件：gogo2006gogo@126.com

教材名称				作者姓名	
教师姓名		性别	身份证号		
学　校		院系		教研室	
学校地址				邮　编	
职　务		职称		办公电话	
E-mail		手机		宅　电	
通信地址				邮　编	
教材用量		册	委托订购单位		

您对本教材的意见和建议是：